t.

OÖNachrichten EDITION BY TRAUNER

ROMAN SANDGRUBER

Wir Oberösterreicher

EIN STREIFZUG DURCH DIE GESCHICHTE UNSERES LANDES

Lektorat: Anna Jungreithmayr; Karin Schuhmann, TRAUNER Verlag
Layout: Bettina Victor, TRAUNER Verlag
Gestaltung: Bettina Victor, Michael Wenigwieser, Walter Remplbauer, TRAUNER Verlag
Coverfotos: Wolfgang Victor, www.victorvision.at
Herstellung: TRAUNER Druck GmbH & Co KG Linz
ISBN 978-3-85499-761-0

Wir Oberösterreicher
Ein Streifzug durch die Geschichte unseres Landes

Inhaltsverzeichnis

Frisch außa, wias drin is,
net kriacha am Bauch,
ins Gsicht schaun und d'Händ gebn
is Obaöstreicha Brauch.

Carl Adam Kaltenbrunner, Österreichisch,
aus: Österreichische Feldlerchen

Das Wappenschild des Otto von Machland diente als Vorbild für das oberösterreichische Landeswappen, Baumgartenberger Urbar.

Roman Sandgruber

Kein anderes österreichisches Bundesland hat eine so komplizierte und sich über so lange Zeit hinziehende Entstehungsgeschichte wie Oberösterreich. Das kommt schon im Namen „Oberösterreich" zum Ausdruck, der zwar in lateinischer Form schon im 13. Jahrhundert auftauchte, aber erst im Jahre 1918 amtlich wurde – um zwanzig Jahre später gleich wieder verboten zu werden.

DER MÜHSAME WEG NACH OBERÖSTERREICH

Das Gebiet des heutigen Oberösterreich lag im Mittelalter im Einflussbereich mehrerer geistlicher und weltlicher Fürsten, nämlich der Herzöge von Österreich, Steiermark und Bayern und der Bischöfe von Passau, Salzburg, Regensburg und Bamberg, die alle hier Besitzstände hatten. Das Machland war wahrscheinlich schon seit dem 10. Jahrhundert ein Teil der babenbergischen Mark, die 976 östlich der Enns eingerichtet worden war und aus der Österreich hervorging.

Im Jahr 1192 kam nach dem Tod des letzten steirischen Herzogs aus dem Geschlecht der Otakare auch die Steiermark an die Babenberger und damit ein großer Streifen des heutigen Oberösterreich von Steyregg über Enns und Steyr bis zur jetzigen steirischen Grenze, der damals Teil der Steiermark war. Dies war der Anfang für ein eigenes Land Oberösterreich. Denn den steirischen Gefolgsleuten des nunmehr gemeinsamen babenbergischen und später habsburgischen Regenten über Österreich und die Steiermark erschien es bald praktischer, zu Hoftagen des Herzogs nicht nach Leoben, Graz oder in andere Orte südlich der Alpen zu fahren, sondern diese Versammlungen in Österreich zu besuchen. Dadurch wurde schließlich das von ihnen vertretene Gebiet als Teil Österreichs und nicht mehr der Steiermark verstanden.

Nach Westen zu gelangten sukzessive weitere Gebiete, die dem bayerischen Herzog unterstanden oder passauisch, regensburgisch oder salzburgisch waren, an die österreichischen Herzöge. Eine Aufgliederung der Verwaltung des immer größer gewordenen Gebietes bahnte sich an, diese kam auch in der Namensgebung immer stärker zum Ausdruck. Zuerst wurde unter „Austria superior“, also Oberösterreich, ein Gebiet verstanden, das sich von der Ybbs nach Westen bis ungefähr an den Hausruck erstreckte. Später verschob sich diese Grenze von der Ybbs an die Enns und im Westen immer mehr auf vormals bayerisches Territorium.

Ein gefälschtes Privileg

Einen wesentlichen Schritt in der rechtlichen Stellung und der Benennung des Landes stellte eine berühmte Fälschung dar, die bereits manchen Zeitgenossen verdächtig erschien: Herzog Rudolf IV. stellte in dem von ihm 1358/59 dem Kaiser vorgelegten sogenannten

Wo liegt „Oberösterreich“?

Wer im 16. Jahrhundert, zum Beispiel zur Zeit Kaiser Maximilians I., eine Reise nach Oberösterreich gebucht hätte, wäre nicht nach Linz oder Steyr gelangt, sondern nach Innsbruck, Bregenz, Freiburg oder gar Ensisheim im Elsass.

Denn in den seit 1379 durchgeführten habsburgischen Länderteilungen waren drei große Ländergruppen entstanden: „Niederösterreich“ mit den Ländern Österreich unter der Enns und ob der Enns, „Innerösterreich“ mit der Steiermark, Kärnten und Krain sowie schließlich „Oberösterreich“. Unter dieser Bezeichnung wurden Tirol, Vorarlberg und die habsburgischen Besitzungen im Elsass, in der Schweiz und in Schwaben zusammengefasst.

Seit Kaiser Maximilian I. gab es in Innsbruck die „Oberösterreichische Regierung“ und die „Oberösterreichische Kammer“. Beide waren für Tirol und die Vorlande zuständig. Als im 17. Jahrhundert die habsburgischen Länder wieder vereinigt wurden und unter Maria Theresia und Joseph II. die Verwaltung der Habsburgermonarchie reorganisiert und zentralisiert wurde, verschwand allmählich der Name „Oberösterreich“ für Tirol und die sogenannten Vorlande, während sich gleichzeitig im Alltagsgebrauch für das „Land ob der Enns“ immer mehr die einfachere Form Oberösterreich einbürgerte.

Privilegium Maius die Behauptung auf, der bayerische Herzog Heinrich der Löwe habe 1156 nicht (wie es wirklich geschah) auf die Markgrafschaft Österreich verzichtet, die im echten „Privilegium Minus" zum Herzogtum erhoben worden war, sondern auf eine damals schon bestehende „Mark ob der Enns". Diese sei damit Teil des Herzogtums Österreich geworden. Kaiser Karl IV. fiel auf die recht plumpe Fälschung zwar nicht hinein. Weil aber Kaiser Friedrich III. etwa hundert Jahre später das Privilegium Maius anerkannte, wurde die Fälschung geltendes Recht und die Habsburger durften sich Erzherzöge nennen.

Gedenkmünze (1996) zur Verleihung des Privilegium Minus an Heinrich II.

Dem Privilegium Maius zufolge war Österreich ein Erzherzogtum und Oberösterreich Teil dieses Erzherzogtums geworden. Im offiziellen Titel der Habsburger wurde es daher nie extra angeführt, die Habsburger bezeichneten sich niemals als Erzherzöge von Oberösterreich. Wohl aber wurde seit der Mitte des 15. Jahrhunderts der Erzherzogshut in das Wappen des Landes Oberösterreich eingefügt.

Herzog Rudolf IV. legte mit dem gefälschten Privilegium Maius den Grundstein für Österreich als Erzherzogtum.

Lange blieb daher unklar, was das Land Oberösterreich rechtlich sei, ob ein Herzogtum, eine Markgrafschaft oder bloß ein „Landl". Das gab Stoff für Rangstreitigkeiten mit anderen Kronländern, insbesondere mit den steirischen Ständen: wer früher zu nennen und zu begrüßen sei oder wer in einem Festzug vor den anderen gehen dürfe, ob zuerst die an sich erzherzoglichen oberösterreichischen oder die nur herzoglichen steirischen Stände. 1632 endete der Rangstreit mit einer Niederlage der Oberösterreicher. Es wurde entschieden, dass das Land ob der Enns als Markgrafschaft erst hinter den Herzogtümern Steiermark, Kärnten und Krain zu reihen sei.

Von Austria superior zu Oberösterreich

Man sprach im Spätmittelalter nicht von Oberösterreich, sondern

Schlaraffenland Oberösterreich?

Der ungarische Name für Schlaraffenland lautet „Óperencia" oder „Operentziás". Ein etymologisches Lexikon des Ungarischen hält das für eine Ableitung von „Ob der Enns" und erklärt das damit, dass Oberösterreich für die Ungarn eine ferne Traumwelt und ein Schlaraffenland für eine Stationierung von Truppen gewesen sei. Dass für die Ungarn das Schlaraffenland in Oberösterreich gelegen sei, ist zwar für Oberösterreich ehrenhaft, aber nicht logisch. Denn das Schlaraffenland liegt einerseits im Nirgendwo und andererseits: Ein Schlaraffenland war Oberösterreich, bei allem Wohlstand, nie.

nur vom Land, Fürstentum oder der Markgrafschaft ob der Enns, am häufigsten aber etwas geringschätzig vom „Landl" und von seinen Bewohnern als den „Landlern". Die „Chronik von den 95 Herrschaften" nennt es das „lêndel bey Ens und Krems". Andere Namen waren „Land an der Enns", „Land von der Enns", „Terra Entia" und „Ennsland". Das lateinische „Austria superior" (Oberösterreich) für das Gebiet zwischen Hausruck und Ybbs war hingegen außer Gebrauch gekommen. Denn inzwischen lokalisierte man Oberösterreich ganz woanders.

Zwischen dem 15. und 17. Jahrhundert war die Verwirrung groß, weil ja seit den habsburgischen Länderteilungen mit „Oberösterreich" Tirol und Vorarlberg gemeint waren. Erst als seit dem 17. Jahrhundert diese Länderteilungen wieder rückgängig gemacht waren, wurde die Bezeichnung „Oberösterreich" zuerst in der lateinischen, dann auch in der deutschen Form erneut für das Land ob der Enns gebraucht. Die Kartenzeichner Matthäus Merian, Georg Matthäus Vischer und Martin Zeiller machten den Namen Oberösterreich populär. Offiziell sprach man immer noch vom „Land ob der Enns" oder von „Österreich ob der Enns", fallweise sogar von „Niederösterreich ob der Enns", um eine Verwechslung mit dem tirolerisch-vorderösterreichischen „Oberösterreich" zu vermeiden.

Obwohl Oberösterreich seine Bindungen an Niederösterreich immer mehr abstreifte, 1783 eine eigene Landesregierung erhielt und 1783/85 auch ein eigenes Landesbistum, blieb seine staatsrechtliche Stellung weiter mehrdeutig. Erst das Februarpatent vom 26. Februar 1861 anerkannte es mit dem offiziellen Namen „Erzherzogtum Österreich ob der Enns" als selbstständiges und gleichberechtigtes Kronland. In den offiziellen Titel der Habsburger wurde ein „Erzherzog von Österreich ob der Enns" jedoch weiterhin nicht aufgenommen.

Oberösterreich wird amtlich

Amtlich wurde bis 1918 die Bezeichnung „Österreich ob der Enns" beibehalten. Doch im allgemeinen Sprachgebrauch dominierte längst das Wort „Oberösterreich", sowohl im Wirtschaftsleben als auch in der Politik: Seit 1869 gab es die „Bank für Oberösterreich und Salzburg", die heutige Oberbank. 1872 wurde vom katholischen Volksverein der „Oberösterreichische Volkskredit" gegründet. Politisch gab es den „Liberalen Verein für Oberösterreich"

Das Wappen Oberösterreichs

Herkunft
Das Wappen Oberösterreichs geht auf das im 12. Jahrhundert ausgestorbene Geschlecht der Herren von Machland zurück.

Beschreibung
Ein gespaltener Schild mit einem goldenen Adler mit roter Zunge und roten Krallen, heraldisch rechts. Heraldisch links ist der Schild dreimal von Silber und Rot gespalten. Der Erzherzogshut muss nicht dabei sein.

Herzogshut
Der Erzherzogshut wurde Mitte des 15. Jahrhunderts in das Wappen eingefügt – obwohl sich die Habsburger nie als Erzherzöge von Oberösterreich bezeichneten und der Rang Oberösterreichs als Erzherzogtum bis 1867 umstritten war.

Farben
Rot und Weiß sind die Farben Österreichs. Schwarz und Gold sind die Farben der österreichischen Monarchie bzw. des Kaisers.

Adler
Als Wappentier war er schon bei den Römern von höchstem Rang, er war das Wappen des Kaisers. Der Adler symbolisiert Stärke, Kraft und Macht.

und 1869/70 den „Katholischen Volksverein für Oberösterreich". Im amtlichen Gebrauch tauchte ebenfalls schon vor dem Ersten Weltkrieg immer wieder „Oberösterreich" statt „ob der Enns" auf. Auch der „k. k. Statthalter für das Erzherzogtum Österreich ob der Enns" verwendete bereits vor dem Jahr 1918 bisweilen den Briefkopf „Statthalter für Oberösterreich".

Es gibt kein Gesetz, mit dem die Landesbezeichnung „Oberösterreich" offiziell eingeführt wurde. Als das entscheidende Datum muss wohl der 2. November 1918 angesehen werden. An diesem Tag übergab der „k. k. Statthalter in Oberösterreich" (mit diesem Briefkopf) der „provisorischen Landesregierung in Oberösterreich" die Amtsgeschäfte. Die am 18. November zu ihrer konstituierenden Sitzung zusammengetretene „provisorische Landesversammlung für Oberösterreich" beschloss in dieser ihrer ersten Sitzung die Beitrittserklärung des Landes Oberösterreich zur Republik Deutschösterreich. In dieser Beitrittserklärung kommt nur mehr „Oberösterreich" vor. Daher lautet seither auch die offizielle Bezeichnung Oberösterreich, bis auf das siebenjährige Intermezzo, in welchem es zum „Gau Oberdonau" degradiert wurde.

Landeshauptmann Johann N. Hauser

Wie alt sind die österreichischen Bundesländer

Burgenland

1921: Der Name beruht auf den Endsilben der ungarischen Komitate Wieselburg, Eisenburg und Ödenburg, von denen größere Teile als Burgenland an Österreich angegliedert wurden.

Kärnten

976 bayerisches Herzogtum. Das „karantanische" Kärnten ist allerdings viel älter.

Niederösterreich

976: Luitpold, Gründer der babenbergischen Dynastie, wurde Graf der „Marchia (Marcha) Orientalis".

Salzburg

798 erhob Papst Leo III. Salzburg zum Erzbistum, Arno wurde der erste Erzbischof.

Steiermark

1056: Otakar von Steyr wurde erster Markgraf der „Karantanischen Mark". Nach dem Hauptsitz der Otakare bürgerte sich dafür der Name Steiermark ein.

Tirol

Seit dem **12. Jh.** kam es, ausgehend von Schloss Tirol bei Meran, allmählich zur Ausbildung der Grafschaft Tirol.

Vorarlberg

1918: Ende der Verwaltung durch Tirol. Vorarlberg erhielt eine eigene Landesregierung.

Wien

1922: Durch das Trennungsgesetz von 1921 wurde Wien ab 1. 1. 1922 ein eigenes Bundesland.

1240

Erstmals wird ein (Land-)Schreiber für das „obere Österreich" erwähnt.

1246/1252

Früheste Nennung von „Austria superior" in den Garstener Annalen

1273

Erwähnung eines „pflegers ob der Ense".

1332

Erstmals Titel „Hauptmann ob der Enns"

1358/59

Fälschung des sogenannten Privilegium Maius, datiert auf das Jahr 1156: Das Land ob der Enns wird als „Mark ob der Enns" bezeichnet.

15./16. Jh.

„Land ob der Enns" oder „Landl". Mitte des 15. Jh.s wurde der Erzherzogshut in das Wappen Oberösterreichs eingefügt.

17. Jh.

Austria superior oder Oberösterreich wird von Geografen popularisiert.

1861

Amtliche Bezeichnung als „Erzherzogtum Österreich ob der Enns"

2. November 1918

Der k. k. Statthalter überträgt der „provisorischen Landesregierung in Oberösterreich" die Amtsgeschäfte.

Se. Exzellenz Freiherr von Handel, Statthalter von Oberösterreich.

18. November 1918

Beitrittserklärung des Landes Oberösterreich zur Republik Deutschösterreich

Der Urgroßneffe des Statthalters

Norbert Erasmus Freiherr van Handel ist der Urgroßneffe des letzten Statthalters von Oberösterreich, Erasmus Freiherr von Handel. Er lebt in Steinerkirchen an der Traun (Schloss Almegg). Sein Urgroßonkel wurde im Familiengrab in Lambach bestattet. Die Familie Handel kam im 13. Jahrhundert aus der Ortschaft Handel im holländischen Nordbrabant nach Österreich.

Mein Urgroßonkel war nicht nur zweimal – und zugleich letzter – Statthalter von Oberösterreich, sondern auch zweimal k. u. k. Innenminister. Sogar während des Krieges. 1916, knapp vor dem Tod von Kaiser Franz Joseph, schlug er dem Kaiser vor, die Monarchie in einen monarchisch geführten Bundesstaat umzuwandeln. Er war bis zuletzt Monarchist – ich bin es auch. 1918 übergab er die Geschäfte an Landeshauptmann Hauser. Meinem Urgroßonkel war es ein großes Anliegen, dass alles korrekt übergeben wird. Bis zu seinem Tod 1929 war er dem Landtag nachhaltig verbunden. Ich selbst habe ihn leider nicht kennengelernt, ich kam 14 Jahre nach seinem Tod zur Welt. Die ihn kannten, haben ihn aber gemocht. Er war sehr beliebt. Als es damals hieß, der Linzer Dom müsse kleiner werden als der Stephansdom, sagte er zum Kaiser: „Dann machen wir ihn halt kleiner."

„Als nach dem Zusammenbruch der Monarchie das Kronland Österreich ob der Enns seinen Beitritt zur Republik Österreich beschlossen hatte, erhielt es, nachdem es gleichsam namenlos ... Jahrhunderte existiert hatte, nun auch amtlich seinen heutigen Namen."

HANS STURMBERGER,
DIREKTOR DES OÖ. LANDESARCHIVS (1961–1979)

Das Nordportal des Linzer Landhauses

ROMAN SANDGRUBER

Erst 1918 erhielt Oberösterreich amtlich seinen heutigen Namen. Es gibt allerdings kein entsprechendes Gesetz und damit auch kein offizielles Datum, an dem der Name „Oberösterreich" eingeführt wurde.

VOM KRONLAND ZUM BUNDESLAND

Am 21. Oktober 1918, als der Zerfall der Habsburgermonarchie schon an allen Ecken – in Südslawien, in Tschechien und in Ungarn – Realität wurde, konstituierten sich in Wien die deutschsprachigen Reichsratsabgeordneten des österreichischen Teils der Habsburgermonarchie im Sitzungssaal des Niederösterreichischen Landhauses als „provisorische Nationalversammlung des selbständigen deutschösterreichischen Staates“. Der eigentliche Akt der Staatsgründung erfolgte am 30. Oktober 1918: Ein Staatsrat wurde als oberstes Organ eingerichtet, das provisorische Grundgesetz des neuen Staates beschlossen und ein beanspruchtes Staatsgebiet definiert. Am 31. Oktober wurden die Staatsfarben Rot-Weiß-Rot und ein vorläufiges Staatswappen festgelegt. Kurzfristig bestanden in Wien zwei Staaten und zwei Regierungen nebeneinander, die Regierung der alten, offiziell noch nicht aufgelösten Habsburgermonarchie mit Ministerpräsident Heinrich Lammasch an der Spitze und die Regierung des neuen Staates Deutsch-Österreich unter Staatskanzler Karl Renner.

Die Ausrufung der Republik am 12. November 1918 auf der Rampe des Wiener Parlaments war also nicht die Gründung, sondern die offizielle Verkündung der Regierungsform des neuen Staates, nachdem Kaiser Karl die Habsburgermonarchie implizit aufgelöst hatte, als er am 11. November auf jeden Anteil an den Staatsgeschäften verzichtet und keinen Nachfolger benannt hatte.

Ausrufung der 1. Republik am 12. November 1918, Sitzung im Wiener Parlament

Kaiser Karl I.

Das Erzherzogtum wird Bundesland

Auf gesamtösterreichischer Ebene war man bemüht, die Kontinuität mit dem Staat der Habsburgermonarchie möglichst herunterzuspielen oder zu verneinen. Dies geschah sowohl aus rechtstheoretischen Gründen (es handelte sich um die Neugründung eines Staates und nicht bloß um einen Wechsel der Regierungsform) als auch aus taktischen Überlegungen (man wollte nicht die Verantwortung für den Krieg und für die Schulden des alten Österreich übernehmen). In Oberösterreich war man hingegen bemüht, die lückenlose Fortführung vom Erzherzogtum ob der Enns zum Bundesland Oberösterreich zu betonen, obwohl Oberösterreich das einzige Bundesland war, das amtlich einen neuen Namen erhalten hatte.

Die Machtübernahme von der Monarchie zur Republik erfolgte in Oberösterreich im Unterschied zu anderen Bundesländern völlig reibungslos, ja geradezu harmonisch. Oberösterreich war das einzige Bundesland, in dem der Landeshauptmann nicht ausgewechselt wurde. Johann Nepomuk Hauser war von 1907 bis 1927 Landeshauptmann. Zwar gab es den Namen Erzherzogtum Österreich ob der Enns nicht mehr, aber der Erzherzogshut verblieb im Wappen. Die 1861 ausgearbeitete Landesverfassung blieb mit geringfügigen Änderungen weiter in Geltung. Man zählte auch die Landtagssessionen kontinuierlich weiter: An die letzte Legislaturperiode des Landtages der Monarchie (1909–1914/15) als XI. Wahlperiode schloss die des ersten Landtages der Republik ab 1919 als XII. Wahlperiode an. Bis heute wird die Kontinuität seit 1861 beibehalten. Auch wurden alle damals noch lebenden Mitglieder des Landtages von 1909/1915 in die provisorische Landesversammlung übernommen.

In Oberösterreich verläuft der Übergang von der Monarchie zur Demokratie harmonisch. Viele der bei dieser Landtagssitzung 1908 Anwesenden werden 1918 in die provisorische Landesversammlung übernommen.

Die drei großen Parteien – die Christlichsozialen, die Großdeutschen und die Sozialdemokraten – hatten in Linz bereits am 1. November 1918 eine Kundgebung für die Republik abgehalten. Am 2. November hatte der kaiserliche Statthalter Freiherr Erasmus von Handel seine Amtsgeschäfte an Landeshauptmann Hauser übergeben. Dieser bildete eine neue provisorische Landesregierung mit drei Stellvertretern: Dr. Max Mayr, Franz Langoth und Josef Gruber.

Das entscheidende Datum in Oberösterreich war daher der 2. November 1918. Mit dem Rücktritt des bisherigen kaiserlichen Statthalters Erasmus von Handel war die gesamte politische Landesverwaltung vom Statthalter an den Landeshauptmann und an den Landesausschuss übergegangen, dieser wurde aus dem Landeshauptmann und seinen drei Stellvertretern gebildet.

Der 2. November 1918 ist für Oberösterreich doppelt bedeutsam: Zum einen war ab diesem Zeitpunkt der Landeshauptmann mehr als nur der Präsident des Landtags; er übernahm vom kaiserlichen Statthalter die Regierung. An die Stelle einer weitgehend zentralistisch von einem Statthalter ausgeübten Provinzregierung trat eine Landesregierung unter dem Vorsitz des Landeshauptmanns. Und zum anderen geschah dies in einem Land, das sich nun „Oberösterreich" nannte. Ausgerechnet über diese außerordentliche Landesausschusssitzung vom 2. November, sicher die wichtigste Landesregierungssitzung im ganzen ersten Drittel des 20. Jahrhunderts, liegt kein Protokoll vor.

Am 3. November wurde eine Vereinbarung über die Beschickung der provisorischen Landesversammlung getroffen, die am 18. November im Redoutensaal ihre konstituierende Sitzung abhielt. Es wurde nicht neu gewählt, sondern gemäß dem letzten Wahlergebnis vor 1914 wurden von den einzelnen Parteien Vertreter entsendet. Dies erfolgte allerdings nicht nach den Ergebnissen der Landtagswahl von 1909, die auf dem Zensuswahlrecht basierte, sondern nach dem Resultat der letzten Reichsratswahl der Habsburgermonarchie im Jahre 1911. Nach der Wahl von 1909 waren bei 69 Mitgliedern 36 Christlichsoziale, 21 Liberale, zehn Großgrundbesitzer, der Bischof (kraft seines Amtes) und nur ein Sozialdemokrat vertreten gewesen. Die Reichsratswahl von 1911 hingegen, die nach dem allgemeinen und gleichen Wahlrecht erfolgt war, ergab für Oberösterreich ein Verhältnis von acht (Christlichsozial) zu drei (Großdeutsch) zu zwei (Sozialdemokratisch). In diesem Verhältnis wurde die provisorische Landesversammlung zusammengesetzt.

Die Verteilung der 101 Sitze der Landesversammlung 1918
nach dem Stimmenverhältnis der Reichsratswahlen 1911

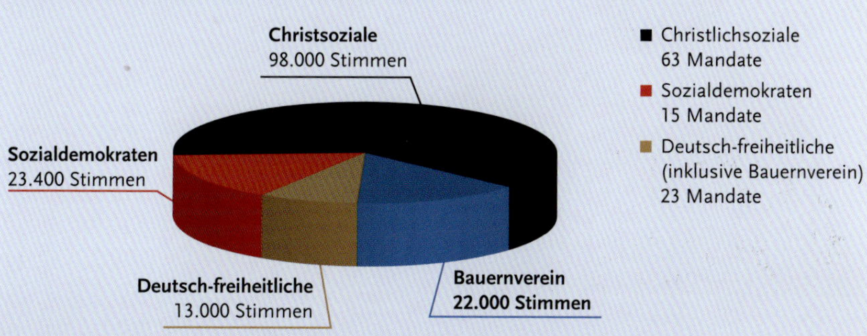

Der Beitritt zum neuen Staat

In der konstituierenden Sitzung vom 18. November beschloss die „Provisorische Landesversammlung für Oberösterreich" die Beitrittserklärung des Landes Oberösterreich zur Republik Deutschösterreich: Durch das Ausscheiden der nicht deutschen Völker und die Erklärung des Kaisers über seinen Verzicht auf die Regierungsgewalt sei die durch die Pragmatische Sanktion und die geltenden Staatsgrundgesetze gebildete staatliche Gemeinschaft, welcher Oberösterreich bisher angehört hatte, aufgelöst worden. Die Provisorische Landesversammlung erklärte daher in einer recht schwülstigen Formulierung „kraft des Selbstbestimmungsrechtes des reindeutschen Volkes in diesem Lande" den Ländern Niederösterreich, Steiermark, Kärnten, Salzburg, Tirol, Vorarlberg, Deutschböhmen und Sudetenland „mit gleichen Rechten als Glied des Staates Deutschösterreich zur Seite zu treten, ihr Schicksal brüderlich zu teilen und erwartet, dass die anderen Länder Deutschösterreichs und die Provisorische Nationalversammlung diesen Entschluss im gleichen Geiste erwidern“. Auch der monarchistisch gesinnte Linzer Bischof Johannes M. Gföllner betonte in einem Hirtenbrief vom 1. Dezember 1918 die Rechtmäßigkeit der neuen Republik.

Der republikanische Neubeginn in Oberösterreich

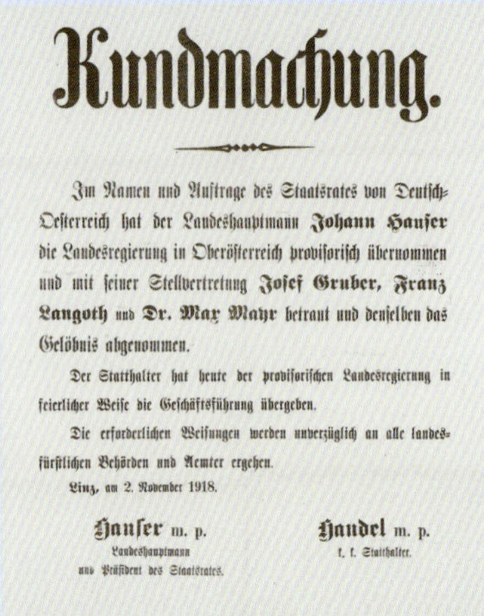
Kundmachung.

Im Namen und Auftrage des Staatsrates von Deutsch-Oesterreich hat der Landeshauptmann Johann Hauser die Landesregierung in Oberösterreich provisorisch übernommen und mit seiner Stellvertretung Josef Gruber, Franz Langoth und Dr. Max Mayr betraut und denselben das Gelöbnis abgenommen.

Der Statthalter hat heute der provisorischen Landesregierung in feierlicher Weise die Geschäftsführung übergeben.

Die erforderlichen Weisungen werden unverzüglich an alle landesfürstlichen Behörden und Aemter ergehen.

Linz, am 2. November 1918.

Hauser m. p. Landeshauptmann und Präsident des Staatsrates.

Handel m. p. k. k. Statthalter.

„Im Namen und Auftrage des Staatsrates von Deutsch-Oesterreich hat der Landeshauptmann Johann Hauser die Landesregierung in Oberösterreich provisorisch übernommen und mit seiner Stellvertretung Josef Gruber, Franz Langoth und Dr. Max Mayr betraut und denselben das Gelöbnis abgenommen. Der Statthalter hat heute der provisorischen Landesregierung in feierlicher Weise die Geschäftsführung übergeben. Die erforderlichen Weisungen werden unverzüglich an alle landesfürstlichen Behörden und Aemter ergehen. Linz am 2. November 1918.

Hauser m. p. Landeshauptmann und Präsident des Staatsrates Handel m. p. k. k. Statthalter.“

Ein friedlicher Übergang

Dass der Übergang von der Monarchie zur Republik in Oberösterreich so friedlich ablief und hier die politische Situation bis in die beginnenden 1930er-Jahre sehr stabil blieb, war auch ein Verdienst der führenden Parteiexponenten Oberösterreichs, die zur Zusammenarbeit bereit waren: Prälat Johann Nepomuk Hauser, Landeshauptmann von Oberösterreich und erster Präsident der provisorischen Nationalversammlung, ebenso wie der deutschnationale Linzer Bürgermeister Dr. Franz Dinghofer und der Obmann der oberösterreichischen Sozialdemokraten Josef Gruber waren Vertreter der Konsenspolitik, die sie sowohl auf Bundesebene als auch im Land zielstrebig verfolgten.

Bürgermeister Dr. Franz Dinghofer

Die Besonnenheit und einheitliche Vorgehensweise der oberösterreichischen Politiker im Jahr 1918 wirkte lange nach. Das „oberösterreichische Klima“ wurde ein ganzes Jahrzehnt lang für eine relativ friedvolle Entwicklungsmöglichkeit beispielgebend. Dass dieses Klima allerdings der zunehmenden Radikalisierung nicht standhielt und in den Dreißigerjahren der Bürgerkrieg gerade von Oberösterreich seinen Ausgang nahm, waren Wirkungen der bundespolitischen Radikalisierung, die auch in Oberösterreich auf fruchtbaren Boden fiel.

Die Staatsgründung

Die Erste Republik ist mit sich selbst und ihrer Staatsgründung nie ins Reine gekommen. In der öffentlichen Erinnerung und in den meisten historischen Darstellungen ist der 30. Oktober als Tag der Gründung des Staates völlig vergessen und der 12. November steht als Festtag im Vordergrund. Dieser wurde zwar am 25. April

1919 vom Nationalrat ohne Debatte einstimmig zum Staatsfeiertag erklärt, aber nie allgemein akzeptiert. Die Christlichsozialen kritisierten den revolutionären und antihabsburgischen Beigeschmack dieses Tages. Die Sozialdemokraten sahen in diesem revolutionären Charakter ihr Verdienst, versuchten die Rolle anderer Parteien und der Bundesländer herunterzuspielen und die Republikgründung als einseitiges Werk der Wiener Sozialdemokratie dazustellen. Das wird am Republikdenkmal, das 1928 von der Stadt Wien an prominenter Stelle im Wiener Rathauspark gegenüber dem Parlament errichtet wurde, besonders deutlich: Es zeigt drei sozialdemokratische Wiener Politiker, Viktor Adler, Jakob Reumann und Ferdinand Hanusch, die alle drei an den Ereignissen des 12. November nicht oder bestenfalls am Rande beteiligt waren. Am ehesten noch Viktor Adler, aber der war am 12. November schon tot. Auch Reumann und Hanusch hatten ihre Verdienste, aber ganz sicher nicht im Zusammenhang mit der Republikausrufung. Die tatsächlichen Handlungsführer, die drei Präsidenten der Provisorischen Nationalversammlung, wurden völlig übergangen. Dies waren der Christlichsoziale Johann Nepomuk Hauser, der Großdeutsche Dr. Franz Dinghofer und der Sozialdemokrat Karl Seitz, die beiden Ersteren als Oberösterreicher auch Vertreter der westlichen Bundesländer und überzeugte Exponenten der republikanischen Staatsform. Einer gemeinsamen Erinnerungskultur wurde solcherart weitgehend der Boden entzogen.

Die Stellungnahme des Bischofs

„Die Treue und den Gehorsam, den wir Katholiken bisher dem Kaiser entgegengebracht haben, übertragen wir nunmehr auf die Träger der neuen Staatsgewalt. Unser Gehorsam kennt nur eine Schranke, die uns durch Gottes Gebot oder Verbot gezogen ist; denn Gott muss man mehr gehorchen als den Menschen."

Bischof Johannes Gföllner, Hirtenbrief vom 1. Dezember 1918

Das Jahr 1918

21. Oktober

Konstituierende Sitzung der Provisorischen Nationalversammlung Deutschösterreichs im Niederösterreichischen Landhaus

30. Oktober

Gründung des Staates Deutschösterreich, Einrichtung einer Deutschösterreichischen Regierung

2. November

Der k. k. Statthalter für Oberösterreich überträgt der „Provisorischen Landesregierung in Oberösterreich" die Amtsgeschäfte; der Name „Oberösterreich" wird amtlich.

3. November

Waffenstillstand zwischen Österreich-Ungarn und der Entente

3. November

Vereinbarung über die provisorische Landesversammlung für Oberösterreich

11. November

Verzicht Kaiser Karls auf die Regierungsgeschäfte

12. November

Ausrufung der Republik Deutschösterreich

18. November

Konstituierende Sitzung der „Provisorischen Landesversammlung für Oberösterreich"; Beitrittserklärung des Landes Oberösterreich zur Republik Deutschösterreich

„Eine Gemeinschaft braucht Vorbilder – Identifikationsfiguren, die den Gemeinsinn fördern und die Identität stärken. Sie braucht Menschen wie den heiligen Florian.“

JOSEF PÜHRINGER, LANDESHAUPTMANN, FESTREDE AM 4. MAI 2004

Statue des hl. Florian vor der Stiftkirche St. Florian

ROMAN SANDGRUBER

Einen eigenen Landespatron hat Oberösterreich erst seit 2004. Der heilige Leopold als österreichischer, eigentlich niederösterreichischer Landesheiliger war in Oberösterreich nie wirklich populär. So war es ein logischer Schritt, den heiligen Florian zum Landespatron zu machen, der nicht nur der älteste Heilige und Märtyrer Österreichs ist, sondern von der Feuerwehr bis zu den Bierbrauern auch eine hohe Bekanntheit und Akzeptanz im Lande besitzt.

DER LANDESPATRON UND ANDERE LANDESHEILIGE

Der Weg zu einem eigenen Landespatron für Oberösterreich war lang. Dabei hätte es dem Land keineswegs an Heiligen gefehlt. Die Liste ist länger als in den anderen österreichischen Bundesländern und führt von Florian, Maximilian und Severin über die Bischöfe und Äbte Wolfgang, Adalbero und Berthold bis zu den Opfern des Nationalsozialismus, insbesondere dem erst jüngst kanonisierten Franz Jägerstätter. Rudolf Zinnhobler, der renommierteste Kirchenhistoriker des Landes, hat dieser Liste mit gutem Grund weitere Namen hinzugefügt, die es aber nicht zu einer offiziellen Anerkennung durch den Vatikan geschafft haben. Darunter sind durchaus Personen, die mit der Kirche in erhebliche Konflikte gerieten, etwa Leonhard Käser, der 1527 in Schärding als Ketzer verbrannt wurde und den Zinnhobler einen wahren Heiligen nennt, oder Georg Friedrich Koller (1586–1653), ein Vertreter der Toleranz in der Intoleranz der Gegenreformation.

Heilige Ahnen

Die „offiziellen" Heiligen spiegeln die Identität eines Landes. Das heißt noch lange nicht, dass sie sich in allem durch besondere „Heiligkeit" hervortun mussten. Landespatrone wurden nominiert, um dem Land und seinem Repräsentanten, dem Landesherrn, eine entsprechend noble Herkunft und Fürsprache zu verschaffen. Offizielle Landespatrone wurden zwar erst 1771 durch Papst Clemens XIV. eingeführt, doch schon lange vorher feierten die Länder und Dynastien ihre Schutzheiligen. Maßgeblich waren dabei einerseits die Bedürfnisse der Landesfürsten nach entsprechend noblen Hausheiligen, andererseits die Traditionen des Bistums, drittens die breite Verehrung im Land und viertens ein deutlicher Regionalbezug.

Jedes Land Europas und jede seiner Dynastien suchte sich einen heiligen Spitzenahn: ob Wenzel in Böhmen, Stephan in Ungarn, Alfons in Kastilien, Edward in England, Kasimir in Polen und Litauen, die drei nordischen Landespatrone und heiligen Könige Olaf, Knut und Eric in Norwegen, Schweden und Dänemark oder im römisch-deutschen Reich Karl der Große, dessen Heiligsprechung von Kaiser Friedrich Barbarossa am 29. Dezember 1165 durchgesetzt worden war. Auch Leopold der Heilige gehört in diese Reihe. Der Landespatron des babenbergischen Österreich war ursprünglich der heilige Koloman: 1014 war der Leichnam dieses Pilgers in das Kloster Melk gebracht worden, das als Sitz und Begräbnisort der frühen Babenberger fungierte. Koloman war wenige Jahre vorher bei Stockerau als vermeintlicher Spion erschlagen und seither als Märtyrer verehrt worden.

Der heilige Leopold

Die Habsburger, die sich nach dem Tod des Böhmenkönigs Ottokar die Herrschaft über Österreich in der Nachfolge der Babenberger sicherten, konnten mit dem aus Irland stammenden Koloman als Landespatron nicht viel anfangen.

Der heilige Leopold

Sie wollten mit einem heiligen Babenberger ihre Landesherrschaft in Österreich legitimieren. So wie gleich nach der Belehnung mit Österreich der um 1290 geborene dritte Sohn König Albrechts I. auf den babenbergischen Traditionsnamen Leopold getauft und Leopold zu einem habsburgischen Traditionsnamen wurde.

Schon Rudolf der Stifter betrieb die Heiligsprechung des Markgrafen Leopold III., Kaiser Friedrich III. konnte sie 1485 endlich durchsetzen. Ob Leopold III. tatsächlich das erfüllte, was man sich unter einem heiligmäßigen Mann vorstellt, sei dahingestellt. Heiligkeit kann man zweifellos viel eher seiner ebenfalls heiliggesprochenen Gattin Agnes zuerkennen. Sie hatte in ihrer ersten Ehe mit Herzog Friedrich von Schwaben elf Kinder geboren und schenkte ihrem zweiten Ehemann noch weitere 18 Nachkommen. Aber Leopold III. erfüllte das Bedürfnis, das alle europäischen Herrscherhäuser und entstehenden Länder hatten: die Legitimierung ihrer Herrschaftsrechte und territorialen Ansprüche durch eine heilige Wurzel.

1663 wurde Leopold offizieller Landespatron der beiden Länder Österreich ob und unter der Enns. Die Leopoldverehrung konnte sich aber in Oberösterreich nie wirklich durchsetzen. Im 17. Jahrhundert war den Habsburgern der heilige Leopold zudem ohnehin bereits etwas zu minder geworden. Ein Kaiser oder König war er ja nicht, sondern „nur“ mit einer Tochter und Schwester von Kaisern verheiratet, die gleichzeitig die Ahnenreihe der Staufer mittrug. Kaiser Leopold I. suchte nach einem noch nobleren Heiligen und fand ihn im heiligen Josef, dem „Nährvater“ Christi, der zum Lieblingsheiligen des Monarchen wurde. Er machte Josef zum Schutzpatron der Habsburger und der Habsburgermonarchie. 1654 wurde der Josefitag in allen österreichischen Erblanden zum gebotenen Feiertag ausgerufen und Joseph zum Landespatron für Inner- und Vorderösterreich bestimmt. Der bis dahin wenig verehrte Heilige und kaum gebräuchliche Vorname wurde rasch populär und die Sepperln und Pepperln wurden häufig. Kaiser Leopold selbst ließ seinen ältesten Sohn auf diesen Namen taufen. Joseph wurde zu einem Traditionsnamen der Habsburger, von Kaiser Joseph I. bis Kaiser Franz Joseph.

Oberösterreichische Varianten: Otto und Maximilian

Das Land ob der Enns hatte weder mit dem heiligen Koloman noch mit dem heiligen Leopold viele Berührungspunkte. Es deutet manches darauf hin, dass man sich zu der Zeit, als die Eigenständigkeit des Landes ob der Enns immer konkreter wurde, auf die Suche nach einem eigenen Landesheiligen machte. Man glaubte ihn in Otto von Machland finden zu können, dessen Gattin Jeuta oder Jutta von Peilstein eine Nichte Leopolds

Otto von Machland, Marmorstatue aus Waldhausen

des Heiligen war. Otto und Jutta von Machland hatten 1141 das Kloster Baumgartenberg gestiftet, 1147 auch das Kloster Säbnich/Sarmingstein, das später nach Waldhausen verlegt wurde. Aus der Zeit um 1500 sind von Otto von Machland viele Darstellungen erhalten (ein Tympanon in Baumgartenberg, das später in einen Bauernhof gelangte, das Stiftergrab in der Kirche von Baumgartenberg, das Tympanonrelief vom Westportal der Stiftskirche von Baumgartenberg und schließlich eine heute im Oberösterreichischen Landesmuseum befindliche Marmorstatuette aus Waldhausen). Dies scheint auf Versuche hinzudeuten, diesen Klostergründer und Ahnherrn des oberösterreichischen Landeswappens parallel zum niederösterreichischen Landesheiligen Leopold als oberösterreichischen Landesheiligen zu etablieren. Es setzte sich aber der doch deutlich höherrangige Leopold durch.

Als 1783 das Bistum Linz von Passau abgetrennt wurde, suchte man nach einem Diözesanpatron und fand ihn rasch im hl. Maximilian, von dem die Legende berichtet, dass er 280 n. Chr. als Erzbischof von Lauriacum als Märtyrer hingerichtet worden sei. Maximilian wäre so der weitaus älteste bekannte Heilige aus dem Gebiet des heutigen Österreich gewesen und hätte Linz mit Lorch zum Bistum mit der ältesten Tradition weitum gemacht. Zu diesem Zweck war ja die ganze Maximilianslegende im 13. Jahrhundert erfunden worden, um Passau in der Nachfolge eines uralten Erzbistums Lorch gegenüber Salzburg endlich den Vorrang zu verschaffen.

Der heilige Florian

Weil Bischof Maximilian historisch so dubios war und wohl nie existiert hatte, erwirkte Bischof Johannes M. Gföllner, dass 1935 der hl. Severin zum Diözesanpatron gemacht wurde. Severin war zwar eine historisch gut abgesicherte Person, deren Verehrung eine lange Tradition hatte, allerdings mehr in Süditalien, woher er wohl auch stammte und wo er begraben ist, nicht jedoch in Österreich oder gar in Oberösterreich.

Hier stand mit dem heiligen Florian eine weitere Persönlichkeit zur Verfügung, die für einen Landespatron beste Voraussetzungen bot: eine populäre Persönlichkeit, die von vielen Berufsgruppen verehrt wurde, eine Person, die im Kloster St. Florian eine sehr lebendige Tradition und regionale Verankerung hatte und die als hoher römischer Beamter nicht nur der erste namentlich bekannte Märtyrer im heutigen Österreich war, sondern auch eine entsprechende Vorbildwirkung für Standhaftigkeit und Treue abgeben konnte.

Als die Geschichtsforschung mit historisch-kritischen Methoden nachweisen konnte, dass in der Märtyrergeschichte des hl. Florian ein sehr konkreter historischer Kern steckt, stand einer Ernennung zum Landespatron nichts mehr im Wege. 1971 wurde Florian offizieller Patron des Bistums Linz. Am 4. Mai 2004 trat ein Beschluss der Oberösterreichischen Landesregierung vom 17. März in Kraft, mit dem der heilige Florian neben dem schon bisher „regierenden" Landespatron Leopold zum oberösterreichischen Landespatron ernannt wurde: Florian sei wie kein anderer Heiliger dem Land Oberösterreich eng verbunden, sei der einzige namentlich bekannte Märtyrer Österreichs aus frühchristlicher Zeit und bereits Hauptpatron der Diözese Linz, lautete die Begründung. Die feierliche Promulgation durch Landeshauptmann Josef Pühringer fand im Rahmen eines Festaktes in der Stiftsbasilika von St. Florian bei Linz statt.

Die Landespatrone Österreichs

Ober- und Niederösterreich

1663 wurde der hl. Leopold zum Schutzpatron Österreichs erhoben. Er löste in dieser Funktion den hl. Koloman ab, der zu dieser Zeit bereits fast ganz vergessen war. 2004 wurde Florian Landespatron für Oberösterreich.

Wien

Der 1909 heiliggesprochene Clemens Maria Hofbauer wurde 1914 zum Wiener Stadtpatron erhoben. Mit der Trennung Wiens von Niederösterreich wurde er Wiener Landespatron, ohne dass er damit den heiligen Leopold konkurrenzieren oder gar verdrängen konnte. Mit dem 1918 erfolgten Wechsel von der christlichsozialen zur sozialdemokratischen Stadtverwaltung geriet Hofbauer praktisch in Vergessenheit.

Steiermark, Kärnten, Tirol und Vorarlberg

In diesen Bundesländern wurde 1654 von Kaiser Leopold I. der hl. Joseph zum Landespatron erhoben. In der Steiermark verdrängte dieser den heiligen Rupert und in Kärnten den heiligen Ägidius, in Tirol den heiligen Georg und den heiligen Kassian. Die 1938 heiliggesprochene Hemma von Gurk wurde de facto Kärntner Landespatronin.

Vorarlberg

Nach Errichtung der Diözese Feldkirch 1968 wurde der hl. Gebhard Diözesanpatron und bald neben Joseph zweiter Landespatron des Landes Vorarlberg.

Burgenland

1924 wurde der hl. Martin Landespatron des neu entstandenen Bundeslandes.

Salzburg

Der hl. Rupert gilt als Begründer der Diözese und ist auch Landespatron .

„Landespatrone sind Vorbilder“

Welche Bedeutung haben Landespatrone?

Aichern: Sie sind ein Vorbild für die Christen im Land und unsere Fürbitter vor Gott. Sie haben im Land gelebt und gewirkt.

Sind diese denn noch zeitgemäß?

Aichern: Vorbilder sind immer zeitgemäß.

Was wissen Sie über Ihren Namenspatron, den heiligen Maximilian?

Aichern: Der Legende nach stammt er von Celeja, dem heutigen Cilli in Slowenien, ab. Er war ein Glaubensbote in den Alpenländern, vor allem in Bischofshofen. Der Tradition nach war er auch der Bischof von Lorch. Er setzte sich während der Christenverfolgung für die Christen ein und wurde 284 bei Celeja gemartert.

Also ein ähnliches Schicksal wie jenes von Florian.

Aichern: Beide und auch Severin haben Zivilcourage gezeigt und den Mut gehabt, sich gegen die Behörden aufzulehnen. Florian war eine sehr bedeutende Persönlichkeit und wird in vielen Ländern verehrt. Noch heute wird dieser Name häufig getauft – öfter noch als Maximilian.

Interview mit dem früheren Diözesanbischof Maximilian Aichern.

Kleine Galerie der oberösterreichischen Heiligen

Florian (3. Jh., † 304)

Der heilige Florian, der am 4. Mai des Jahres 304 mit einem Mühlstein um den Hals von der Brücke bei Lauriacum/Enns in die Enns gestürzt wurde, war pensionierter Staatsbeamter. Als er während der Christenverfolgung durch Kaiser Diokletian von der Einkerkerung und Folter von 40 christlichen Glaubensgenossen in Lauriacum hörte, versuchte er dank seiner ehemaligen Stellung ihre Befreiung zu erwirken und wurde zum Tode verurteilt. Dann beginnen die legendenhaften Züge: Sein Leichnam sei an Land gespült und von einer Witwe namens Valeria auf ihrem Landgut bestattet worden. Auf dem Grab des Heiligen sei im 8. Jahrhundert das berühmte Chorherrenstift Sankt Florian entstanden. Das Grab Florians wurde dort nie gefunden, jedoch entdeckte man in Lorch einen Steinsarg, der ursprünglich wohl das Fundament des ältesten Hochaltars der Lorcher Basilika darstellte und Knochen von mindestens 31 männlichen Individuen enthielt, die mit guten Gründen den vierzig Gefährten zugeordnet werden können.

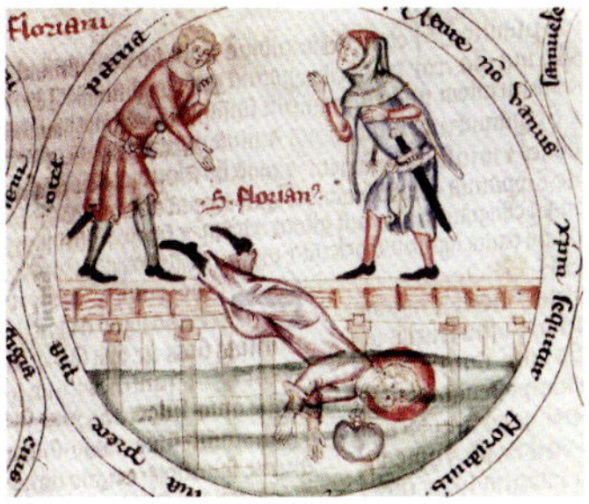

Florian (3. Jh., † 304)

Wolfgang (ca. 924–994)

Maximilian (3. Jh.)

Die Legende vom heiligen Maximilian von Celeja (Cilli) berichtet, dass dieser 284 als Erzbischof von Lorch enthauptet worden sei. Es ist sehr wahrscheinlich, dass es den heiligen Maximilian als Märtyrer und Bischof oder gar Erzbischof von Lorch nie gegeben hat. Die Legende entstand im 13. Jahrhundert, um dem Bistum Passau eine möglichst ehrwürdige und weit zurückreichende Tradition zu verschaffen. Populär wurde der Maximilianskult, nachdem Kaiser Friedrich III. im Jahre 1458 in fast aussichtsloser Lage im Cillier Krieg gelobt hatte, seinen ersten Sohn auf den Namen Maximilian taufen zu lassen. Seither war der Name Maximilian einer der Traditionsnamen des Hauses Habsburg. Vermischt wurde die Verehrung des Maximilian von Celeja mit der Verehrung eines in der Zeit der Völkerwanderung in Bischofshofen wirkenden Maximilian, dessen Reliquien über Altötting nach Passau gelangt waren.

Severin (ca. 400–482)

Geboren wurde Severin um etwa 400 in Italien, gestorben ist er am 8. Jänner 482 in Favianis (Mautern). Er muss von höchster Abkunft gewesen sein und dürfte der Familie des letzten weströmischen Kaisers Romulus Augustulus angehört haben. Im Vorderen Orient lernte er das mönchische Leben kennen. Nicht nur wegen seines heiligmäßigen Lebens, sondern wohl auch wegen seiner vornehmen Abkunft brachte er es in Noricum, wo er nach dem Tod des Hunnenkönigs Attila die Provinz durch die Wirren der Völkerwanderung zu steuern suchte, zu großem Ansehen. Sechs Jahre nach Severins Tod wurde Noricum von den Römern geräumt. Seine Gebeine wurden nach Süditalien mitgenommen und am Alterssitz des Romulus Augustulus in Lucullanum bei Neapel beigesetzt. Seit 1807 ruhen seine Gebeine in der Pfarrkirche von Frattamaggiore bei Aversa (Italien).

Wolfgang (ca. 924–994)

Wolfgang wurde um 924 in Pfullingen (Baden-Württemberg) geboren, 972 wurde er Bischof von Regensburg. In den Kämpfen zwischen Kaiser Otto II. und Herzog Heinrich dem Zänker zog er sich in das Kloster Mondsee und in seine Gründung St. Wolfgang zurück. 994 starb er auf einer Donaureise in der Otmarkapelle zu Pupping.

Adalbero (ca. 1010–1090)

Berthold (12. Jh., † 1142)

Wilbirg (ca. 1230–1289)

Adalbero (ca. 1010–1090)

Der letzte der Grafen von Lambach-Wels kam in Lambach zur Welt und wurde 1045 Bischof von Würzburg. Im Investiturstreit stand er auf Seiten Roms, obschon er zuvor König Heinrich IV. treu ergeben gewesen war. 1088 legte er nach vielen Auseinandersetzungen sein Bischofsamt nieder und zog sich auf die ehemalige Familienburg Lambach zurück, die er 1056 in ein Benediktinerkloster umgewidmet hatte. Dort starb er am 6. Oktober 1090.

Altmann (ca. 1015–1091)

Der in Westfalen Geborene war Hofkaplan Kaiser Heinrichs III. und wurde mit Unterstützung durch dessen Witwe Agnes 1065 Bischof von Passau, wo er eine grundlegende Reform einleitete. Im Investiturstreit stand Altmann auf Seiten des Papstes gegen Kaiser Heinrich IV. und konnte unter dem Schutz des Markgrafen Leopold II. von Österreich nur mehr im östlichen Teil seiner Diözese weiterwirken. Am 8. August 1091 starb Altmann in Zeiselmauer bei Tulln.

Berthold (12. Jh., † 1142)

Berthold von Garsten stammte vermutlich aus dem Geschlecht der Domvögte von Regensburg und Grafen von Bogen, war zuerst Benediktinermönch in St. Blasien im Schwarzwald und ab 1107 Prior im Stift Göttweig. 1111 wurde er erster Abt des 1080 von Markgraf Ottokar von Steyr gegründeten Klosters Garsten und führte mit einer klugen Reform das Kloster zum Erfolg. Er starb 1142 hoch angesehen in Garsten.

Leopold III. der Heilige (1083–1136)

Leopold, ab 1095 Markgraf von Österreich, erhielt für seine Parteinahme für Heinrich V. dessen Schwester Agnes zur Frau, die vorher mit Friedrich von Schwaben verheiratet gewesen war. Leopold konnte nicht nur das babenbergische Österreich zu großer Blüte führen, sondern genoss auch als Reichsfürst höchstes Ansehen. Auf eine Kandidatur zum deutschen König verzichtete er 1125. Im Jahre 1136 verstarb er nach einem Jagdunfall, 1485 wurde er heiliggesprochen.

Wilbirg (ca. 1230–1289)

Die in St. Florian geborene Wilbirg unternahm als Sechzehnjährige zusammen mit ihrer Freundin Mathilde eine entbehrungsreiche Fußwallfahrt nach Santiago de Compostela in Spanien. Nach der Rückkehr entschloss sich Wilbirg zu einem Leben als Klausnerin. Sie ließ sich 1248 in ihrer Klause neben der Klosterkirche einmauern. 1289 – nach 41 Jahren in der Klause, die sie nur einmal kriegsbedingt während der Kämpfe zwischen Ottokar von Böhmen und Rudolf von Habsburg verlassen hatte – starb sie im Ruf großer Heiligkeit.

Franz Joseph Rudigier (1811–1884)

Franz Jägerstätter (1907–1943)

Franz Joseph Rudigier (1811–1884)

Der Vorarlberger Franz Joseph Rudigier wurde nach Seelsorgeposten in Vorarlberg, Tirol und Wien 1845 Spiritualdirektor des Wiener Frintaneums und Hofkaplan. Er war Lehrer Franz Josephs und seines Bruders Maximilian. 1852 ernannte ihn Kaiser Franz Joseph zum Bischof von Linz. Rudigier förderte die Lehrerausbildung und die Niederlassung zahlreicher Ordensgemeinschaften. 1855 initiierte er den Bau des Neuen Doms, dessen Grundsteinlegung 1862 erfolgte; die Fertigstellung dauerte bis 1924. Als Mitglied des Oberösterreichischen Landtages war Bischof Rudigier ein erbitterter Gegner des Liberalismus, wurde 1869 sogar verhaftet und zu zwei Wochen Kerker verurteilt, vom Kaiser aber sofort begnadigt. Er begründete den „Katholischen Volksverein" und den „Katholischen Pressverein", der die Herausgabe des „Linzer Volksblattes" übernahm. Kaiser Franz Joseph sagte nach Bischof Rudigiers Tod über ihn: „Er war ein guter Bischof, aber kein kommoder." Bereits 1895 wurde der Seligsprechungsprozess eingeleitet.

Franz Jägerstätter (1907–1943)

Franz Jägerstätter bewirtschaftete nach einer wechselvollen Jugend und Arbeit am steirischen Erzberg einen Bauernhof in St. Radegund (Innviertel) und war dort ab 1941 auch Mesner. Den Nationalsozialisten, die 1938 die Macht übernahmen, verweigerte Jägerstätter von Anfang an jede Unterstützung. 1940 wurde Jägerstätter zum Militärdienst einberufen, aber zweimal unabkömmlich gestellt. Nach der erneuten Einberufung am 1. März 1943 erklärte er sofort, „dass er auf Grund seiner religiösen Einstellung den Wehrdienst mit der Waffe" ablehne. Am 6. Juli 1943 wurde er wegen „Wehrkraftzersetzung" zum Tode verurteilt und am 9. August 1943 in Brandenburg/Havel enthauptet. Die Seligsprechung erfolgte am 26. Oktober 2007 im Linzer Mariendom.

*„Die Menschen zur damaligen Zeit stellten schon wesentlich mehr dar als nur ‚Barbaren' im Fell ...
Die Menschen in der Steinzeit waren schon sehr mobil unterwegs und global tätig."*

Erwin M. Ruprechtsberger,
Linzer Stadtarchäologe

Skelett eines Höhlenbären

Roman Sandgruber

Die Menschen kamen aus Afrika, die ältesten Funde von Vormenschen stammen aus vier bis fünf Millionen Jahre alten Erdschichten. Erst für die Zeit vor etwa 30 000 bis 60 000 Jahren sind erste menschliche Spuren in Oberösterreich nachweisbar.

STEINERNE UND EISIGE ANFÄNGE: DIE ALTSTEINZEIT

Vor 3,7 bis 3,9 Millionen Jahren ging ein erwachsener Vormensch mit einem Kind an der Hand durch die vulkanische Asche Tansanias: Ihre Fußspuren haben sich erhalten. 3,5 Millionen Jahre alt sind die Reste der „Lucy", die in Äthiopien entdeckt wurden. Vor etwa zwei Millionen Jahren gab es die ersten Menschen, die Steinwerkzeuge herzustellen in der Lage waren. Nach derzeitigem Kenntnisstand ist für den Homo habilis („den geschickten/fähigen Menschen"; ca. 2,5 bis 1,4 Mio. Jahre vor unserer Zeit) der Gebrauch von Werkzeugen sicher nachgewiesen.

Steinwerkzeuge

Die Menschen der Altsteinzeit bedienten sich verschiedener Werkzeuge aus Holz, Knochen und Stein. Erhalten haben sich aber nur die Steinwerkzeuge, hauptsächlich aus Feuer- und Hornstein, die in Klingenform abgeschlagen wurden.

Steinwerkzeuge zu fertigen ist einfacher, als man vermuten würde. Aus geeigneten Steinen lassen sich mit entsprechender Schlagtechnik messerscharfe Klingen erzeugen. Zum Schlagen konnten Steine, hartes Holz, Geweih- und Knochenstücke verwendet werden.

Der Homo erectus – dessen Bezeichnung („der aufrechte Mensch") irreführend ist, da schon seine Vorgänger aufrecht gingen – zählt zu den Frühmenschen. Die ältesten Funde solcher Frühmenschen sind 1,3 bis 1,8 Millionen Jahre alt. Ihre Ausbreitung erstreckte sich über die gesamte alte Welt, vom „Pekingmenschen" im Osten bis zum „Heidelbergmenschen" im Westen. Ihr Gehirnvolumen erreichte etwa drei Viertel der heutigen Menschen, war aber um 60 Prozent größer als das eines Homo habilis. Der Homo erectus beherrschte bereits das Feuer. Vor etwa drei bis vier Jahrhunderttausenden wurde er in Europa vom Vorneandertaler abgelöst.

Die Zeit der Neandertaler

In der Zeit von ca. 300 000 bis ca. 30 000 vor unserer Zeit lebte von Europa bis in den Mittleren Osten der Neandertaler (Homo neanderthalensis). Dieser Menschentyp unterschied sich vom modernen Menschen durch den kleineren, aber robusteren Körperbau. Die Neandertaler waren nachweislich in soziale Gefüge eingebunden, bestatteten ihre Toten und stellten qualitativ hochwertige Steinwerkzeuge her.

Was mit dem Neandertaler passiert ist, weiß man nicht. Vom modernen Menschen (Homo sapiens), von dem alle heutigen Menschen stammen, trennte sich seine Entwicklung wohl schon vor mehr als 600 000 Jahren. Unklar

Rekonstruktion eines Neandertalers, Neanderthal Museum, Mettmann bei Düsseldorf

ist, ob es zu Vermischungen mit den modernen Menschen kam, die sich vor 40 000 Jahren (Homo sapiens sapiens) wieder von Afrika aus in Europa auszubreiten begannen und die Neandertaler quer über Europa bis zuletzt Südspanien verdrängten. Aus welchen Gründen sind die Neandertaler ausgestorben? Haben die modernen Menschen die Neandertaler ausgerottet? Aufgrund welcher Überlegenheit? War doch der Neandertaler deutlich robuster gebaut, besaß kein kleineres Gehirnvolumen und müsste aller Wahrscheinlichkeit nach an das eiszeitliche Klima im Norden besser angepasst gewesen sein als der aus Afrika kommende Homo sapiens sapiens. Vor 27 000 Jahren jedenfalls gab es in Oberösterreich keine Neandertaler mehr. Derzeit ist unbekannt, welche Vorgänge dabei eine Rolle spielten und wie die Verbreitung des modernen Menschen vor sich ging.

Schädel und Sprache der Neandertaler

Die Schädelform des Neandertalers weist einige markante Details auf: Der Schädel ist lang, die Stirn flach, der Unterkiefer dominant. Weitere Merkmale sind der Überaugenwulst, das fliehende Kinn, die wulstigen Lippen und die hervortretenden Nasenöffnungen.

Der Stimmapparat der Neandertaler war Computerrekonstruktionen zufolge nicht in der Lage, Quantenvokale hervorzubringen, auf denen die modernen Sprachen beruhen. Der rekonstruierte Neandertaler erzeugt Laute, die mehr einem Blöken ähneln.

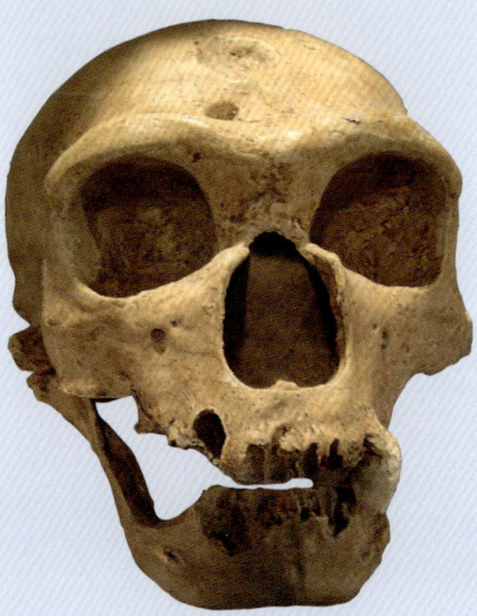

Leben in der Eiszeit

Vor rund 900 000 Jahren begann eine Periode der Weltgeschichte, die mit den vier Eiszeiten Günz, Mindel, Riß und Würm nur unzulänglich beschrieben wird. Es war eine Abfolge von sehr viel mehr einander abwechselnden Kalt- und Warmperioden. Die letzte Eiszeit, das Würm, begann vor etwa 120 000 Jahren. Ihr war die Riß-Würm-Warmzeit vorausgegangen (130 000 bis 120 000 Jahre vor uns), in der es zu einem plötzlichen Abschmelzen der riesigen, in der Riß-Eiszeit entstandenen Gletscher in Mitteleuropa auf ungefähr das heutige Niveau gekommen war. Im ersten Abschnitt der daraufolgenden Würm-Eiszeit, der

Ausbreitung der Alpenvergletscherung während der Eiszeiten

Die langen Wellen des Klimas

Die nunmehr fast vier Millionen Jahre dauernde Geschichte der Menschheit ist eingebettet in sehr langfristige Klimaschwankungen, in Kalt- und Warmperioden, die mit den gängigen Begriffen „Eiszeiten" und „Zwischeneiszeiten" zusammengefasst werden.

Die bislang letzte Kaltzeit begann vor ca. 120 000 Jahren. Vor 10 000 Jahren endete der letzte große Vereisungszyklus, der archäologisch mit dem Ende der sogenannten Altsteinzeit zusammenfällt.

Die Tier- und Pflanzenwelt änderte sich entsprechend den klimatischen Schwankungen. Auf den von einzelnen Baum- und Buschgruppen bewachsenen Steppen, wie sie heute aus dem Bereich der Tundra bekannt sind, lebten Wollnashorn, Riesenhirsch, Ren, Steppenwisent, Pfeifhasen, Wildpferd und Mammut. Während der Warmzeiten boten die dicht bewaldeten Regionen des Flachlands Platz für Biber, Luchs, Waldelefant und Wildkatze. In den Alpen kamen noch Höhlenbär, Murmeltier und Steinbock hinzu.

bis vor 65 000 Jahren dauerte, wechselten Kalt- und Warmphasen relativ rasch. Während des Mittelwürm (zwischen 64 000 und 31 000 v. Chr.) kam es zu einer Warmphase, die nach einem bedeutenden oberösterreichischen Fundplatz in der 1950 Meter hoch gelegenen Ramesch-Höhle bei Spital am Pyhrn im Toten Gebirge als Ramesch-Interstadial bezeichnet wird. Dort wurden die bislang ältesten Nachweise von Menschen in Oberösterreich gefunden. Neben einer Unzahl von Höhlenbärenknochen konnten auch grob zugerichtete Steingeräte sichergestellt werden, die aus der Zeit von 65 000 bis 30 000 v. Chr. stammen und von Jägern und Sammlern zurückgelassen wurden, die bis in diese Höhe vorstießen. Es waren Neandertaler, die sich als geschickte Jäger auszeichneten, Höhlenbärenjäger waren sie jedoch wahrscheinlich nicht. Der Großteil der Nahrung war wohl pflanzlich und wurde gesammelt. Damals war es wärmer als heute und die Baumgrenze lag um mehrere 100 Meter höher.

Als es vor 30 000 Jahren erneut markant kälter wurde, mag das das Ende der Neandertaler bedeutet haben. Zwischen 34 000 und 10 000 v. Chr. währte die bislang letzte große Vereisung, die im Flachland Mitteleuropas die Mammutsteppen entstehen ließ. Um 12 000 bestand die Vegetation in Österreich aus einer baumfreien Tundra, es war im Jahresmittel um sechs bis acht Grad kühler als heu-

te. Vor etwa 10 000 bis 12 000 Jahren endete mit der Würm-Eiszeit die bislang letzte große Vereisung. Die Tier- und Pflanzenwelt änderte sich grundlegend. Die Großsäuger – Mammut, Wollnashorn, Riesenhirsch, Ren, Steppenwisent, Moschusochse, Saigaantilope – wanderten ab oder starben aus.

Am Beginn des Spätglazials waren Skandinavien und Finnland noch vollständig von Eis bedeckt. Die Ostsee gab es noch nicht oder sie war völlig vereist. Der Meeresspiegel lag um etwa 90 Meter unter dem heutigen Niveau. Zwischen England und dem Kontinent gab es noch eine Landbrücke. Ab 12 000 v. Chr. begann sich am Südrand des nordischen Eises der baltische Eissee zu bilden, der Meeresspiegel stieg. Um 7500 v. Chr. entstand eine Verbindung zwischen Nord- und Ostsee, um 6400 v. Chr. bildete sich der Ärmelkanal.

Es wurde allmählich wärmer und milder, die Gletscher gingen zurück. Eine Kräuter-Gras-Steppe breitete sich über Österreich aus. Dann bildete sich im Spätglazial eine „Parktundra“ mit Kiefern und Birken. Um etwa 8000 v. Chr., also vor 10 000 Jahren, endete auch bei uns die Eiszeit und das heutige Vegetationsmuster entstand.

Das Ende der Eiszeit

In Niederösterreich gibt es mit der Fanny vom Galgenberg und der Venus von Willendorf bedeutendste Funde, die an die 30 000 Jahre alt sind. Dass in Oberösterreich die Fundlage erst sehr viel später dichter zu werden beginnt, hängt mit der Eiszeit zusammen. Denn das Abschmelzen der riesigen Gletscher in Oberösterreich führte zu gravierenden topografischen Veränderungen, die fast alles, was Menschen hinterlassen

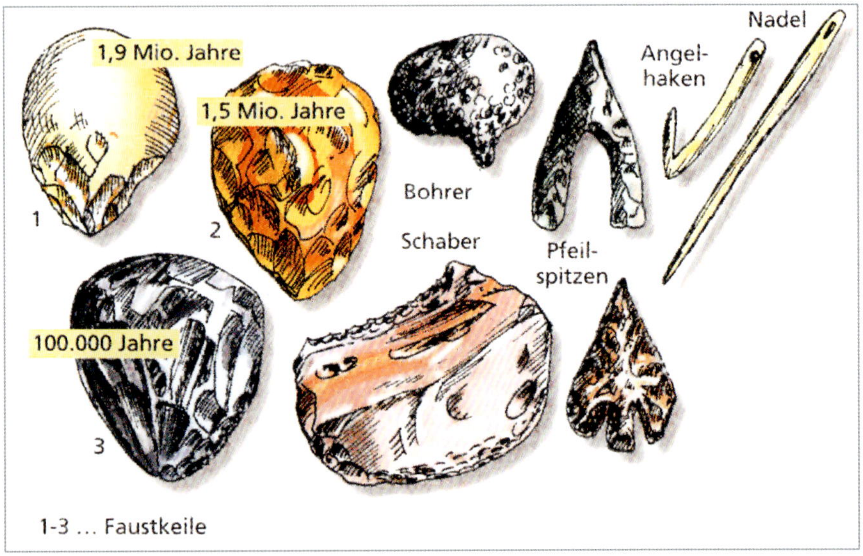

Altsteinzeitliche Gebrauchsgegenstände

Die Ramesch-Knochenhöhle

Diese Höhle im Toten Gebirge gilt als einer der bedeutendsten Fundorte im Zusammenhang mit der Erforschung des alpinen Klimas und der Fauna der Jüngeren Altsteinzeit.

Weitere für diese Fragestellungen wichtige Fundorte des Paläolithikums sind das Nixloch bei Losenstein im Ennstal, die Gamssulzenhöhle bei Windischgarsten und die mittlerweile zerstörte Fundstelle „Heinrichsbruch“ bei Mauthausen.

Eine der wenigen altsteinzeitlichen Fundstellen Oberösterreichs, die archäologisches, also vom Menschen stammendes Material zutage brachten, ist die Berglitzl bei Gusen (Bezirk Perg).

Steinwerkzeug von der Berglitzl

haben könnten, überdeckt oder weggespült haben. Auch wenn Menschen in der Eiszeit hier anwesend gewesen wären, hatten sie in einer Landschaft, wo nach dem Abschmelzen der großen Gletscher riesige Schotterfelder angeschwemmt wurden, kaum die Chance, für uns auffindbare Spuren zu hinterlassen.

In der Gamssulzenhöhle im Toten Gebirge wurden etwa 50 Artefakte aus dem Spätglazial gefunden: Knochenspitzen, Bohrer, Kratzer, Stichel und Messer zur Verarbeitung von Jagdbeute. Auch im Nixloch bei Losenstein-Ternberg sind einige Überreste gefunden worden. Die Urzeitmenschen waren wohl mehr Sammler als Jäger. Die charakteristische Lebensweise der damaligen Menschen war es, nicht sess-

Steinzeitliche Funde

Sind mithilfe der Luftbild-Archäologie noch weitere Entdeckungen zu erwarten?

Ruprechtsberger: Natürlich, wir setzen Flugzeuge ein und sind immer wieder überrascht, wie viel im Boden noch vorhanden ist, sofern er nicht zerstört wurde, und wie groß die Siedlungsdichte in der Steinzeit schon war. Unsere Forschungsprojekte in Ansfelden und Wolfern bestätigen das.

Treiben Bauvorhaben die Archäologen zur Eile an?

Ruprechtsberger: Ja, leider. Die Wirtschaft drängt sehr. Das für uns zuständige Denkmalamt ist angesichts von Straßen- oder Garagenprojekten in einem Wettlauf mit der Zeit. Dabei kostet eine Notgrabung gegenüber dem Bau selbst eine Bagatelle.

Erinnern Sie sich spontan an Ihr größtes Erfolgserlebnis?

Ruprechtsberger: Besonders berührend war es für mich, als ich in Linz auf dem Römerberg ein Säuglingsgrab freilegte. Das nur wenige Monate alte Kleinkind war mit reichen Beigaben wie Schmuck bestattet worden. Die Untersuchung der Milchzahnreste ergab, dass das Kind um 300 n. Chr. gelebt hat. Der Fund ist im Museum „LinzGenesis" am Hauptplatz zu sehen.

Stimmt das überlieferte Steinzeit-Klischeebild noch?

Ruprechtsberger: Die Menschen zur damaligen Zeit stellten schon wesentlich mehr dar als nur „Barbaren" im Fell, die auf Mammutjagd gingen, um die Familie in der Höhle zu ernähren. Alle unsere Untersuchungen bestätigen die Meinung der heutigen Forscher, wonach die Menschen in der Steinzeit schon sehr mobil und global tätig waren. Aus gutem Grund gaben wir deshalb einer Ausstellung im Linzer Stadtmuseum Nordico über den Steinzeithandel an der Donau den Titel „Drehscheibe Linz".

Interview mit Erwin M. Ruprechtsberger, Linzer Stadtarchäologe.

Zwei österreichische Highlights: Fanny vom Galgenberg und Venus von Willendorf

Fanny vom Galgenberg

Feuer zu machen war eine große Herausforderung für die Menschheit. Vor über 30 000 Jahren dürfte mit Feuersteinen erstmals Feuer geschlagen worden sein. Am Galgenberg bei Krems wurde ein Unterstand mit Feuerstelle gefunden, etwa eineinhalb Meter davon entfernt eine sieben Zentimeter große anthropomorphe Steinstatuette, die sogenannte Venus oder „Fanny vom Galgenberg". Der Prähistoriker Otto Urban sieht in dieser frühesten künstlerischen und weltweit einzigartigen Darstellung aus Österreich eine männliche oder weibliche Figur, die im abgewinkelten Arm eine brennende Fackel hält: die älteste künstlerische Darstellung des Feuers.

Venus von Willendorf

Die sogenannte „Venus von Willendorf", gefunden im Jahr 1908 in der Wachau, ist heute in der Prähistorischen Abteilung des Naturhistorischen Museums in Wien ausgestellt. Die aus Kalkstein bestehende Figur ist 11 cm groß und stellt eine nackte Frau dar, deren Gesicht und Füße nicht gestaltet wurden. Erkennbar ist eine aus parallelen Lockenreihen bestehende Frisur. Wir wissen nicht, welche Vorstellungen und Intentionen vor 25 000 Jahren hinter der sorgfältigen Herstellung und der Verwendung dieser kleinen Figur standen: Jedenfalls war sie ein Schönheitsideal, das – wie noch lange später – die Wohlbeleibtheit würdigte.

haft zu sein, im jahreszeitlichen Rhythmus wurden unterschiedliche Wohnplätze aufgesucht. Gesammelt wurden Pflanzen, Pflanzenteile und kleinere Tiere. Aber auch eine derart aneignende Lebensweise hatte ökologische Auswirkungen: Der Urmensch hat manche Tiere ausgerottet und die Flora stärker verändert, als man vermuten würde.

Vor etwa 8000 Jahren begann auch bei uns jener Prozess, der im Nahen Osten schon fast vier Jahrtausende früher eingesetzt hatte und der „jungsteinzeitliche Revolution" genannt wird: der Anfang der Landwirtschaft. Gemeint ist jenes Verhalten, die Produkte, die die Natur bot, nicht nur zu sammeln und zu jagen, sondern durch ein geplantes Wirtschaften und Arbeiten zu vermehren.

Zeittabelle für Mitteleuropa

2,4 Millionen bis 350 000 v. Chr.

Altpaläolithikum (Altaltsteinzeit): Werkzeuge werden aus Stein, Holz, in den späteren Perioden auch aus Knochen hergestellt; in Österreich sind altpaläolithische Funde nicht nachgewiesen.

350 000 bis 40 000 v. Chr.

Mittelpaläolithikum: Zeit des Neandertalers; typisch sind fein ausgebildete Faustkeile.

40 000 bis 12 000 v. Chr.

Jungpaläolithikum: Beginn des Vordringens von modernen Menschen in Europa; in diese Phase gehören die Venus-Figuren und erste Höhlenmalereien.

Höhlenmalerei, Lascaux

12 000 bis 8000 v. Chr.

Spätpaläolithikum (Spätaltsteinzeit): In diese Epoche fallen die Wiederbewaldung Europas sowie ein vollständiger Wechsel der Tier- und Pflanzengesellschaften.

8000 bis 5600/5500 v. Chr.

Mesolithikum (Mittelsteinzeit): Zeit der großen Wälder bis zum Auftreten der ersten Landwirtschaft.

5500 bis 4000 v. Chr.

Neolithikum (Jungsteinzeit): Die ersten bäuerlichen Kulturen treten auf. Keramik wird hergestellt; die Kreisgrabenanlagen des östlichen Österreich werden errichtet.

4000 bis 2000 v. Chr.

Kupferzeit: letzter Abschnitt der Jungsteinzeit und Übergang zur Bronzezeit. Metallbearbeitung wird eingeführt; in diese Phase gehören der Ötzi (um 3300 v. Chr.) und auch die Pfahlbausiedlungen der Mondseekultur.

2000 bis 800 v. Chr.

Bronzezeit: Metallgegenstände werden vorherrschend aus Bronze, einer Legierung aus Kupfer und Zinn, hergestellt, die weitaus härter als reines Kupfer ist.

800 bis 15 v. Chr.

Eisenzeit: Eisen wird für Werkzeuge und Waffen verwendet; in Mitteleuropa wird diese Periode in Ältere (Hallstatt) und Jüngere (Latène) Eisenzeit unterteilt.

„Durch die Ausgrabungen sehen wir, wie die Menschen am Salzberg gelebt haben. Es war ja eine schriftlose Zeit. Alles ist wie ein großes Puzzle."

Anton Kern,
Direktor der Prähistorischen
Abteilung des Naturhistorischen Museums und
Leiter der Ausgrabungen in Hallstatt

Ausstattung eines Bergmannes um ca. 1000 v. Chr., Museum Hallstatt (nicht mehr ausgestellt)

Roman Sandgruber

Die Epoche der Hallstattzeit (ca. 800 bis 450 v. Chr.) liegt zwar zweieinhalb Jahrtausende zurück. Aber Hallstatt ist immer noch Oberösterreichs weltweit bekanntester Ort.

DER ERSTE HÖHEPUNKT: DIE HALLSTATTZEIT

Hallstatt hat einer ganzen Epoche der Urzeit den Namen gegeben, der „älteren Eisenzeit“ oder „Hallstattkultur“. Als in Mitteleuropa die Hallstattzeit einsetzte, um etwa 800 v. Chr., hatte in Griechenland Homer seine Epen schon verfasst oder war gerade dabei, lebten in Italien die Etrusker, wurde Rom gerade gegründet (753 v. Chr.) und begannen die Griechen mit der Kolonisation der gesamten Mittelmeerwelt.

Eine fast dreieinhalbtausend Jahre alte Holzstiege

Eine 2004 im Hallstätter Bergwerk freigelegte Holzstiege konnte exakt auf das Jahr 1344 v. Chr. datiert werden. Gelungen ist dies Holzwissenschaftern der Universität für Bodenkultur in Wien durch die Analyse der Jahresringe der für die Stiege verwendeten Bäume. Aus Baumstämmen, die sich in den Seen und Mooren des Salzkammerguts erhalten haben, konnte eine von der Gegenwart bis in die Mitte des 2. vorchristlichen Jahrtausends zurückreichende Jahresringchronologie erstellt werden, die eine genaue Datierung aller erhaltenen Holzreste erlaubt. Die Stiege, die durch ihre technische Raffinesse besticht, ist ein wichtiges Zeugnis für die bereits lange vor der eigentlichen Hallstattzeit hochstehende Bergbautätigkeit in der Region.

Am Ende des 9. vorchristlichen Jahrhunderts bahnte sich in Mitteleuropa eine Kulturwende an. Das Eisen begann sich hier zu etablieren und löste sukzessive die Bronze als wichtigstes Metall ab. Vorerst änderten sich aber vornehmlich die Waffen und erst später auch die Werkzeuge. Im Vorderen Orient war das Eisen schon länger bekannt und geschätzt. Dem ägyptischen Pharao Tutanchamun (etwa 1333 bis 1323 v. Chr.), der durch sein spektakuläres, unberaubtes Grab weltberühmt geworden ist, war ein Eisendolch ins Grab gelegt worden, wertvoller als alles Gold, das man ihm mitgegeben hatte.

Die Anfänge des Bergbaus

Hallstatt erlangte seine Bedeutung durch die Salzvorkommen. Jungsteinzeitliche Streufunde vom Hallstätter Salzberg lassen auf eine weit zurückreichende Nutzung des Areals schließen. Seit dem 18. Jahrhundert v. Chr. sind Spuren des Bergbaus nachweisbar, es wurden sehr tiefe und steile Schächte abgetäuft. Die 2004 entdeckte Holzstiege aus der Mitte des 14. Jahrhunderts v. Chr. lässt einen hohen technischen Standard erkennen. Ein massiver Wassereinbruch an der Wende von der Bronze- zur Eisenzeit brachte diesen ältesten Bergbau zum Erliegen.

Holzstiege aus dem 14. Jh. v. Chr.

In neuer Form mit nunmehr waagrecht in den Berg führenden Stollen wurde der Bergbau später wieder aufgenommen. Gearbeitet wurde aber weiterhin nicht mit Eisenwerkzeugen – Eisen diente noch vornehmlich für Waffen –, sondern mit bronzenen Pickeln und Holzschlägeln. Salzbrocken in Form halber Herzen wurden aus den Stollen herausgebrochen und in Fellsäcken abtransportiert. Die Kubaturen, die abgebaut wurden, waren den vorhandenen Erkenntnissen zufolge enorm. Die Hochblüte dieses Bergbaus datiert in das 8. bis 4. Jahrhundert v. Chr. und wurde durch einen neuerlichen massiven Wassereinbruch beendet. Dabei wurde offensichtlich auch jener Bergmann verschüttet, dessen mumifizierter Leichnam 1734 im „Heidengebirge" gefunden und auf dem Friedhof von Hallstatt bestattet wurde. Heutzutage wäre dies ein Sensationsfund, der in seiner Bedeutung dem Ötzi gleichkäme.

Die Entdeckung des Gräberfelds

Hallstatts Bedeutung rührte aus dem Bergbau, weltberühmt wurde der Ort, weil hier bereits um die Mitte des 19. Jahrhunderts ein großes Gräberfeld mit spektakulären Beigaben entdeckt wurde. Die Funde wurden in einer für die damalige Zeit hervorragenden Weise erschlossen und waren für die Namensgebung „Hallstattzeit" (800–400 v. Chr.) ausschlaggebend. Die Hallstätter Funde gehören zu den wertvollsten Beständen der gesamten europäischen Urgeschichte. Eine ganze Reihe von Fremdformen bezeugen die weitreichenden Handelskontakte der Salzherren nach allen Himmelsrichtungen.

1846 wurden von Bergrat Johann Georg Ramsauer (1797–1876) die ersten Gräber am Hallstätter Salzberg entdeckt. Bis 1863 wurden 980 Grabkomplexe mit fast 20 000 Objekten freigelegt und durch berühmte Aquarelle von Isidor Engl dokumentiert, eine Seltenheit in der Frühzeit der Archäologie. Von den rund 1300

Der große Ausgräber

Johann Georg Ramsauer wurde 1797 in Hallstatt geboren. 1846 entdeckte er das Gräberfeld im Hochtal, das er als Bergmeister bis 1863 ausgraben ließ. Dokumentiert wurden die Ergebnisse in für die damaligen Verhältnisse mustergültigen Grabungsprotokollen mit akribischen Aufzeichnungen und künstlerisch hervorragenden Zeichnungen von Isidor Engl.

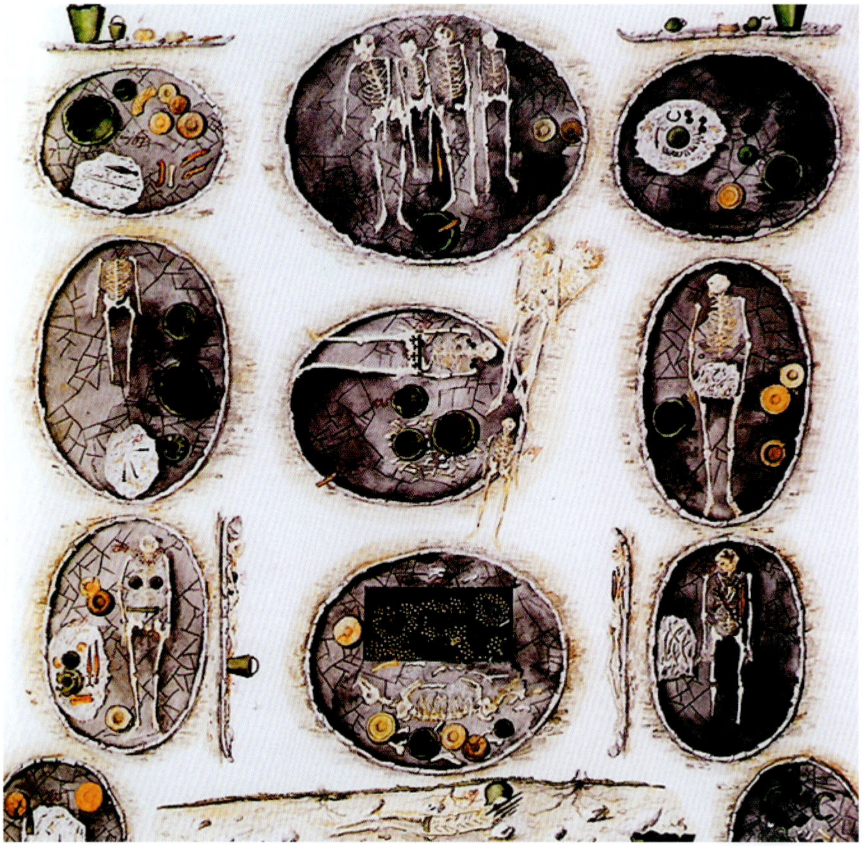

Darstellung sogenannter Tonwannengräber aus J. G. Ramsauers Grabungsprotokollen

Flachgräbern, die am Hallstätter Salzberg bislang erforscht wurden, sind rund die Hälfte Brandgräber, die andere Hälfte Körperbestattungen. Die Unterschiede dürften sozial begründet sein, die Brandbestattung war aufgrund des bereits damals herrschenden Holzmangels deutlich teurer. Die angeseheneren und reicheren Toten wurden verbrannt, wie aus dem Reichtum der Grabbeigaben hervorgeht. Der größere Teil der Bronzegefäße stammt aus Brandgräbern. Man kennt die Glaubensvorstellungen nicht, die hinter der Brandbestattung standen. Im homerischen Griechenland war das Verbrennen gleichbedeutend mit der Befreiung der Seele, die erst dadurch, losgelöst vom Körper, in die Unterwelt eingehen könne.

Das Hallstätter Bronzebecken mit dem Rinderhenkel

Einer der bedeutendsten Funde in Hallstatt stammt aus einem Brandgrab (6. Jh. v. Chr.), das die Nummer 671 erhielt. In einer auf Schotter gelagerten, ca. 270 x 150 cm messenden Tonwanne befand sich neben zwei Armreifen, drei Brillenfibeln, zwei Gürtelblechen, Bruchstücken zweier Gürtelhaken (alle aus Bronze), sechs Ringen, Perlen, einem Perlenschieber und einem Kamm sowie zwei Spiralrollen aus Golddraht ein halbkugeliges Becken aus Bronze. Sein Griffteil wird durch den voll gegossenen Körper eines Rindes gebildet, das auf einer Stütze steht, die im Inneren des Gefäßes befestigt ist. Ihm folgt ein kleines Tier, wohl ein Jungtier, das aber ebenfalls ein Gehörn trägt. Das Rind war nicht nur in der Hallstattzeit, sondern in vielen ur- und frühgeschichtlichen Kulturen ein beliebtes Motiv.

Alltagsleben im Bergort

Im Salz des Bergwerks wurden zahlreiche Alltagsüberreste konserviert. Der Gesundheitszustand der Bergleute muss, den versteinerten Exkrementen nach zu schließen, katastrophal gewesen sein. Ihre Ernährung bestand aus einer Bergmannssuppe, dem volkstümlichen Ritschert nicht unähnlich, einem Eintopf aus Schweins-, Lamm- oder Gämsenhaxen, -ohren etc. sowie Gerste, Saubohnen und Erbsen. Von wem und wann die hochwertigen Fleischteile verzehrt wurden, die offensichtlich gepökelt und luftgetrocknet wurden, ist unklar.

Lederhaube

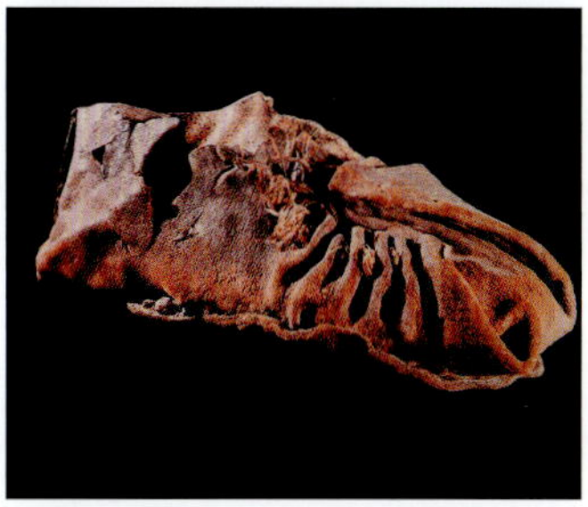

Lederschuh

Holzgefäß

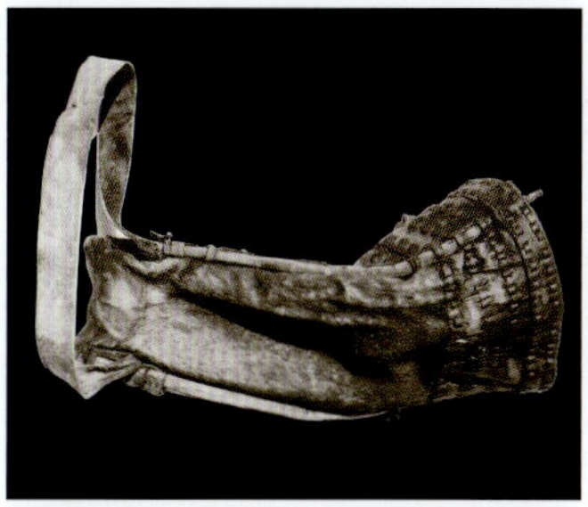

Tragsack

Die Hallstattkultur erstreckte sich von Ostfrankreich bis Westungarn, von Böhmen bis Oberitalien. Dass die am Hallstätter Salzberg Bestatteten nicht die oberste Führungsschicht der Hallstattkultur darstellten, ist einsichtig. Wo sich die eigentlichen Machtzentren befanden, ist ungeklärt. Fest steht, dass in Traunkirchen unmittelbar vor der Halbinsel mit dem ehemaligen Kloster eine bedeutende Seeufersiedlung bestand, von der in jüngster Zeit reiche Grabfunde entdeckt wurden.

Der Goldreif von Uttendorf

„Indessen ich am anderen Morgen noch im Schlafe lag, klopfte es an der Thür, ein Bote trat ein und benachrichtigte mich mit folgenden Worten von dem großen Ereigniß: ‚Se soit'n schnell außi kema, ham a guidene Kron g'funden.' Ich traute meinen Ohren nicht und ließ mir, während ich meine Augen rieb, den Fund beschreiben. Es war kein Zweifel. Hocherfreut und begierig das Wunderding zu sehen, kleidete ich mich schnell an und eilte hinaus." So lautet der Bericht von Hugo von Preen, einem der Pioniere der oberösterreichischen Archäologie, über jenen Morgen im Jahr 1885, an dem der Goldhalsreifen in einem Grabhügel in der heutigen Gemeinde Helpfau-Uttendorf entdeckt wurde.

Mitterkirchen und Uttendorf

Mitterkirchen im Bezirk Perg stellt neben dem namengebenden Hallstatt den reichsten bisher bekannt gewordenen Fundort Oberösterreichs aus der Hallstattkultur dar. In Mitterkirchen konnten fast 50 eingeebnete Grabhügel mit 76 unverbrannt bestatteten Personen aus der Zeit um 700 v. Chr. geborgen werden. Das herausragendste Ensemble ist ein Grab aus dem 7. Jahrhundert, in dem in einer mindestens 3,4 Meter großen Grabkammer eine Frau auf einem vierrädrigen Wagen samt umfangreicher Ausstattung, Pferdegeschirr, Schmuck und Speisebeigaben bestattet wurde.

In dieser Zeit lässt sich eine deutliche Hierarchisierung der Gesellschaft feststellen, die sich besonders in reich ausgestatteten Bestattungen unter Grabhügeln niederschlug, teilweise mit der Beigabe eines vierrädrigen Wagens und Pferdegeschirrs (Wagengrab).

Die Hallstattzeit war von einer elitären Oberschicht geprägt. Die reichen Gräber der obersten Führungsschichten wurden nicht mehr mit langen Schwertern, sondern mit kurzen Dolchen ausgestattet. Man schloss daraus, dass solch eine symbolische Waffe genügte, um ihre Macht durchzusetzen und zu behaupten.

Eine der auffälligsten Erscheinungen der Hallstattkultur ist die Mitgabe eines vierrädrigen Wagens in die Gräber der obersten Führungsschicht. Einerseits werden die Wagen im realen Leben wohl eine Rolle als Statussymbol gespielt haben, andererseits könnten sie als Grabbeigabe die Vorstellung von einem Gefährt in ein wie immer

Die „Burgwiese" in Ansfelden

Unweit der Mündung der Krems in die Traun liegt auf einem Bergsporn bei Ansfelden die befestigte Höhensiedlung „Burgwiese". Sie war während der Älteren Eisenzeit dicht besiedelt, wie durch Ausgrabungen in den Jahren 1999–2002 festgestellt werden konnte. Die zahlreichen Funde, darunter Bronzeschmuck und eine Bernsteinperle aus dem Baltikum, zeigen, dass der Ort zur Zeit der Hallstattkultur auch am Fernhandel beteiligt war.

geartetes Jenseits belegen. Mit dem Ende der Hallstattkultur verschwanden die vierrädrigen Wagen in den Gräbern.

Die Goldfunde im Koppental und auf dem Arikogel

Aus der Spätbronzezeit stammen jene beiden spektakulären Goldschatzfunde, die in jüngerer Zeit im Hallstätter Raum gemacht wurden: der Golddepotfund aus dem Koppental und der fast ein Kilogramm Gold umfassende Schatz vom Arikogel.

Die Hintergründe der seinerzeitigen Deponierung liegen im Dunkeln. Mit naturwissenschaftlichen Methoden konnte die Herkunft des Goldes geklärt werden. Sie muss aufgrund der chemischen Zusammensetzung in Siebenbürgen vermutet werden und belegt die sehr großräumigen Handelsbeziehungen.

Ein vierrädriger Wagen war auch Bestandteil des Uttendorfer Grabhügels, in welchem neben den Resten des Wagens zahlreiche weitere Beigaben und der berühmte Goldhalsreifen gefunden wurden. Dieser fast ein Viertelkilo schwere Goldreif ist der einzige seiner Art, der bislang in Österreich aus der Hallstattzeit bekannt wurde (etwa 20 vergleichbare Stücke sind bislang aus der Hallstattwelt vorhanden). Der Grabhügel von Uttendorf dürfte etwa 33 Meter Durchmesser und acht Meter Höhe gehabt haben. Das wohl größte noch vorhandene Hügelgrab der Hallstattkultur in Österreich ist der Tumulus von Großmugl bei Stockerau mit einem Durchmesser von 55 Metern und einer Höhe von 16 Metern. Er ist, eine Besonderheit für ein derart auffälliges Monument, archäologisch noch nicht erforscht.

Die Träger der Hallstattkultur

Zu den meistdiskutierten Fragen gehört die nach den Trägern der Hallstattkultur: ob Illyrer, Kelten oder ein nicht näher zuordenbarer Volksstamm. Da keine Schriftzeugnisse überliefert sind, ist unbekannt, welche Sprache die Träger dieser charakteristischen materiellen Kultur sprachen. Es gibt aber Grund zu der Annahme, dass die Wurzeln der in linguistischen und schriftlichen Quellen ab dem 5. Jh. v. Chr. fassbaren keltischen Stämme bis vor die Hallstattzeit zurückreichen.

Nachbau eines Wagens aus der Hallstattzeit im Museum Mitterkirchen

„Die Bürger aus der Stadt Lauriacum und die Flüchtlinge aus den donauaufwärts gelegenen Kastellen hatten an verdächtigen Stellen Späher aufgestellt und suchten sich dadurch, soweit sie es durch menschliche Vorsicht vermochten, vor den Feinden in Acht zu nehmen."

EUGIPPIUS, VITA SANCTI SEVERINI

Weihestein zu Ehren der Götter Jupiter, Juno und Minerva aus der Lorcher Basilika

ROMAN SANDGRUBER

Für etwa 500 Jahre war Oberösterreich südlich der Donau als Teil der Provinz Noricum Glied des Römischen Reiches. Geblieben ist davon viel: das Christentum, die grundlegende Infrastruktur, viele Kulturtechniken.

DIE RÖMER AN DER DONAU

Das keltische Königreich Noricum wurde um etwa 10 v. Chr. unter Kaiser Augustus von den Römern weitgehend friedlich besetzt. Ihr weiteres Vordringen nach Norden kam aber zum Stehen, als die groß angelegte Offensive gegen das Markomannenreich abgebrochen werden musste und die römischen Truppen im Jahr 9 n. Chr. in der Schlacht im Teutoburger Wald in eine katastrophale Niederlage schlitterten. Für 500 Jahre blieb in Österreich die Donau die Nordgrenze des Römischen Reichs. Der „Limes", der zwischen Rhein und Donau eine durchgehende, der Chinesischen Mauer ähnelnde, wenn auch weniger gewaltige Grenzfestung darstellte, brauchte an der Donau nur durch eine Reihe von Militärlagern abgesichert zu werden.

Das römische Noricum

Das von Kaiser Augustus besetzte Noricum, dessen Romanisierung von Aquileia ausgehend schon 150 Jahre früher eingesetzt hatte, erhielt unter Kaiser Claudius (41–54 n. Chr.) den Status einer Provinz. Der Sitz der römischen Verwaltung war vorerst die Stadt auf dem Kärntner Magdalensberg, deren Name uns leider nicht bekannt ist. Als Noricum Provinz wurde, verlegte man die Verwaltung vom Berggipfel in das in der Ebene gelegene Virunum, das gleichzeitig mit vier anderen norischen Orten das Stadtrecht erhielt.

Die Grenze entlang der Donau wurde in der zweiten Hälfte des 1. Jahrhunderts durch in Holz-Erde-Technik errichtete Lager abgesichert. Durch archäologische Zeugnisse konnten nur die Lager von Boiodurum (Passau-Innstadt) und Lentia (Linz) aufgefunden werden. Von Tacitus erfahren wir, dass im Jahr 68 n. Chr. acht Infanterieeinheiten (cohortes) und eine Kavallerieeinheit (ala) in Noricum stationiert waren. Ihre Lager ließen sich archäologisch in Wallsee, Mauer/Url, Pöchlarn, Traismauer, Tulln, Zwentendorf und Zeiselmauer nachweisen. Unter den Kaisern Trajan (98–117) und Hadrian (117–138) erfolgte der Ausbau der bisherigen Holz-Erde-Lager zu festen Steinkastellen.

Befestigung der Grenze des Römischen Reichs entlang der Donau

Die Provinz erfreute sich mehr als ein Jahrhundert hindurch einer Friedenszeit mit entsprechendem wirtschaftlichem Aufschwung und kultureller Blüte. Das änderte sich unter der Regierung Mark Aurels (161–180). Im Jahr 171 durchbrachen die germanischen Markomannen und Quaden die durch Hilfstruppen nur unzureichend geschützte Donaugrenze und drangen sengend und brandschatzend über die Alpen bis nach Oberitalien vor. Sie zerstörten Opitergium (Oderzo) und belagerten Aquileia. Von der Plünderung und Brandschatzung durch die Markomannen zeugen auch die in Enns, Linz, Wels, Bad Wimsbach, Windischgarsten und Hallstatt freigelegten Brand- und Zerstörungsschichten.

Kaiser Mark Aurel übernahm persönlich den Oberbefehl und konnte an der Donau einen großen Sieg feiern. Er zog aus den Erfahrungen die Konsequenzen und verstärkte die bisher nur durch militärische Hilfseinheiten geschützte Donaugrenze, indem er eine Legion als ständige Besatzung nach Norcium verlegte. Die Legio II Italica richtete nach einer misslungenen Standortwahl in Albing (am rechten, heute niederösterreichischen Ennsufer) schließlich in Lauriacum (Lorch) ihre ständige Garnison ein. Als Zeitpunkt dafür wird das Jahr 174 n. Chr. angenommen.

Denar des Mark Aurel (161–180)

Aureus des Diokletian (284–305)

Follis des Konstantin I. (306–337)

Fundmünzen aus der Spätantike

Ufernoricum und Binnennoricum

Die große Reichsreform Kaiser Diokletians (284–305) war von zwei Leitgedanken getragen: einerseits von der Zerlegung der bisherigen Provinzen in kleinere Einheiten,

Lauriacum (Lorch)

An der Mündung der Enns in die Donau trafen Verkehrswege aus allen Himmelsrichtungen zusammen – entlang der Donau von West und Ost, der Enns von Süden und des Aisttales von Norden. Das entscheidende Moment in der Siedlungsentwicklung war die Stationierung der Legio II Italica im zweiten Jahrhundert n. Chr. mit einer Sollstärke von 6000 Mann Fußtruppen. Damit wurde Lauriacum (Enns) zum wichtigsten militärischen Stützpunkt zwischen Castra Regina (Regensburg) und Vindobona (Wien). Neben dem Legionslager entwickelte sich eine blühende Zivilstadt mit bis zu 20 000 Einwohnern, wo sich zahlreiche Handwerker und Händler ansiedelten.

Orpheusstein aus Lauriacum

andererseits von der grundsätzlichen Trennung von Militär- und Zivilgewalt. Noricum wurde durch eine ungefähr dem Alpenhauptkamm folgende Grenzlinie in zwei Provinzen geteilt: Ufernoricum und Binnennoricum. Als Amtssitz der Zivilverwaltung für Ufernoricum wurde Wels festgelegt, als Sitz der Militärgewalt Lauriacum (Lorch, Enns).

In die Endzeit der Regentschaft Diokletians fiel am 4. Mai 304 der Märtyrertod des heiligen Florian, der Büroleiter des Statthalters von Lauriacum gewesen war. Bereits unter Diokletians Nachfolger Kaiser Konstantin I. (306–337) wurde das Christentum zuerst anerkannt und dann zur Staatsreligion erklärt. Im 4. Jahrhundert weilten zweimal römische Kaiser in Lauriacum: Am 24. Juni 344 unterzeichnete dort Constantius II. (337–361) einen kaiserlichen Erlass und 378 kam Gratianus (367–383) auf der Durchreise nach dem Osten vorbei.

Im 5. Jahrhundert bestanden in Ufernoricum kein wirksamer Grenzschutz und auch keine geregelte politische Verwaltung mehr, gegen Ende des 5. Jahrhunderts erfolgte schließlich die Räumung von Ufernoricum. Das wichtigste Zeugnis für die Zeit kurz vor der Auflösung der römischen Herrschaft ist die von Eugippius verfasste Lebensbeschreibung des heiligen Severin. Dieser war um 460 n. Chr. in den Donauraum gekommen, stand den Leuten in ihrer Not bei und brachte sie, als die Grenze nicht mehr zu halten war, zuerst nach Lauriacum und später in noch weiter östlich gelegene Orte.

Während 488 die Räumung Ufernoricums durch einen Sonderbeauftragten Odoakers (476–493) durchgeführt worden war, erlebte der Rest von Binnennoricum unter dem Ostgotenkönig Theoderich (493–526) noch eine kurze Blütezeit. Nach dem Zusammenbruch der Gotenherrschaft und unter den ihr nachfolgenden Franken und Langobarden lockerte sich die Bindung zu Italien immer mehr. Ende des 6. Jahrhunderts erstarb mit dem Eindringen der Slawen und Awaren auch der letzte Rest römischer Verwaltungsorganisation. Romanische Siedlungen bestanden aber noch lange weiter, auch in Oberösterreich, wie viele Ortsnamen belegen, z. B. Wallersee, Straßwalchen und Seewalchen, in denen das Wort „Welsch" versteckt ist.

Römische Kultur

Von der Herrschaft der Römer stammen viele Neuerungen für das alltägliche Leben: Hausbauweisen, komfortable Wohnaus-

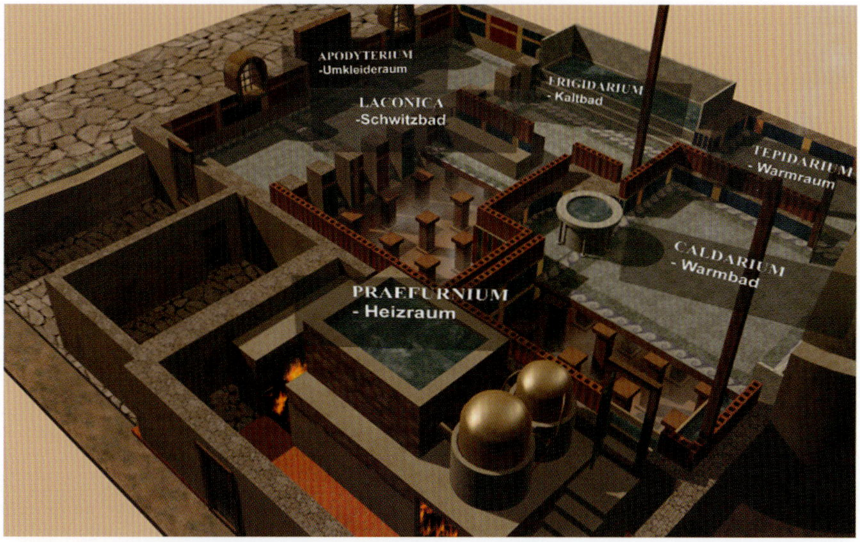

Rekonstruktion einer römischen Therme in Carnuntum, NÖ

stattungen, handwerkliche Techniken, Verwaltungs-Know-how und vieles mehr.

Die Römer brachten die Stein- und Ziegelbauten unter Verwendung von Mörtel, das *opus caementitium,* eine Bezeichnung, die bis heute in unserem Wort „Zement" weiterlebt. Ebenso ist das lateinische *murus* im deutschen „Mauer" und das Wort *tegula* in „Ziegel" enthalten.

Allseits bekannt sind die Fußbodenheizungen der Römer, die sowohl in Bädern als auch in Häusern zum Einsatz kamen.

In den Städten und den Lagersiedlungen *(canabae)* bestanden größere Thermen, aber auch in den Gutshöfen *(villae rusticae)* wurden kleinere Badeanlagen errichtet. Jedes Bad umfasste neben Umkleideräumen ein Kaltwasserbad *(frigidarium),* ein Warmwasserbad *(caldarium),* eine Schwimmhalle und verschiedene Sportanlagen für Gymnastik und Ballspiele. Ein Schwitzbad *(sudatorium),* ähnlich unserer Sauna, wurde durch eine Heizanlage mit Unterboden- und Wandheizung *(hypocaustum)* erwärmt.

Das vorbildlich ausgebaute Straßen- und Wegenetz und die militärischen Befestigungsanlagen zählen zu den Meisterleistungen der römischen Verwaltungsorganisation. Drei Hauptstraßen durchquerten zur römischen Zeit Oberösterreich: Neben der Ost-West-Verbindung, die vom Wiener Becken nach Augsburg verlief und die sich in Wels mit der Nord-Süd-Route von der Adria über den Pyhrnpass, der sogenannten „norischen Hauptstraße", kreuzte, gab es noch die Limesstraße, die dem Verlauf der oberösterreichischen Donau folgte.

Die Bauweise der römischen Überlandstraßen war auf so hohem Niveau, dass sie bis weit ins hohe Mittelalter ihren Zweck erfüllten und ihnen die Streckenführung der Straßen bis ins 19. Jahrhundert

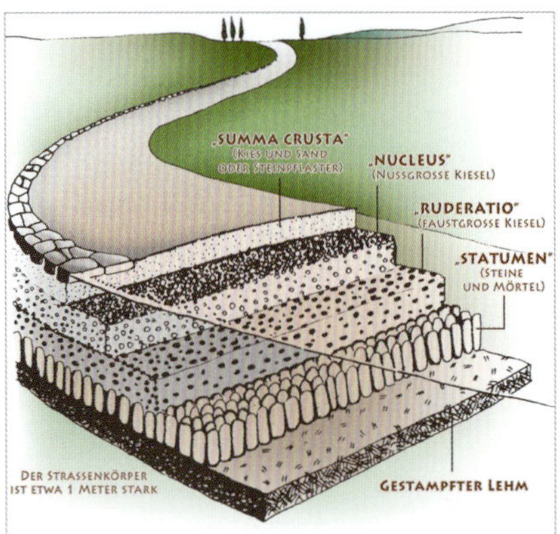

Befestigung einer römischen Überlandstraße

weitgehend folgte. In Abständen von einer Meile (etwa 1,5 Kilometer) wurden Meilensteine aufgestellt. Von den weit über hundert Meilensteinen, die in Oberösterreich vorauszusetzen sind, sind nur sechs bekannt: die gut erhaltenen Steine in Wels und Mösendorf bei Vöcklamarkt, das stark verwitterte Bruchstück vor dem Heimathaus Vöcklabruck und die heute schriftlosen Steine in Weiterschwang bei Gampern und in Timelkam. Der Stein von der Donauuferstraße bei Engelhartszell ist seit Langem verschollen.

Durch das gut funktionierende Handelswesen gelangten zahlreiche exotische Güter und Luxuswaren aus fernen Gegenden nach Noricum: Glas, Seide, Baumwolle, mit Purpur oder Indigo kostbar gefärbte Stoffe, Edelsteine, Elfenbein aus Indien und Bernstein von der Ostsee. Pfeffer, Zimt oder Kreuzkümmel wurden ebenso importiert wie Weihrauch und Myrrhe oder Olivenöl, Wein, Austern, Reis und die berühmte, nicht für jeden Geschmack taugliche Fischsoße der Römer, das *garum.*

Die Versorgung der städtischen Bevölkerung mit Grundnahrungsmitteln erfolgte durch landwirtschaftliche Betriebe und Gutshöfe aus der näheren Umgebung. Ein typischer Gutshof, eine *villa rustica,* bestand aus zwei Bereichen: einem Wohnteil *(pars urbana)* und einem landwirtschaftlichen Teil *(pars rustica)*. Vor allem der Wohnteil zeigte durch Steinbauten, Bäder, Wandmalereien, Mosaike, Ziegeldächer und Fußbodenheizungen einen deutlichen Unterschied zu den einheimischen Bautraditionen, die ausschließlich die Holzbauweise verwendeten. An Getreide baute man vor allem Dinkel, Emmer, Einkorn, Gerste und Roggen an, dazu kamen noch Lein, Hanf und Mohn. In der Viehwirtschaft hielten die Römer vorrangig Rinder und Schweine, außerdem Schafe und Ziegen, da sie ausschließlich die Ziegenmilch schätzten, sowie Geflügel.

Triklinium (=Esszimmer) eines römischen Hauses, Stadtmuseum Wels

Religion und Glaube

Der römische Götterhimmel war sehr vielfältig und wies für fast alle Lebensbereiche einen oder mehrere Götter auf. Mit der Besetzung Noricums und der Unterwerfung der Alpenstämme trafen die Römer auf eine ganz andere Götterwelt. Die Kelten verehrten Kräfte der Natur an heiligen Orten

Meilensteine

Mit römischen Meilensteinen beschäftigt sich seit vierzig Jahren der Linzer Altertumswissenschafter und Epigraph Gerhard Winkler. In Noricum hat er 153 davon beschrieben und teilweise selbst aufgefunden. Die Dokumentation erschien 2005 im Band XVII/4 des Corpus Inscriptionum Latinarum (CIL), der weltweit bekannten Reihe lateinischer Inschriften. Das Kapitel Meilensteine ist nicht abgeschlossen. „Theoretisch kann man schon morgen den nächsten Stein bergen, in erster Linie bei Erdarbeiten", sagt Winkler. Die Meilensteine, zwei bis drei Meter hohe zylindrische Steinsäulen mit quadratischem Sockel, zeigen immer die Distanz zur nächsten „autonomen" Stadt an, in unserem Bereich in erster Linie nach Salzburg oder Wels. Eine römische Meile hat eine Länge von 1480 Metern. Für alle Meilensteine im riesigen Reich gab es ein einheitliches Formular. „Neben der Entfernungsangabe dienten die Inschriften der Propaganda für Kaiser und Reich."

Gerhard Winkler, Varia Norica.
Gesammelte Aufsätze 1969–2009,
Forschungen in Lauriacum, Sonderband 2, Linz 2010.

wie Mooren, auf Felsgipfeln, an Flussübergängen und Quellen. Der Jupiteraltar von Ansfelden aus dem 1. Jahrhundert n. Chr. ist hierfür ein sehr schönes Beispiel. Auf der einen Seite das Blitzbündel als Symbol Jupiters, auf der anderen Seite ein über die Berggipfel dahineilender Gott mit dem Rad, vermutlich der keltische Wettergott Taranis. Ab dem 2. Jahrhundert n. Chr. drangen auch orientalische Kulte nach Noricum ein, der Mithraskult erreichte die weiteste Verbreitung. Zu den bekanntesten Mithras-Heiligtümern in Oberösterreich zählt das um 275 n. Chr. eingerichtete Mithräum in Linz, das in einem römischen Gebäude unter dem Tummelplatz gefunden wurde.

Erste Nachrichten über das Christentum in unserem Raum gibt es bereits aus dem Jahr 172 n. Chr. Der christliche Schriftsteller Tertullian berichtet über

Oö. Museen mit römerzeitlichen Angeboten

Schlossmuseum Linz

Seit April 2003 sind die Archäologischen Sammlungen (Ur- und Frühgeschichte, Römerzeit) in einer modernen und vermittlungsorientierten Ausstellung im Schlossmuseum zu sehen. http://www.schlossmuseum.at

Museum Lauriacum, Enns

Das Museum Lauriacum befindet sich am Hauptplatz im ehemaligen Rathaus. Den Schwerpunkt bildet die römerzeitliche Sammlung mit Schaugegenständen ausschließlich aus dem Ennser Fundgebiet. http://www.museum-lauriacum.at

Lorcher Basilika

Unterhalb der dreischiffigen gotischen Kirche befinden sich die sichtbaren Ausgrabungen von Lauriacum mit Freskenresten, einem Weihestein und einem eingemauerten Reliefstein mit Opferszenen. http://www.stlaurenz.com/

Stadtmuseum Wels – Minoriten, Sammlung Archäologie

Im ehemaligen Minoritenkloster in Wels befinden sich die umfangreichen Sammlungen zur Ur- und Frühgeschichte sowie zur Römerzeit der Stadt Wels. http://www.wels.at/magistrat/magistrat/main_content.asp?ds_id=23

Heimatmuseum Windischgarsten

Das Heimatmuseum zeigt im Römerzimmer besonders sehenswerte antike Funde, die bei mehreren Grabungen nach der römischen Poststation Gabromagus zutage gekommen sind. Österreichweit einzigartig ist eine gut erhaltene Bronzekanne aus dem 2. Jahrhundert. http://www.ooemuseumsverbund.at/de_museum_96.html

Museum im Stadtturm, Steyregg

Im Stadtturm aus dem 15. Jahrhundert sind Exponate ausgestellt, die den Zeitraum der Besiedelung von der Steinzeit über Bronzezeit, Hallstattkultur, Römerzeit bis ins Frühmittelalter darstellen. http://www.ooemuseumsverbund.at/de_museum_3.html

Römer-Erlebnismuseum Ochzethaus

Im Ochzethaus in der Gemeinde Altheim, einem Holzbau mit bemaltem Sägedekor aus der Mitte des 19. Jahrhunderts, werden die Ausgrabungen der römischen Besiedlung dokumentiert. http://www.ochzethaus.at/

das Blitz- und Regenwunder während der Markomannenkriege: Ein Gewitterregen, der aufgrund der Gebete der eingeschlossenen Legionäre einsetzte, soll diese so erfrischt haben, dass sie die Schlacht gewinnen konnten. Als um 304 n. Chr. der heilige Florian den Märtyrertod erlitt, lässt sich in Lauriacum und in anderen Orten in Ufernoricum bereits eine größere Christengemeinde vermuten, da mit Florian 40 weitere Christen zu Tode gekommen sein sollen. Seit der zweiten Hälfte des 4. Jahrhunderts und dem Anfang des 5. Jahrhunderts n. Chr. gibt es eine ganze Reihe von materiellen Zeugnissen dieses frühen christlichen Glaubens in Oberösterreich.

Der heilige Severin von Noricum

Eine einzigartige historische Quelle ist die Lebensbeschreibung des heiligen Severin, die Eugippius, ein Schüler Severins, einige Jahrzehnte nach dessen Tod verfasste. Sie gewährt einen Einblick in die sozialen, politischen und religiösen Verhältnisse in der Provinz Noricum zur Zeit des römischen Niederganges in der Spätantike. Die Zeit war von Angst, kriegerischen Auseinandersetzungen mit germanischen Gruppen, Hunger, Plünderungen und Überfällen, kurz gesagt chaotischen Zuständen geprägt. Die Bevölkerung hatte sich zum Schutz vor feindlichen Angriffen in die ehemaligen Legionslager zurückgezogen, aus denen befestigte Siedlungen wurden.

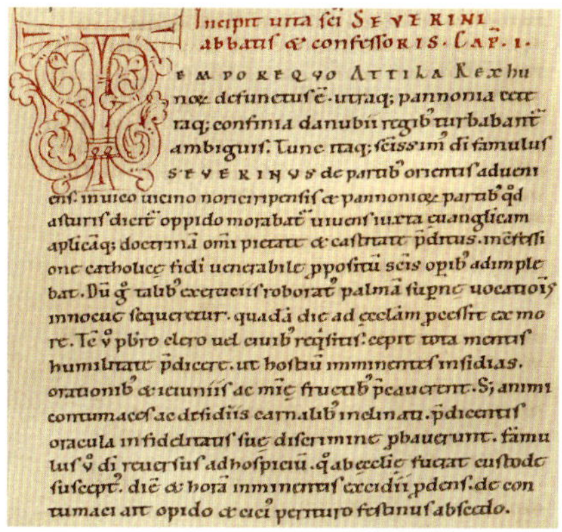

Lebensbeschreibung des hl. Severin, Eugippius, Abschrift aus dem 12. Jh.

Als die Situation für die Bevölkerung nicht mehr haltbar war, organisierte Severin den Abzug der Bevölkerung aus Oberösterreich. In Lauriacum baute er eine Art Flüchtlingslager auf. Immer wieder organisierte er Hilfslieferungen und die Verteilung von Kleidung und Lebensmitteln an die Bevölkerung.

Geografisch lässt sich das Wirken Severins entlang der Donau von Tulln (Comagenis) bis nach Bayern (Quintanis – Künzing) und die Salzach entlang bis Cucullis (Kuchl) nachzeichnen. Da die ehemalige Hauptstadt Ufernoricums, Ovilavis (Wels), in der Lebensbeschreibung keine Erwähnung findet, wird angenommen, dass sie schon weitgehend zerstört und verlassen war.

Anm.: Der Beitrag fußt auf Texten von Reinhardt Harreither, Renate Miglbauer, Erwin M. Ruprechtsberger, Christine Schwanzar, Stefan Traxler und Gerhard Winkler u. a., die für das forum oö geschichte verfasst wurden.

Ovilavis (Wels)

Wels, die Hauptstadt von Ufernoricum, scheint in vielen Textbüchern mit dem Namen Ovilava auf. Die richtige Form war aber Ovilavis.

Aus der Schreibweise Ovilia, die sich in der Tabula Peutingeriana findet, leitete man Ovilava als Name ab und hielt die im Itinerarium Antonini verwendete Form Ovilavis für einen Ablativ (6. Fall). Die mittelalterliche Erstnennung von Wels als Ueles beziehungsweise Uelas macht aber einen antiken, auf -s endenden Namen wahrscheinlich.

Ovilavis ist daher wohl eine undeklinierbare Ortsbezeichnung aus einer illyrischen Wurzel.

„Die Bayern sind die Findelkinder der Völkerwanderung."

HERWIG WOLFRAM,
HISTORIKER

Rekonstruktion frühbairischer Trachten aus dem 8. Jh.

ROMAN SANDGRUBER

Die Oberösterreicher sind Bayern. In ihrer sprachlichen Zugehörigkeit sind sie eindeutig ihren westlichen Nachbarn zuzuordnen. Das Territorium des heutigen Oberösterreich war im Hochmittelalter Teil des Herzogtums Baiern. Aber woher kamen die Baiern? Die Historiker streiten sich bis heute über ihre Herkunft, ihre Ethnogenese und Volkswerdung.

WOHER DIE OBERÖSTERREICHER KOMMEN

Die Baiern gelten als die Findelkinder der Völkerwanderung. Aber die Frage, wer sie wo und wann weggelegt hat, bleibt ein ewiger Streitfall. Sind sie das Produkt eines Zusammenflusses von Völkerschaften, einer Vereinigung zahlreicher Bevölkerungsgruppen germanischen und nicht germanischen Ursprungs oder ein aus Böhmen oder anderen Richtungen zugewanderter Stamm?

Nach dem faktischen Ende des Weströmischen Reiches unter Odoaker (475 n. Chr.) und nach dessen Sturz durch den Gotenkönig Theoderich (Dietrich von Bern) in den Jahren 489–493 n. Chr. gehörte der oberösterreichische Raum zum oberitalienischen Gotenreich. Nach Theoderichs Tod im Jahr 526 konnte das Frankenreich im Donauraum Einfluss gewinnen. In diesem 6. Jahrhundert vollzog sich die Stammesbildung der Baiern. Nachdem sich die römische Macht und mit ihr wohl, wie die Lebensbeschreibung des heiligen Severin berichtet, auch zahlreiche Bewohner nach Italien abgesetzt hatten, sickerten neue Bevölkerungsgruppen in den Donauraum ein – zwischen dem Frankenreich im Westen, dem Langobardenreich in Oberitalien, den Awaren im Osten und den karantanischen Slawen in den Alpen. Kurz nach der Mitte des 6. Jahrhunderts ist der erste baierische Herzog aus dem Geschlecht der Agilolfinger namentlich bekannt.

Siedlungsgebiete der Baiern (blau), Römer (rot) und Slawen (grün) in Oberösterreich

Die Herkunft und Entstehung der Baiern ist ein heiß diskutiertes Thema der Mittelalterforschung. Die verschiedensten Theorien lassen die Baiern je nach Lust und Laune von Markomannen, Donausueben, Alamannen, Thüringern, Goten oder keltischen Boiern herstammen. Die Herkunft des bairischen Herzogsgeschlechts der Agilolfinger ist ähnlich umstritten: ob thüringisch, warnisch, fränkisch, burgundisch, langobardisch oder erulisch. Die Forschung ist sich einig: Es kann kein Volk, das sich „Baiern" nannte, in Baiern eingewandert sein. Die Baiern entstanden in Baiern – und das nicht vor der Mitte des 6. Jahrhunderts.

Der Name der Baiern

Den wenigen zeitgenössischen Anhaltspunkten zufolge könnten die namengebenden Teile entweder aus dem Westen, aus dem Norden oder aus dem Osten zugewandert sein. Sind mit den Baiern die „Raetobarii" gemeint, also Männer aus Rätien, oder die „Beovinidi", also böhmische Männer, die sich mehrheitlich aus Langobarden und Thüringern zusammengesetzt hätten? Auch aus Ungarn könnten Teile gekommen sein, wo eine „boische Einöde" (Baia deserta) bezeugt ist. Die rätisch-norischen Bojer könnten gemeint sein, die in Passau, lateinisch „Boiodurum", eine wichtige Niederlassung hatten.

Als Stamm sind die Baiern nie gewandert. In ihnen vermischten sich verschiedene Ethnien und Kulturen: römische Siedler, romanisierte Kelten und verschiedene germanische Stammesgruppen. Dazu kamen später noch Alpenslawen, die vor den Awaren geflüchtet oder in Abhängigkeit zu ihnen zugewandert waren und sich östlich der Traun, im Ennstal, Kremstal und inneren Salzkammergut, aber auch im unteren und mittleren Mühlviertel ansiedelten, in diesem Fall eher von Norden als von Süden kommend. Einzelne versprengte und sesshaft gewordene Awaren mögen dazugekommen sein, später ebenso versprengte Ungarn. Selbst geflüchtete Bulgaren wurden assimiliert.

Der heilige Severin sprach wohl das gehobene Latein, die Hochsprache der römischen Senatoren. Von der Provinzbevölkerung des Römerreiches hingegen wurde ein romanischer Dialekt gesprochen. Dass irgendjemand in Ufernoricum zur Zeit des heiligen Severin, also im 5. Jahrhundert n. Chr., noch Keltisch oder gar „Illyrisch" gesprochen hätte, schließt die um 511 verfasste Lebensbeschreibung des heiligen Severin aus. Sicherlich aber konnte man um das Jahr 500 verschiedene germanische Sprachidiome hier hören: Thüringisch, Alemannisch, sicherlich gleichfalls die „gotischen" Sprachen der Rugier, Eruler, Skiren und die der eigentlichen Goten.

Bulgaren im Baiernland

Kloster Pulgarn, ca. 1670

In den Jahren 631/32 kamen an die 9000 vor den Awaren geflüchtete Bulgaren zu den Baiern. Der Großteil von ihnen wurde auf Befehl des Frankenkönigs Dagobert I. getötet. Einige der Bulgaren entkamen zu den Langobarden und fanden schließlich im süditalienischen Benevent eine neue Heimat. Ein Teil dürfte aber auch im Donauraum verblieben sein, wie der Ortsname Pulgarn anzudeuten scheint. Der für einen Mönch im Stift Mattsee belegte Name Pulgar lässt ebenfalls eine bulgarische Herkunft vermuten.

Die Romanen

Die romanischen Altsiedler wurden von den Baiern als Walchen oder Welsche bezeichnet. Die Orte Seewalchen, Straßwalchen, Walchen bei Vöcklamarkt, Ehwalchen, Ainwalchen deuten darauf hin. Allerdings ist Vorsicht geboten. Ein Walchshof im Mühlviertel hat nichts mit Welschen zu tun, sondern kann genauso von Walken oder von Wald hergeleitet werden.

Ortsnamen romanischen Ursprungs gibt es nicht allzu viele: Plain, Edenplain, Flörlplain leiten sich von *plana* (Feld) ab, der Kobernaußer Wald wohl von *caverna* (Höhle), Gurten dürfte auf lateinisch *curtina* (kleiner Hof) zurückgehen, wie sein viel prominenterer Namensvetter Cortina d'Ampezzo. Ob Gampern mit lateinisch *campus* zusammenhängt, ist strittig. Der

Irrsee ist der See eines Romanen namens Ursus, also „des Bären“.

Ob es sich bei den zinspflichtigen Leuten, die von den Baiern Barschalken genannt wurden, um Romanen gehandelt hat, ist nicht eindeutig geklärt. Ortsnamen wie Parschallen (bei Nussdorf/Attergau), Parschalling und Parschallern leiten sich jedenfalls von diesen Barschalken her. Auch Ortsnamen mit „Stein“, etwa das bereits im 8. Jahrhundert erwähnte Steindorf bei St. Georgen/Attergau, können auf römische, steinerne Bauweise bzw. Reste römischer Siedlungen hindeuten, die sich von der bei den Baiern üblichen Holzbauweise deutlich unterschieden. Ebenso verweisen quadratische Flurformen (sogenannte Quadrafluren), wie sie im Attergau, im Mattiggau, im Kremstal, um Wels und um Enns vorkommen, auf Siedlungskontinuitäten über die Anfänge der Baiern hinweg bis in die Spätantike.

Die Slawen

Die Slawen waren mit den Awaren gekommen beziehungsweise vor ihnen in den alpinen Raum geflüchtet. Das Gebiet der Karantanen erstreckte sich von Kärnten und Krain bis ins südliche Nieder- und Oberösterreich. Im oberösterreichischen Raum werden sie aber erst nach den Baiern fassbar. Das Stift Kremsmünster wurde bei seiner Gründung im Jahre 777 mit Gebieten in der Sierninger Umgebung ausgestattet, die von Slawen besiedelt waren. Slawen gab es auch im Mühlviertel. Am 21. August 827 kam es in Puchenau zu einem Grenzstreit zwischen dem Freisinger Bischof Hitto und einer Gruppe von Slawen. Techelinus, ein Anführer der Slawen, erhielt sein Ackerland zwischen Puchenau und dem Pöstlingberg anerkannt und vom Besitz des Freisinger Bischofs abgegrenzt. Die Baiern besiedelten die Donauniederung um die Kirche, die Slawen die Hänge nördlich davon.

Der Tassilokelch

Der Tassilokelch aus der Schatzkammer des Stiftes Kremsmünster, um 770 entstanden, gehört zu den größten kunsthistorischen Schätzen Oberösterreichs. Der Baiernherzog Tassilo ließ ihn entweder zur Verlobung oder zur Hochzeit mit Liutpirch, der Tochter des Langobardenkönigs Desiderius, anfertigen. Wo der Kelch hergestellt wurde, ist unsicher, er vereinigt irisch-angelsächsische, byzantinische und langobardische Stilelemente.

Mit der Gründung der Klöster Mondsee und Kremsmünster schuf der Herzog im heutigen Oberösterreich zwei wichtige Zentren. Dass Tassilo auf dem Höhepunkt seiner Macht (um 770) davon träumte, dem Frankenstaat Karls des Großen einen Alpenstaat gegenüberzustellen, zu dem sich Langobarden, Baiern und Alemannen zusammenschließen sollten, war der Anfang seines Sturzes. Karl der Große ließ ihn gefangen nehmen und wegen Hochverrates 788 zum Tode verurteilen. Tassilo wurde begnadigt, geschoren und zu lebenslanger Klosterhaft verurteilt, ebenso sein Sohn Theodo.

Der drei Kilogramm schwere Kupferkelch mit den aufgelöteten Silbermedaillons und vergoldeten Flechtwerkornamenten trägt die Aufschrift „TASSILO DUX FORTIS + LIVTPIRC VIRGA REGALIS“ („Tassilo, tapferer Herzog, Liutpirc, königlicher Spross“).

In den etwa 350 Jahren, in denen Slawen in Oberösterreich in urkundlichen Quellen nachgewiesen werden können, entstanden etwa 30 slawische Gewässernamen (Steyrling, Teichl, Pießling, Sarming, Raming, Reifling, Jaunitz ...) und ungefähr 150 slawische Ortsnamen (Gaflenz, Sierning, Garsten und Windischgarsten, Pregarten, Treffling, Lasern, Tragwein ...). Pregarten z. B. leitet sich nicht von einem „Garten" her, sondern vom slawischen *pre-grad* (vor der Burg). Die Ortschaft Lamm hat nichts mit dem deutschen Wort gleicher Lautung zu tun, sondern bedeutet auf Deutsch „Bruch". Dreißgen wird vom slawischen Wort für „Sauerdorn" hergeleitet, Treffling hängt mit dem slawischen „Treben" oder „Trieben" für Rodung zusammen, ebenso Triefhaid bei Kefermarkt. Pyhrn ist slawisch ein Berg, Stoder ein steiniger Boden, Zwettl eine Lichtung. Auch Ortsnamen wie Behamberg, Windhag, Wintersdorf und Abwinden deuten auf slawische Siedler.

Die Baiern

Da es aus der Frühzeit der bairischen Besiedelung kaum Schriftdokumente gibt, muss die Namenforschung helfen: Fluss- und Ortsnamen sind die wichtigsten Belege der Besiedelungsgeschichte. *Ing*-Namen belegen bairische Siedlungen: Schärding, Munderfing, Oftering, Eferding, Wilhering, Leonding, Hörsching, Anzing, Pupping, Wopping, Hilkering, Vocking bis zu dem für Englischsprachige so skurril klingenden Fucking. Aber es ist Vorsicht geboten. Nicht jeder *ing*-Name führt in die Anfänge der baierischen Geschichte zurück. Von den rund 1700 ing-Namen in Oberösterreich dürften nur etwa 300 als echt und weitere 300 als wahrscheinlich echt angenommen werden. Von den 342 *heim*-Namen sind vielleicht 300 echt, während beim Rest erst nach 1500 das *heim* dazugekommen ist. Die *hausen*-Namen gelten in relativ geringer Zahl (35) als echt, das Gleiche gilt für die *hofen*-Namen.

Es herrscht heute Übereinstimmung, dass der oberösterreichische Zentralraum von Anfang an zu den baierischen Siedlungsräumen gehörte, im Traungau, Mattiggau, Attergau und in Teilen

Die „Lex Baiuvariorum" über die Sonntagsruhe

„Wenn ein freier Mann am Sonntag knechtliche Arbeit verrichtet, wenn er Ochsen einspannt und mit dem Wagen ausfährt, soll er den rechtsgehenden Ochsen verlieren. Wenn er aber Heu mäht oder einbringt oder Korn schneidet und es einsammelt oder irgendwie knechtliche Arbeit am Sonntag vornimmt, so soll es ihm ein- oder zweimal verwiesen werden. Und wenn er sich nicht bessert, soll er mit 50 Rutenstreichen gezüchtigt werden. Und wenn er sich noch einmal untersteht, am Sonntag zu arbeiten, wird ihm ein Drittel seines Besitzes genommen. Und wenn er auch dann noch nicht aufhört, dann verliere er seine Freiheit, und es werde der zum Knecht, der am heiligen Tag nicht hat ein Freier sein wollen. Wenn aber ein Knecht (solches tut), der soll wegen solcher Missetat Stockschläge empfangen. Bessert er sich nicht, so verliere er seine rechte Hand, denn das verdient scharfe Ahndung, was Gottes Zorn herausfordert und dessentwegen wir an den Feldfrüchten gezüchtigt werden und Mangel leiden müssen. Aber auch das soll am Sonntag eingeschärft sein, dass einer, der sich zu Wagen oder zu Schiff auf einer Reise befindet, am Sonntag Ruhe halte bis zum Montag. Und wenn er das Gebot des Herrn nicht halten will, da der Herr spricht: ‚Du sollst kein knechtlich Werk verrichten am heiligen Tage, weder du selbst, noch dein Knecht, noch deine Magd, noch dein Ochs, noch dein Esel noch sonst ein Stück, das dein ist' (Ex 20,10), und wer dieses auf der Reise, oder wo sonst immer, zu beobachten vernachlässigt, der werde mit 12 Schillingen gebüßt."

des ins heutige Oberösterreich herüberreichenden Rottachgaus. Herzogliche Höfe gab es in Ranshofen, Mattighofen, Ostermiething und Alkoven.

Die Klostergründungen Mondsee (748), Mattsee (um 777) und Kremsmünster (777) vom baierischen Herzogshaus ausgingen, vielleicht auch St. Florian und das Kloster am Traunsee (wohl Altmünster). Die Baiernzeit in Oberösterreich wird gekrönt von drei Kunstwerken von europäischem Rang: dem Tassilokelch, dem vor 778 in Mondsee entstandenen „Psalter von Montpellier“ und dem Codex Millenarius des Stiftes Kremsmünster, der um 800 in Mondsee oder Kremsmünster geschrieben wurde.

Codex Millenarius: Der Evangelist Lucas als geflügelter Stier

Das Gesetz der Baiern

Auskunft über die soziale Struktur der Baiern gibt die Lex Baiuvariorum, das „Gesetz der Baiern“, das im 6.–8. Jahrhundert entstand. Die Initiative zur Aufzeichnung soll von Herzog Odilo (um 715–748) ausgegangen sein, der auch als Gründer des Klosters Mondsee bekannt ist. Ausführlich behandelt sind die Rechtsstellung der Kirche, des Herzogs, der fünf Adelsgeschlechter, der Freien, der Freigelassenen, der Knechte. Ganz ausführlich widmet sich die „Lex“ dem Raufen (31 verschiedene Verletzungen, die dabei entstehen können, vom einfachen Beulenschlag bis zu Blutaustritt, Gehirnaustritt, Augenausschlagen) und dem Messerraufen: Ein Daumen kostete 12 Schilling, ein mittlerer Finger 5 Schilling, ein abgeschlagener Fuß 40 Schilling. Ausführlich ist ebenfalls die Bestimmung zur Einhaltung der Sonntagsruhe. Man sieht, es gibt Kontinuitäten von den alten Baiern bis zum modernen Oberösterreich.

551
Erste Erwähnung der Baiern in der Gotengeschichte des Jordanes

555
Garibald heiratet die Tochter des Langobardenkönigs Wacho

695/96–717/18
Herzog Theodo

711/12
Letzter Vorstoß der Awaren über die Enns; Zerstörung Lorchs

736–748
Herzog Odilo

741
Heirat Odilos mit Hiltrud, der Tochter Karl Martells, Geburt Tassilos III.

748
Gründung von Mondsee

748–788 († um 796)
Herzog Tassilo III.

zwischen 765 und 768/69
Heirat Tassilos mit Liutpirc

772
Karantanenzug Tassilos, Taufe seines Sohnes Theodo in Rom

777
Gründung des Stiftes Kremsmünster

788
Absetzung Tassilos auf der Reichsversammlung zu Ingelheim, Ausschaltung der Agilolfinger

794
Tassilo verzichtet für sich und seine Kinder auf das baierische Herzogtum: endgültiges Ende der Agilolfinger

„Namen sind kein Schall und Rauch.“

Abwandlung eines alten Spruchs

Im Hochmittelalter entstanden viele Wassermühlen

Roman Sandgruber

Oberösterreich war bis ins 20. Jahrhundert ein Bauernland. Die Familiennamen, die im 15. und 16. Jahrhundert entstanden, als Hof- und Hausnamen aber viel weiter zurückreichen, spiegeln die Geschichte der Bauernhöfe, ihrer Rechtsstellung und der bäuerlichen Arbeit.

DIE ENTSTEHUNG DER KULTURLANDSCHAFT

Die Wurzeln und Anfänge der heutigen oberösterreichischen Kulturlandschaft liegen im frühen Mittelalter, noch vor der Jahrtausendwende, als der Boden zum größeren Teil auf herrschaftlichen Höfen durch unfreie Leute bearbeitet wurde und nur zum kleineren Teil durch persönlich freie. Während die Rechtsstellung der Unfreien im Lauf des Hoch- und Spätmittelalters zunehmend besser wurde und die Leibeigenschaft sich zu einer bloßen Grunduntertänigkeit mit Vererbbarkeit der Höfe entwickelte, wurden die freien Bauern im selben Zeitverlauf mehr oder weniger freiwillig unter den Schutz eines Herrn gedrängt. Auf diese Art entstand aus sehr unterschiedlichen Rechtsstellungen allmählich die Grundherrschaft, die bis 1848 zwischen adeligen und geistlichen Grundherrn einerseits und bäuerlichen Untertanen andererseits unterschied.

Die Gesellschaftsordnung im Mittelalter: adelige und geistliche Grundherren und bäuerliche Untertanen

Der „Meier" und der „Huber"

Die herrschaftliche Wirtschaft wurde von Verwaltern, sogenannten „Majoren" (vom lateinischen *maior*) geleitet, dem Hausmeier oder *major domus* als Oberer und Verwalter der herrschaftlichen Höfe. Im Hausnamen „Moa" und im Familiennamen „Meier", dem häufigsten oberösterreichischen Familiennamen, ist die Erinnerung an die Meierhöfe und die damit verbundene Villikationsverfassung erhalten geblieben. Um 1830 hatten etwa acht bis zehn Prozent aller oberösterreichischen Familiennamen in irgendwelcher Form mit „Meier" zu tun, in vielerlei Schreibweisen und Zusammensetzungen: als Mayr, Mayer, Meier, Meir, ob Obermeier, Hintermeier, Hasenmeier oder Bockmeier, Mayreder oder Mayringer und wie sie alle heißen mögen.

Im 11. und 12. Jahrhundert änderten sich die Organisationsprinzipien der grundherrschaftlichen Wirtschaft: Nicht mehr der große, zentrale Herrenhof, der von einem „Meier" auf Rechnung des Herrn bewirtschaftet wurde, sondern

Leo Maier (ehemaliger Kripochef und Kriminalschriftsteller)

Ulli Huber (ehemalige Surf-Weltmeisterin)

Dr. Hans Lehner (ehemaliger Präsident der Landwirtschaftskammer)

Zu den häufigsten Namen zählen Meier (in den verschiedensten Schreibweisen), Huber und Lehner.

die einzelnen Höfe oder „Huben“ der Untertanen wurden zu den dominierenden Wirtschaftseinheiten. Viele Meierhöfe wurden im 12. und 13. Jahrhundert aufgelöst, an selbstständige Bewirtschafter ausgegeben und stechen bis heute durch ihre Größe hervor.

„Huber“ und „Humer“ sind die zweithäufigsten bäuerlichen Familiennamen: Dem Begriff „Hufe“ oder „Hube“, dem Grundwort für Hof, begegnet man erstmals im 9. Jahrhundert, als Hof, Haus und Grund zu untrennbaren Einheiten wurden und die Hube die für den Unterhalt einer Familie ausreichende Wirtschaftsgröße bezeichnete.

Im Begriff „Hube“ klang noch eine durchaus intensive Form der bäuerlichen Abhängigkeit durch. Das Wort „Lehen“, das sich stattdessen im 12. und 13. Jahrhundert immer mehr durchsetzte und die „Leihe“ im Wortstamm enthält, rückte hingegen die bäuerliche Betriebseinheit in die Nähe der Landausstattung für militärische Gefolgsleute. Oft bestanden Unterschiede in der Betriebsgröße: Nach Kremsmünsterer Quellen war ein Meierhof gleich zwei Huben und drei Lehen. Die „Lehner“ oder „Lechner“ bezeichneten also entweder eine bestimmte Rechtsstellung oder eine bestimmte Besitzgröße.

Hofstätter und Pointner

Mit den landwirtschaftlichen Produktivitätsfortschritten und vorkommenden Erbteilungen konnte die Fläche, die eine Familie ernährt, verkleinert werden. Es entstanden Halb- und Viertelhufen, die als Hofstätten bezeichnet wurden. Der Name Hofstätter hält die Erinnerung daran fest. Noch kleinere Einheiten waren bestenfalls bei Intensivkulturen denkbar.

Bisweilen wurde einem armen Dorfmitglied erlaubt, sich innerhalb der allen Dorfmitgliedern gehörenden Gemeinweide ein Grundstück einzuzäunen, sodass die darauf angebauten Rüben oder Krautpflanzen vom Vieh nicht abgefressen werden konnten. Solche Einzäunungen wurden als Pointen oder Peunten bezeichnet: daher der Name Peuntner oder Pointner, der auch in vielen

Die 15 häufigsten oberösterreichischen Familiennamen um 1830
(auf Basis des Franziszeischen Katasters, dort insgesamt 92 749 Namensnennungen)

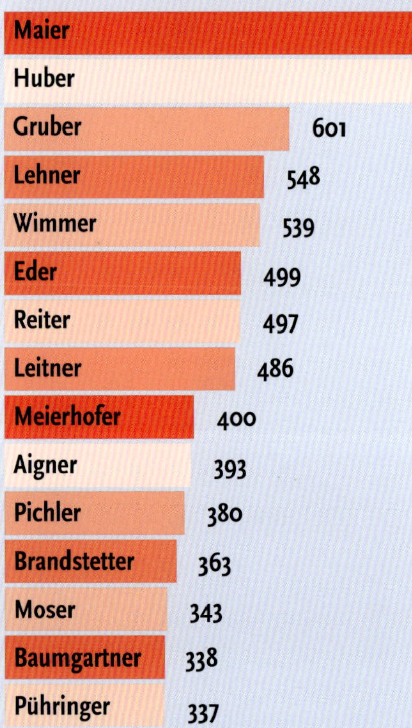

Josef Wimmer, Druckereibesitzer, Gründer der „Tages-Post“, des Vorläufers der OÖNachrichten. Der Name leitet sich vom „widum“, dem Kirchenbesitz, her.

Zusammensetzungen vorkommt, von Lindpointner bis Himmelfreundpointner.

Die kleinen Besitzgrößen, die Häuseln, die vermehrt seit dem 17. Jahrhundert entstanden, waren nur zusammen mit einem nicht agrarischen Zuerwerb existenzfähig. Der Name Häusler oder auch Söllner ist daraus entstanden. Wer gar kein eigenes Haus hatte, war ein Inwohner oder Inmann. Auch dieser Familienname kommt gelegentlich vor.

Die „Wimmer" haben nichts mit Weiden oder daraus gewonnenen Wieden zu tun. Ihr Name leitet sich vom Widum, dem Kirchenbesitz, her. Zehetmair, Zehntner und Zehetner waren Zehenteinnehmer, die den Zehent einzusammeln hatten, den zehnten Teil der Ernte, der für die Kirche bestimmt war. Die Kastner verweisen auf die riesigen Getreidekästen, die die Grundherrschaften für die Speicherung des Abgabengetreides erbauten oder die für die Versorgung der Städte oder der Bergbaugebiete errichtet wurden. Vitztum, ein Familienname, der vor allem im Innviertel häufig ist, kommt von *vicedomus*, dem Statthalter oder Pfleger.

Die Rechtsstellung der Bauern

Die Rechtsstellung lässt sich noch bei „Aignern" erkennen, die ein freies Eigen besaßen. Auch die „Stifter", die „binnen Jahr und Tag" – das heißt innerhalb Jahresfrist – von ihrem Haus abgestiftet, d. h. vertrieben werden konnten, repräsentierten eine Rechtsstellung, die noch keine Vererbung der Höfe ermöglichte. Vererbrechtet wurden die Höfe seit dem 14. Jahrhundert, vor allem nach der großen Pest, als es viel zu wenige Bauern und Arbeitskräfte gab.

Die Verbesserung der Rechtsstellung der Bauern im Zuge der Auflösung der Fronhofverfassung ging mit einer Verstärkung der Dorfgemeinschaft einher. Die Dörfer und Talschaften wurden zu den Wurzeln der bäuerlichen Gemeinde und Demokratie. Aus dem einstigen Hörigen wurde der „gemeine" Mann, das Mitglied der Gemeinde. Das Ergebnis war der „Bauer", zwar noch immer dem Herrn untertan, aber im Genuss größerer Sicherheiten und Freiheiten, sodass für seine soziale Einschätzung immer mehr die Besitzgröße entscheidend wurde. Der „Nachpawr" oder Nachbar war eng mit der bäuerlichen Siedlungsweise des Dorfes verknüpft, die sich im 12. Jahrhundert immer mehr festigte.

Die Grenze zwischen „Herren" und „Gemeinen", zwischen Adeligen und Nichtadeligen, zwischen Rittern und Bauern wurde schärfer: Durch die Verbauerung zahlreicher kleiner Ritter wurde jene Zwischenschicht von Ritterbauern zerstört, die noch in manchen bäuerlichen Hausnamen auf „Turm", „Berg" oder „Burg" weiterlebte. Der Adel wurde zu einer kleinen, abgegrenzten Schicht. Familiennamen auf „Burger", „Berger", „Turner" oder Burgstaller verweisen auf burg- oder turmähnliche Bauernhöfe oder auf alte Burgstellen, die verbäuerlichten.

Spezialisierungen und neue Berufe

Zoidl, Zeitlinger, Zeitlmaier, manchmal auch verwischt zu Seidl, Seidler oder Seidlmair, verweisen auf die Zeitlerei, die Bienenhaltung, die in einer Zeit, als es keinen Zucker gab, hohe Bedeutung hatte. Die vielen Weinberger und Weinzierl, auch in Gegenden, wo es längst keinen Weinbau mehr gibt, belegen die früher sehr viel weiter reichende Verbreitung der Weinkultur. Jeder Bauernhof hatte ein paar Obstbäume. Ein „Baumgartner“ musste da schon etwas Besonderes sein, also einen Obstgarten haben, wo bessere, in Klöstern veredelte Sorten geerntet wurden. „Vogler“ verweisen auf den früher auch bei uns sehr weit verbreiteten Singvogelfang auf den sogenannten „Vogeltennen“ und „Vogelweiden“.

„Manche Familiennamen gehen auf einen Spottnamen zurück“

Hat jeder Familienname eine Bedeutung?

Schuster: Ja, auch wenn sie heute oft nicht mehr zu erkennen ist.

Was bedeutet Schuster?

Schuster: Das setzt sich aus dem Wort Schuh und dem lateinischen Wort *sutor* (Näher) zusammen und bedeutet Flickschuster. Also einer, der Schuhe repariert.

Lassen sich Familiennamen einteilen?

Schuster: Es gibt fünf Motivationsgruppen. Namen nach dem Beruf, der Herkunft, der Wohnstätte sowie Übernamen und Familiennamen aus den Rufnamen.

Zum Beispiel?

Schuster: Nagel hießen wohl jene, die mit Nägeln gearbeitet oder diese hergestellt haben. Die Wiener oder Linzer gehen auf die Herkunft zurück. Ein Wohnstättenname ist Gruber. Übernamen beziehen sich oft auf äußere oder charakterliche Eigenschaften – oft waren es auch Spottnamen. Dick ist klar, ein Schwarz hatte auffallend schwarze Haare. Fürst ist ein Spottname, dieser Mensch hatte ein Gehabe wie ein Fürst. Als Rufnamen wurden oft altdeutsche Namen wie Eberhart oder Weigant verwendet.

Wann wurden Familiennamen eingeführt?

Schuster: Der Zeitpunkt war regional unterschiedlich. Frühestens ab dem zwölften Jahrhundert, als immer mehr Menschen in die Städte zogen und plötzlich zehn und mehr gleichartig Benannte auf eng benachbartem Raum wohnten. Eine zusätzliche Identifizierung wurde daher notwendig. Jener Ekkehard, der aus Wien nach Linz zog, hieß in Linz Ekkehard Wiener. Otto, dessen Vater Eberhard hieß, wurde zu Otto Eberhard, einer, der neben der Grube wohnte, zu Adalbert Gruber.

Wie hießen die Adeligen?

Schuster: Ihre Namen leiteten sich oft von ihren Stammsitzen ab. Was auffallend ist: Die Endung -er kommt in der Regel nicht vor. Ein Hohenberger war ein „normaler“ Mensch aus dem Ort Hohenberg, der Adelige selbst hieß aber Hohenberg.

Interview mit Elisabeth Schuster vom Universitäts-Institut für Österreichische Dialekt- und Namenlexika in Wien.

Schwaighöfe waren speziell auf die Viehhaltung ausgerichtete Bauernhöfe, die sich zuerst eher der Schafhaltung widmeten und Schafkäse und Schafwolle erzeugten. Im späteren Mittelalter wurden sie aber immer mehr auf Rinderhaltung, Butter- und Butterschmalzproduktion sowie Käserei umgestellt.

Es verwundert nicht, dass die sich allmählich herausbildenden dörflichen und städtischen Gewerbe und Sonderbeschäftigungen einen Niederschlag in Familiennamen fanden: Müller, Wagner, Binder, Schmied, Fischer, Jäger oder Gamsjäger.

Viele Familiennamen bezeichnen aber einfach nur die örtliche Lage, die für Bauern immer von entscheidender Bedeutung war: die Winkler, Taler, Doppler oder Tobler, Auer, Ebner, Leitner, Pichler, Moser, Ecker, Gruber und nicht zuletzt auch die Sandgruber.

Vom früher sehr verbreiteten Singvogelfang leitet sich der Name „Vogler" ab.

9./10. Jh.

Villikationsverfassung: Hörige Untertanen arbeiten auf den herrschaftlichen Großwirtschaften, die von „Maiern" geleitet werden. Der Ertrag der Wirtschaft gehört den Herren.

10. bis 12. Jh.

Ausbildung der Grundherrschaft: Die Untertanen haben die Höfe als „Leihe" und entrichten fixe Natural- und Geldabgaben. Die Höfe sind meist nicht vererbbar, sondern werden für eine bestimmte Zeitspanne an die bäuerlichen Untertanen vergeben, z. B. „auf Jahr und Tag" (Freistift) oder später auch auf Lebenszeit.

950–1300

Zeit der großen Rodungen. Die agrarisch bewirtschaftete Fläche erreicht die bis heute größte Ausdehnung.

14./15. Jh.

Agrarkrise und „Wüstungen". Der durch die Pest ausgelöste Bevölkerungsrückgang führt zu einer Agrarkrise, zu einem Rückgang der bewirtschafteten Flächen und zu einer Landflucht. Man muss die Bauern zum Bleiben motivieren und macht die Höfe vererbbar. Die Leibeigenschaft verschwindet im heutigen Österreich fast ganz.

1751

Im Theresianischen Kataster werden erstmals die Besitzstände, die landwirtschaftlichen Erträge und die Abgaben der Bauern landesweit erhoben.

1781

Die Aufhebung der Leibeigenschaft durch Kaiser Joseph II. hat für das heutige Oberösterreich nur theoretische Bedeutung, weil sie hier nicht mehr vorkommt.

1785/89

Steuer- und Urbarialpatent Josephs II.: Der Josephinische Kataster wird als Basis der neu eingeführten Grundsteuer erstellt.

1819

Beginn der Franziszeischen Grundsteuerreform und der Erstellung des Franziszeischen Katasters. Erstmals wird das Land in der sogenannten Urmappe genau vermessen und der land- und forstwirtschaftliche Ertrag penibel erhoben.

1848

Aufhebung der Grundherrschaft: formales Ende des Feudalsystems.

„Die Freilegung der romanischen Wandmalereien in Lambach war nicht nur eine kunsthistorische Sensation, sondern auch eine große ingenieurtechnische Leistung."

MANFRED KOLLER,
BUNDESDENKMALAMT

Die Lambacher Wandmalereien, die bedeutendsten Zeugnisse dieser Art nördlich der Alpen

LOTHAR SCHULTES

Der Romanik begegnet man in Oberösterreich nicht auf Schritt und Tritt, man muss sie suchen. Was man dabei findet, sind bedeutende Zeugnisse dieser Kunstepoche, die in alle namhaften Dokumentationen Eingang gefunden haben.

AUF DEN SPUREN DER ROMANIK

Als Romanik wird die erste große europäische Kunstepoche seit dem Ende der Antike bezeichnet. Das christliche Europa erlebte damals Höhen und Tiefen, es war die Zeit der Kreuzzüge und der großen Auseinandersetzungen zwischen Kaiser und Papst. Der Begriff Romanik entstand erst im 19. Jahrhundert, und zwar aufgrund der Verwandtschaft mit der römischen Architektur, von der Rundbogen, Pfeiler, Säulen und Gewölbebau übernommen wurden. Bedingt durch die sehr dicken, nur durch kleine Rundbogenfenster unterbrochenen Mauern sind die Räume meist sehr dunkel. Es ist eine andere, jenseitige Welt, in die man tritt.

Die Bauten waren zunächst fast kubisch einfach und flach gedeckt. Die Wände trugen im Inneren oft Malereien. In der Spätromanik war die Architektur meist gewölbt und reicher gegliedert, vor allem an Fenstern und Portalen. Im 13. Jahrhundert kam es schließlich unter dem Einfluss der Zisterzienser zur Aufnahme gotischer Formen.

Vorromanische Höchstleistungen

Die Romanik entspricht weitgehend der Regierungszeit der Salier und Staufer. Die vorausgehende Epoche der Karolinger und Ottonen wird meist als Vorromanik bezeichnet. Oberösterreich entwickelte sich damals vom „östlichen Bayern“ zum „Land ob der Enns“. Die Christianisierung des Landes verdanken wir den Agilolfingern, die auch die bedeutenden Klöster Mondsee und Kremsmünster gründeten. Hier sind aus der Frühzeit nicht nur bedeutende Handschriften wie der Psalter von Montpellier und der Codex Millenarius erhalten, sondern auch – als Kunstwerk von absolutem Weltrang – der berühmte Tassilokelch. Die Inschrift nennt als Stifter Herzog Tassilo und seine Gemahlin Liutpirc, die Tochter des Langobardenkönigs Desiderius. Da neben Christus und Maria auch die Heiligen Theodo und Theodolinde dargestellt sind, dürfte der Kelch im Jahr 772 anlässlich der Taufe des Sohnes Theodo in Auftrag gegeben und 777 dem Kloster Kremsmünster geschenkt worden sein. Die sogenannten Tassiloleuchter sind nicht, wie früher vermutet, das umgestaltete Szepter des unglücklichen Herzogs, sondern entstanden erst um 950.

In diese Zeit reicht auch die 799 erstmals erwähnte Linzer Martinskirche zurück, die heute nur noch ein Drittel ihrer früheren Größe besitzt. Der einstige Grundriss ist

Romanische Kunst in OÖ

- Baumgartenberg, Stiftskirche (vor 1259, barockisiert)
- Kremsmünster, Stiftskirche (barockisiert), Schatzkammer mit Tassilokelch (um 772/777), Tassiloleuchtern (um 950), Scheibenkreuz (um 1170)

Scheibenkreuz (Rotunda, Flabellum), Stift Kremsmünster

- Lambach, Stift, ehemaliges Westwerk mit Wandmalereien (vor 1089), Adalberokelch (um 1200)
- Linz, Martinskirche, 799 erwähnt, im 11. Jh. umgebaut
- Linz, Schlossmuseum, Rieder Kreuzigung (um 1160), Schlägler Madonna (um 1220)
- Mauthausen, Karner (um 1260/70)
- St. Florian, Stift, Abtstab aus Gleink, Riesenbibel (12. Jh.)
- Schlägl, Stift, Krypta (1218–1257)
- Wels, Stadtpfarrkirche, Portal (vor 1216)
- Wilhering, Stiftskirche, Portal (um 1210) und Kapitelsaal (um 1214–1254)

Linz, Martinskirche

heute auf der Wiese in Stein eingelegt. Den gotischen Chor erhielt die Kirche im 15. Jahrhundert.

Die Lambacher Wandmalereien

Erst nach dem Sieg Kaiser Ottos des Großen in der Schlacht auf dem Lechfeld (955) erholte sich das Land wieder, nicht zuletzt durch das Wirken von Bischof Altmann von Passau. 1056 gründete der hl. Adalbero das Stift Lambach, wo 1956/57 nach aufwendigen statischen Sicherungsarbeiten romanische Wandmalereien freigelegt werden konnten. Die Kirche war doppelchörig, das heißt, dass sie außer dem Chor im Osten auch noch einen weiteren im Westen besaß. Nur dieser blieb erhalten. Die Wandmalereien sind neben jenen von S. Angelo in Formis (bei Capua) die bedeutendsten aus der Zeit des Investiturstreites, in dem Adalbero die päpstliche Linie vertrat. Erzählt werden Episoden aus dem Leben Jesu, in die Szenen aus der Geschichte von Herodes dem Großen und Herodes Agrippa eingefügt sind. Die noch vor der Weihe der Klosterkirche (1089) vollendeten Malereien sind vor dem Hintergrund der dramatischen Ereignisse um den Kirchenbann und die Absetzung König Heinrichs IV. durch Papst Gregor VII. zu sehen. So wurde hier ganz offensichtlich das furchtbare Ende des Herodes Agrippa als historisches Vorbild für den Sturz Heinrichs dargestellt.

Während so gut wie alle Wandgemälde verblasst und teilweise zerstört sind, haben sich Buchmalereien wie jene der Riesenbibel von St. Florian ohne jede Veränderung erhalten. Das gilt auch für das in Mondsee entstandene Liutold-Evangeliar, dessen goldunterlegte Miniaturen in einprägsamer Weise das Leben Christi erzählen. Beide Werke gehören bereits dem 12. Jahrhundert an, aus dem auch die sogenannte Rieder Kreuzigung im Linzer Schlossmuseum stammt. Das erst 1925 an einem Bauernhaus in Ried im Traunkreis entdeckte Relief könnte ursprünglich den Kreuzaltar der nahen Stiftskirche von Kremsmünster geziert haben. Es galt deshalb als älteste erhaltene Holzplastik Österreichs, während man heute eine viel spätere Entstehung annimmt. Als Auftraggeber käme dann Abt Albert I. infrage, der auch Glasfenster anfertigen ließ.

Die Rieder Kreuzigung, um 1160

Romanische Kerne

Die heutige Stiftskirche von Kremsmünster wurde 1232 begonnen und verschwand später fast völlig unter der Barockisierung. Nur die Außenseite des Chors, die Seitenschiffportale und das Läuthaus mit dem später hierher versetzten Grabmal des seligen Gunter geben noch eine Vorstellung vom ur-

Rundbogenportal der Stiftskirche Wilhering

sprünglichen Aussehen. In Wilhering blieben vom romanischen Bau nur das Portal der Stiftskirche und das schon frühgotische Portal des Kapitelsaals erhalten.

Ähnlich war es in Baumgartenberg, wo man am Hauptportal und an zahlreichen Details des Außenbaus noch den romanischen Kern der einstigen, erst 1259 vollendeten Klosterkirche erkennen kann. Ein weiteres romanisches Portal hat sich an der Stadtpfarrkirche in Wels erhalten. Einer der eindrucksvollsten Räume der Romanik ist die sogenannte Krypta in Schlägl, bei der es sich vielleicht um den ursprünglichen Kapitelsaal des Klosters handelt. Von dort stammt wohl eine thronende, jetzt im Linzer Schlossmuseum zu bewundernde Madonna. Dass auch Gleink eine bedeutende romanische Kirche besaß, erkennt man heute noch an den Türziehern und einem sehr schönen Wandmalereifragment. Der einzige romanische Karner des Landes hat sich in Mauthausen erhalten. Der obere Raum, die Barbarakapelle, enthält Wandmalereien im sogenannten Zackenstil, der eigentlich bereits der Gotik angehört. Mit der herrlichen thronenden Madonna aus Freistadt – heute im Württembergischen Landesmuseum in Stuttgart – vollzieht sich schließlich auch in der Skulptur der Übergang zur Gotik.

Mächtiger Pfeiler mit fantasievollem Kapitell in der Krypta des Stiftes Schlägl

Die Romanik als wichtige Grundlage der europäischen Entwicklung

Der Kunsthistoriker Manfred Koller ist noch heute von der Freilegung romanischer Wandmalereien in Lambach fasziniert.

Koller war Leiter der Restaurierwerkstätten des Bundesdenkmalamtes, als 1967 im ehemaligen Westchor der Klosterkirche die Wandmalereien der Öffentlichkeit präsentiert werden konnten. Er rekapituliert: „Schon im 19. Jahrhundert hat man Malereien an der Decke gefunden, 1955 kam man im Zuge von Umbauten darauf, dass sich auch hinter den Wänden Bilder erhalten haben. Es bedurfte einer besonderen ingenieurtechnischen Leistung, die Türme statisch so abzusichern, dass man an die Freilegung der Wandmalereien gehen konnte."

Mit der Ausstellung „Romanische Kunst in Österreich" in der Minoritenkirche in Krems-Stein begann 1964 eine Serie von Ausstellungen, die alle großen Kunstepochen dokumentierten und auch dazu dienten, kunsthistorisch wertvolle Objekte zu sanieren und wiederzubeleben. Speziell in der Romanik sieht Koller für die europäische Entwicklung jene Epoche, „die wesentlich zur Ausformung vieler Möglichkeiten in der Kunst beigetragen hat, an die Grundlagen der karolingischen Renaissance anknüpfte und deren Fortsetzung ermöglichte". 2008 stieß man in der Kremser Gozzoburg auf bislang verborgene Wandmalereien. Lässt das auf weitere Entdeckungen aus der Zeit der Romanik hoffen? Koller: „Wenn man die historische Architektur genau untersucht und bei Umbauten vorsichtig und vorausahnend vorgeht, bestehen durchaus noch Chancen."

*„Ich zôch mir einen valken mêre danne ein jâr.
Dô ich in gezamete als ich in wollte hân
und ich im sîn gevidere mit golde wol bewant ...“*

Der von Kürenberg,
Minnesänger

Dietmar von Aist, Codex Manesse

Christian Schacherreiter

Zur ältesten Liebesdichtung in deutscher Sprache lieferten Dietmar von Aist und Der von Kürenberg wertvolle Beiträge, zwei oberösterreichische Dichtersänger, vielleicht sogar zwei Mühlviertler.

MINNESANG AUS OBERÖSTERREICH

Zu den vielen kulturellen Kostbarkeiten, die uns das Mittelalter hinterlassen hat, gehört der Minnesang. Ihren Höhepunkt erlebte diese Kunstform vor allem in staufischer Zeit (12./13. Jahrhundert). Höfische Feste wurden durch den Auftritt von Sängern aus dem Ritterstand bereichert, die zu schlichter Instrumentalbegleitung selbst verfasste Liebeslieder vortrugen. Die Sänger der sogenannten „hohen Minne" folgten dabei einem Verständnis von Liebe, das uns heute befremdet. Stars des hohen Minnesangs wie Reinmar von Hagenau und Friedrich von Hausen besangen in ihren Kanzonen eine stark idealisierte *frouwe* (verheiratete, adelige Dame), ihre Schönheit, ihren Charme, ihren Zauber. Sie versichern der Holden, wie sehr sie sich nach ihr sehnen, nehmen aber gleichzeitig zur Kenntnis, dass der Liebeswunsch unerfüllt bleiben muss. Die hohe Minne ist von vornherein auf Verzicht angelegt.

Über die sozialpsychologischen Hintergründe dieser asketischen Kultur des Liebens gibt es spannende literaturwissenschaftliche Theorien. Vor allem wurde die Sexualmoral des Christentums, die Geringschätzung des Fleisches zugunsten der Seele, damit in Zusammenhang gebracht.

Hohe und niedere Minne

Christlich war man im bayerisch-oberösterreichischen Raum im 12. Jahrhundert sehr wohl auch, aber allzu weit wollten es die hier ansässigen Dichtersänger mit der Enthaltsamkeit offensichtlich nicht treiben, denn in ihren Liebesliedern finden wir zwar neben Liebesfreud' auch Liebesleid, aber der Zweck des Werbens bleibt allemal die erfüllte Beziehung von Frau und Mann. Und noch etwas: In der „donauländischen Lyrik" – unter diesem Begriff fasst man diese erste Phase des Minnesangs zusammen – tritt nicht nur der Mann, sondern auch die Frau als Werbende auf. Sie ist deutlich aktiver als ihre Geschlechtsgenossinnen aus dem hohen Minnesang, wenn man so will: erotisch emanzipierter.

Die Liebeslieder des deutschen Mittelalters sind uns – leider ohne Noten – in prächtigen Liederhandschriften überliefert. Die größte ist die Große Heidelberger oder Manessische Liederhandschrift aus dem frühen 14. Jahrhundert. Der älteste, mit 15 Liedern in dieser Handschrift vertretene Sänger ist der Kürnberger („Der von Kürenberc", 12. Jahrhundert). Er stammte mit großer Wahrscheinlichkeit aus dem oberösterreichischen Raum, wenn auch die These, seine Burg habe sich auf dem Kürnberg in der Nähe von Linz befunden, nicht

Dietmar von Aist
(gestorben nach 1171)

Der Minnesänger liegt im Kloster Aldersbach bei Vilshofen begraben. Der oberösterreichische Herrschaftsbereich der Aister erstreckte sich zwischen Kleiner Gusen und Aist. In der Ortschaft Aist (Gemeinde Pregarten) stand einst die Neu-Aist-Burg, vielleicht ein Nachfolgebau von Alt-Aist (Gemeinde Ried in der Riedmark).

Dietmar von Aist

„Slâfest du, friedel ziere?
man wecket uns leider schiere.
ein vogellîn sô wol getân,
daz ist der linden an daz zwî
gegân."
„Ich was vil sanfte entslâfen,
nu rüefest du, kint,Wâfen'.
liep âne leit mac niht gesîn.
swaz du gebiutest, daz leiste
ich, friundîn mîn."
Diu frouwe begunde weinen:
„Du rîtest und lâst mich eine.
wenne wilt du wider her zuo
mir?
ôwê, du füerest mîn fröude
sament dir!"

haltbar ist. „Kürn" (von „Korn") bedeutet „Mühlstein" oder auch „Mühle", und Mühlberge mag es wohl mehrere gegeben haben.

Flatterhafte Falken

Das berühmteste Lied des Kürnbergers ist das Falkenlied. Das Ich, das sich in diesem Rollenlied ausweint, ist nicht der Dichter selbst, sondern eine Frau. Sie erzählt in einer „Frauenklage", dass ihr Falke, den sie schon so gefällig abgerichtet hatte, in ein anderes Land geflogen sei und dort – offenkundig von einer anderen Frau – an seidenen Fußriemen festgehalten werde. Der Falke steht für den geliebten Mann, der zu einer anderen „geflogen" ist.

Das Falkenbild ist kein origineller Einfall des Kürnbergers. Es handelt sich um einen Topos der mittelalterlichen Literatur, ein festes Bild, das wir zum Beispiel auch im Nibelungenlied finden. Kriemhild träumt, dass ihr ein Falke von zwei Adlern zerrissen wird. Ihre Mutter Ute deutet den Traum: „Der Falke", sagt sie, „ist ein Mann, den du lieben und verlieren wirst." Tatsächlich wird Kriemhild ihren Siegfried verlieren, weil der „grimme Hagen" ihn töten wird.

Von einem Falken, der sich einen Baum wählt, so wie sich die Frau einen Geliebten aussucht, erzählt das lyrische Ich im Gedicht *Es stuont ein frouwe alleine.* Als dessen Verfasser gilt Dietmar von Aist (auch: Eist, geboren ca. 1139, gestorben nach 1171), der mit hoher Wahrscheinlichkeit aus einem oberösterreichischen Adelsgeschlecht stammt, möglicherweise aus der Nähe von

Der von Kürenberg, Codex Manesse

Wartberg im Mühlkreis. Über sein Leben wissen wir, ähnlich wie beim Kürnberger, so gut wie nichts. Es ist nicht einmal sicher, ob die Lieder, die ihm in der Manessischen Liederhandschrift zugeschrieben werden, wirklich aus der Feder eines einzigen Mannes stammen. Dietmar wird das älteste „Tagelied" in deutscher Sprache zugeschrieben: *Slafest du, friedel ziere*. Es handelt sich um ein dialogisches Gedicht („Wechsel"). Die Situation ist typisch für das Tagelied: Es ist früher Morgen, der Gesang der Vögel weckt die Liebenden. Nach liebevoll zugebrachter Nacht ist es höchste Zeit, voneinander Abschied zu nehmen, was zur Einsicht führt: *liep ane leit mac nicht gesin* (Liebe ohne Leid, das gibt es nicht!).

Lieben und Leiden – Rosen und Dornen

Wenn auch die donauländische Liebeslyrik nicht dem asketischen Ideal der hohen Minne folgt, so dominieren in den Liedern doch Enttäuschung und Liebesleid. Der Kürnberger thematisiert mehrmals die (unerfüllte) Sehnsucht nach dem/der Geliebten. Eine traurige Frau steht am Fenstergitter und denkt an ihren Ritter,

Die Instrumente

Flöte

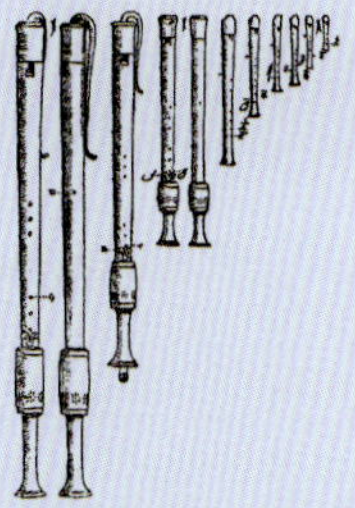

Eines der ältesten Musikinstrumente der Menschheit, immer schon beliebt für die Tanzmusik. Jeder konnte sie selbst herstellen.

Laute

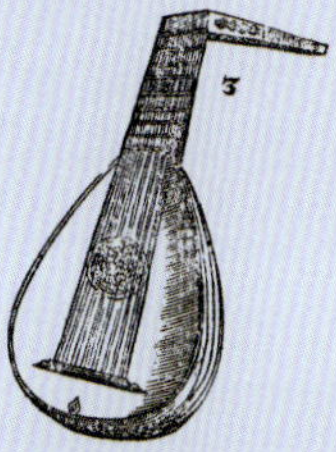

Sie ist der Vorläufer der Gitarre und kommt wohl aus dem arabischen Raum, auch der Name könnte darauf schließen lassen: Das arabische al'Úd heißt „das Holz".

Harfe

Sie wurde wohl im alten Ägypten erfunden und wird in der Bibel immer wieder genannt. Im Mittelalter galt sie als nobles Instrument, das vor allem im höfischen Bereich verwendet wurde.

Schalmei

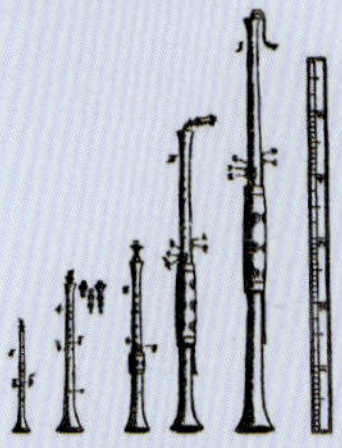

Auch sie stammt aus dem arabischen Bereich und ist ein eher kreischendes Instrument, das vor allem in Indien noch verbreitet ist. Oboe und Fagott haben sich aus der Schalmei weiterentwickelt.

Dudelsack

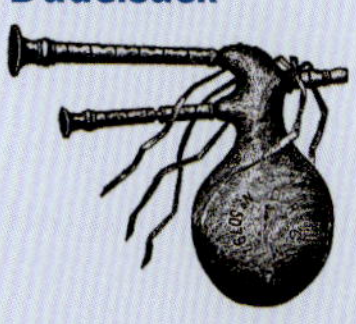

Im Prinzip handelt es sich um eine Erweiterung der Schalmei. Der Dudelsack kann dank des Sackes einen Dauerton erzeugen, der über die Bordunpfeifen ertönt.

sodass sich ihr Gesicht rot färbt „wie die Rose am Dorn". Eine andere weint, weil sie den Geliebten durch eine Intrige von Lügnern verloren hat *(Ez gat mir vonme herzen)*. Und eine weitere Dame sehnt sich nach der Liebe des Kürnbergers, den sie immer so schön singen hört. Der Sänger verweigert sich aber und verlässt lieber in voller ritterlicher Montur das Land *(Ich stuont mir nehtint spate)*. Der Kürnberger selbst kannte zwar auch den Liebesschmerz, im Gedicht *Aller wîbe wünne* quält er sich mit der ungeklärten Frage, ob ihn das Mädchen, das er begehrt, überhaupt liebt. Allerdings behauptet er in einem anderen Text *(wip unde vederspil diu werdent lichte zam)* etwas vollmundig, es sei nicht schwer, die Zuneigung der Frauen zu gewinnen: „Frauen und Falken lassen sich leicht zähmen. Dem Mann, der sie richtig zu locken versteht, kommen sie entgegen ..."

„Wes Brot ich ess', des Lied ich sing"

Was bedeuten eigentlich die Begriffe Rhiannon und Raban?

Meßenböck: Rhiannon war eine keltowalisische Göttin, Raban heißt Rabe.

Was ist das Besondere am Minnesang?

Meßenböck: Der Minnesang ist an sich ein höfisches Phänomen, er beschäftigt sich meist mit der unerfüllten Liebe zu einer höherstehenden Frau. Aber es wurden auch politische und sozialkritische Geschichten erzählt.

Themen, die auch Sie in Ihren Liedern einbauen?

Meßenböck: Partiell. Teilweise übernehmen wir auch alte Texte. Liebe, Freiheit und Sozialkritik, also Themen, die den kleinen Menschen seit Jahrhunderten unter den Nägeln brennen, sind natürlich auch Themen, denen wir uns widmen.

Zogen alle Minnesänger von Hof zu Hof?

Meßenböck: Nicht nur, es gab auch „fix Angestellte". Sie lockerten den meist ja trüben Hof- oder Burgalltag auf. Auch wenn die meisten Minnesänger von niederen Adelsfamilien abstammten, waren sie doch oft mittellos. Es gibt auch das Lied „Wes Brot ich ess', des Lied ich sing".

Freilich auch eine opportunistische Einstellung.

Meßenböck: Schon, aber den Mut, sich mit einem Herrscher anzulegen, hätte man wohl mit dem Tod bezahlt.

Minnesänger waren also nicht unbedingt zu beneiden, oder?

Meßenböck: Ihnen ging es zwar besser als den heutigen Straßenmusikanten, reich wurden sie aber auch nur sehr selten.

Interview mit Max Meßenböck, alias Raban die Pfeyffe. Der Leondinger ist Mitglied der mittelalterlichen Gruppe „Rhiannon".

Minnesang

um 1100

Beginn des provenzalischen Minnesangs (Frankreich)

ca. 1150 bis ca. 1180

Eigenständiger donauländischer Minnesang (nicht beeinflusst vom provenzalischen): Der Kürenberger, Dietmar von Aist, Burggrafen von Regensburg und Rietenberg

ca. 1180 bis ca. 1210

Erste Phase des hochhöfischen Minnesangs (hohe Minne): Friedrich von Hausen, Reinmar von Hagenau, Heinrich von Morungen

ca. 1200 bis ca. 1240

Zweite Phase des hochhöfischen Minnesangs: Walther von der Vogelweide, Neidhart von Reuenthal (Distanzierung von hoher Minne)

ca. 1240 bis ca. 1400

Spät- und nachhöfischer Minnesang: Tannhäuser, Ulrich von Liechtenstein, Oswald von Wolkenstein

15./16. Jh.

Nachwirkung im bürgerlichen Meistergesang

Der von Kürenberg: Ich zoch mir einen valken ...

Ich zog mir einen Falken länger als ein Jahr.
Als ich ihn gezähmt, wie ich ihn haben wollte,
und sein Gefieder mit Gold geschmückt hatte,
hob er sich hoch auf und flog davon.

Seither sah ich den Falken schön fliegen:
Er führte an seinem Fuße seidene Fessel
und sein Gefieder war ganz rotgolden.
Gott sende sie zusammen, die einander gerne lieb haben wollen.

(Übertragung aus dem Mittelhochdeutschen: Max Wehrli)

Dietmar von Aist: Slafest du, friedel ziere (Tagelied)

„Schläfst du, mein schöner Liebster?
Bald wird man uns leider wecken.
Ein Vögelchen, ein wohlgestaltes,
ist auf der Linde Zweig gekommen."

„Ich war sanft eingeschlafen:
Nun rufst du, Kind, mich auf!
Liebe ohne Leid, das kann nicht sein.
Was immer du befiehlst, das tu ich,
meine Freundin."

Die Frau begann zu weinen.
„Du reitest und lässt mich allein.
Wann willst du wieder her zu mir?
O weh, du nimmst mein Glück
zugleich mit dir."

(Übertragung aus dem Mittelhochdeutschen: Max Wehrli)

„Wem der Himmel zu fern ist, der mag sich mit seiner Andacht vor einem Altar bescheiden. Wahre Gebete fliegen hoch über jenen Altar zu Gott.“

ARTHUR SCHNITZLER,
APHORISMEN AUS DEM NACHLASS

Einer der berühmtesten oberösterreichischen Flügelaltäre: Der Pacher-Altar in St. Wolfgang

LOTHAR SCHULTES

Etwa 2000 gotische Flügelaltäre hat es einst in Oberösterreich gegeben. Zwar blieben nicht alle erhalten, aber einige der schönsten, wie der Kefermarkter Altar und der Pacher-Altar von St. Wolfgang, sind noch zu bewundern.

LAND DER FLÜGELALTÄRE

In Oberösterreich wurde wie allgemein üblich im ersten nachchristlichen Jahrtausend die Messe – so wie heute – zum Volk zelebriert, was jede Art von Altaraufsatz ausschloss. Erst als die Priester begannen, die Messe mit dem Rücken zu den Gläubigen zu lesen, wurden die Altartische auf einer Seite mit einem gemalten oder geschnitzten Aufbau versehen. Es dauerte aber noch mehrere Jahrhunderte, bis das entstand, was wir heute als Flügelaltar bezeichnen.

Was kostete ein Flügelaltar?

Ein einfacher Altar in einer Dorfkirche konnte den Stifter auf 200 bis 500 Gulden zu stehen kommen. Für den Altar in St. Wolfgang erhielten Michael und Friedrich Pacher 1200 Gulden, für den Altar in der Salzburger Pfarrkirche, der heutigen Franziskanerkirche, sogar 3300 Gulden. Das war viel, aber auch wenig, wenn man bedenkt, dass im frühen 16. Jahrhundert, kurz vor Ausbruch der Reformation, der Wallfahrerstrom nach St. Wolfgang dem Kloster Mondsee jährlich die enorme Summe von 15.000 bis 18.000 Goldgulden eingetragen haben soll. Nur ein Bruchteil der Gelder wurde also für den Bau der Kirche von St. Wolfgang und für deren großartige Ausstattung verwendet.

Christoph von Zelking, der Besitzer der Herrschaft Weinberg, der im damaligen „Keferdorf" mit seinen 15 Häusern zwischen 1474 und 1476 den Kirchenbau mit den fünf Altären finanziert hatte, war auch der Stifter des weltberühmten Flügelaltares. In seinem Testament im Jahre 1490 stellte er durch acht Jahre jährlich 32 Pfund Pfennig und 50 ungarische Gulden bereit „zu Aufrichtung der Taffell zu sannd Wolfgangg zu Kefermarkht ze maln und zu vergoltn", insgesamt etwa 600 Gulden. Zum Vergleich: Für das Studium seiner beiden Söhne an der Universität Bologna setzte er für jeden für je zwei Jahre 200 Gulden ungarisch aus (übrigens ordnete er auch an, dass sie wie ihre beiden älteren Brüder durch zwei Jahre in Böhmen Tschechisch zu lernen hätten). Seiner Tochter aus erster Ehe, der er freigestellt hatte, entweder ins Kloster zu gehen oder sich zu verheiraten, setzte er insgesamt 1.900 Gulden aus.

Der Jahreslohn eines Dienstknechtes schwankte damals zwischen 1 und 3 Gulden. Im ersten Jahrzehnt des 16. Jahrhunderts betrug der Durchschnittspreis für ein Kilogramm Rindfleisch in Oberösterreich ungefähr einen Kreuzer (60 Kreuzer ergaben einen Gulden), der Taglohn eines Maurer- oder Zimmergesellen ohne Kost 6 ½ Kreuzer, der eines Handlangers – ebenfalls ohne Kost – 4 ½ Kreuzer, der eines Feldarbeiters 4 Kreuzer. Die Durchschnittsdotation eines Pfarrbenefiziaten betrug 32 Gulden im Jahr. Hilfs- oder Gesellpriester verdienten kaum mehr als Taglöhner. Die Einkommen der Pfarrer hingegen konnten je nach Pfründe und Zahl der bezahlten Messen und sonstigen Gebühren sehr hoch sein.

Ein Altaraufsatz bestand normalerweise aus einem Unterbau, der damals als „Sarg", später als Predella bezeichnet wurde. Darüber ruhte der Corpus oder Schrein mit je einem Flügel, bei großen Altären wie in St. Wolfgang oder Hallstatt auch mit zwei Flügelpaaren. Den oberen Abschluss bildete meist ein Aufsatz, das Gesprenge. Es gibt Altäre, die nur gemalt, und solche, die nur geschnitzt sind, meist aber wirkten an ihrer Entstehung Maler und Bildhauer zusammen. Hierzulande dürften bis um 1450 die gemalten Altäre vorherrschend gewesen sein. Später enthielt der Schrein Figuren oder sogar eine szenische Figurengruppe wie die Marienkrönung im Altar von St. Wolfgang. Je nach ihrer Bestimmung waren Flügelaltäre klein oder reichten bis zum Gewölbe der Kirche.

400 Kirchen und 2000 Altäre

Oberösterreich besitzt heute noch über vierhundert Kirchen, die zumindest im Kern aus der Zeit der Gotik stammen. Jeder dieser Bauten enthielt einst drei, manchmal auch fünf oder sieben Altäre, in Einzelfällen erheblich mehr. So besaß die Stadtpfarrkirche von Freistadt vor den beiden Bränden von 1507 und 1516 nicht weniger als siebzehn Altäre. Mit ähnlichen Zahlen wird bei den übrigen großen Stadt- und Stiftskirchen zu rechnen sein, sodass sich ein ursprünglicher Bestand von etwa 2000 Altären ergibt. Davon sind allerdings nur weniger als ein Prozent vollständig oder in wesentlichen Teilen erhalten.

Oft bewahrte eine beherzte Aktion von Einzelnen die gotischen Werke vor der Vernichtung. Das gilt etwa für den Kreuzaltar in der Pfarrkirche von Hallstatt, der seine Erhaltung einem Bergmann verdankt. Dieser bewahrte das Werk um 1750 auf, statt es wie angeordnet zu Brennholz zu zersägen. Ein halbes Jahrhundert später war auch der große Hallstätter Marienaltar in höchster Gefahr. Er sollte nämlich 1799 durch einen der Barockaltäre aus der Stiftskirche von Mondsee ersetzt werden, was nur deshalb unterblieb, weil kein Geld für Abbruch und Transport aufzutreiben war.

Flügelaltar von Leonhard Astl, Hallstatt, Pfarrkirche

In St. Wolfgang war es ein kunstverständiger Pfarrer, der sich 1787 weigerte, in die Predella wie vorgeschrieben einen Tabernakel einbauen zu lassen. Seine Begründung war, dass „unser Hochaltar der schönste ist, so ich jemals gesehen hab". Man darf wohl davon ausgehen, dass der kunstsinnige Herr Goethes 1773 erschienenen Aufsatz „Von deutscher Baukunst" gelesen hatte, der für das Verständnis der Gotik von immenser Bedeutung war. 1818 erhielt auch das Retabel von Kefermarkt erste lobende Worte, als Gräfin Lulu von Thürheim gemeinsam mit ihrer Nichte Therese die dortige „Kirche mit ihrem herrlichen Altar" besuchte.

Noch während die letzten gotischen Altäre zerstört wurden, begann anderswo bereits der Aufbau der ersten Gotiksammlungen, vor allem in den Stiften St. Florian, Kremsmünster und Schlägl. Im Linzer Schloss befanden sich im 18. Jahrhundert unglaubliche 120 „theils altgottische, theils andere gemählde von Albrecht Dürr (Dürer) und nach dessen arth gemahlen", von denen 1764 immerhin noch 52 vorhanden waren. Viele Werke der Spätgotik und der Donauschule, so auch die Bilder des Altdorfer-Altars in St. Florian, galten damals als Arbeiten Dürers. Man ahnt, was alles im Jahr 1800 beim Linzer Stadtbrand zugrunde gegangen sein muss. Gewissermaßen im letzten Augenblick bot schließlich die Gründung des Oberösterreichischen Landesmuseums (1833) vielen Werken der Gotik eine neue Heimstätte.

Die Krönung Mariens, Detail aus dem Pacher-Altar

Der Pacher-Altar von St. Wolfgang

Der Flügelaltar ist 12,6 Meter hoch und 6,5 Meter breit, wurde aus Zirbenholz geschnitzt und anschließend gefasst und vergoldet. Die Flügel sind aus getrocknetem Tannenholz. Die Figuren wurden nur ein Mal um 1625 übermalt. Michael Pacher erhielt am 13. Dezember 1471 den Auftrag. Die Vollendung im Jahr 1481 hat er in einer Inschrift festgehalten, in der er sich auch selbstbewusst als Künstler nennt.

Heute sind Flügelaltäre vor allem durch Diebstähle bedroht. So wurde in Pesenbach nicht nur die entzückende Sitzmadonna, sondern auch die Marienfigur aus dem Gesprenge des Hochaltars gestohlen. In Hallstatt rissen Diebe die beiden Flügel des Kreuzaltars herunter und beschädigten dabei außerdem den verbliebenen Mittelteil. Leider ist keines dieser Werke je wieder aufgetaucht.

Zwei Flügelaltäre von Weltrang

Heute besitzt Oberösterreich zwar nicht die meisten, wohl aber die beiden bedeutendsten Flügelaltäre der österreichischen Spätgotik, nämlich den Pacher-Altar in St. Wolfgang und den Altar von Kefermarkt. Ihre Herkunft aus Bruneck beziehungsweise aus Passau nennt zugleich zwei der bedeutendsten Zentren der Altarherstellung, nämlich Tirol und Süddeutschland. Urkunden belegen, dass damals erheblich mehr Maler als Bildhauer tätig waren. Einige Maler arbeiteten gleichzeitig als Schnitzer, doch dürften Doppelbegabungen wie jene Michael Pachers die große Ausnahme gewesen sein.

Von einem einzigen oberösterreichischen Flügelaltar, nämlich jenem von St. Wolfgang, blieb der Werkvertrag erhalten. Dieser enthält ganz genaue Anweisungen. So heißt es etwa, Pacher möge „dy chronung Marie mit engeln und gulten (vergoldeten) tuechern nach dem chostlichstem und pesten, so er das gemachen mag", ausführen. Das heißt, dass der Auftraggeber – hier war es Abt Benedikt Eck von Mondsee – nichts dem Zufall überließ und auf höchste Qualität Wert legte. Dem entspricht der außerordentlich hohe Preis von 1200 ungarischen (1400 rheinischen) Gulden, der nicht zuletzt ein Zeugnis von Pachers Ruhm als Künstler ist.

Bemalt oder nicht?

Im Fall des Kefermarkter Flügelaltars sind viele Mysterien im Umlauf, ob oder wie er bemalt war. Manfred Koller, ehemaliger Leiter des Bundesdenkmalamtes in Wien: „Er war nicht komplett gefasst und auch nicht vergoldet. Es wurden aber Farbreste gefunden. Lippen zum Beispiel waren zinnoberrot, Hintergründe azuritblau, vieles war holzfarben. Ob die Flügelaußenwände bemalt waren, weiß man nicht. Sicher ist, dass der Altar reduziert gefasst war."

Der Meister von Mondsee, Die Anbetung der Könige, Linz, Schlossmuseum

„Der Meister schnitzte nur die Hauptfiguren"

Wer war damals an der Errichtung eines Flügelaltars beteiligt?

Streit-Maier: Ein Schreiner hat den Corpus gemacht, Gesellen die weniger wichtigen Figuren sowie die Vorarbeit zu den Hauptfiguren, die dann vom Bildhauer-Chef, nach dem die Werkstatt benannt war, vollendet wurden. Die Lehrlinge haben sich am Gesprenge ganz oben ausgetobt. Deshalb nimmt die Qualität der Arbeit oben auch ab.

Könnte man so eine Qualitätsarbeit – also jene der Meister – heute noch vollbringen?

Streit-Maier: Natürlich. Wer sagt, dass man so einen Altar heute nicht mehr machen kann, der irrt. Es ist halt eine Frage der Zeit und vor allem der Kosten.

Wer sind die großen Feinde des Holzaltars?

Streit-Maier: Die Holzwürmer. Sie überleben selbst Giftgas, mit dem manche Altäre behandelt wurden. Sie verpuppen sich und beginnen Jahre später wieder zu fressen. Manche Figuren halten nur noch durch Grundierung und Farbe zusammen, die die Holzwürmer unberührt lassen. Da könnte man mit dem Finger ein Loch reinstechen. Ein zweiter Feind sind die Elektroheizungen, die um 1970 eingebaut wurden. Eine Kirche hat ein eigenes Raumklima. Dies wurde durch die Heizungen verändert, das Holz schrumpfte, die Grundierung aber nicht.

Wie wurde grundiert?

Streit-Maier: Mit einer speziellen Kreidegrundierung. Bemalte Altäre mussten auch ganz anders geschnitzt werden – wesentlich tiefer. Weil die Kreidegrundierung das Relief flacher erscheinen lässt.

Hätte man die Teilfassung des Kefermarkter Altars heute retten können?

Streit-Maier: Ja! Aber die Chemikalien und Erfahrungen dazu hatte man damals nicht, als er von den Brüdern Johann und Josef Rint im Auftrag von Adalbert Stifter renoviert wurde. Die Figuren wurden in heißes Leinsamenöl eingelegt.

Welche Rolle spielten die Farben damals?

Streit-Maier: Eine enorme! Kriege wurden wegen Farben geführt, eine Forderung der Französischen Revolution war es, die Farbenfreiheit zu erlassen. Hätten Sie damals etwas in Königsblau getragen, Sie wären enthauptet worden.

Und die Bedeutung in der Religion?

Streit-Maier: Es gab eine strenge Farbhierarchie, die der Papst kontrollierte. Violett galt als göttliche Farbe. Nur leider ging das Rezept für den schönsten Violettton, der in Konstantinopel erzeugt wurde, verloren. Blau wurde damals zum Beispiel aus dem Stein Lapislazuli gewonnen. Für ein Kilo – handgemahlen – könnte man sich heute locker ein Mittelklasseauto kaufen.

Interview mit Gerhard Streit-Maier, Fachlehrer und Bildhauer an der HTL Hallstatt. Der gebürtige Kärntner war lange als Altarrestaurator aktiv und hat die Meisterprüfung in Stein- und Holzbildhauerei abgelegt.

Kefermarkter Altar

Bemalung und Vergoldung

Was die hohen Preise bewirkte, war nicht so sehr die Schnitzerei als der immer größer werdende Aufwand der Fassung, das heißt: der Bemalung und Vergoldung. Die kaum noch zu überbietende äußere Pracht dieser Werke war eingebunden in ein Gesamtkunstwerk, das aus Architektur, Wand- und Glasmalerei, Textilien und Goldschmiedekunst bestand. Während dies alles in St. Wolfgang einen Höhepunkt erreichte, verzichtete man in Kefermarkt offenbar ganz bewusst und von Anfang an auf eine bunte Bemalung. Die präzise Schnitzerei und die Freude am Detail wären sonst erheblich verunklärt und verwischt worden.

Dieser Verzicht auf Farbigkeit verhinderte aber nicht, dass weiterhin Flügelaltäre mit aufwendiger Vergoldung und Bemalung geschaffen wurden. Mit dem Altar von Hallstatt entstand sogar noch um 1510/20 eines der aufwendigsten Werke der gesamten Spätgotik. Allerdings wird hier durch die exzessive Verwendung von Gold ein ähnlich unnaturalistischer Eindruck erweckt wie beim holzfarbigen Altar von Kefermarkt. Unmittelbar nach Fertigstellung dürften die Schreinfiguren wie aus getriebenem Gold gewirkt haben. Als um 1520 die letzten Flügelaltäre errichtet wurden, predigten in Steyr bereits Anhänger Martin Luthers.

Erhaltene Flügelaltäre

- Braunau, Stadtpfarrkirche, Bäckeraltar, Meister des Bäckeraltars, um 1480/86
- Freistadt, Stadtpfarrkirche, Nothelferaltar, unbekannter Meister, um 1515/20
- Gampern, Pfarrkirche, Hochaltar, Leonhard Astl (?), vor 1506 und 1515 (Rückseite)
- Gebertsham, Filialkirche, Hochaltar, Gordian Guckh, um 1515/20
- Hallstatt, Pfarrkirche, Kreuzaltar, unbekannter Meister, um 1450/60
- Hallstatt, Pfarrkirche, Marienaltar, Leonhard Astl, um 1510/20
- Kefermarkt, Wallfahrtskirche, Hochaltar, Martin Kriechbaum (?), um 1490/97
- Linz, Schlossmuseum, Altärchen aus Pulgarn, Sebastian Reintaaler und Meister Mert (?), vor 1513
- Oberrauchenödt, Filialkirche, Hochaltar, unbekannter Meister, vor 1522
- Pesenbach, Filialkirche, Hochaltar, Meister SW, 1495
- Puchheim bei Wels, Redemptoristenkloster, Flügelaltärchen aus Mautern, unbekannter Meister, um 1425/30
- Regensburg, Stadtmuseum, Altärchen aus Pesenbach, Meister IP, um 1520
- St. Florian, Stiftssammlung, Sylvester-Altar, Kärnten (?), um 1450
- St. Florian, Stiftssammlung, Kreuzigungsaltärchen, Hans Siebenbürger, um 1470/80
- St. Florian, Stiftssammlung, Gnadenstuhl-Altar, Meister S. H., 1485
- St. Florian, Stiftssammlung, Flügelaltärchen aus Pesenbach, Meister SW, 1499
- St. Wolfgang, Wallfahrtskirche, Hochaltar, Michael Pacher und Meister des Bäckeraltars (Rückseite), 1471–1481
- Schlüßlberg, Schlosskapelle, Flügelaltärchen, unbekannter Meister, um 1485
- Waldburg, Pfarrkirche, Hochaltar, Lienhard Krapfenbacher, 1517
- Waldburg, Pfarrkirche, Seitenaltäre, Lienhard-Krapfenbacher-Werkstatt, 1520 bzw. 1523

A.E.I.O.U.

Wahlspruch Kaiser Friedrichs III.
auf dem Linzer Burgtor

Das Friedrichstor ist ein Teil der ehemaligen Burg- und Wehranlage des Linzer Schlosses aus dem Spätmittelalter.

Roman Sandgruber

Der bereits altersschwache Kaiser Friedrich III. residierte die letzten Jahre seines Lebens in Linz. Auch in weiterer Folge hielt sich bis ins 17. Jahrhundert der kaiserliche Hof immer wieder für längere Zeit in Linz auf. Damit wurde Linz für einige Jahre zur Kaiserstadt und rückte ins Zentrum der europäischen Politik.

KAISERSTADT LINZ

Kaiser Friedrich III. nahm bereits 1484/85 einmal vorübergehend in Linz Residenz, bevor er sich für mehrere Jahre ins Reich begab. Von 1489 bis zu seinem Tode 1493 blieb der Kaiser durchgehend in Linz und machte die Stadt für kurze Zeit zum Mittelpunkt des Heiligen Römischen Reichs. Mehrere Gründe dürften maßgeblich gewesen sein, dass sich der Kaiser Linz zur Altersresidenz wählte.

Im 15. Jahrhundert hatte Oberösterreich stark an wirtschaftlicher Bedeutung gewonnen: durch die Salzvorkommen und das Eisenwesen, den blühenden Weinbau und durch die Handelsbeziehungen der Städte Steyr, Wels und Linz, dessen Messen sich im 16. Jahrhundert zu den wichtigsten im ganzen ostmitteleuropäischen Raum entwickelten. Erzherzog Albrecht VI., der Bruder und größte Feind von Friedrich III., regierte von 1458 bis 1463 Oberösterreich. Nachdem Albrecht 1463 überraschend verstorben war – an einer Vergiftung, wie gemunkelt wurde –, sicherte sich Friedrich die Herrschaft über Oberösterreich. Als er vom ungarischen König Matthias Corvinus zeitweise aus Wien und Wiener Neustadt vertrieben wurde, bot sich Linz als Ausweg. Aber es handelte sich nicht bloß um eine Verlegenheitslösung, dass der Kaiser nach Linz kam: Friedrich blieb, nachdem Wien 1490 wieder befreit und Matthias Corvinus gestorben war. Manches deutet darauf hin, dass der Kaiser sich bereits seit Beginn der 1480er-Jahre mit dem Gedanken getragen hatte, Linz zu seiner dauernden Residenz zu machen.

Darstellung Friedrichs III., im Hintergrund die Linzer Burg, Greiner Stadtbuch

Epitaph Kaiser Friedrichs III. in der Linzer Stadtpfarrkirche

Herz und Eingeweide des Kaisers wurden in der Linzer Stadtpfarrkirche bestattet, der einbalsamierte Leichnam nach Wien überführt, wo im Stephansdom schon lange an dem prächtigen Grabmal des Kaisers gearbeitet worden war, dem schönsten Grabdenkmal, das aus dem Spätmittelalter erhalten ist.

Die lateinische Inschrift in der Linzer Stadtpfarrkirche lautet: „In dieser Urne ruhen Kaiser Friedrichs Eingeweide und sein Herz, das 51 Jahre das Römische Reich beherrschte und stets den Frieden liebte. Er lebte 78 Jahre, einen Monat und zwei Tage und schied aus dem Leben im Jahr des Heils 1493, am 19. August."
Der Stein ist geschmückt mit dem Kaiseradler und den Wappen der Länder Altösterreich und Neuösterreich, Kärnten, Oberösterreich, Pfirt, Tirol, Elsass, Burgau, Mähren, Böhmen, Kiburg, Krain, Portenau, Windischmark und Ungarn.

Linz blühte auf

Mit der Anwesenheit des Kaisers wurde Linz für kurze Zeit zu einem Zentrum der europäischen Gelehrsamkeit und Kunst. Fieberhaft wurde die Burg ausgebaut. Es wurden prunkvolle Jagden und Turniere veranstaltet, Humanisten und Professoren, Dichter und Sänger kamen. Der Kaiser interessierte sich für Alchemie und Astrologie. Während der Anwesenheit einer venezianischen Gesandtschaft, die im Sommer 1492 fast sechs Wochen in Linz verbrachte, wurden humanistische Dichter geehrt, waren Conrad Celtis und Konrad Peutinger in Linz, lernte Johannes Reuchlin in Linz vom jüdischen Leibarzt des Kaisers, dem Rabbiner

Jakob ben Jechiel Loans, Hebräisch. Auch die Hofmusik Friedrichs III., bestehend aus Trompetern und Pfeifern, gefiel den Venezianern. Dennoch ist es kaum verwunderlich, dass Linz den zahlreichen Gesandtschaften und Berühmtheiten aus ganz Europa, die an den Hof des Kaisers kamen, klein und mickrig erschien. Die Venezianer fanden nur den großen Hauptplatz erwähnenswert. Alles andere erschien ihnen sehr provinziell: die mit Schindeln gedeckten Dächer, die wenigen Geschäfte, der fehlende Bischofssitz ...

Unter Maximilian I. hatte Linz nicht mehr jene Bedeutung wie in den letzten Lebensjahren Friedrichs III. Der neue Kaiser war häufiger in Innsbruck als in Oberösterreich, wenn er sich nicht überhaupt, was fast ständig der Fall war, auf Reisen oder auf irgendeinem Schlachtfeld befand. Doch immer wieder gab es in Linz wichtige Verhandlungen und große Hoffeste. Der Kaiser liebte die Jagd, besonders schätzte er den Kürnberg, der ihm im Alter bequemer war als die steilen Berge Tirols und des Salzkammerguts. Am Schlossabhang ließ er einen Tiergarten mit Steinböcken und Gämsen errichten, im Bereich des heutigen Landestheaters einen Kaninchengarten mit einem eigenen „Kuniglhueter“. Es gab auch einen kaiserlichen Vogelmeister, der die zahlreichen Singvögel des Kaisers betreute. Im Jahr 1501 wurde während eines Aufenthalts des Kaisers das Schauspiel „Ludus Dianae“ des Humanisten Conrad Celtis in der Burg uraufgeführt. Wirtschaftlich wichtig und angesichts der weiteren politischen Entwicklung sehr hellsichtig war, dass Maximilian 1497 der Stadt das Recht zum Bau einer Brücke über die Donau erteilt hatte. Es war die dritte Donaubrücke in Österreich nach Wien und Krems. Am 12. Jänner 1519 starb Kaiser Maximilian in der landesfürstlichen Burg in Wels.

Kaiser Ferdinand und Linz

1521 kam Maximilians Enkel Ferdinand nach der Teilung des Erbes mit seinem Bruder Karl V. als Nachfolger nach Linz. Hier sollte endlich die bereits 1515 in Wien – allerdings in Abwesenheit des damals noch viel zu jungen Brautpaares – geschlossene Ehe Ferdinands mit Anna von Ungarn vollzogen werden. Das Beilager in Linz war zwar nicht ganz so prunkvoll wie die Hochzeit in Wien. Be-

Der Linzer Hauptplatz 1520, historisierende Ansicht von Oskar Sachsperger

rühmt geworden ist das Fest jedoch durch das sogenannte Losensteiner Turnier, obwohl nicht sicher ist, ob es wirklich in dieser Art stattgefunden hat, nämlich mit dem heftigen Streit zwischen Spaniern und Österreichern. Belegt ist allerdings, dass anfänglich das Misstrauen des oberösterreichischen Adels gegen Ferdinand, der damals Deutsch noch nicht beherrschte, und gegen seine spanische Begleitung sehr groß war.

Die Ehe zwischen Ferdinand und Anna war allen Berichten zufolge sehr glücklich und ihr entstammten 15 Kinder. Ferdinand und noch viel mehr seine Gattin Anna verbrachten geraume Zeit im Linzer Schloss, obwohl sie sich ihrer Aussage nach in Linz immer entsetzlich langweilten. Die Burg war offensichtlich alles andere als bequem und schön.

Zu dieser Zeit waren die Maler Jakob Seisenegger und Johann Bocksberger ebenso in der Landeshauptstadt wie der Komponist Arnold von Bruck oder der Medailleur Ludwig Neufahrer.

Ein monumentales Schloss

Auch nach Annas Tod 1547 beherbergte das Schloss immer wieder Habsburger. 1561 bis 1563 war Maximilian II. längere Zeit mit seiner ganzen Familie in Linz, bevor er 1564 Kaiser wurde. 1582 bis 1590 residierte Matthias, der spätere Kaiser, in den Räumen der Linzer Burg. Er umgab sich mit kunstsinnigen Menschen, etwa dem niederländischen Maler Lukas von Valckenborgh, der eine schöne Ansicht der Stadt schuf. Ab

Blick auf Linz, Stich nach dem Ölbild von Lukas von Valckenborgh, um 1594

Linz wird Landeshauptstadt

Linz war um 1490, als Kaiser Friedrich III. in der Stadt für mehrere Jahre seine Residenz aufgeschlagen hatte, mit kaum 2000 Einwohnern auch für damalige Verhältnisse eine eher kleine Stadt. Wien hingegen hatte 20 000 bis 25 000 Einwohner und war damit hinter Köln die zweitgrößte Stadt des Römischen Reiches Deutscher Nation. Steyr und Wels waren deutlich größer als Linz. Auch Enns als älteste Stadt des Landes genoss mehr Prestige als Linz.

Aber Linz holte auf. Seit Ende des 13. Jahrhunderts war es Sitz des Landeshauptmanns. Der erste oberösterreichische Landtag wurde 1452 noch in Wels abgehalten, der zweite fand 1457 schon auf dem Linzer Schloss statt. 1490 wurde Linz erstmals als „eine Hauptstadt unseres Fürstentums Österreich ob der Enns" bezeichnet.

1599 wurde das Schloss völlig neu gebaut und gilt als ein Hauptwerk des Manierismus in Österreich.

Das Linzer Diplom der Stadt Bremen

Linz hat in Bremen einen guten Klang. Die wichtigste Urkunde, die die Stadt besitzt, ist das „Linzer Diplom". Es wurde am 1. Juni 1646 von Kaiser Ferdinand III. in Linz ausgestellt. In dieser Urkunde bestätigte er die Reichsunmittelbarkeit der Stadt Bremen und legte damit den Grundstein für die bis heute bestehende Sonderstellung Bremens in der Bundesrepublik Deutschland.

Der aus bremischer Sicht entscheidende Abschnitt lautet: „Wir, Ferdinand der Dritte von Gottes Gnaden erwählter Römischer Kaiser, ... bekennen ..., dass die Stadt Bremen von uralten Zeiten her des Heiligen Römischen Reichs unmittelbare freie Reichsstadt gewesen und daher Uns und dem Heiligen Reich allein und ohne Mittlerstelle untertthan ist ..., gegeben auf unserem Schloss zu Linz am 1. Juni im 1646sten Jahr nach Christi, Unseres lieben Herrn und Seligmachers, Geburt."

Das in Bremen verwahrte Diplom wurde 1946 von der Sowjetunion beschlagnahmt und galt von da an als verschollen. 1998 wurde es in der Bibliothek der Armenischen Akademie der Wissenschaften in Eriwan entdeckt und zurückgegeben, seit 28. Mai 1998 ist es wieder in Bremen.

Als Architekt dürfte der flandrische Baumeister Anton de Moys gewirkt haben.

Der Ausbau der Burg erfolgte zu einem Zeitpunkt, als Linz nur mehr fallweise dem Hofe diente. Rudolf II. verließ die Prager Burg kaum, Ferdinand II. liebte das evangelische Oberösterreich nicht. Erst Ferdinand III. kam wieder häufiger nach Linz. Der „Linzer Friede" von 1645, der den Weg zum Westfälischen Frieden öffnete, und das „Linzer Patent" von 1646, die wichtigste Urkunde der Stadt Bremen, waren Ergebnisse solcher Aufenthalte des Kaisers in Linz.

Linz als Residenz geriet zunehmend in Vergessenheit. Das Schloss wurde benutzt, um vor-

Die Beinamputation Friedrichs III.

Kaiser Friedrich III. war krank und gebrechlich. Mit einem goldenen Tuch, berichteten die Gesandten nach Venedig, bedeckte der alte Kaiser sein krankes linkes Bein. Es begann abzusterben und wurde schließlich Anfang 1493 vom Fuß bis zum Knie ganz schwarz und gefühllos. Daher entschloss man sich am 8. Juni 1493 zu einer Amputation, für die die renommiertesten Ärzte der Zeit geholt wurden. Geleitet wurde die Operation vom Leibarzt König Maximilians, dem Portugiesen Dr. Matheo Lupi. Vorgenommen wurde die Amputation von den Meistern Hans Suff aus Göppingen und Hilarius aus Passau. Anwesend waren ferner Meister Plundorffer von Landshut, Meister Friedrich von Olmütz und Meister Erhart von Graz, die den Patienten festhielten. Die Operation, die bei vollem Bewusstsein des Kaisers stattfand, verlief erfolgreich. Der 78-jährige Kaiser überlebte sie mehr als zwei Monate. Dass Friedrich in den Mittagsstunden des 19. August 1493 in Linz verstarb, nicht in der Burg, sondern in einem Stadthaus, vielleicht dem heutigen Kremsmünsterer Haus in der Altstadt, wurde von den Zeitgenossen auf einen übermäßigen Verzehr von Melonen zurückgeführt, die beim Kaiser zu einem akuten Durchfall geführt hätten.

Ein verheerender Brand vernichtete 1800 große Teile der Linzer Altstadt. Das Feuer war im Linzer Schloss, das als Lazarett fungierte, durch Tabak rauchende Soldaten verursacht worden und breitete sich über einen hölzernen Verbindungsgang auf die Stadt aus.

nehme Gefangene unterzubringen, etwa Ruprecht von der Pfalz, den Sohn des „Winterkönigs". Dieser war in den Niederlanden aufgewachsen und fiel den Linzern auf, weil er sich im Winter „mit Schlittschuhen vergnügte" und häufig das Ballhaus, die Tennishalle, aufsuchte. Die Linzer Märkte wurden von den Leipziger Messen immer mehr in den Hintergrund gedrängt. Während der Wiener Türkenbelagerung wich Kaiser Leopold I. nach Linz aus. Nachdem 1683 die Türkengefahr endgültig abgewehrt war, begann das explosionsartige Wachstum Wiens. Linz versank in Provinzialität. Irgendwie waren die Linzer auch froh darüber. Denn sie waren immer der Meinung, dass ihnen die Residenz durch die Bewirtung der Gäste und die Bereitstellung der vielen Quartiere mehr Kosten als Nutzen gebracht hatte.

„Der edlen und tugendreichen frawen Dorothea Jergeryn,
widwe zu Tollet,
meyner besonderen freundyn ynn Christo."

MARTIN LUTHER
AN DOROTHEA JÖRGER

Lucas Cranach d. Ä., Porträt Marin Luther, St.-Anna-Kirche, Augsburg

ROMAN SANDGRUBER

Oberösterreich war in der zweiten Hälfte des 16. Jahrhunderts fast zur Gänze evangelisch geworden, doch gegen Ende dieses Jahrhunderts setzte die katholische Erneuerung und Gegenreformation ein. Erst 1781 wurde mit dem Toleranzpatent das evangelische Bekenntnis freigegeben.

LUTHER UND OBERÖSTERREICH

Mit dem berühmten Thesenanschlag Martin Luthers an der Wittenberger Schlosskirche begann 1517 eher ungewollt die Reformation. Bald wurde deren Inhalt auch in Österreich bekannt. Das Allerheiligenbenefizium in Altmünster (1518) ist der erste explizite Hinweis in Oberösterreich auf mögliche religiöse Umwälzungen. Im Stiftungstext wurde eine Einschränkung formuliert: „Es sei denn, dass durch Schickung des allmächtigen Gotts in christlichen Kirchen Veränderungen geschähen.“ Das erste schriftliche Dokument zur Reformation in Oberösterreich stammt aus Steyr und datiert in das Jahr 1520. Es hat Auseinandersetzungen um einen der Reformation zugeneigten Prediger zum Inhalt.

Die ersten Anhänger

Luthers Ideen fanden sehr rasch Anhänger in Oberösterreich. Einerseits war man hier schon lange mit den Zuständen im Klerus sehr unzufrieden und andererseits waren durch den Eisenhandel und die Salzwirtschaft die Kontakte zu den oberdeutschen Städten und nach Mitteldeutschland sehr eng. Führende Adelige, Beamte und Bürger aus Oberösterreich ließen ihre Söhne in Wittenberg studieren.

Zahlreiche Adelige, etwa die Jörger und die Starhemberger, aber auch Steyrer Eisenhändler oder die Salinenbeamten des Salzkammerguts unterhielten persönliche Beziehungen zu Luther. 28 Briefe sind bekannt, die Luther an verschiedene Personen nach Oberösterreich schrieb. Einige Briefe waren an Dorothea Jörger gerichtet. Christoph Jörger, der Sohn des Landeshauptmanns Wolfgang Jörger, ging 1522 zur

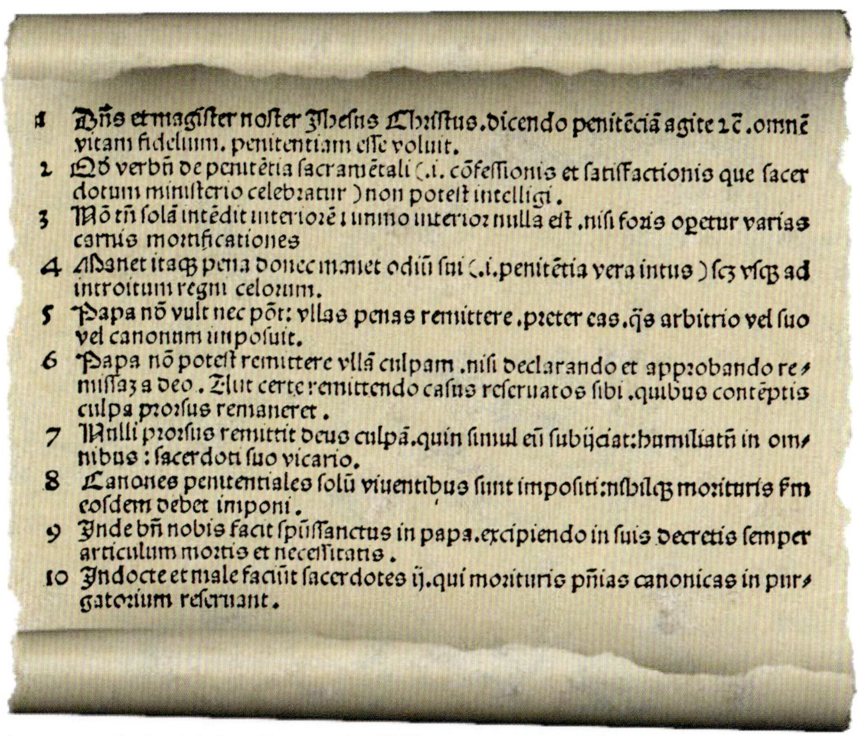

1 Dn̄s et magister noster Jhesus Christus. dicendo penitēciā agite &c. omnē vitam fidelium. penitentiam esse voluit.
2 Qd verbū de penitētia sacramētali (.i. cōfessionis et satisfactionis que sacerdotum ministerio celebratur) non potest intelligi.
3 Nō tn̄ solā intēdit interiorē: immo interior nulla est. nisi foris operetur varias carnis mortificationes
4 Manet itaq; pena donec manet odiū sui (.i. penitētia vera intus) scz vsq; ad introitum regni celorum.
5 Papa nō vult nec pōt: vllas penas remittere. preter eas. q̄s arbitrio vel suo vel canonum imposuit.
6 Papa nō potest remittere vllā culpam. nisi declarando et approbando remissā a deo. Aut certe remittendo casus reseruatos sibi. quibus contēptis culpa prorsus remaneret.
7 Nulli prorsus remittit deus culpā. quin simul eū subijciat: humiliatū in omnibus: sacerdoti suo vicario.
8 Canones penitentiales solū viuentibus sunt impositi: nihilq; morituris s̄m eosdem debet imponi.
9 Inde bn̄ nobis facit spūssanctus in papa. excipiendo in suis decretis semper articulum mortis et necessitatis.
10 Indocte et male faciūt sacerdotes ij. qui morituris pn̄ias canonicas in purgatorium reseruant.

Auszug aus der lateinischen Fassung der 95 Thesen gegen den Ablass

Grabplatte von Christoph und Dorothea Jörger, St. Georgen bei Grieskirchen

Evangelische mussten das Land verlassen oder konvertieren

Wie unterscheidet sich der Begriff „Evangelisch" von „Protestantismus"?

Hochmeir: Evangelisch ist die Selbstbezeichnung der Reformationsanhänger und bedeutet eine Rückbesinnung auf das Evangelium. Protestantismus ist eine Fremdbezeichnung. Beim Augsburger Reichstag 1530 legten die evangelischen Stände ein Bekenntnis zu ihrem Glauben ab und protestierten damit gegen den Versuch des Kaisers, die Einheit der Religion wiederherzustellen. Wenn heute vom Protestantismus die Rede ist, schwingt oft die Überzeugung mit, zum evangelischen Glauben auch gegen Widerstand zu stehen.

Darum spricht man nach der Durchführung der Gegenreformation vom Geheimprotestantismus?

Hochmeir: Rechtlich hätte man in Oberösterreich nie evangelisch sein dürfen. Das legte der Augsburger Religionsfrieden von 1555 fest. Dennoch waren zu diesem Zeitpunkt 80 Prozent der Bürger evangelisch. Ferdinand II. wollte den Religionsfrieden dann umsetzen. Bauern und Adel, die evangelisch waren, probten den Aufstand und erlitten am Weißen Berg eine Niederlage. Ferdinand, der die Schlacht dank der Bayern gewinnen konnte, verpfändete das Land ob der Enns den Bayern, katholische Riten wurden eingeführt. Evangelische Bürger, Lehrer, Prediger und der Adel mussten das Land verlassen oder konvertieren.

Auch ein Auslöser für den Bauernaufstand unter Stefan Fadinger?

Hochmeir: Es waren auch soziale Ungerechtigkeiten, die die Bauernkriege auslösten. Aber der Glaube spielte eine Rolle. Als Graf Herberstorff die Rekatholisierung durchführte und Bauernanführer in Frankenburg um ihr Leben würfeln ließ, war der Bauernaufstand die Konsequenz. Der Schmerz über den Verrat an den Protestanten saß tief.

Wie funktionierte der Geheimprotestantismus?

Hochmeir: Die Bauern waren nach außen katholisch, pflegten aber über fünf Generationen auf ihren Höfen den evangelischen Glauben: Sie lasen evangelische Schriften und Bücher – geheiratet wurde nach Möglichkeit unter Gleichgesinnten. Das war nicht ungefährlich. Viele wurden deportiert, zum Beispiel nach Siebenbürgen. Der Adel war zu diesem Zeitpunkt bereits konvertiert, nur noch einige Bauern waren evangelisch.

Interview mit Andreas Hochmeir, evangelischer Pfarrer in Wallern. Er schrieb seine Diplomarbeit zum Thema „Geheimprotestantismus in Oberösterreich" (Wien, 2000).

Ausbildung nach Sachsen und schloss sich Luther an. Auf Ersuchen Dorothea und Christoph Jörgers sandte Luther 1525 Michael Stiefel als Prediger auf ihr Schloss Tollet bei Grieskirchen. Die Schaunberger, Polheimer, Scherffenberger, Zelkinger und Khevenhüller gelten ebenfalls als frühe und führende Lutheraner.

Dorothea Jörger und Martin Luther – ein Briefwechsel

Dorothea Jörger (1497–1556) war mit dem 1524 verstorbenen Wolfgang Jörger verheiratet, der von 1513 bis 1521 Landeshauptmann war. Die Jörger waren ein typisches Adelsgeschlecht der Zeit und wie beinahe der gesamte Adel Förderer der Reformation. Sohn Christoph studierte in Wittenberg. Bevor er über die Grenze ging, hatte er noch geschworen, dem katholischen Glauben treu zu bleiben. Zurück kam er als überzeugter Anhänger der Reformation. Über ihn entstand der Kontakt zwischen seiner Mutter und Martin Luther. Dieser schrieb insgesamt 13 Briefe an Dorothea Jörger, leider sind keine Antwortbriefe erhalten. Nur an seine eigene Frau gibt es mehr Luther-Briefe, insgesamt 21. Luthers Anrede an seine Briefpartnerin: „Der edlen und tugendreichen frawen Dorothea Jergeryn, widwe zu Tollet, meyner besonderen freundyn ynn Christo."

1525 war Gmunden als „lutherisches Nest" bekannt, ebenso setzte sich die neue Lehre rasch in Steyr, Wels, Linz, Enns, Freistadt und Vöcklabruck durch. Zahlreiche Geistliche gingen zum Luthertum über, die Kirchenleitung war völlig überfordert. An der Spitze des für Oberösterreich zuständigen Bistums Passau stand ein bayerischer Prinz, der nicht einmal die höheren Weihen eines Klerikers hatte und in Oberösterreich keinerlei Ansehen genoss. Als in Passau gegen Leonhard Käser, der in Wittenberg studiert hatte und bei einem Besuch in seinem Heimatort Raab verhaftet worden war, ein Ketzerprozess geführt wurde, erregte dies breiten Abscheu im Lande. Käser wurde trotz Intervention der Schaunberger und Starhemberger am 16. August 1527 in Schärding verbrannt.

Noch schärfer vorgegangen wurde gegen die „Wiedertäufer": Während diese vor allem bei den kleinen Handwerkern und städtischen Unterschichten Anklang fanden, wurde das Luthertum zum Bekenntnis des Adels, der vermögenden Bürger und wohlhabenden Bauern. Ungefähr 150 Täufer wurden 1527/28 in Oberösterreich hingerichtet.

Durch und durch protestantisch

Um die Mitte des 16. Jahrhunderts waren Oberösterreich und das damals noch bayerische Innviertel überwiegend evangelisch. Viele Klöster wurden verlassen und geschlossen. Alarmierend war die Visitation von 1561 in den 15 Stiften und Klöstern des Landes. Die noch anwesenden Ordensleute lebten häufig in Ehe, die Äbte waren „beweibt" und verweltlicht. Im ganzen

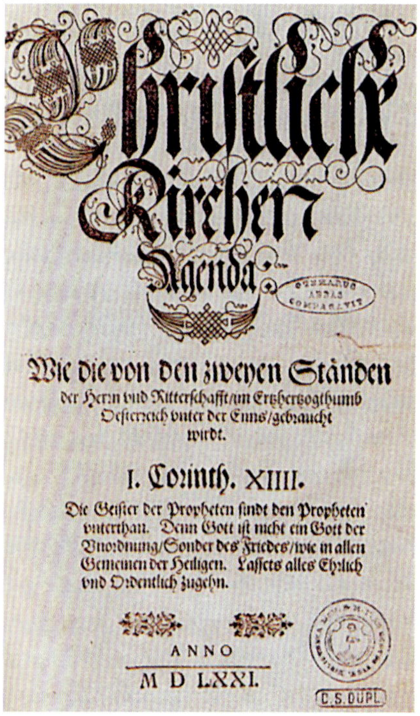
Christlich Kirchen Agenda.
Wie die von den zweyen Ständen der Herrn vnd Ritterschafft/im Ertzhertzogthumb Oesterreich vnter der Enns/gebraucht wirdt.
I. Corinth. XIIII.
Die Geister der Propheten sindt den Propheten vnterthan. Denn Gott ist nicht ein Gott der Vnordnung/Sonder des Friedes/wie in allen Gemeinen der Heiligen. Lassets alles Ehrlich vnd Ordentlich zugehn.
ANNO
M D LXXI.
C.S. DUPL.

Christliche Kirchenagenda (=evangelische Kirchenordnung), 1571

Der Steinerne Saal im Linzer Landhaus

Land gehörten nur noch 74 Männer und sieben Frauen einem Kloster oder Stift an, und auch sie waren meist lutherisch gesinnt. Am ehesten entsprachen noch St. Florian und Kremsmünster den Vorstellungen der Visitatoren. Als Kaiser Maximilian II. 1576 starb, war das Land praktisch völlig protestantisch, war Oberösterreich in dem Maß lutherisch, wie es heute römisch-katholisch ist. Der Steyrer Chronist Jakob Zetl nannte das Land ob der Enns ein „erzlutherisches Land".

Das Schulwesen und die Gelehrsamkeit erlebten unter evangelischer Patronanz eine besondere Blüte. Das neu errichtete Landhaus in Linz beherbergte nicht nur die Landeskanzlei, sondern auch die Evangelische Landschaftsschule, in der unter anderem der große Gelehrte Johannes Kepler wirkte, der Namenspatron der Universität Linz. Der um 1570 errichtete und 1611 umgebaute „Steinerne Saal" im Landhaus diente jahrzehntelang als evangelische Kirche. Die unmittelbar angrenzende Minoritenkirche hingegen blieb auch in Zeiten der evangelischen Mehrheit in der Stadt immer römisch-katholische Kirche mit römischer Messfeier. Der Bücherbesitz der protestantischen Bürger, etwa in Freistadt, war im 16. Jahrhundert erstaunlich groß und nahm nach der Rekatholisierung deutlich ab.

Der Augsburger Religionsfriede von 1555 legte fest, dass die Untertanen den Glauben ihres Landesherrn anzunehmen hatten: Dass die katholisch gebliebenen Habsburger als Landesherren gegen die Protestanten vorerst nicht allzu viel unternahmen, lag auch an der Bedrohung von außen durch die Türken. Daher lautete damals ein Sprichwort: „Der Türken Tück, das ist der Protestanten Glück.“

Die Rekatholisierung

1592 begann sich die Situation zu ändern. Erstmals gab es mit Hans Jakob Löbl von Greinburg wieder einen katholischen Landeshauptmann. Die religiösen Unruhen, die von 1570 bis in die 1590er-Jahre die Pfarren Windischgarsten, St. Leonhard und St. Pankraz erschütterten, und der sogenannte Sierninger Handel von 1588, der durch Rekatholisierungsmaßnahmen ausgelöst wurde, waren die ersten Vorboten der gewaltsam durchgesetzten Gegenreformation. Auch für die Bauernaufstände von 1594 bis 1597 und von 1626 waren religiöse Anliegen eine der Hauptursachen.

Thening

Zwei Jahre nachdem Kaiser Joseph II. das Toleranzpatent erlassen hatte, wurde in Thening das Bethaus errichtet. Es durfte jedoch nicht wie eine Kirche aussehen – hatte also keinen Turm und keine Rundbogenfenster. Das Toleranzbethaus wurde 1784 fertiggestellt. Die „Evangelische Kirche im Feld“ wurde 1856 bis 1859 in neuromanischer Form erbaut. 1867 wurde auch ein Kirchturm errichtet.

Die Luther-Bibel aus Thening wurde um 1564 gedruckt. Zuerst wurde sie im Linzer Landhaus in der Landschaftsschule verwendet. Später kam die Bibel nach Thening, wo sie von Geheimprotestanten versteckt wurde. Es gab zwar schon vor Luther deutsche Bibelübersetzungen, aber Martin Luther übersetzte die Bibel erstmals aus den Ursprachen Griechisch und Hebräisch und ebnete der deutschen Schriftsprache den Weg.

Schlagartig änderten sich die Verhältnisse für die Evangelischen mit Kaiser Ferdinand I., der 1624 das Reformationspatent erließ. Alle evangelischen Prädikanten (Prediger) und Schulmeister mussten binnen acht Tagen das Land verlassen und die Evangelischen in der Bevölkerung innerhalb eines Jahres wieder katholisch werden oder auswandern. Die Gegenreformation wurde mit militärischer Härte und mit allen verfügbaren propagandistischen Mitteln durchgedrückt. Ab 1734 gab es für hartnäckige Protestanten aus dem Salzkammergut noch einmal mehrere zwangsweise Umsiedlungswellen nach Siebenbürgen/Rumänien.

Toleranz

Erst im Jahr 1781 beendete das Toleranzpatent Josephs II. die Gegenreformation. Was sechs Generationen oder knapp 150 Jahre im Verborgenen überdauert hatte, gelangte nun ans Tageslicht. Zur Überraschung der Regierung meldeten sich nach fast 160 Jahren Verbot allein in Oberösterreich

Toleranzgemeinden von 1781

Die neun Toleranzgemeinden von 1781

Wels, Thening, Scharten, Eferding, Wallern, Neukematen, Goisern, Gosau und Rutzenmoos.

bald an die 10 000 Personen als evangelisch. Der erste evangelische Gottesdienst fand am 9. Juni 1782 in Scharten statt, etwa 4000 Personen nahmen daran teil. In den folgenden Monaten bildeten sich neun evangelische Gemeinden, die sogenannten „Toleranzgemeinden".

Allerdings brachte das Toleranzpatent vorerst nur die Duldung des evangelischen Glaubens, aber noch keine Gleichberechtigung. Die katholische Kirche blieb die dominante Religion. Benachteiligt wurden die Evangelischen etwa durch Erschwernisse beim Übertritt in die evangelische Kirche, bei der Übernahme öffentlicher Ämter oder bei der äußeren Gestaltung der Bethäuser, die nicht als Kirchengebäude erkennbar sein sollten (kein Turm, keine Glocken, keine Rundfenster, ein Standort abseits der Hauptstraße).

Im Mai 1783 errichtete die Regierung parallel zur Gründung der Diözese Linz die evangelische Superintendenz Oberösterreich und ernannte den Pfarrer von Scharten, Johann Christian Thielisch, zum ersten Superintendenten.

Der Weg zur Freiheit

Im Revolutionsjahr 1848 wurden mehrere Einschränkungen wie zum Beispiel das Turmverbot aufgelassen. 1861 folgte das „Protestantenpatent" Kaiser Franz Josephs I. mit der Einführung einer Kirchenordnung, die als synodal-presbyteriales System auf demokratischer Basis erlaubt wurde. Die Gleichberechtigung der evangelischen Bürger mit den katholischen wurde ausgesprochen, nicht jedoch die Gleichberechtigung der Kirchen.

Erst mit dem „Bundesgesetz der äußeren Rechtverhältnisse der Evangelischen Kirchen in Österreich" von 1961 erhielten die Evangelischen Kirchen A. B und H. B. die völlige Gleichberechtigung mit der römisch-katholischen Kirche. Bei der Festsitzung der Synode 1981, an der Kardinal Dr. Franz König und Bundespräsident Dr. Rudolf Kirchschläger teilnahmen, betonte Präsident Kirchschläger, dass „die evangelischen Österreicher ein unverzichtbarer Teil des Ganzen" seien.

Nach kircheninterner Statistik leben in Oberösterreich 56 200 Evangelische in 35 Pfarrgemeinden und acht Tochtergemeinden, die von rund 40 Pfarrerinnen und Pfarrern betreut werden, unterstützt von rund 70 Lektoren, weiteren Mitarbeitern im Religionsunterricht und in der Jugend- und Seniorenarbeit. In Leonding bei Linz gibt es weiters eine Gemeinde der Evangelischen Kirche Helvetischen Bekenntnisses.

Evangelisches Museum Rutzenmoos

„Es muess seyn."

WAHLSPRUCH STEFAN FADINGERS

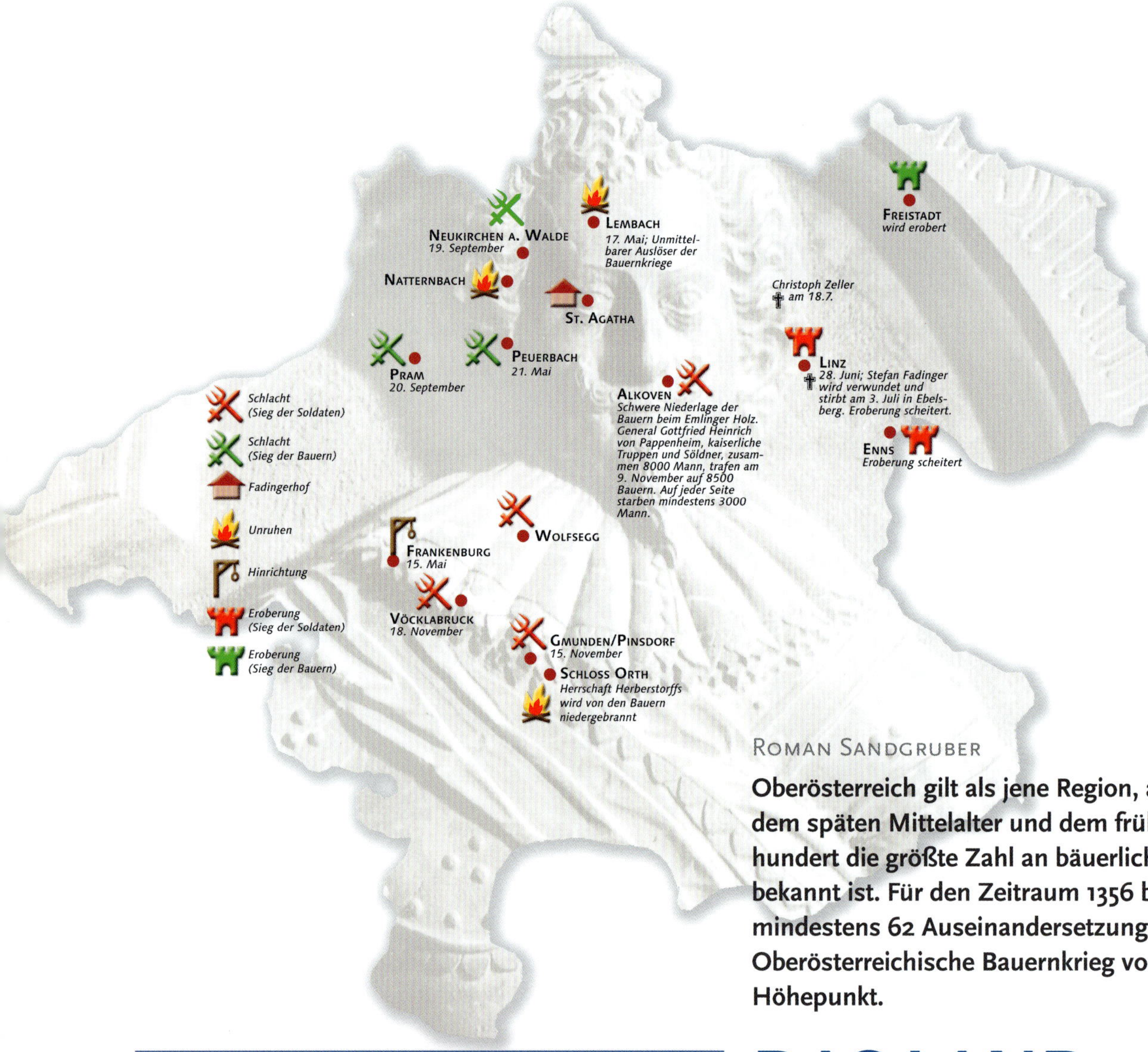

Schauplätze des Bauernkrieges 1626

ROMAN SANDGRUBER

Oberösterreich gilt als jene Region, aus der zwischen dem späten Mittelalter und dem frühen 19. Jahrhundert die größte Zahl an bäuerlichen Aufständen bekannt ist. Für den Zeitraum 1356 bis 1849 werden mindestens 62 Auseinandersetzungen gezählt, der Oberösterreichische Bauernkrieg von 1625/26 war der Höhepunkt.

DAS LAND DER BAUERNKRIEGE

Der Willkürakt des „Frankenburger Würfelspiels" stand am Anfang des größten und blutigsten Bauernaufstandes, der je in Österreich stattfand. Bei diesem „Würfelspiel" ließ Adam Graf Herberstorff am 15. Mai 1625 auf dem Haushamer Feld 36 Bauern, die in die Auseinandersetzungen um die Pfarreinsetzung in Frankenburg verwickelt waren, gegeneinander um ihr Leben würfeln. 17 der 18 Verlierer wurden exekutiert, einer begnadigt. Es ist dies das bekannteste, bei Weitem aber nicht das härteste und blutigste Urteil, das in der langen Geschichte der oberösterreichischen Bauernkriege gefällt wurde.

Porträt von Adam Graf von Herberstorff (um 1585–1629)

Eine nahezu ununterbrochene Kette von Aufständen

Der erste bekannte Bauernaufstand in Oberösterreich betraf im Jahre 1356 eine Auseinandersetzung zwischen dem Kloster Kremsmünster und seinen Untertanen. 1392 kam es zu einem Bauernaufstand im Ischlland, ein Teil der Aufständischen wurde in den Kerker geworfen, geblendet und aufgehängt („geplent und erhangen"). 1493 gab es eine gewalttätige Auseinandersetzung zwischen dem Pfarrer von Spital am Pyhrn und seinen Untertanen, 1496 eine zwischen dem Abt von Wilhering und seinen Waxenberger Untertanen. 1497 erhoben sich die Bauern gegen das Kloster Schlägl, das bei seinen Untertanen den „Totenfall" nach böhmischem Brauch einführen wollte, das bedeutete, dass bei einem Todesfall der Nachlass nicht den Erben, sondern der Grundherrschaft zufallen sollte. Der Streit wurde 1525/29 dahingehend verglichen, dass dem Kloster als „Totenhaupt" in Zukunft bei einem Mann der zweitbeste Ochse, bei einer Frau die zweitbeste Kuh zustehen sollte.

Der große Bauernkrieg von 1525 brachte in Oberösterreich keine kriegerischen Handlungen. Man suchte vorher zu beschwichtigen und schickte dann ein Exekutionsheer, das von Pfarre zu Pfarre zog und die Rädelsführer gefangen nahm. In Wien wurden sie mit hohen Geld- und Arreststrafen belegt.

Im 16. Jahrhundert verging kein Jahrzehnt ohne Aufstände. Bekannt geworden sind die Händel zwischen dem Bauernschinder Christoph Haym auf Burg Reichenstein und dem Bauern Siegmund Gaisrucker, der seinem Herrn die Fehde ansagte. Auf Gaisrucker („ein weißblichner Mann, bei 30 Jahre alt, von ziemlicher Länge mit einem falben Bärtl") wurde ein Kopfgeld ausgesetzt: 300 Gulden lebend, 100 Gulden tot. Christoph Haym wurde 1571 aus dem Hinterhalt erschossen.

Fahnensprüche

„Vom bayrischen Joch und Tyrannei und seiner großen Schinderei, mach uns o lieber Herrgott frei." (1626)

„Weils gilt die Seel und auch das Gut, gilts auch unser Leib und Blut, Gott geb uns einen Heldenmut." (1626)

„Es muss also sein." (1626)

„Das walt Gott Vater, Sohn, Heiliger Geist, der uns den Weg zum Himmel weist." (Laimbauernfahne, 1632)

Der „Sierninger Handel" von 1588 war das Vorspiel zum sogenannten zweiten großen Bauernaufstand, der sich in Oberösterreich zwischen 1594 und 1597 hinzog und sich dann im angrenzenden Niederösterreich fortsetzte.

Nachdem im sogenannten Zweiten Bauernkrieg Weikhard von Polheim 1595 mit einem Aufgebot von 400 Mann gegen einige 1000 Bauern eine schwere Niederlage erlitten hatte, unternahm Gotthard von Starhemberg einen blutigen Rachezug. Bei diesem ließ er 27 Bauern völlig willkürlich und ohne jede Begründung „wie Birnen", wie er sich ausdrückte, auf den Bäumen aufhängen.

Der Oberösterreichische Bauernkrieg

Zwischen 1597 und 1626 blieb die Situation im Garstental, im Salzkammergut und im Mondseeland durchgehend unruhig und gespannt. 1620 wurde das Land ob der Enns vom Kaiser an den bayerischen Kurfürsten verpfändet, und zwar als Abgeltung für des-

Bauernkriegsgedenkstätten in Oberösterreich

- Bauernkriegskapelle auf dem Stadlfeld in Kledt bei Neumarkt im Hausruck: Schlacht zwischen rund 3500 Bauern und etwa 425 Soldaten am 13. November 1595 (1953 errichtet)
- Denkmal für die Opfer des Frankenburger Würfelspiels (15. Mai 1625) auf dem Haushamer Feld bei Frankenburg (1925 errichtet)
- Steinpyramide im Andenken an die Schlacht vom 21. Mai 1626 auf der Ledererwiese bei Peuerbach. Im angrenzenden Wald befindet sich ein Gedenkstein für die Bauernführer Fadinger und Zeller.
- Gedenktafel an der Friedhofsmauer des sogenannten Frauenklosters zur Belagerung von Freistadt vom 26. Mai bis 30. Juni 1626
- Marmorplatte in Ebelsberg am angeblichen Sterbehaus des Stefan Fadinger (5. Juli 1626)
- Geißelsäule an der südwestlichen Ecke des Linzer Landhauses, wo Stefan Fadinger am 28. Juni 1626 schwer verletzt worden sein soll
- Bauernkriegsdenkmal am Eichberg (Enns) an der Stelle des Hauptquartiers der Bauern, Erinnerung an die Belagerung der Stadt vom 24. Juni bis 23. Juli 1626
- Gedenkstein am Ort des zur Gänze zerstörten Fadingerhofes in St. Agatha
- Denkmal für Fadinger und Zeller im Seebacher Moos bei Eferding
- Gedenktafel am Gasthaus Renetzeder in Neukirchen am Wald (Gefecht vom 19. September 1626)
- Gedenkkreuz und Sühnekapelle am Schulterberg bei Pram (Schlacht am 20. September 1626)
- „Löbl-Marterl" bei Marchtrenk als Andenken an die Schlacht am 10. Oktober 1626
- Denkmal im Emlinger Holz zum Gedenken an die schwere Niederlage, bei der etwa 3000 Bauern den Tod fanden (9. November 1626)
- Bauernhügel bei Pinsdorf, wo am 15. November 1626 etwa 2000 Bauern den Tod fanden

sen Hilfe in der ersten Phase des Dreißigjährigen Krieges. Dadurch traf Oberösterreich die Rekatholisierung in voller Härte und dies verstärkte die allgemeine Unruhe.

Kampfszenen aus dem Bauernkrieg, 1626 (Ausschnitt)

Sengend und brennend zogen die Truppen von Feldmarschall Tilly und Graf Herberstorff durch das Land. Der nach Wien reisende Herzog Ernst von Sachsen-Lauenburg wurde in Eferding von den Bauern erschlagen. In den Natternbacher und Frankenburger Revolten im Jahr 1625 ging es um katholische Pfarrer, die den evangelischen Bauern vorgesetzt werden sollten. In Natternbach ließ Graf Herberstorff die gefangen genommenen Bauern wieder frei und begründete dies damit, dass man Deutsch sprechenden Bauern keinen Italienisch sprechenden Pfarrer vorsetzen könne. In Frankenburg dagegen ging er – wohl auf höheren Auftrag hin – mit unerbittlicher Härte vor, mit dem „Frankenburger Würfelspiel“.

Eine Wirtshausrauferei in Lembach war der unmittelbare Auslöser für den Oberösterreichischen Bauernkrieg, die dritte große Erhebung. Stefan Fadinger wurde zum Anführer im Hausruck- und Traunviertel gewählt und sein Schwager Christoph Zeller im Mühl- und Machlandviertel. Die Bauernheere eroberten fast ganz Oberösterreich mit Ausnahme von Linz und Enns. Stefan Fadinger fiel am 5. Juli 1626 bei der Belagerung von Linz und Christoph Zeller am 18. Juli 1626 bei der Trutzbauernschanze. Neuer Oberhauptmann wurde der Ritter Achaz Willinger von der Au. Inzwischen kamen die bayerischen Truppen unter Pappenheim und ein kaiserliches Kriegsvolk unter Löbl und Auersperg. In zahlreichen blutigen Schlachten erlebten die Bauern nun eine Niederlage nach der anderen: bei Neuhofen-Gschwendt, Leonfelden, Emling, Gmunden, Vöcklabruck und Wolfsegg. Es gab etwa 12 000 Tote. Ein furchtbares Strafgericht folgte. Die Bauernführer fielen, die städtischen Anführer wurden gehenkt und gevierteilt, ihre Köpfe wurden ein ganzes Jahr lang auf dem Steyrer Stadtplatz aufgespießt zur Schau gestellt. Der Pfarrer von Lasberg verzeichnete im Totenbuch die Namen der am Freitag, 6. August 1626, vom Preuner'schen Regiment aus Rache erschlagenen Bauern: Allein für seine beiden relativ kleinen Pfarren Lasberg und St. Oswald waren dies in Lasberg 31 Männer, in der Pfarre

Stefan Fadinger (um 1580–1626)

Die Waffen der Bauern

Sense
Die Sense wurde in gebogenem Zustand zum Mähen verwendet. Um als Stichwaffe zu dienen, wurde sie gerade geschmiedet.

Spieß
Er wurde entweder als Waffe benutzt oder diente zum Abfeuern von Geschützen, indem ein brennender Lappen um die Spitze gewickelt wurde.

Morgensterne
Mit Eisenstacheln besetzte Stangen und Kugeln.

Heugabel

St. Oswald 20. Zusätzlich seien in beiden Pfarren, meinte der Pfarrer, im Bauernkrieg an die 50 Personen freiwillig in den Tod gegangen. 1627 brach der Aufstand im Ennstal erneut los, 1632 war Johann Jakob Greimbl in der Eferdinger Gegend Anführer und 1634 Martin Eichinger, genannt der Laimbauer, im Machland.

Es wollte nicht ruhig werden. Bartholomäus Graf Starhemberg verstieg sich zu der Forderung, die Häuser der Rädelsführer niederzubrennen, Galgen daraufzusetzen und die Weiber und Kinder aus dem Land zu jagen.

1662 wurden gegen die Anführer der Wildenegg-Mondseer Bauernunruhen von zwei Rechtsgelehrten der Universität Salzburg so viele Todesurteile verhängt, dass es selbst den wenig bauernfreundlichen oberösterreichischen Landständen zu viel war. 1704 stand Oberösterreich im Zusammenhang mit dem Bayerischen Bauernkrieg wieder am Rande eines Bauernaufstands. In Enns, Steyregg und anderen Orten wurden die Anführer verhaftet und zu Zwangsarbeit in Wien und Ungarn verurteilt, bei der sie meist innerhalb kurzer Zeit jämmerlich umkamen. Am 14. Mai 1720 wurden in Linz nach dem Ennser und St. Valentiner Jagdaufständen insgesamt 1613 Bauern zu langen Gefängnisstrafen, Zwangsarbeit in Ungarn und hohen Geldstrafen verurteilt.

Was wollten die Bauern?

Das Umschlagen von hinhaltendem Widerstand zu offener Revolte konnte viele Ursachen haben. Immer aber stand dahinter, dass sich die Bauern in ihren tradierten Rechten beschnitten fühlten. Die meisten Forderungen der Bauern betrafen als ungerecht empfundene Abgaben und Steuern und die Freiheit der Religionsausübung, manche Bauernführer vertraten jedoch auch revolutionäre und radikale Programme: die Neugestaltung der Staatlichkeit, die Abschaffung der weltlichen Obrigkeit der Geistlichen, die Reform der Gerichtsbarkeit und der Armenfürsorge, die

Flugblatt aus dem oberösterreichischen Bauernkrieg, 1597

Einschränkung der großen Kapitalisten und erst an letzter Stelle die Forderung nach Reduktion der Abgaben.

1589 prophezeite ein Mühlviertler Bauer, ein Untertan der Herrschaft Pürnstein, Thomas Khagerer zu Wintersperg auf dem Kasten, es werde die Zeit kommen, dass die Bauern Herren und im Himmel sein, die Herren aber in der Hölle sitzen werden. Die „15 Artikel" aus dem oberösterreichisch-niederösterreichischen Bauernaufstand von 1595/97 enthielten die Vorstellungen von einer grundherrschaftslosen, „schweizerischen" Freiheit: Einer der betroffenen Adeligen meinte, dass die Bauern eine „Demokratia" zur Unterdrückung des Adels anstrebten. Bauernvertreter in den Herrschaften Weinberg und Steyr äußerten sich 1683, dass man „alle Herren und Pfaffen erschlagen müsse".

Die Anlässe wandelten sich im 17. und 18. Jahrhundert: Widerstände gegen die wachsenden staatlichen Steuern, Aufstände gegen das grundherrliche Jagdrecht und Rebellionen gegen Rekrutenaushebungen kamen als neue Ursachen hinzu. Was in der Bauernkriegsforschung meist übersehen wird, ist der enge Zusammenhang mit schlechten Ernten, vor allem in den 1590er-Jahren, nach 1623 und wieder in den 1690er-Jahren. Andererseits beteiligten sich an der Führung der Aufstände bäuerliche Eliten, vor allem Müller, Wirte und Großbauern, die aus Missernten durchaus Gewinn gezogen haben konnten.

Der letzte Nachklang

In der zweiten Hälfte des 18. Jahrhunderts ebbte das revolutionäre Potenzial ab. Verantwortlich dafür war sicher die bauernfreundliche Politik Maria Theresias und Josephs II. Im reaktionären Biedermeier verstärkte sich die revolutionäre Gärung unter den Bauern wieder. Erst mit der Aufhebung der Grunduntertänigkeit im Jahre 1848 ging diese Art gewalttätiger Auseinandersetzungen zu Ende.

1824 hatte der Mühlkreis nach Meinung des Kreishauptmanns den Ruf, „am Vorabend einer Revolution zu stehen“. Die Kerker der Herrschaftsgerichte waren mit bäuerlichen Rebellen überfüllt. Rebellische Bauernvertreter hatte Oberösterreich weiterhin zahlreiche: Simandl Hollensteiner, Bauer in Perlesreut bei Öpping, ein Musterbauer, der 1774 die Gründung der Pfarre und Schule Öpping durchgesetzt hatte und als „Winkeladvokat“ immer wieder eingesperrt wurde. Oder Michael Burglehner am Reischlgut zu Hartkirchen, der von den Obrigkeiten wegen seiner ungewöhnlich guten Gesetzeskenntnis gefürchtet war, aber immer wieder ins Gefängnis geworfen wurde. Außerdem Andreas Resch in Zwettl, der 1833 im Linzer Strafhaus verstarb.

Der bekannteste Rebell war Michael Huemer, genannt der Kalchgruber, am Kalchgruberhaus in Elmberg, der mehrmals zum Kaiser nach Wien reiste und Audienz erhielt. Immer wieder wurde er eingesperrt. Von einem „Ernteurlaub“ kehrte er nicht mehr ins Gefängnis zurück, sein Haus wurde versteigert. Ihn selbst konnte man trotz vielfacher Anstrengungen nicht fassen. Aus dem Untergrund verfasste er eine Unzahl von Beschwerden, zwischen 90 und 100 werden zwischen 1820 und 1848 gezählt. 1849 starb er als 71-Jähriger nach 27 Jahren Leben im Untergrund. Seine Anhänger verständigten den Landeshauptmann, dass er jetzt den Kalchgruber ansehen könne. Er liege auf dem „Laden“, das heißt auf der Totenbahre. Die reale Durchführung der Bauernbefreiung, die 1848 auf Antrag Hans Kudlichs beschlossen wurde, hatte er nicht mehr erlebt.

Der Fadingerhof

Stefan Fadinger wurde um 1586 geboren. Sein Hof in St. Agatha wurde nach seinem Tod 1626 niedergebrannt. Die 70 Hektar Grund gingen an die Herrschaft Stauff. Fadingers Frau und die beiden Söhne Paul und Michael flohen nach Norddeutschland, wo sie bei einer adeligen Protestantenfamilie Unterschlupf fanden. Dort verlieren sich die Spuren. Jedoch gibt es von Fadingers Geschwistern noch Nachkommen in St. Agatha.
Auf dem Fadinger-Grund wurde ein neuer Hof etwa 300 Meter oberhalb errichtet und 1628 an die Familie Ehrenprandtner verkauft. Bis 1990 blieb er, mit wechselnden Namen, in der Familie. Seither ist er im Besitz von Ernst Kraft.

Zeittafel Bauernkriege

1356

Bei einer Auseinandersetzung zwischen dem Abt von Kremsmünster und seinen Untertanen kam es zum ersten bekannten Aufstand von Bauern in Oberösterreich. Der Landeshauptmann Eberhard von Wallsee führte einen Vergleich herbei.

1392

Bauernaufstand im Ischlland

1493, 1496

Gewalttätige Auseinandersetzungen zwischen dem Pfarrer von Spital am Pyhrn und seinen Untertanen, drei Jahre später zwischen dem Abt von Wilhering und seinen Waxenberger Untertanen

1497

Aufstand gegen das Kloster Schlägl

1525

Großer deutscher Bauernkrieg. In Oberösterreich suchte man vorher zu beschwichtigen.

1567 bis 1572

Robotaufstand der Bauern von Reichenstein gegen Christoph Haym

1588

Sierninger Händel

1594–1597

Zweiter Oberösterreichischer Bauernkrieg

15. Mai 1625

Das „Frankenburger Würfelspiel"

1626

Großer, dritter Oberösterreichischer Bauernkrieg

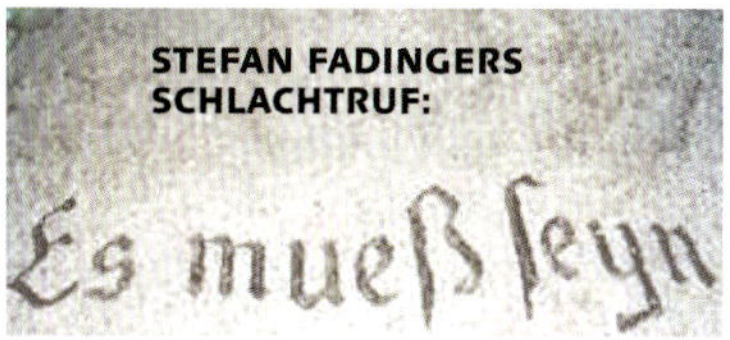

1632–1636

Bauernaufstand im Machland

1704 bis 1720

Jagdaufstände

1846

Letzte Bauernunruhen in Windischgarsten

1848/49

Grundentlastung und Bauernbefreiung

„Die Sache ist wahrhaft der Besichtigung würdig.“

GEORG CHRISTOPH FERNBERGER

ROMAN SANDGRUBER

Die großen Entdeckungsfahrten gelten gemeinhin als Beginn der Neuzeit. Auch Oberösterreicher hatten an der Erforschung und Erschließung der Erde Anteil.

ENTDECKER, ABENTEURER, ROBINSONE

Obwohl Oberösterreich weitab der großen Weltmeere gelegen ist und die Oberösterreicher nicht die geborenen Seefahrer sind, kam der erste deutschsprachige Reisende, der bis Hinterindien und ins heutige Myanmar gelangte, aus Oberösterreich. Auch der erste österreichische Weltumsegler war ein Oberösterreicher und es gibt sogar einen Mühlviertler Robinson, der sich – ähnlich wie der Held in der bekannten Erzählung von Daniel Defoe – fast zehn Jahre als Schiffbrüchiger gänzlich auf sich allein gestellt auf einer unbewohnten Karibikinsel durchgeschlagen haben soll. Bis ins ausgehende 19. Jahrhundert gab es immer noch recht unbekannte Gegenden zu entdecken: Einer der letzten dieser Abenteurer war Andreas Reischek, der „weiße Häuptling der Maori".

Georg Christoph Fernberger, der erste „Fernreisende"

Der Vorchdorfer Adelige Georg Christoph Fernberger brach im Jahr 1588 zusammen mit dem Niederösterreicher Hanns Christoph Teufel von Istanbul aus zu einer Fernreise auf. In Istanbul hatte er sich mehr als drei Jahre mit einer österreichischen Gesandtschaft am Hof des Sultans aufgehalten und dabei Kleinasien erkundet. Seine große Reise brachte ihn schließlich, nachdem Teufel am Golf umgekehrt war, bis nach Südostasien.

Georg Christoph Fernberger kam 1557 zur Welt, er war der Sohn von Ulrich Fernberger, des Vicedoms (Stellvertreter des Herzogs) im Herzogtum Österreich ob der Enns. Als Stammsitz der Familie fungierte die Herrschaft Eggenberg bei Vorchdorf, mit der die Fami-

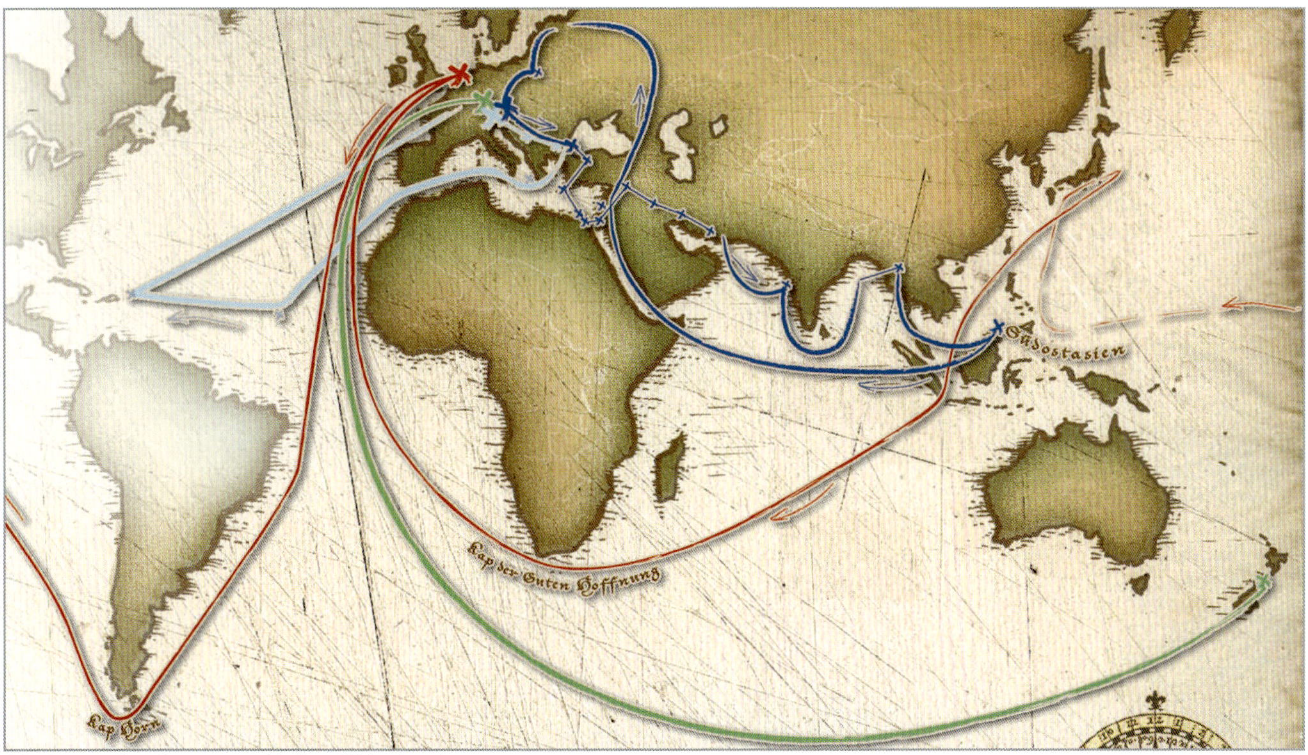

Die Routen der oberösterreichischen Weltreisenden.
■ *Georg Christoph Fernberger* ■ *Christoph Carl Fernberger* ■ *Johann Georg Peyer* ■ *Andreas Reischek*

lie 1527 belehnt worden war. Die Familie starb 1671 aus, hatte aber bereits Anfang des 17. Jahrhunderts Eggenberg verkauft. Das dürfte der Grund sein, dass Fernberger in Lexika meist nicht als Oberösterreicher aufscheint.

Fernberger und Teufel fuhren zuerst mit dem Schiff nach Ägypten: Nach einem Zwischenstopp in Rhodos, wo sie die gewaltige Festung bewunderten und nach dem berühmten Koloss suchten, ging es über Alexandria nach Kairo und zu den Pyramiden, die sie bestiegen und auch im Inneren zu ergründen versuchten. Nach einem Abstecher auf die Halbinsel Sinai ging es über Aleppo ins Zweistromland. Sie besichtigten den Turm von Babel (nahmen einen Ziegel als Souvenir mit), dann Bagdad, das sie sehr enttäuschte. Man zeigte Fernberger auch ein Erdölfeld, aus dem stinkend und brodelnd Pech und Schwefelwasser quollen. „Die Sache ist wahrhaft der Besichtigung würdig“, meinte Fernberger dazu. Den Euphrat hinunter fuhren sie weiter nach Hormuz, das schon damals aus dem Fernhandel den Ruf sagenhaften Reichtums genoss.

Die Umweltbedingungen waren für die beiden kaum zu ertragen. Teufel kehrte daher in Hormuz um, Fernberger wagte sich jedoch per Schiff nach Indien weiter, hielt sich in Goa auf, fuhr um den Subkontinent herum, gelangte in schrecklichen Stürmen bis ins Gangesdelta und als erster Deutscher weiter nach Hinterindien, ins sagenhafte Königreich Pegu mit den weißen Elefanten, das wenige Jahre nach Fernbergers Anwesenheit unterging.

Zurück reiste Fernberger über Persien und das Heilige Land, wo er endlich Jerusalem, sein ursprüngliches Ziel, erreichte. Statt nach Hause zog es ihn aber weiter nach Russland und in das Baltikum. Die Reisebeschreibung endet in Warschau und Krakau. 1593 kehrte er endlich nach Oberöster-

Die Linzer Chinaforscher

Der Potala Palast in Lhasa, Tibet, aus „China illustrata“ von Athanasius Kircher.

Im 17. Jahrhundert gab es kaum mehr neue Länder zu entdecken. Aber sie wurden vermessen. Bahnbrechendes leisteten dabei zwei Linzer Jesuiten, P. Johann Grueber und P. Xaver Ernbert Fridelli.

P. Johann Grueber, 1623 in Linz geboren, wirkte als Missionar in China, Indien und Tibet. 1658 trat er seine Fernostreise an: 1659 war er in Peking, wo er als kaiserlicher Hofmaler und Landkartenzeichner tätig war. Er kam als erster Europäer nach Tibet und überreichte dem Dalai Lama eine Botschaft des Papstes. 1662 gelangte er nach Indien. 1680 starb er in Ungarn.

Auch **P. Xaver Ernbert Fridelli** war China-Missionar. Geboren wurde er 1673 in Linz als Sohn des angesehenen Linzer Juristen Heinrich Adam Fridelli. Seine Route führte ihn über Lissabon um Afrika herum nach Indien. Schon diese Fahrt dauerte fast ein halbes Jahr. 1705 setzte er seine Reise von Goa nach China fort. Die große Leistung Fridellis war das chinesische Reichskartenwerk: In neun Jahren, von 1709 bis 1718, wurde ein riesiges Gebiet vermessen, vom 70. bis 140. östlichen Längengrad und vom 55. bis 22. nördlichen Breitengrad. Hernach widmete er sich der Mission, was schließlich am großen Ritenstreit scheiterte. Fridelli starb 1743 in Peking.

reich zurück und arbeitete an der Ausformulierung seiner Reiseerinnerungen, die er auf Latein verfasste.

Es hielt ihn aber nicht lange in der Heimat: Inzwischen war der sogenannte „lange Türkenkrieg" ausgebrochen. Fernberger fuhr nach Ungarn und verstarb dort bereits ein Jahr nach der Rückkehr von seiner großen Tour im Alter von 34 Jahren in einem Lazarett.

Fernberger und Teufel führten ein Tagebuch. Teufel, der später eine große Karriere als kaiserlicher Botschafter machte, hatte noch die Chance, es in Druck zu geben, Fernbergers Text blieb Manuskript. Auch ein Zeichner begleitete die beiden, dieser fertigte eine Reihe von Aquarellen und Abbildungen an, die ein faszinierendes Bild von Asien in der Frühneuzeit vermitteln.

Der erste österreichische Weltumsegler: Christoph Carl Fernberger

Christoph Carl Fernberger, ein Cousin zweiten Grades von Georg Christoph Fernberger, war der erste Österreicher, der die Welt umsegelte – mehr unfreiwillig als freiwillig. Seiner eigenen Angabe zufolge wegen eines Missverständnisses, weil er in Holland das falsche Schiff bestieg: nicht eines nach Venedig, sondern eines, das nach Westafrika fuhr. Bei den Kapverdischen Inseln zerschellte das Schiff. Ein Teil der Besatzung konnte sich auf einen nackten Felsen retten. Die wenigen aus dem Wasser gefischten Lebensmittel wurden gerecht aufgeteilt. Jedem war bewusst: „Wann einer seinen theil aufgegössen hat, so hat sein zeit ein endt."

Nach zwei Wochen wurden die 29 noch Lebenden von einem Schiff aufgelesen, das aber nicht nach Europa unterwegs war, sondern über die Magellanstraße rund um das Kap Hoorn den Pazifik und Indonesien ansteuerte. Nur 14 der 29 Männer ließen sich retten. Der Rest blieb zurück. Sie wollten lieber

Christoph Carl Fernberger

weiter auf die minimale Chance warten, dass ein anderes Schiff vorbeikäme, als die riskante Fahrt über den Atlantik anzutreten. Was aus ihnen wurde, ist unbekannt.

Fernberger fuhr mit, allerdings auf eine Reise, die von 1621 bis 1628 dauerte, ihn über den Atlantik nach Südamerika, von dort durch den Pazifik bis Indonesien, weiter nach Japan und China und wieder zurück über das Kap der Guten Hoffnung nach Europa führte. So wurde der kaiserliche Hauptmann Christoph Carl Fernberger von Eggenberg, der nach seinem bewegten Abenteurerleben 1653 in Maria Enzersdorf verstarb, der erste Österreicher, der die Welt umsegelte. Sein darüber verfasstes „Reißbüchlein", das allerdings zu seiner Zeit keinerlei Beachtung fand, ist für die moderne Völkerkunde ein Dokument von unersetzlichem Wert.

Der Mühlviertler Robinson

Johann Georg Peyer, der oberösterreichische Robinson, wurde zwar nicht so berühmt wie das englische Original von Daniel Defoe (1719). Seine Geschichte, wenn sie nicht ganz und gar erfunden ist, nimmt sich aber fast noch abenteuerlicher aus. Der 1713 in Urfahr in der Ottensheimer Straße gegenüber dem alten Schiffmeisterhaus geborene Webersohn führte ein Abenteurer- und Söldnerleben auf dem Balkan.

1739 geriet er in Bosnien in türkische Gefangenschaft und wurde auf dem Sklavenmarkt in Konstantinopel verkauft. Er kommt zu einem Kaufmann, dessen Nichte Fatime sich in ihn verliebte. Sie flohen, das Paar wurde aber eingeholt, Fatime hingerichtet. Peyer kam als Rudersklave auf ein Schiff, wurde von Maltesern befreit, deren Schiff aber bei der rettenden Heimfahrt unterging. Wiederum wurde Peyer von einem Schiff gerettet, das ihn 1744 nach Brasilien mitnahm, aber auf der Fahrt ebenfalls Schiffsbruch erlitt. Als Einziger rettete sich Peyer auf eine unbewohnte Insel der Antillen. Auf sich allein gestellt, musste er alles erfinden: Feuer machen, Werkzeuge herstellen, eine Hütte bauen, bis sich eines Tages Boote näherten, aber keine Rettung, sondern Menschenfresser brachten. Schließlich ging alles gut

Aus dem Reißbüchlein des Christoph Carl Fernberger (1621–1628)

Den 7. Februar 1622 starb unser Kapitän mit noch zwei andern, vermachte mir zum Testament sein Brot und Käs samt dem Stockfisch, weil ich ihn gepflegt hatte. Die andern aber begehrten es von mir, oder sie wollten es mit Gewalt nehmen. Hab's also müssen hergeben und es ist untereinander geteilt worden. Einer aus Danzig hat sich aus Kleinmütigkeit über einen Felsen hinabgestürzt und ist in Stücke zerfallen ...

Ich hab auch an vielen die kommen und vom Wasser trinken gesehen, dass ihnen zwischen Haut und Fleisch Würmer wachsen, ellenlang. Es ist auch einer auf unserem Schiff gewesen, dem sind vier zugleich aufgebrochen. Man muss sie nit abreißen, sondern alle Tag auf einem kleinen Hölzl herauswinden, sonst leidet man große Schmerzen ...

Den andern Tag gingen wir ans Land mit 50 Musketierern von beiden Schiffen, da kamen bey 30 Schwarze als wir ans Land wollten gehn, und sie kamen und legten ihre Häupter auf die Erden, und gaben uns jedem Wurzeln, welche man in Indien betates (potatoes) nennt; sein guet wann sie gesotten sein ...

Dieses Volk der Japanesen sind meistenteils Heiden, glauben an keine Auferstehung, es sind darunter aber auch viele Christen. Sie sind ziemlich weiß, doch ein wenig kürzer von Person als wir. Es ist eine sehr mannhafte Nation zum Kriegführen, wenn sie auch nur ein wenig vom Hause gehen, nehmen sie vier Säbel zu sich, sind übermütig, stolz, ums Geld aber tun sie alles ...

Wenn einer was verbricht und wird vom Richter zum Tod verurteilt, ladet er viele gute Freund zu sich nach Haus zum Essen und ist lustig. Wenn das Mahl vorüber ist, geht er in ein anderes Zimmer, tötet sich mit dem kleinen Säbel, denn sie vorne tragen und wenn er noch schreit, so kommen seine Freund und der nächste in der Freundschaft gibt ihm noch einen Schnitt dazu. Dann laufen sie vor den Richter und zeigen ihm an, dass er ehrlich gestorben ist ...

Den 17. Januar 1628, gottlob, erreichten wir den äußersten Punkt von Afrika. Als ich danach ans Land fuhr, sahen wir Schwarze, die hatten ein viereckiges Fell auf ihren Schultern. Ich hab nit bald so garstige Leute gesehen. Sie haben wie die Gaffers gekrauste Haar, schmieren das Gesicht mit Kuhmist, um den Hals hängen Därme von Kühen und Schafen und sie fressen auch davon. Sie stinken wie ein Aas, springen und tanzen vor uns und schreien: „HODENDO, HODENDO“, aber niemand kann ihre Sprache.

Und so ist meine Reis auf's Kürzeste beschrieben, wie und in was Gestalt ich diese getan. Der sich auf den Globus terrestere versteht, der wird sehen, das ich mit ziemlichen Fleiß bei meiner ganzen Ein- und Ausreis meine HOHTE und LEHTE (die Höhen- und Breitengrade) angezeichnet hab. Der es aber nit versteht, der zieh selber hinen und beseh es. Alsdann wir er mir besser Glauben geben. Ich hab es durch Gottes Gnad und Barmherzigkeit mit 5 Dukaten, die ich aus meines Vaters Haus mitgenommen; dem sei Lob, Ehr und Dank gesagt.

aus. Nach elf Jahren kam endlich ein Schiff, er verließ die Insel, nicht ohne ihr vorher den Namen Peyerbach zu geben ... Per Schiff – auf einer Ulmer Schachtel – kehrte er wieder nach Linz zurück ... 1783 starb er in Kremsmünster.

Was man davon glauben darf und was nach dem Vorbild der vielen Robinsonaden des 18. Jahrhunderts mehr oder weniger gut erfunden ist, ist schwer zu sagen. Jedenfalls erlebte die 1802 erstmals in Druck gegebene Geschichte des Mühlviertler Robinson zahlreiche Auflagen und Nachdichtungen.

Andreas Reischek: weißer Häuptling der Maori

Einer der letzten Abenteurer war Andreas Reischek (1845–1902), der seine Kindheit in Weinberg verbrachte und einige Jahre in Kefermarkt wohnte. Durch den Direktor des Naturhistorischen Museums wurde der fähige Tierpräparator nach Christchurch (Neuseeland) vermittelt. 1877 kam er in Neuseeland an, wo er letztlich nicht zwei, sondern zwölf Jahre blieb. Er konnte das Vertrauen der Maoris erringen, die ihn mit einem Fürstentitel ehrten. Sein „Leben unter Kannibalen“, die des Forschers beste Freunde wurden, immer begleitet von seinem treuen Hund „Cäsar“, wurde weltberühmt. Als naturwissenschaftlicher Autodidakt erlangte er Ansehen in höchsten wissenschaftlichen Kreisen. Als er 1889 schließlich mit mehr als 16 000 gesammelten Objekten aus Neuseeland zurückkehrte, fand er in Wien nicht die erhoffte Anerkennung. Seine Förderer waren inzwischen verstorben. So nahm er 1892 das Angebot des Oberösterreichischen Landesmuseums an, bei der Einrichtung des neuen Museums mitzuwirken. 1898 wurde er zum Kustos bestellt.

Das Wirken Reischeks blieb umstritten, vor allem wegen des Raubs zweier Maorimumien und des Abschusses seltener Tierarten. Rückgabeforderungen auf diplomatischer Ebene führten schließlich dazu, dass 1985 eine der beiden von ihm mitgebrachten Mumien von Wien nach Neuseeland rücküberstellt wurde. Reischeks Wirken an heutigen Maßstäben zu messen, wäre allerdings verfehlt. So hat inzwischen die Kritik wieder einer fairen Bewertung eines abenteuerlichen Forscherlebens Platz gemacht.

Fernberger und Teufel bei den Pyramiden

Fernberger und Teufel beim Turmbau zu Babel

„Zerschneiden zweymahl die hl. Hostia woraus das hl. Bluet geflossen. Der alte Kaperger gibt jeden einen Particul zur bestättigung der verläugnung göttlicher Allmacht.“

Schlierbacher Hexerbilder,
10. Bild, Mitte 17. Jahrhundert

Ausschnitt aus den Schlierbacher Hexerbildern

Roman Sandgruber

Die Hexenverfolgungen gehören zu den dunklen Kapiteln der Neuzeit. Zwar war auch Oberösterreich betroffen, mit insgesamt 79 Hinrichtungen wegen Hexerei zählt es jedoch keineswegs zu den Zentren der europäischen Hexenverfolgung.

HEXER UND ZAUBERINNEN

Die Zahl der Opfer dieser grausamen Vorgänge wird häufig in völlig unrealistische Dimensionen erhöht: Die Zahl von neun Millionen Opfern, die ein Quedlinburger Stadtarzt im 18. Jahrhundert errechnete, wird bis in die Gegenwart von Menschen unterschiedlichster ideologischer Schattierung häufig genannt – von radikalen Kirchengegnern, nationalsozialistischen Hexenforschern und übereifrigen Feministinnen ... Die realistische Opferbilanz liegt für ganz Europa zwischen 50 000 und 100 000 hingerichteten Frauen und Männern.

In Österreich gab es drei Phasen intensiverer Verfolgung: um und nach 1600, zwischen 1640 und 1700 und zuletzt in den 1720er-Jahren. Für das heutige Österreich kennt man namentlich etwa 1000 Todesurteile wegen Hexerei, die Dunkelziffer mag noch einmal so hoch sein. Im europäischen Vergleich ist das eine sehr niedrige Zahl. Während in Vorarlberg, dem Burgenland und in Tirol mehr als doppelt so viele Frauen als Männer hingerichtet wurden, waren in Wien, Niederösterreich, Kärnten, Salzburg, der Steiermark und auch Oberösterreich mehr Männer als Frauen betroffen.

Darstellung einer Hexenverbrennung aus einem Flugblatt von Jörg Merckel, 1555

Kaperger Bande und Greiner Hexenprozess

Für Oberösterreich sind aktuell insgesamt 162 Gerichtsverfahren wegen Hexerei bekannt, 170 Männer und 86 Frauen wurden in diesen Verfahren angeklagt. 79 Hinrichtungen wegen Hexerei sind gesichert, fast zwei Drittel davon betrafen Männer. Die erste Hinrichtung wegen Hexerei erfolgte 1570 in Kremsmünster, die letzte 1732 wiederum in Kremsmünster, und zwar wegen Hostienschändung. Der jüngste Verurteilte, der wegen magischer Handlungen und Mäusezauberei ins Gefängnis musste, war ein siebenjähriger Bettelbub. Betroffen waren in der Regel bäuerliche und unterbäuerliche Schichten, kaum Stadtbewohner, rund ein Drittel der Angeklagten war beschäftigungs- und heimatlos.

Die spektakulärsten Fälle waren der Prozess gegen die Kaperger-Bande 1658/59, der Greinburger Hexenprozess von 1694 bis 1696, der größte bekannte Hexenprozess aus Oberösterreich mit 21 Hinrichtungen und drei im Gefängnis Verstorbenen, und als später Nachklang der 1729–1731 gegen die Familie Grillenberger vor dem Landgericht Schwertberg/Prandegg geführte Hexenprozess mit sechs Todesurteilen.

Die mehr als 30 Räuber der Kaperger-Bande trieben um die Mitte des 17. Jahrhunderts im oberösterreichischen Alpenvorland

Die Greinburg um 1667 von Georg Matthäus Vischer, Linz, OÖ. Landesmuseum

– in den Landgerichten Eggenberg, Scharnstein, Pernstein, Kremsmünster, Hall und Ort bei Gmunden – ihr Unwesen. Zur Last gelegt wurden ihnen nicht nur Raub- und Mordtaten, sondern auch Bündnisse mit dem Teufel, Hostienfrevel und Wetterzauber. Elf von ihnen, durchwegs Männer, wurden vor allem deshalb hingerichtet. Eine Serie von 25 zeitgenössischen Tafelbildern beschreibt die wichtigsten „magischen“ Handlungen der Bande und ihre Verfolgung.

Folterinstrumente

Schandgeige
(Pfleggericht Steyregg, 18. Jh.)

Diese Schandgeige wurde aus Hartholz gefertigt und mit drei Öffnungen ausgestattet (für Hals und beide Hände). Die Schandgeigen dienten zur Ausführung von Schandstrafen und wurden im Volksmund „Fidl“ genannt.

Daumenschraube
(18. Jh. oder älter)

Schraube mit drei Führungsbolzen, von denen der mittlere mit Gewinde und Flügelmutter ausgestattet ist. Diese mechanischen Folterwerkzeuge dienten zum Einspannen von Daumen, damit die Delinquenten ein Geständnis ablegten.

***Richtrad** ev. aus der Ruine Falkenstein (17. Jh. oder älter)*

Nachdem den Angeklagten mit dem Rad die Knochen gebrochen worden waren, wurden sie in das Rad geflochten. Das bedeutete, dass deren Gliedmaßen nach Belieben verdreht und um die Radspeichen gewickelt werden konnten. Ins Rad gespannt verharrten die Verurteilten bis zum Tod.

Beim Greinburger Hexenprozess (1694–1696), der mit Einsatz massiver Folter geführt wurde, waren insgesamt 29 Personen angeklagt. Anlass waren Nachbarschaftsstreitigkeiten, die in Hexereivorwürfe mündeten. Die fünfzigjährige Maria Enickhel, Mutter von acht Kindern, gestand unter der Folter, sie sei von einer Bekannten dem Teufel vorgestellt worden, habe zum Zeichen einige Blutstropfen vom kleinen Finger gegeben, die Hostie mit nach Hause genommen und sich in die rechte Hinterbacke einnähen lassen. Auch sei sie mit einer stinkenden Brühe umgetauft worden. Die Frau wurde vom Scharfrichter auf Teufelsmale untersucht: Man fand Schnitte unter der linken Achsel, am Mittelfinger der linken Hand und stellte fest, dass sie auch keine Haare unter den Achseln habe …

Der Schwertberger Hexenprozess

Viehzauber und Generationenkonflikte waren die beherrschenden Motive im Schwertberger Hexenprozess (1729–1731): Die zweiundsechzigjährige Bäuerin Magdalena Grillenberger vom Wagenlechnergut der Herrschaft Zellhof wurde von ihrer Enkelin belastet, eine Hostie zur Steigerung des Milchertrags der Kühe verwendet zu haben. Sieben Familienmitglieder wurden gefoltert und hingerichtet. Zur Beweissicherung wurde der Großmutter eine Narbe aufgeschnitten, weil man darunter eine gestohlene Hostie vermutete, das herausfließende Blut wurde vom Pfarrer mit einem Tuch aufgefangen. Von den neun Angeklagten im Schwertberger Hexenprozess wurden sieben hingerichtet, darunter die „alte“ Grillenbergerin durch Erdrosseln am Scheiterhaufen mit zweimaligem Zwicken mit glühenden Zangen und Abschlagen der rechten Hand. Mathias Grillenberger nahm sich im Gefängnis selbst das Leben.

Henkerbeil *(Mitte 16. Jh.)*

Das Beil ist mit einer halbmondförmigen Schneide ausgestattet. Ob das Beil je zum Einsatz kam, kann nicht bestätigt werden. Es wurde nach Schweizer Vorbild gefertigt.

Leibring *mit Handfesseln und versperrbarem Vorhängeschloss (18. Jh. oder älter)*

Der Leibring wurde um den Bauch (Leib) eines Delinquenten geschlossen, seine Hände wurden in die dazugehörenden Handfesseln gesteckt.

Hexer am Kaiserhof

Was die Ursachen des Hexenwahns und seines Höhepunkts im 17. Jahrhundert waren, ist recht umstritten: Die Gegenreformation war wohl nicht ausschlaggebend, denn starke Zentren der Verfolgung fanden sich in protestantischen Regionen. Hexerei wurde bis in die Staatsspitze vermutet: Kaiser Rudolf II., der 36 Jahre (1576 bis 1612) auf der Prager Burg regierte, war ein sexuell zügelloser Junggeselle, interessiert an Alchemie und Astrologie und verfiel spätestens ab 1600 allem Anschein nach der Melancholie und geistigen Verwirrtheit. Man spekulierte, ob der Kaiser verhext oder gar selbst ein Hexer sei. Sein Beichtvater Johannes Pistorius meinte: Er ist nicht besessen, wie manche glauben, sondern er leidet an Melancholie.

Nicht irgendwer, sondern des Kaisers unehelicher Sohn Don Julio Cesare von Österreich (1585–1609), der in Krumau interniert war, entwickelte die abwegigsten Hexereipraktiken, kaufte sich den „Hexenhammer" und pflegte geheime Rituale. 1608 kam es zum mühsam verdeckten Skandal: Er erstach seinen Diener und ermordete seine Geliebte, schnitt ihr die Ohren ab, riss ihr ein Auge heraus, zertrümmerte den Schädel, zerlegte den Körper und verteilte die Stücke in der Krumauer Burg.

Keplers Mutter

Auch Johannes Kepler, Kaiser Rudolfs Hofastronom, war in Hexereivorwürfe verwickelt: Während seiner Prager Zeit verfasste er 1609 sein „Somnium", den Traum vom Mondflug, eines der ersten Science-Fiction-Werke der Weltgeschichte: Ein dürrer Spanier, der fast nichts wog, flog zur Erkundung auf den Mond. Seine Mutter, eine alte Hexe, hatte ihn in die Kunst des Fliegens eingeweiht. Als Keplers eigene Mutter (die „Leonberger Hexe" Katharina Kepler) 1615 als Hexe angeklagt wurde, werteten die Richter auch die Mondflugfantastereien des Sohnes als Indiz. Kepler hatte größte Mühe, ihr Leben zu retten. Katharina Kepler starb jedoch kurz nach der Entlassung aus dem Gefängnis im Jahr 1621 an den Folgen der erlittenen Folter.

Der Hexenhammer

Der aus Schlettstadt stammende Dominikaner Heinrich Kramer (bekannt unter dem latinisierten Namen Institor), der in Innsbruck 1485/86 etwa 50 Personen der Hexerei anklagte und schließlich vom Brixener Bischof und vom Tiroler Landesherrn verjagt wurde, verfasste 1486 den Hexenhammer (Malleus Maleficarum), der über 150 Jahre lang den Leitfaden für Aufspürung, „Befragung" und Verurteilung von Hexen und Hexern darstellte.

In den Gesetzeskodifikationen wurden Hexerei und Zauberei als Hauptverbrechen verankert. Muttermale, schlechter Leumund, verdächtiges Verhalten genügten, um der Folter unterworfen zu werden.

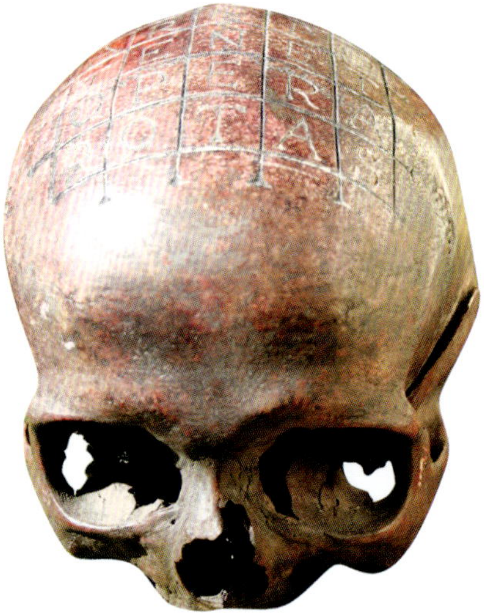

Auf diesem Schädel wurde die SATOR-Formel eingeritzt, die aus fünf Wörtern besteht. Diese können von oben nach unten und von links nach rechts gelesen werden.

S	A	T	O	R
A	R	E	P	O
T	E	N	E	T
O	P	E	R	A
R	O	T	A	S

Frei übersetzt heißt dieser Spruch: Der Sämann Arepo hält mit Mühe die Räder. Die Formel wurde zum Schutz vor dem Bösen (zum Beispiel gegen Hexerei) und zum Bewahren des Guten verwendet und zeigt, wie abergläubisch die Menschen waren – und sind.

Die Grundlage der Hexenverfolgung war der sowohl in den Führungsschichten wie im Volk tief verwurzelte Glaube an die Wirksamkeit des Schadenzaubers. Auf diesen wurde im Spätmittelalter die von den gelehrten Theologen entwickelte Hexenlehre des Malleus Maleficarum (Hexenhammers) aufgepfropft. Für Wetterkapriolen, Seuchen und Unglücke wurden Schuldige gesucht, Verhöre und Folterungen erzwangen dann die Geständnisse.

Beginnende Aufklärung

Vielleicht ist es kein Zufall, dass das 17. Jahrhundert voll von Ängsten und Aberglauben war. Es war von der „kleinen" Eiszeit geprägt.

Die Hexe

Das Fliegen galt als das herausragendste Zeichen der Hexerei. Im Wort „Hexe" steckt ja „Hag", der Zaun: die Zaun- oder Steckenreiterin, die auf einem Besenstiel fliegen kann ... Schaden- und Wetterzauber waren ein anderer Vorwurf. Man war überzeugt, dass Pest, Unwetter, Missernten, Hungersnöte das Werk von Hexen und Hexern seien. In Zeiten extremer Schlechtwetterperioden und Hungersnöte kam es daher zu einem starken Ansteigen von Hexenverfolgungen.

Im 16. Jahrhundert war es deutlich kälter geworden, das ausgehende 17. Jahrhundert war der letzte Höhepunkt der Kälteperiode. Schuldige fand man in Hexern und Hexen. Erst im 18. Jahrhundert, parallel zum Durchbruch der Aufklärung, stiegen die Temperaturen wieder an. Die Hexenpaniken ebbten ab, nur noch vereinzelt fanden Hexereiprozesse statt. Seinen wichtigsten Grund hatte das Ende der Verfolgungen allerdings nicht im besseren Wetter des 18. Jahrhunderts, sondern in einem Mentalitätswandel der Eliten. Die staatlichen Organe zeigten zusehends weniger Neigung, Hexenprozesse zu inszenieren. Dem wissenschaftlichen Paradigmenwechsel entsprach die Wendung hin zu einem toleranteren Umgang mit religiösen Angelegenheiten.

Die letzten Hexereiprozesse in Oberösterreich führte man 1802 in Obernberg gegen Johann Keindl wegen Ausbrütens eines Hühnereis, eines sogenannten „Ur-Eis", unter der Achsel und 1803 im Landgericht Mondsee gegen einen 61-jährigen Häusler wegen abergläubischer Handlungen. Beide endeten mit Freispruch.

Zaubereigesetze

Einer der bekanntesten oberösterreichischen Hexenjäger war der aus Sarleinsbach stammende Adam Lebaldt von Lebenwaldt (1624–1696), der in Padua Medizin studiert hatte. 1680 publizierte er „Acht Tracktätl von des Teuffels List und Betrug", in denen er die Formen der Hexerei beschrieb.

Die Landgerichtsordnung für das Land ob der Enns von 1675 (Leopoldina) enthält das Kapitel: „Von der Zauberey: Wer Zauberey treibt, ist Landtgerichtlich zu straffen."

Auch die 1768 erlassene und 1770 in Kraft getretene „Constitutio Criminalis Theresiana" geht im Artikel 58 („Von der Zauberey, Hexerey und Wahrsagerey") darauf ein.

Erst die Kriminalgerichtsordnung Josephs II. beendete in der österreichischen Gesetzgebungsgeschichte die Bestrafung des Zaubereideliktes im Sinne eines Teufelsbündnisses.

„Barock ist ein Lebensgefühl. Seine zentralen Begriffe sind Ekstase, Illusion, Imitation und vor allem Inszenierung."

Johann Sturm,
Kunstuniversität Linz

St. Florian, Stiftskirche

Lothar Schultes

Oberösterreich ist ein Barockland: Die großen Klöster, die vielen Pfarrkirchen, das Bild der Städte und Märkte, die Kleindenkmäler überall im Land – alles atmet den Geist des Barock.

RUNDGANG DURCHS BAROCKLAND

Noch bevor die Kultur des Protestantismus in den Schrecken des Bauernkrieges unterging, feierte in den großen Klöstern die katholische Gegenreformation ihre ersten Erfolge. Kremsmünster war das erste Stift, das sich erholte und schon um 1600 mit einer Erneuerung seiner Gebäude begann, bald folgten Reichersberg, Schlägl und Lambach. Eine wichtige Funktion bei der Rekatholisierung hatten die Jesuiten, die in Steyr ab 1635 die Michaelskirche erbauten. Sie ist ein frühes Zeugnis der religiösen Erneuerung im Sinne des Konzils von Trient, das statt der erhofften Aussöhnung mit den Protestanten endgültige Trennungsstriche zog. Der Augsburger Religionsfriede bestimmte, dass die Untertanen den Glauben des jeweiligen Landesherrn anzunehmen hatten. In Oberösterreich, wo etwa 80 Prozent der Bevölkerung protestantisch waren, zogen viele die Auswanderung einer erzwungenen Rückkehr zur katholischen Religion vor. Für die Wirtschaft war dies ein Aderlass, von dem sie sich nur langsam erholte.

In der katholischen Propaganda spielten Predigt, Theater, Musik und bildende Kunst wichtige Rollen. Vor allem aber begann eine imponierende Bautätigkeit, für die neben den Kirchen Roms die Münchener Jesuitenkirche St. Michael und insbesondere der Salzburger Dom Vorbild waren. Zunächst wurden fast ausschließlich ober italienische Künstler berufen, vor allem Mitglieder der Familie Carlone, zu der Baumeister, Bildhauer, Stuckateure und Maler gehörten. Ein frühes Gemeinschaftswerk war die Linzer Jesuitenkirche, der heutige Alte Dom, dessen Form andere Klosterkirchen beeinflusste. Das breite, von Seitenkapellen und Emporen begleitete Kirchenschiff war eine Errungenschaft der italienischen Renaissance, deren monumentale Strenge hier noch weiterwirkt. Ähnlich zukunftsweisend war die Stiftskirche von Waldhausen, die dem Team Canevale und Colomba zugeschrieben wird.

Die Klöster des Landes

Mit den um 1680 errichteten Stiftskirchen von Garsten und Schlierbach erreichte das Schaffen der Carlone einen Höhepunkt. Nach dem Vorbild des Passauer Domes formten sich hier Architektur, Stuckplastik und Deckenbilder zu einem Gesamtkunstwerk, zu dem die Altäre ebenso gehören wie

Was kostete ein Barockstift?

Die Kosten für den barocken Neubau des Stiftes St. Florian betrugen in der ersten Bauetappe von 1687 bis 1694 insgesamt 106.876 Gulden, in den Jahren 1706 bis 1715 weitere 147.679 Gulden, unter dem baufreudigen Propst Johann Baptist Födermayr (1716–1732) in Summe 317.366 Gulden und unter seinem Nachfolger Johann Georg Wiesmayr (1732–1755) noch weitere 112.000 Gulden. Nicht eingerechnet sind da die Naturalleistungen des Stiftes bzw. seiner Angestellten und seiner bäuerlichen Untertanen in Form von Hilfstätigkeiten und Robot. Die jährlichen Einnahmen des Stiftes lagen bei etwa 100.000 Gulden und darüber. Verbaut wurden jährlich 14.000 bis 18.000 Gulden. Barockbauten waren erstaunlich billig, insbesondere wenn man sie mit den riesigen Summen vergleicht, die für barocke Feste, Kaiserbesuche, Gastmähler, Theater und sonstige Vergnügungen aufgewendet wurden.

Preisvergleich im ausgehenden 17. Jahrhundert

Baukosten Stift St. Florian:
755.000 Gulden

100 kg Weizen:
3 Gulden

100 kg Roggen:
2 Gulden

Jahresverdienst eines Handwerkers:
80 Gulden + Verpflegung

Jahresverdienst eines Stiftstagelöhners: 40 Gulden

die kostbaren Ausstattungsstücke. In Garsten und Kremsmünster sind es insbesondere die an den Pfeilern angebrachten Tapisserien (gewirkte Wandbehänge), in Schlierbach die kunstvoll gerahmten Blumenbilder.

Der mächtigste Barockbau des Landes ist zweifellos das Stift St. Florian, wo die Carlone ab 1686 die neue Stiftskirche erbauten. Zum ersten Mal wurde im Gewölbe der Stuck völlig durch Malerei ersetzt – ein wesentlicher Schritt zum Spätbarock. Carlone baute damals auch die Dörflkirche in Vöcklabruck und die von Prandtauer vollendete, zum Stift Garsten gehörige Wallfahrtskirche von Christkindl.

Wiener Architekten kamen hingegen nur selten zum Zug. Eine Ausnahme war Johann Lukas von Hildebrandt, der Erbauer des Belvedere, dem wir die Pläne der Linzer Deutschordenskirche verdanken. Ausgeführt wurde sie vom Linzer Johann Michael Prunner, dessen originellstes Werk die Dreifaltigkeitskirche von Stadl-Paura ist, ein von der Dreizahl bestimmter Bau, an dem auch das Wiener Allroundgenie Antonio Beduzzi beteiligt war. Die Architektur ist hier nur die Hülle für einen aus Licht und Farbe gestalteten Raum, in dem Illusion und Wirklichkeit ineinander übergehen. Ähnliches gilt für die Stiftskirche von Spital am Pyhrn, wo die Fresken Bartolomeo Altomontes dem Chor zu einer visionären Wirkung verhelfen.

Stiftskirche Wilhering

Diese Entwicklung erreicht in der Stiftskirche von Wilhering ihren Höhepunkt. Andrea, Martino und Bartolomeo Altomonte schufen hier gemeinsam mit den Wessobrunner Stuckateuren Feichtmayr und Übelherr eine perfekte, an die süddeutschen Bauten der Brüder

Asam erinnernde Inszenierung von berauschender Farbenpracht. Ein Abglanz davon ist die Klosterkirche von Engelszell, wo das verlorene Langhausfresko Altomontes erst 1957 im Deckengemälde von Fritz Fröhlich einen spannungsvollen Ersatz gefunden hat.

Wie die Kirchen sind auch die Stiftsgebäude im Frühbarock eher streng und entfalten nur im Inneren einen bescheidenen Prunk. Erst nach dem Sieg über die Türken (1683) wurden die Anlagen immer aufwendiger, etwa in Schlierbach und Kremsmünster, wo Melchior Steidl im Kaisersaal ein großes Deckenfresko mit gemalter Scheinarchitektur gestaltete. In St. Florian entfaltete die Stiftsgebäude dann ebenfalls nach außen eine neue Monumentalität, die vor allem auf das Konto Jakob Prandtauers geht. Das Innere ist von einer unglaublichen, an den kaiserlichen Bauten Wiens orientierten Pracht, insbesondere die unverändert erhaltene Ausstattung der Kaiserzimmer – eine der aufwendigsten Eigenheiten des österreichischen Barock. In jeder Hinsicht einzigartig ist der 1748/59 errichtete, schon zur Bauzeit heftig umstrittene „Mathematische Turm“ des Stiftes Kremsmünster, bei dem es sich nicht nur um das erste Hochhaus, sondern auch um eines der ältesten Universalmuseen Europas handelt.

Barocke Schlösser

Im Unterschied zu Niederösterreich besitzt Oberösterreich nur wenige Barockschlösser, darunter das von Prandtauer für St. Florian erbaute Jagdschloss Hohenbrunn, ein vornehmer Bau, dessen Fassade an das Treppenhaus des Stiftes erinnert. Anlässlich eines Jagdbesuches von Kaiser Karl VI. wurde das reizvolle Landschloss Neuwartenburg von Anton Erhard Martinelli errichtet. Als „Innviertler Versailles“ gilt das gegen Ende des 20. Jahrhunderts vor dem Verfall gerettete Schloss Aurolzmünster, dessen Entwerfer Johann Kaspar (Giovanni Gaspare) Zuccalli sonst vor allem in Salzburg tätig war.

Der Münchner Hofarchitekt François Cuvillié d. J. errichtete das Rokokoschloss Zell an der Pram, das der Hofmaler Christian Wink mit duftig-zarten Fresken versah. In den Städten Linz, Wels und Steyr zeugen die zahlreichen Palais und Freihäuser vom Reichtum der Bürger. Auf Entwürfe Prandtauers geht das noble, fast klassizistisch

Die imposanten Deckenfresken des Stiftes Wilhering

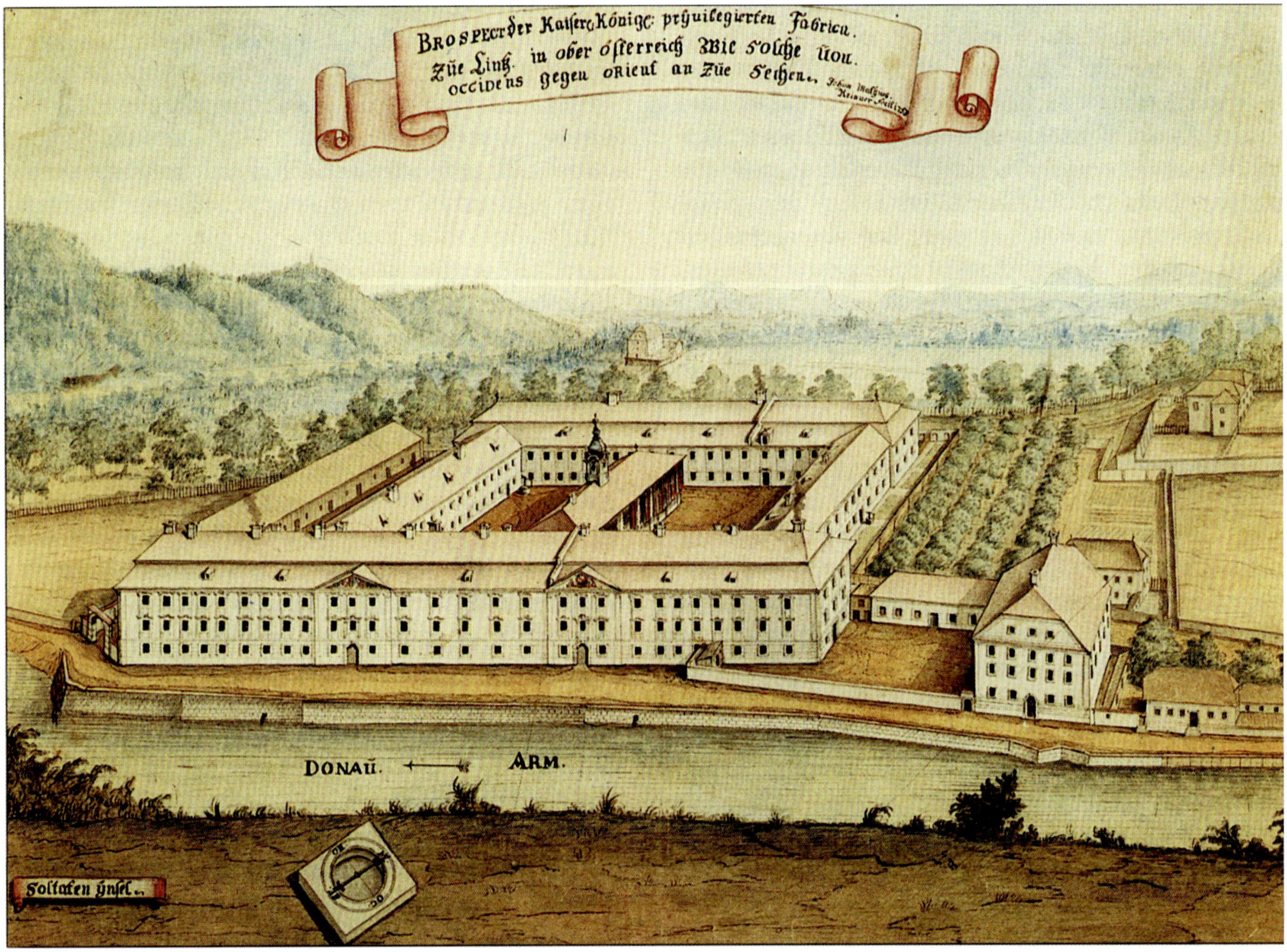

Die Linzer Wollzeugfabrik, Abbildung von Johann Mathias Krinner, 1753, Nordico

wirkende Kremsmünsterer Stiftshaus in Linz zurück, der heutige Bischofshof. Der wohl bedeutendste barocke Fabriksbau Europas war die von Johann Michael Prunner errichtete, 1969 abgerissene Linzer Wollzeugfabrik. Unter den Rathäusern ist jenes von Steyr hervorzuheben, dessen Architekt Johann Gotthard Hayberger zugleich Bürgermeister war.

Bildhauer und Maler

In der Barockplastik spielten die Stifte ebenfalls eine Vorreiterrolle. So schuf der aus Weilheim stammende Hans Degler den später nach Grünau im Almtal gelangten Hochaltar der Stiftskirche von Kremsmünster. Seinem Mitarbeiter Hans Spindler verdanken wir den riesigen Hochaltar der Stiftskirche von Garsten, von dem sich Teile in der Spitalskirche von Eferding und im Linzer Schlossmuseum erhalten haben. Einzig der von Hans Waldburger geschnitzte Hochaltar der Stiftskirche von Mondsee blieb an Ort und Stelle. Er zeigt eine szenische Gruppe der Marienkrönung. Bewegte Gruppen sind auch für das Schaffen von Martin und Michael Zürn charakteristisch, deren originellstes Ensemble wohl die drei Altäre von St. Georgen an der Mattig sind. Diese Werke von volkstümlicher Eindringlichkeit weisen in manchem auf Thomas Schwanthaler voraus.

Dieser schuf mit dem Rieder Ölberg, dem Doppelaltar von St. Wolfgang und der Gruppe der Anbetung der Könige in Gmunden Hauptwerke hochbarocker Skulptur. Einer seiner Schüler dürfte Meinrad Guggenbichler gewesen sein, dem wir die Seitenaltäre der Stiftskirche von Mondsee verdanken. In St. Wolfgang können seine Werke neben jenen Schwanthalers studiert werden, vom erschütternden Schmerzensmann bis zu den entzückenden Engelsputten des Rosenkranzaltars. Zu den außergewöhnlichsten Werken Guggenbichlers gehört das Bett des Kaisers im einstigen Soldatenzimmer des Stiftes St. Florian, das sogenannte „Türkenbett“.

Der dritte große Barockbildhauer in Oberösterreich war Marian Rittinger, der fast ausschließlich für das Stift Garsten und seine Pfarren arbeitete. Außer großen, von der Kunst Italiens geprägten Altarfiguren schnitzte er für Garsten auch eine Krippe aus Buchsholz. Verschiedene Mitglieder der weit verzweigten Familie Schwanthaler schufen ebenfalls Altar- und Krippenfiguren. Völlig einzigartig sind die Kanzeln in Traunkirchen, Fischlham und Gaspoltshofen, deren Form dem Schiff der fischenden Apostel nachgebildet ist.

Thomas Schwanthaler, Maria vom Siege, Zell an der Pram

Im Unterschied zu den unzähligen Holzaltären waren Arbeiten aus Stein sehr teuer und dementsprechend selten. Eine Stiftung Kaiser Ferdinands III. war die 1647 für den Platz „Am Hof" in Wien angefertigte Mariensäule, die 20 Jahre später an das Innufer von Wernstein versetzt wurde. In den überlebensgroßen Steinfiguren Christoph Abraham Walters in der Stiftskirche von Lambach zeigt sich erstmals in Oberösterreich ein direkter Einfluss Italiens. Auch der geniale, jung verstorbene Michael Zürn d. J. kam wahrscheinlich mit dem italienischen Hochbarock in Berührung. Seine Marmorengel in der Stiftskirche von Kremsmünster gehören zum Besten, was die Barockskulptur nördlich der Alpen hervorgebracht hat. Ein Werk von

Thomas Schwanthaler, Christuskind, Andrichsfurt

Martin und Michael Zürn , Sebastianaltar, St. Georgen an der Mattig

außerordentlichem Rang ist auch die von Antonio Beduzzi entworfene und 1717 begonnene Linzer Dreifaltigkeitssäule. Leider blieb der ausführende Bildhauer bisher unbekannt. Wenig später schuf Georg Raphael Donner für Linz die große Figur des hl. Johann von Nepomuk, die erst 1898 mitsamt ihrer Nische von der Deutschordenskirche an den Chor der Stadtpfarrkirche versetzt wurde.

In der Malerei gelangten durch Adriaen Bloemaert und Joachim von Sandrart erstmals die Errungenschaften des Barock nach

„Einer der zentralen Begriffe des Barock ist die Ekstase“

Was bedeutet Barock?

Sturm: Das Barock versucht den Menschen mit all seinen Sinnen zu begeistern. Mit Kunst, Theater oder Weihrauch und Orgelmusik in der Kirche. Barock ist ein Lebensgefühl, es versucht den Menschen aus dem Alltag und seiner körperlichen Schwere herauszuführen. Ekstase ist ein zentraler Begriff. Andere sind Illusion, Imitation und vor allem Inszenierung. Den Menschen wird ein Blick in eine hyperreale Welt eröffnet. In den Deckenmalereien der Schlösser sieht man die antiken Götter, in der Kirche blickt man direkt in den Himmel!

Wie begann der Siegeszug des Barock?

Sturm: Nach dem Mittelalter und der Renaissance kam mit dem Barock eine neue Freude am Schönen auf: kräftige Farben, Sinnlichkeit, Bewegung, die Schönheit der Welt. Es war auch die Zeit nach den siegreichen Türkenkriegen. Die Osmanen waren ja für ganz Europa und vor allem für die Kirche eine Bedrohung. Auch die Gegenreformation spielte herein. Die Kirche konnte sich im Barock als starke Kraft, die Impulse setzt, hervortun.

Aber sind Fleischeslust, Sinnlichkeit und Kirche nicht ein Widerspruch?

Sturm: Nein, eine Bipolarität. Freilich waren zum Beispiel die Rubens-Frauen verführerisch, aber es wurden im Barock auch die Themen Buße, Reue und Tod betont. Bilder in den Kirchen haben darauf hingewiesen, was passiert, wenn man sündigt. Vor allem in der Baukunst erfolgte aber eine Selbstdarstellung des feudalen Systems. Kirche und Fürsten wollten die Menschen beeindrucken und ihre Macht darstellen.

Barock war weltumspannend. Welche Rolle spielte Österreich?

Sturm: Barock war der erste europäische Stil, der sich auch auf anderen Kontinenten stark ausdrückte. Aber es gibt kaum wo eine solche Fülle an Barockdenkmälern wie in Österreich. Das Schloss Belvedere ist meiner Meinung nach der schönste barocke Schlossbau. Aber auch auf die vielen Klöster in Oberösterreich ist besonders hinzuweisen. Nicht nur die Fülle, sondern auch die künstlerische Qualität ist erstklassig.

Interview mit Johann Sturm, der an der Linzer Kunstuniversität gelehrt hat, Forschungsschwerpunkt Barock.

Meinrad Guggenbichler, Engel, Mondsee

Oberösterreich. So zeigt vor allem Bloemaerts Hochaltarbild der Stadtpfarrkirche von Freistadt Anklänge an Rubens und Barocci. Johann Michael Rottmayr und der Garstener Stiftsmaler Carl von Reslfeld, denen wir eine große Zahl von Altarbildern verdanken, erhielten ihre Ausbildung in Venedig beim berühmten Carl Loth, der unter anderem für das Stift Kremsmünster arbeitete. Das dortige Hochaltarbild lieferte der Münchner Hofmaler Johann Andreas Wolf. Sonst aber beherrschten mit Carlo Carlone sowie den beiden Altomonte die Italiener das Feld. In den Fresken von Johann Jakob Zeiller in Suben wendet sich das Barock ins Rokoko, von dem Wolfgang Andreas Heindl eine spezielle Facette vertritt. Mit den berührenden, von der Kunst Rembrandts geprägten Altarbildern des Kremser Schmidt ist schließlich das Ende des Barock erreicht.

Wichtige Barockbauten in Oberösterreich

- Aurolzmünster: Schloss (1691–1711 von J. K. Zucalli)
- Baumgartenberg: ehem. Stiftskirche (um 1697 von C. A. Carlone)
- Christlkindl bei Steyr: Wallfahrtskirche (1702–1725 von Carlone und Prandtauer)
- Engelszell: Klosterkirche (1754–1763)
- Garsten: ehem. Stift (1677–1693 von P. F. und C. A. Carlone)
- Hartkirchen: Pfarrkirche (1748–1751 von J. M. Krinner)
- Hohenbrunn: Schloss (1725–1732 von J. Prandtauer)
- Kirchberg bei Kremsmünster: Filialkirche (1753/54)
- Kremsmünster: Stift (ab 1601, Kirche ab 1680)
- Lambach: Stift (Kirche 1652–1656)
- Linz: Kirche Barmherzige Brüder (1713–1743 von J. M. Prunner), Bischofshof (1721–1726 von J. Prandtauer), ehem. Deutschordenskirche (1718–1725 von J. L. von Hildebrandt, ausgeführt von J. M. Prunner), Dreifaltigkeitssäule (1714–1723 von A. Beduzzi), Elisabethinenkirche (1762–1768 von P. U. Trientl), Jesuitenkolleg (1652–1656, Alter Dom, 1669–1678 von P. F. Carlone), Karmelitenkirche (1690–1726), Minoritenkirche (1751–1769 von J. M. Krinner), Pöstlingbergkirche (1738–1774), Prunerstift (1737–1740), Ursulinenkirche (1736–1772 von J. Haslinger), Wollzeugfabrik (1722–1726 von J. M. Prunner), zahlreiche Stadthäuser
- Mondsee: ehem. Kloster (17./18. Jh., M. Guggenbichler u. a.)
- Neuwartenburg: Schloss (1730–1732 von A. E. Martinelli)
- Pfarrkirchen bei Bad Hall: Pfarrkirche (1744–1777)
- Ranshofen: ehem. Stift (1697–1699)
- Reichersberg: Stift (ab 1624, Kirche 1629–1644 von Chr. Weiß)
- St. Florian: Stift (1686–1724, von Carlone und Prandtauer)
- St. Lorenz bei Mondsee: Filialkirche (1719–1730)
- St. Wolfgang am Stein: Wallfahrtskirche (1642–1644 von Cipriano Novo)
- Schenkenfelden: Kalvarienbergkirche (1712 von J. M. Prunner)
- Schlierbach: Stift (1672–1712 von Carlone u. a.)
- Spital am Pyhrn: ehem. Stift (1642–1700, Kirche 1714–1740 von J. M. Prunner)
- Stadl-Paura: Wallfahrtskirche (1717–1724 von J. M. Prunner)
- Steyr: ehem. Dominikanerkirche (1642–1647), Michaelskirche (1635–1677), Rathaus (1765–1778 von J. G. Hayberger), Sternhaus (1768), Schloss Lamberg (1727–1731 von D. d'Angeli und J. M. Prunner)
- Suben: ehem. Stiftskirche (1766–1770 von S. Frey)
- Tillysburg: Schloss (begonnen 1633)
- Traunkirchen: ehem. Klosterkirche (1631–1652)
- Vöcklabruck: Dörflkirche (ab 1688 von C. A. Carlone)
- Waldhausen: ehem. Stiftskirche (1650–1693 von C. Colomba und C. Canevale)
- Wels: Kalvarienbergkirche (1715/16 von W. Grinzenberger), mehrere Stadthäuser
- Wilhering: Stift (1733–1741 von J. Haslinger)
- Zell an der Pram: Schloss (1760–1774 von F. de Cuvilliés d. J.)

„Man muss immer die Polarität zwischen der Vernunft und dem Glauben im Auge behalten."

Gerold Lehner,
Superintendent der
evangelischen Diözese Oberösterreich

Joseph Valentin Eybel, ein Vertreter der gemäßigten Aufklärung

Christian Schacherreiter

Das 18. Jahrhundert stand im Zeichen der Aufklärung. Ihr Symbol war das Licht. Brannte es auch in Oberösterreich? Ja, auf Sparflamme.

ERLEUCHTUNG AUF SPARFLAMME: AUFKLÄRUNG IN OBERÖSTERREICH

Kaum eine kulturelle Strömung hat das neuzeitliche Europa so nachhaltig verändert wie die Aufklärung. Religionskritik und staatspolitisches Reformdenken, universale Menschheitsutopien und das Vertrauen in die Wissenschaft – das waren die dominanten geistigen Kräfte. Die Französische Revolution, das große Ereignis der Epoche, wäre ohne gedankliche Vorbereitung durch die Aufklärung undenkbar gewesen. Der Untertan wurde zum mündigen Bürger und leistete Widerstand gegen Adel und Kirche. Repräsentiert wird die europäische Aufklärung durch große Namen wie Voltaire und Rousseau, Kant und Lessing.

Voltaire (21. 11. 1694 – 30. Mai 1778)

In Oberösterreich leuchtete das Licht der aufgeklärten Vernunft auf bescheidenem Niveau. Damit spielten die Oberösterreicher freilich keine Sonderrolle im katholisch-habsburgischen Österreich, wo die Gegenreformation ganze Arbeit geleistet hatte und die Aufklärung als verdächtiges Werk norddeutscher Protestanten betrachtet wurde. Joseph II., der Sohn Maria Theresias, gilt zwar als Aufklärer auf dem österreichischen Kaiserthron. Das stimmt aber nur mit Einschränkungen. Die (vorübergehende) Lockerung der Pressezensur, die Gewährung der Religionsfreiheit und die Rechtsreform waren zweifellos vom Gedankengut der Aufklärung beeinflusst. Aber demokratischen Tendenzen, wie sie in der Französischen Revolution wirksam wurden, trat Joseph vehement entgegen.

Rousseau (28. 6. 1712 – 2. Juli 1778)

Katholisch adaptierte Aufklärung

Die Zentren des Geisteslebens waren in Oberösterreich im 18. Jh. nach wie vor die Klöster. Gebildete Mönche beschäftigten sich zwar mit der Aufklärung, lehnten aber deren religionskritische Akzente ab oder adaptierten sie in einer Weise, die mit den Grundsätzen der Kirche und des Untertanenstaats vereinbar war. Beispielhaft für eine katholisch domestizierte literarische Aufklärung, in der die barocke Tradition weiterwirkte, waren die im Dialekt geschriebenen bäuerlichen Schwänke und Singspiele des Lambacher Theologen Maurus Lindemayr. Es handelt sich meist um Besserungsstücke, die menschliche Schwächen kritisch betrachten und vom Vertrauen der Aufklärer in die Besserungsfähigkeit des Menschen durchdrungen sind, aber abgesehen davon nicht übermäßig viel Lichtvolles enthalten.

1773 wurde der Jesuitenorden aufgelöst, der insbesondere in Linz das Bildungswesen und das Geistesleben maßgeblich mitbestimmt hatte. Unter den oberösterreichischen Jesuiten gab es etliche Anhänger einer gemäßigten Aufklärung, manche sympathisierten sogar mit dem josephinischen Staatskirchentum. Einer von ihnen war Wenzel Siegmund Heinze, der nach der Auflösung des Ordens vorerst in Linz blieb und im Geistesleben der Stadt in führender Rolle mitmischte. Jesuit war kurzfristig auch Aloys Blumauer, 1755 in Steyr geboren, Mitglied der Freimaurerloge „Zur wahren Eintracht“, als Lyriker („Freymaurergedichte“) und als Satiriker (Travestie der „Aeneis“) auch überregional anerkannt.

Mit Faust gegen die Finsternis

Amand Berghofer, 1745 in Grein geboren, wurde von Zeitgenossen als „österreichischer Rousseau“ bezeichnet, weil sein Verständnis von Aufklärung unverkennbar in der Tradition des freiheitsliebenden französischen Philosophen stand – und damit im Gegensatz zur josephinischen Bürokratie: „Unerschrocken“, schrieb Berghofer in seinen „Verbotenen Schriften“ (1805), „erheb ich meine Stimme, und vereinige sie mit der Stimme aller aufgeklärten Wohldenkenden zur Aufdeckung der arglistig verschleyerten Obskurantenpolitik – zur gemeinsamen Gegenwehr gegen jede Art von Menschendruck und Geistestyrannei kraft des göttlichen Lichtes der Wahrheit, vor dem alle Werke der Finsterniß zu Schanden werden.“

Die Themen seiner „Verbotenen Schriften“ umfassen die bekannte Skala aufgeklärter Gesellschaftskritik: geistliche Despotie, Geheimpolizei, kirchliches und ziviles Eherecht, den Umgang der Kirche mit der Sexualität, Krieg als schlechter Problemlöser. Interes-

Johannes Aloisius Blumauer.

Eigenhändiges Stammbuchblatt mit seiner Silhouette aus dem Jahre 1782.

Die Bauernnoth – oder der Bauer aus Verzweiflung ein Schatzgräber.

I kann má’s unmigli nöt denká,
Was d’Herren mit ins no anhöbn.
A Baur soll si wáhrla grads henká,
So kám á dient wög vo den Löbn.
Sán d’Rüstgeldá kam zán dáschwingá.
Und gleiwohl höbn’s Noiringa an
Und thain ins án Toifel afdingá
Den d’Herrschaft selbm nenná nöt
kann.

(Ein Bauer beklagt sich über die Steuerlast) aus Pius Schmieder, 1875

sant ist Berghofers Essay über die Faust-Figur. Ähnlich wie der junge Goethe sah Berghofer in Faust nicht mehr das abschreckende Beispiel des anmaßenden Menschen, der von Gott abfällt und daher vom Teufel geholt wird, sondern den Wegbereiter der Emanzipation des Menschen.

Amand Berghofer bezeichnete Oberösterreich als einen „an Geist unfruchtbaren Landstrich". Das ist sicher pointierte, folglich übertreibende Polemik. Richtig ist aber, dass die Aufklärung die Kultur des Landes nicht grundlegend verändert hat. Das gilt allerdings für ganz Österreich und wirkt bis heute nach.

Oberösterreichische Theaterreform

Zu den wichtigen Literaturkämpfen des 18. Jahrhunderts gehört der Theaterstreit, der in Deutschland von Größen wie dem Literaturprofessor Johann Christoph Gottsched und Gotthold Ephraim Lessing ausgetragen wurde. Gottsched nahm den formal strengen französischen Klassizismus zum Vorbild, Lessing hingegen William Shakespeare. In Österreich führte die Kontroverse zu einer verhängnisvollen Trennung: „hohe" Staatskunst am Burgtheater, „niedere" Volkskunst auf den Wiener Vorstadtbühnen.

Als lokaler Theaterreformer profilierte sich Benedikt Anton Cremeri, der 1776 mit einer Wanderbühne nach Linz gekommen war. Cremeri war Josephinist in Reinkultur. Er wollte die privaten Wanderbühnen wegen ihrer Niveaulosigkeit verbieten und das Theater ganz in die Hände des Staates legen. Cremeri schrieb selbst einige Bühnenstücke, die für die Ambivalenz der josephinischen Aufklärung typisch sind: einerseits Menschheitsideale der Aufklärung – andererseits unbedingte Staatsräson. In „Kriegserklärung gegen die Pforte" (1789) zeigt er (Lessing lässt grüßen!), dass es edle Menschen unter Muslimen genauso gibt wie unter Christen. Im Stück „Der Bauernaufstand ob der Enns" (1792) hingegen huldigt er dem monarchischen Herrschaftsprinzip. Graf Herberstorff, in Oberösterreich durch das Frankenburger Würfelspiel eher berüchtigt als berühmt, ist in Cremeris Stück eine positive Bühnenfigur und belehrt die aufständischen Bauern folgendermaßen: „Wer der Obrigkeit widerstrebt, der widerstrebt der Ordnung Gottes."

Das Ende der barocken Frömmigkeit

Mit der Auflösung der Gesellschaft Jesu im Jahre 1773 wurde die große Welle der josephinischen Klosteraufhebungen eingeleitet und dann auf alle Orden ausgeweitet. Niederlassungen beschaulicher Orden, hoch verschuldete Klöster wie Baumgartenberg und Waldhausen und solche in unmittelbarer Grenznähe wie Mondsee, Suben oder Ranshofen wurden aufgehoben. Es ging um die in den Klöstern geübte Prachtentfaltung, um den Sinn der beschaulichen Orden, um die Bedarfsberechnung der Zahl der Geistlichen. Zahlreiche Bruderschaften, Korporationen, Benefizien, „ewige Messen" und sonstige Stiftungen wurden aufgelöst und ihre Mittel dem Religionsfonds, dem Normalschulfonds und den Pfarrarmeninstituten zugeführt. Die Klöster und Kleriker erlitten mit dem plötzlichen Rückgang der Seelenmessen, Messstipendien und testamentarischen Legate empfindliche Einkommenseinbußen.

Für kirchliche Feiern wurde Schlichtheit verordnet. Votivgaben mussten aus den Kirchen entfernt werden. Die Wallfahrten wurden als müßiggängerische Vergnügungsreisen kritisiert. Wallfahrten ins Ausland wurden ebenso wie mehrtägige Wallfahrten im Inland verboten. Die Liturgiereform sollte die langen Messen kürzen. Die Zahl der Feiertage, die schon Maria Theresia verringert hatte, wurde weiter reduziert. Die Zahl der Pfarren allerdings wurde vergrößert und die Erreichbarkeit der Kirchen für die Gläubigen verbessert.

Die Reformen Josephs II.

Religiöse Toleranz: Nach dem am 13. Oktober 1781 erlassenen Toleranzpatent bildeten sich in Oberösterreich neun protestantische Toleranzgemeinden: Eferding, Goisern, Gosau, Neukematen, Rutzenmoos, Scharten, Thening, Wallern und Wels. Mit dem Judenpatent vom 2. Jänner 1782 gab es auch eine Besserstellung für Juden. 1789 wurde es den Linzer Juden gestattet, Gottesdienste zu feiern.

Kaiser Josef II., Kunsthistorisches Museum

Durchsetzung der Menschenrechte und Bildungsreformen: Die Beseitigung der Leibeigenschaft (1781), die Abschaffung der Folter (1776), die Einführung der Schulpflicht (1781), die Reform

Die Neugeburt

Was bedeutet für die evangelische Kirche die Aufklärung?

Lehner: Sie ist Ausgangspunkt unseres Religionsunterrichtes, maßgeblich war das Toleranzpatent des Jahres 1781. Diese Entscheidung des Herrschers bedeutete eine Neugeburt der evangelischen Kirche, die ja bis 1624 mit einem Anteil von 80 bis 90 Prozent der Gläubigen überaus dominant war.

Die Reformen von Kaiser Joseph II. waren nicht ganz uneigennützig. Er profitierte ja auch davon, zum Beispiel durch die Schwächung der Kirche oder durch die Abschaffung der Todesstrafe, was Verurteilte zu Zwangsarbeitern machte.

Lehner: Für unsere Glaubensgemeinschaft überwiegt eindeutig der positive Umstand des Toleranzpatentes. Dieses stellt negative Maßnahmen total in den Schatten. Von vielen Bestimmungen, wie zum Beispiel den Klosteraufhebungen, war unsere evangelische Gemeinschaft zudem gar nicht betroffen.

Wäre eine Art von Aufklärung auch in unserer Gegenwart wieder vonnöten?

Lehner: Natürlich kann man vieles kritisch hinterfragen, aber nicht die radikale Vernunft, sondern nur der Glaube schafft Werte. Weder in der einen Richtung (blutige Französische Revolution) noch in der anderen (religiöser Fanatismus und Hörigkeit) darf man ausscheren.

Interview mit Gerold Lehner, Superintendent der Evangelischen Diözese Oberösterreich.

des Bestattungswesens (1784) und die Gewährung der Pressefreiheit (1781) sind hier anzuführen. Die Zahl der Druckschriften nahm sprunghaft zu.

Ökonomische Reformen und Förderung des technisch-sozialen Fortschritts: Die Abschaffung der mittelalterlich-frühneuzeitlichen Lebensmittel- und Holzwidmungen und die Lockerung der staatlichen Preisregelung ebneten den Weg für die Marktwirtschaft. 1775 fielen die Binnenzölle zwischen den einzelnen Kronländern, ab 1781 wurden die Holz-, Lebensmittel- und Eisenwidmungsbezirke aufgelöst, die Legortsprivilegien, Preissatzungen, Fürkaufs- und Ausfuhrverbote abgeschafft. Die Wirtschafts- und Infrastrukturpolitik engagierte sich für die Einführung einer öffentlichen Straßenbeleuchtung (in Linz erstmals ab dem Jahr 1764) ebenso wie für das Energiesparen (durch Einführung der Sparherde und Beseitigung der Rauchküchen, seit etwa 1790), für die Propagierung des Kleeanbaus und der Pflanzung von Obstbäumen oder auch für die Einführung der Pockenimpfung, die 1808 in Oberösterreich verpflichtend wurde. Bereits 1804 erhielten die Geistlichen den Auftrag, mindestens zweimal im Jahr über die Pockenimpfung zu predigen. Den Eltern musste bei der Taufe eine Information über die Impfung vorgelesen werden. 1812 wurden die Geistlichen verpflichtet, die Namen säumiger, am Tode ungeimpfter Kinder Schuld tragender Eltern zu verlesen.

Aufklärer in Oberösterreich

Der Astronom

P. Placidus Fixlmüller, auch: Fixlmillner (1721–1791), Benediktiner in Kremsmünster, lehrte Kirchenrecht und Geschichte, Naturwissenschaftler, Leiter der Sternwarte

Der Dramatiker

P. Maurus Lindemayr (1723–1783), Benediktiner in Lambach, Theologe, Lyriker und Dramatiker, schrieb u. a. Schwänke und Singspiele im Dialekt

Der Publizist

Joseph Valentin Eybel (1741–1805), geb. in Wien, seit 1779 als Landrat in Linz, rege publizistische Tätigkeit im Sinne der gemäßigten Aufklärung

Der Statistiker

Ignaz de Luca (1741–1805), seit 1771 Professor für Kameralwissenschaften in Linz, 1780 wegen Konflikten mit der Obrigkeit nach Innsbruck versetzt, wissenschaftliche Leistungen in Lexikografie und Statistik

Der Lyriker

Wenzel Siegmund Heinze (1737–1830), Jesuit, Lyriker, seit 1772 Verwaltungsbeamter in Linz, nach der Aufhebung des Jesuitenordens als Gymnasialprofessor für Dichtkunst und Rhetorik tätig, ab 1786 Pfarrer in Altenfelden

Der Theaterreformer

Benedikt Anton Cremeri (1752–1794, Linz), geb. in Wien, zuerst Tänzer und Schauspieler, ab 1776 in Linz, Beamter der Zensurbehörde, josephinistischer Theaterreformer und Bühnenautor

Der Essayist

(Franz Xaver) Amand Berghofer (1745–1825), geb. in Grein, Schuldirektor in Steyr, dann Leiter der Prager Klosterbibliotheken, der „österreichische Rousseau", Essayist

Der Freimaurer

(Johann) Aloys Blumauer (1755–1798), geb. in Steyr, Lyriker und Satiriker, Freimaurer, vor allem wegen seiner Travestie von Vergils „Aeneis" bekannt, Wirkungsort war vor allem Wien

Der Übersetzer

(Johann Nepomuk Cosmas) Michael Denis (1729–1800), geb. in Schärding, Jesuit, Naturwissenschaftler und Lyriker, deutsche Erstübersetzung des Erfolgsbuchs „Ossian" (Sammlung von Gesängen des angeblichen mythischen gälischen Barden Ossian, Fälschung)

„Der Österreicher taugt nicht zum Soldaten! Sagten mehrere. Er kann wohl den Pflug führen, aber nicht das Schwert. Er liebt den Frieden und versteht den Krieg nicht. Wenn's der gnädige Kaiser befiehlt, marschieren wir alle, aber wenn's auf uns ankommt, bleiben wir halt zu Haus."

Johann Jakob Rühle von Lilienstern, Reisebuch am 13. Mai 1809 in Eferding

Denkmal zur Erinnerung an die Schlacht von Ebelsberg auf dem Stefan-Fadinger-Platz, Linz

Roman Sandgruber

In den napoleonischen Kriegen war Oberösterreich in großem Ausmaß Kriegsschauplatz. Fast 15 Jahre herrschte nahezu ununterbrochen Krieg, dreimal wurde das Land besetzt.

DIE NAPOLEONISCHEN KRIEGE

Anfänglich sehnten ja gar nicht so wenige Oberösterreicher die Franzosen herbei. Einzelne Oberösterreicher bekannten sich ganz offen zur Französischen Revolution: etwa der Literat Franz Seraph Spaun, der bei einem Empfang des Linzer Regierungspräsidenten einen Skandal provozierte, oder der Mühlviertler Kreisschulkommissär Joseph Leibetseder, der offen gefragt haben soll, wozu man einen Kaiser oder König brauche. Auch Angehörige niedrigerer Gesellschaftsschichten und sogar Geistliche sollen verschiedentlich für die Französische Revolution Sympathie gezeigt haben. Im Innviertel hofften 1794 zahlreiche Bauern, die Franzosen würden kommen und das Land wieder mit Bayern vereinigen. Als die Franzosen tatsächlich da waren, war die Stimmung gleich eine ganz andere.

Denkmäler

Auf dem Stefan-Fadinger-Platz in Ebelsberg erhebt sich ein 7,5 Meter hohes Denkmal, welches anlässlich des 100. Gedenktages der Schlacht bei Ebelsberg am 2. Mai 1909 enthüllt wurde.

In nächster Nähe von Ebelsberg ist der „Napoleonbauer“, der Baumgartner zu Gottschalling. Hier soll Napoleon die Nacht vom 3. zum 4. Mai 1809 zugebracht haben. In Wirklichkeit freilich nahm Napoleon beim Baumgartner nur das Abendessen ein, dann zog er sich in sein feudaler eingerichtetes Zelt zurück.

Josef Speckbacher verwaltete 1811 das für die Familie des erschossenen Andreas Hofer in Leonding gekaufte Bauernhaus („Bauer im Ort“, heute Gerstmayr). Aber die Witwe Andreas Hofers wollte Tirol nicht verlassen. Hofers Sohn Hans blieb bis 2. August 1813 in Leonding.

Die Koalitionskriege

Zwar kamen die Franzosen im Ersten Koalitionskrieg (1792–1797) nicht bis Oberösterreich, aber die Einquartierungen und Durchmärsche der eigenen Truppen belasteten das Land sehr. 1800, im Zweiten Koalitionskrieg, war das Land in mehreren verlustreichen Gefechten Kriegsschauplatz, etwa am 19. Dezember bei Lambach. Schon am 18. Dezember 1800 waren kurz nach Mittag die Franzosen, 10.000 Mann stark, in Ried eingezogen. Es gab Tote und Blessierte auf beiden Seiten. Der Magistrat und die Bürgerschaft gingen den Franzosen entgegen. Sie machten vor dem kommandierenden General einen Fußfall und baten um Schonung und Gnade. Im Bericht darüber heißt es: „Sie schienen derselben nicht ganz versichert zu sein. Da eilte die Frau Landrichterin, die wahrhaft edle Frau von Kürsinger, der französischen Sprache vollkommen mächtig, zum General Grenier, machte vor ihm einen Fußfall und bat unter Thränen um Gnade für den Markt, besonders um Schonung vor Plünderung und Brand. Diese Gnade ward gewährt.“

In der Steyrer Löwenapotheke wurde am 25. Dezember 1800 jener Waffenstillstand vereinbart, der zum Frieden von Luneville am 9. Februar 1801 führte und der den Franzosen das gesamte Gebiet westlich der Erlauf und südlich der Donau einbrachte: Für Oberösterreich bedeutete dies Besatzung, Einquartierungen, Plünderungen, Beschlagnahmen und hohe Kontributionen. Bis Anfang April 1801 zogen die Franzosen wieder ab, aber sie hinterließen ein ausgebeutetes Land.

Auch der Rückzug der russischen und kaiserlichen Truppen im Dritten Koalitionskrieg 1805 führte von Ulm über Oberösterreich nach Niederösterreich. Am 2. November marschierten die Franzosen in Linz ein, Napoleon

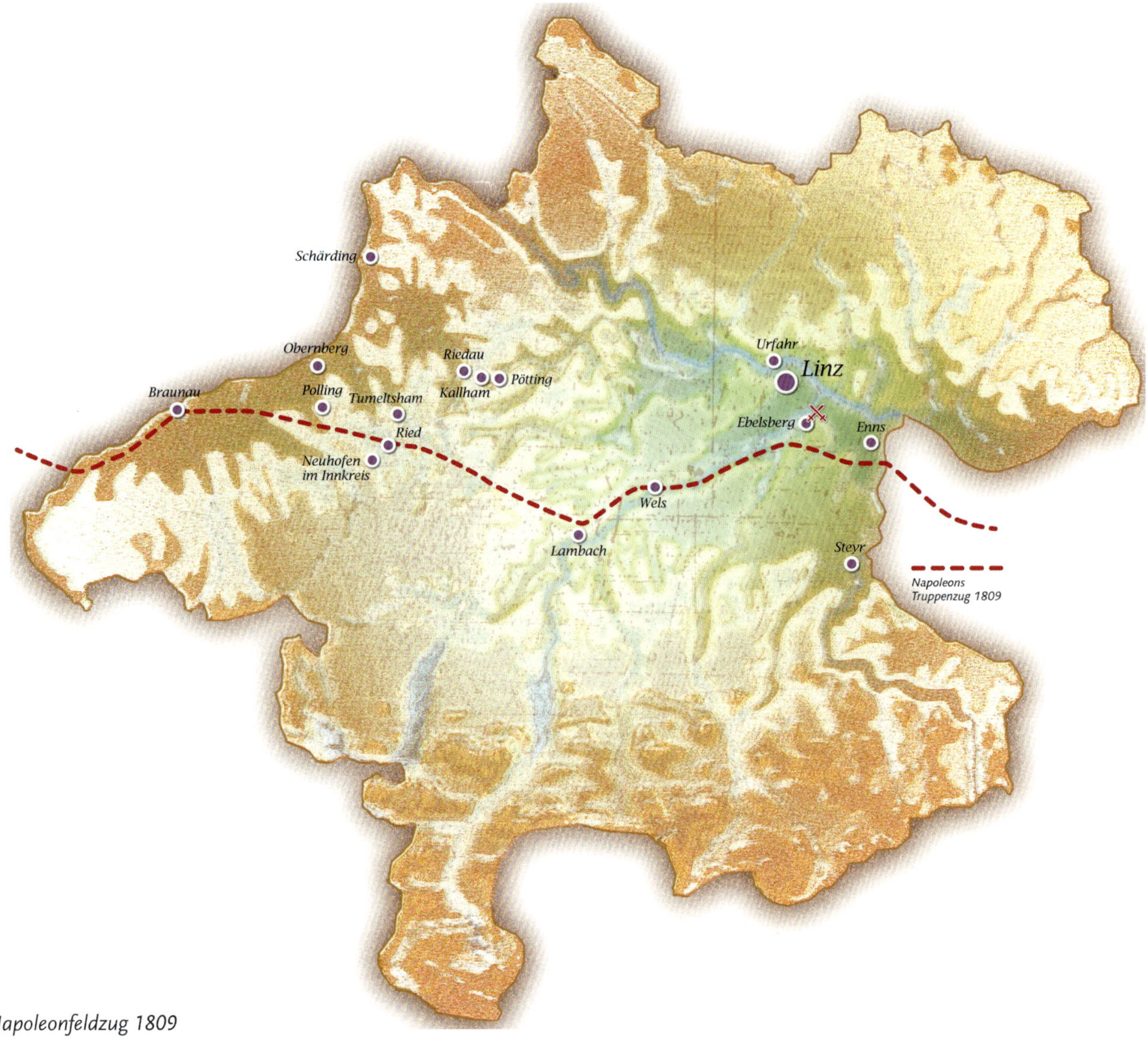

Napoleonfeldzug 1809

wohnte vom 4. bis 9. November 1805 im Landhaus. In der Folge wurden auch das Mühlviertel und das Salzkammergut besetzt. Oberösterreich erlebte eine harte Zeit, es musste wieder eine hohe Kontributionssumme aufbringen. Braunau hielten die Franzosen bis 10. Dezember 1807 besetzt. Dort wurde am 26. August 1806 der Nürnberger Buchhändler Johann Philipp Palm wegen Verbreitung einer antifranzösischen Schmähschrift („Deutschland in seiner tiefsten Erniedrigung") standrechtlich erschossen.

Der Krieg von 1809

Mit den neu geschaffenen Landwehrformationen, von denen Oberösterreich 15 Bataillone stellte, glaubte man 1809 einen weiteren Krieg gegen Napoleon riskieren zu können. Doch die Kampfmoral der Österreicher war

Ölgemälde von C. Blaas, Schlacht um Ebelsberg, 1867, Linz, OÖ. Landesmuseen

nicht besonders hoch einzuschätzen: Die österreichischen Truppen überschritten am 10. April bei Schärding, Obernberg und Braunau den Inn und besetzten Passau und München. Sie wurden zurückgeschlagen. Die Rückzugsgefechte zogen sich durch ganz Oberösterreich, sie fanden bei Polling, Riedau, Kallham, Neuhofen am Inn, Tumeltsham, Pötting, Lambach statt. Aus einem Dachbodenfenster soll der Rieder Holzschuhmachermeister Heinrich Tuschl auf Napoleon geschossen haben, in Lambach verhinderte am gleichen Tag ein Pater einen Anschlag auf den Franzosenkaiser.

Beim Übergang über die Traunbrücke bei Ebelsberg am 3. Mai 1809 kam es zum schweren Gefecht: Der fünfstündige Kampf, den Napoleon als eines der hässlichsten und unbesonnensten Unternehmen der Kriegsgeschichte bezeichnet haben soll, forderte insgesamt 12 000 Opfer. Markt und Schloss Ebelsberg wurden niedergebrannt. Von der so gepriesenen Landwehr waren fast drei Viertel desertiert. Unter den Toten war auch der Freiheitsdichter Leo Freiherr von Seckendorf (1775–1809), der als Hauptmann der Wiener Freiwilligen schwer verwundet worden war und schließlich in einem Haus am Ebelsberger Hauptplatz elend verbrannte.

Das „Nonnenkloster" St. Florian

Was Leo Tolstoi im 2. Teil, Kap. 7 von „Krieg und Frieden" über den Kampf um die Ennsbrücke bei Enns schrieb, mag zwar den Schauplatz topografisch nicht ganz korrekt wiedergeben, vor allem was das „Nonnenkloster" St. Florian betrifft. – „Dorthin möchte ich", sagte Neswizki und deutete nach dem Kloster. Er lachte und seine Augen funkelten. Auch die Offiziere lachten. „Nur, um die Nonnen ein bisschen zu erschrecken. Man sagt, es seien Italienerinnen und hübsche darunter. Ich würde fünf Jahre meines Lebens darum geben." – Der Rückzug könnte sich aber schon so zugetragen haben: „Fürst Neswizki blickte über das Geländer in den Fluss und sah den schnellen, schäumenden, kleinen Wellen zu, die kräuselnd ineinanderflossen, den Brückenpfahl umwogten und einander zu überholen strebten. Als er dann aufschaute, erblickte er auf der Brücke dieselben einförmigen, aber lebenden Wellen: Soldaten, Tschakos, Tschakoschnüre, Tornister, Bajonette, lange Gewehre und unter den Tschakos Gesichter mit breiten Backenknochen, eingefallenen Wangen und sorglos-müden Mienen, und Beine, die auf dem klebrigen Schmutz der Brückenbohlen dahinmarschierten."

Georg Adam, Schlacht von Ebelsberg, Anfang 19. Jh., Linz, OÖ. Landesmuseen

Am 5. Mai 1809 schrieb Henri Beyle, genannt Stendhal (1783–1842), als Angehöriger des Stabes von Graf Pierre Daru in sein Tagebuch: „Als wir die Traunbrücke hinübermarschierten, lagen noch rund dreißig tote Menschen und Pferde auf der Brücke. Viele hatte man in den Fluss geworfen, der unverhältnismäßig breit ist. Mitten darin, vierhundert Schritt unterhalb der Brücke, stand ein Pferd aufrecht und starr. Ein seltsamer Anblick. Ebelsberg war ausgebrannt; die Straße, durch die wir zogen, war mit Toten gesäumt, meist Franzosen und fast alle verbrannt. An mehreren Stellen lagen die Leichen in Haufen. Der Durchweg wurde immer enger, und schließlich unter und vor dem Tore musste unser Wagen über verkohlte Leichname fahren. Einige Häuser brannten noch. Ich vermochte kaum hinzusehen. Seitdem weiß ich, was Schaudern ist. Kenner versichern, der Anblick von Ebelsberg wäre tausendfach grässlicher als der aller sonstigen Schlachtfelder, wo man zwar Menschen mit allerhand Verstümmlungen, aber nicht so grausige Leichen sehen könne, mit verbrannten Nasen, aber noch erkennbaren Gesichtern."

Auch in Urfahr, das die Übergabe verweigerte, wurden 31 Häuser in Schutt und Asche gelegt, weitere 83 Häuser wurden beim Ausbau der französischen Befestigungen demoliert. Napoleon drohte, Urfahr auszuradieren. Im Frieden von Schönbrunn (14. Oktober 1809) musste Österreich das Innviertel und den westlichen Teil des Hausruckviertels abtreten: Wieder war Oberösterreich besetzt.

Der Schwammerling-Stein in Rechberg

Der Schwammerling-Stein beim landwirtschaftlichen Anwesen Hinterwinkler ist das von Weitem sichtbare Wahrzeichen der Gemeinde Rechberg. Seit 1984 zählt er zu den offiziellen „Naturdenkmälern" Oberösterreichs.

Eine für Wackelsteine charakteristische Sage berichtet von napoleonische Soldaten, die auf ihrem Durchzug den Stein mit Pferden zu Fall bringen wollten, jedoch daran gescheitert sind.

Der aufgrund seiner Eigenart, Schönheit und Ursprünglichkeit geschützte Bereich auf 700 Metern Höhe gilt als naturkundliches Juwel. Die Pammerhöhe, ein mit vielen wollsackverwitterten Granitblöcken übersäter Hügel, weist eine typische Trockenvegetation auf.

1810 wurde mit dem Pariser Vertrag das abgetretene Gebiet Bayern definitiv überlassen. Das stark verkleinerte Oberösterreich mit Niederösterreich zusammenzulegen, scheiterte am Widerstand der Stände.

Der lang ersehnte Friede

1813 befürchtete man einen neuerlichen Einfall der Franzosen, weshalb an strategischen Punkten Schanzen aufgeworfen wurden. Napoleons endgültiger Fall beendete die lange Tragödie. Der Wiener Kongress tagte und tanzte. Am 3. Juni 1814 wurde in Paris die Rückgabe des Innviertels und des westlichen Hausruckviertels vereinbart, die Übergabe verzögerte sich aber. Erst am 14. April 1816 kam es nach österreichischen Drohungen zum Münchner Vertrag und der endgültigen Übergabe. Auch Salzburg wurde der obderennsischen Regierung unterstellt und als fünfter Kreis Oberösterreichs, als sogenannter Salzburgkreis, verwaltet.

Die lange Kriegszeit hatte massive Spuren im Lande hinterlassen. Dazu kamen die rasende Geldentwertung und klimatische Kapriolen. Die durch das „Jahr ohne Sommer" („Eighteen hundred and froze to death – „Achtzehnhundertfriermichtot") ausgelöste Missernte überlagerte sich mit den Nachwehen des Krieges und der währungsbedingten Hyperinflation und löste 1816 eine der schwersten Hungerkrisen aus, die das Land je erlebt hatte.

1792–1797

Erster Koalitionskrieg gegen das revolutionäre Frankreich. Friede von Campoformido

1799–1801

Zweiter Koalitionskrieg gegen das napoleonische Frankreich. Friede von Lunéville

1803

Reichsdeputationshauptschluss

1804

Kaiser Franz II. nimmt als Franz I. den Titel Kaiser von Österreich an.

1805

Dritter Koalitionskrieg: Friede von Pressburg

1806

Ende des Heiligen Römischen Reiches

1809

Krieg gegen Frankreich und Bayern. Friede von Schönbrunn

1811

Staatsbankrott Österreichs

1813

Krieg gegen Frankreich

1814/15

Wiener Kongress

1816

Zweiter Staatsbankrott, Hungerkrise

„Schau, dort spaziert Herr Biedermeier
Und seine Frau, den Sohn im Arm;
Sein Tritt ist sachte wie auf Eier,
sein Wahlspruch weder kalt noch warm."

Ludwig Pfau, 1847

Biedermeierliche Familienidylle: der erste Christbaum in Ried, Ried, Museum Innviertler Volkskundehaus

Lothar Schultes

Die Spuren, die das Biedermeier in Oberösterreich hinterlassen hat, findet man vor allem in der Malerei. Auch in der Architektur sind Zeugen der Epoche erhalten.

REISE DURCH DAS BIEDERMEIER

Der Name Biedermeier entstand aus zwei Gedichten mit den Titeln „Biedermanns Abendgemütlichkeit“ und „Bummelmaiers Klage“, die Joseph Victor von Scheffel im Revolutionsjahr 1848 veröffentlichte. Ein Jahr zuvor hatte Ludwig Pfau ein ironisches Gedicht mit dem Titel „Herr Biedermeier“ verfasst, und 1855 schufen Ludwig Eichrodt und Adolf Kussmaul die fiktive Figur des treuherzigen, spießbürgerlichen Gottlieb Biedermaier, dem seine kleine Stube, sein enger Garten, sein unansehnlicher Flecken und das dürftige Los eines verachteten Dorfschulmeisters zu irdischer Glückseligkeit verhelfen. Der Begriff meinte zunächst also keine Kunstwerke, sondern eine geistige Haltung. Erst die Zeit der Secession und der Wiener Werkstätte erkannte um 1900 in der Kunst des frühen 19. Jahrhunderts ihr großes Vorbild.

Vielfalt der Stile

Dabei ging es zunächst vor allem um den Einrichtungsstil, dessen Einfachheit der Epoche den Beinamen einer „ersten Moderne“ einbrachte. Die 1748–1759 errichtete Sternwarte des Stiftes Kremsmünster war nicht nur eines der ersten Hochhäuser der Welt, sondern auch ein wichtiger Vorläufer dieser „ersten Moderne“. Zu diesem von rein geometrischen Formen bestimmten Stil gesellte sich ab etwa 1830 das sogenannte „zweite Rokoko“. Es brachte eine Rückkehr zum Barock, wenn auch in reicheren, übersteigerten Formen. Gleichzeitig lebte die Neugotik weiter, sodass es schon damals zu der für den Historismus des 19. Jahrhunderts so typischen Vielfalt der Stile kam.

Nach dem großen Brand von 1800 entfaltete sich in Linz eine rege Bautätigkeit, und zwar in einem einfachen, vornehm zurückhaltenden Stil, wie ihn heute noch die Fassaden von Landhaus und Landestheater, aber auch viele Bürgerhäuser zeigen. Nur selten sind die originalen Ausstattungen erhalten, von denen etwa das Sensenschmiedemuseum in Micheldorf oder das Landschaftszimmer auf Burg Clam einen Eindruck geben. Eine Erfindung der Zeit waren die zimmergroßen, in der Linzer Wollzeugfabrik erzeugten Spannteppiche, die damals die Residenzen des Adels, aber auch kirchliche und bürgerliche Gebäude schmückten.

Nur wenige Kirchen wurden neu errichtet, so etwa jene der Jesuiten

Jesuitenkirche am Freinberg

auf dem Freinberg, deren Ausstattung dem jung verstorbenen Nazarenermaler Franz Anton Stecher zu verdanken ist. Eine ähnliche Richtung vertrat Joseph Sutter, der dem Lukasbund angehörte. Dies war eine ordensähnliche, christlich geprägte Künstlergemeinschaft, die sich in Rom konstituierte. Sutter starb 1866 verarmt und vergessen in Linz.

Nicht alle hatten das Glück, Förderer wie die Brüder Spaun zu finden, von denen einer als Freund Franz Schuberts, der andere als Gründer des Oberösterreichischen Landesmuseums bekannt wurde. Ihrem Kreis gehörte auch Moritz von Schwind (1804–1871) an, dem Anton von Spaun den Auftrag zur Ausmalung des Steinernen Saals des Linzer Landhauses vermittelte. Die Ausführung unterblieb allerdings wegen der Revolution von 1848. Ein Freund von Schubert und Schwind war Leopold Kupelwieser (1796–1862), der 1836 Professor an der Wiener Akademie wurde und Johann Baptist Reiter zu seinen Schülern zählte. Kupelwieser malte zahlreiche Porträts, darunter jenes von Erzherzog Franz Carl, dem Protektor des Oberösterreichischen Landesmuseums. Für die Pfarrkirchen von Molln, Bad Goisern und Bad Ischl schuf er bedeutende Altarbilder.

Beziehungen zum Schubert-Kreis hatte ebenfalls der aus Weyer stammende, in Troppau (Opava, Mähren) verstorbene Johann Manschgo (1800–1867), der auch als Dichter hervortrat. Der aus Vorarlberg stammende Franz Xaver Bobleter (1800–1869) ist vor allem durch seine Bildnisse reicher Sensenschmiedefamilien bekannt. Von ihm stammt außerdem das Altarbild der Evangelischen Kirche in Linz, die 1842–1844 ohne Turm und mit der Auflage errichtet werden durfte, sie gegenüber der Landstraße zurückzuversetzen (der Turm folgte erst zehn Jahre später).

Die Entdeckung des Salzkammerguts

Johann Nestroy spöttelte 1846 über die damalige Malwut im Salzkammergut: „... Denn sehen Sie, es ist jetzt ein Kreutz; die Welt wird nicht größer und die Mahler werden immer mehr. Wo was Neues finden? Um jeden steirischen Felsen sitzen drei Maler herum und bemseln drauf los; jedes Bachbrückel, jedes

Johann Baptist Wengler, Innviertler Landlertanz, Linz Schlossmuseum

Seitel Wasserfall – prangt auf der Leinwand, das ganze Salzkammergut existiert in Öhl."

Seit etwa 1830 entdeckten die Wiener Landschaftsmaler das Salzkammergut als bevorzugtes Motiv, angeregt durch die Reisebeschreibungen von Joseph August Schultes. Ein Pionier war Franz Steinfeld (1787–1868), dessen brillante Ansichten des Hallstätter Sees zum Inbegriff des Wiener Biedermeier wurden. Franz Eybl malte seinen Malerkollegen 1837 auf der Kahnfahrt über den Gosausee und setzte ihm damit ein bleibendes Denkmal. Damals

„Biedermeier war auch die Zeit der Bespitzelungen"

Wie entstand das Biedermeier?

Mayerhofer: Die Zeit des klassischen Biedermeier begann mit dem Wiener Kongress 1814 und endete mit der Revolution 1848. In dieser Zeit wurden die Bürger von den Herrschern unterdrückt. Die Obrigkeit wollte eine Revolution wie in Frankreich verhindern. Deswegen wurden die Menschen hier auch bespitzelt. Selbst ihre Mülleimer wurden durchsucht. Federführend war Fürst Metternich – bis zur Explosion 1848.

Die Bespitzelung war jedoch für die Entstehung des Biedermeier nicht unwichtig.

Mayerhofer: Die Menschen zogen sich zurück in die eigenen vier Wände. Es war die Zeit der Familie. Die Menschen wendeten sich vom Rokoko ab. Bei den Möbeln und der Kunst setzte eine gewisse Moderne ein: das Biedermeier, das ein Teil des Klassizismus ist. Dominierend waren gerade Linien. Das Verschnörkelte war zu dieser Zeit verpönt.

In dieser Zeit sind auch die sogenannten Sekretäre aufgekommen …

Mayerhofer: … und die Rollbüros. Beide hatten Geheimfächer und Laden mit doppelten Böden als Resultat dieser Bespitzelung.

Konnte sich jeder diese Möbel leisten?

Mayerhofer: Nein. Alles war von Hand gemacht. Die wirklich guten Tischler haben sich beim Verzieren mit dem Furnier gespielt. Die so auf den Möbeln entstandenen Muster und Bilder sind für das Biedermeier bezeichnend. Verwendet wurde hauptsächlich Kirsch- und Nussholz und insbesondere für das Kaiserhaus auch Mahagoni. Die Möbel wurden mit Schellack poliert. Es gab aber auch Bauerntischler, die jedoch weniger mit Furnier und den so typischen Mustern arbeiteten.

Was folgte auf das Biedermeier?

Mayerhofer: Die Bürger haben sich wieder auf das Alte zurückbesonnen – wie Gotik.

Quasi retro?

Mayerhofer: Ja, das nennt sich Historismus. Diese Zeit dauerte bis zum Beginn des Jugendstils.

Interview mit Maximilian Mayerhofer, ehemaliger Antiquitätenhändler in Obernberg am Inn, Kunstexperte mit Schwerpunkt Biedermeier.

schuf Ferdinand Georg Waldmüller (1793–1865) seine berühmten Salzkammergut-Landschaften, so 1835 die großartige Darstellung der Notarsfamilie Eltz vor der späteren Kaiservilla in Ischl – eines der Hauptwerke des Malers. Drei Jahre später entstand die eindrucksvolle Ansicht des Dachsteins von der Hütteneckalpe. Auch Johann Fischbach (1797–1871) hielt sich bereits ab 1831 jeden Sommer im Salzkammergut auf. Die steigende Nachfrage veranlasste außerdem Friedrich Loos, Josef Kriehuber und viele andere, hier zu malen. Allerdings waren sie nur Sommergäste, denn von der Kunst leben konnte man damals nur in Wien.

Leopold Zinnögger und Johann Baptist Reiter

Dort suchte der Linzer Leopold Zinnögger (1811–1872) sein Glück, und zwar gemeinsam mit Johann Baptist Reiter (1813–1890). Zinnöggers große Blumenstillleben brauchen den Vergleich mit jenen Waldmüllers nicht zu scheuen. Später kehrte er nach Linz zurück,

Leopold Zinnögger, Blumenstillleben

Rudolf von Alt, Blick auf Linz vom Schloss Hagen, Linz, Stadtmuseum Nordico

wo er als Zeichenlehrer, Botaniker und Fotograf tätig war.

Reiter, dessen Geburtshaus in Urfahr vor Kurzem der Spitzhacke zum Opfer fiel, blieb in Wien, wo er einer der originellsten Porträt- und Genremaler seiner Zeit wurde. Zu seinen frühesten Werken gehören die Seitenaltarbilder der Wallfahrtskirche von Maria Scharten und ein Votivbild der Pöstlingbergkirche. Ein weiteres Frühwerk zeigt ihn, wie er aus der Stadt kommend die väterliche Tischlerwerkstatt betritt. Von seinem Selbstbewusstsein als Maler zeugen mehrere originelle Selbstbildnisse. Viele seiner damaligen Werke sind von zarter Erotik. Seine Frau malte er in

Johann Baptist Reiter, Selbstbildnis, Linz, Schlossmuseum

Johann Baptist Reiter, Die fleißige Tischlerfamilie, Linz, Lentos Kunstmuseum

allen erdenklichen Situationen – so im Bett, beim Essen, beim Bügeln und als Schanzarbeiterin während der Revolution von 1848. Wenig später entstand das sensationelle und überhaupt nicht mehr biedermeierliche Bild der „Emanzipierten", ein Porträt der Zigarre rauchenden Frauenrechtlerin Louise Aston. Besonders gelungen und reizvoll sind Reiters Kinderbilder. Mit Werken wie dem „Bittenlernen" fand er später zu einem Realismus, der in vielem an den Franzosen Gustave Courbet erinnert. Da die Bedeutung von Reiters Spätwerken unerkannt blieb, starb er 1890 völlig vergessen.

Ähnlich war das Schicksal des 1816 in St. Radegund geborenen Johann Baptist Wengler. Trotz seiner bäuerlichen Herkunft studierte er in Wien, wo er mit Bildern aus dem Volksleben wie etwa dem „Landlertanz" oder dem „Prahlhans" bekannt wurde. Nach 1848 ging er nach Amerika, wo er sich auf abenteuerliche Weise durchschlug und Bilder von Eingeborenen malte. Trotz seiner einstigen Beliebtheit starb er verarmt in Aigen bei Salzburg.

„Mit Cyankali hat's keine Eile!
Man kann auch ruhig sterben – vor Langeweile.
Wie in der Provinz,
Zum Beispiel in Linz."

Eduard von Bauernfeld,
Poetisches Tagebuch, 1845

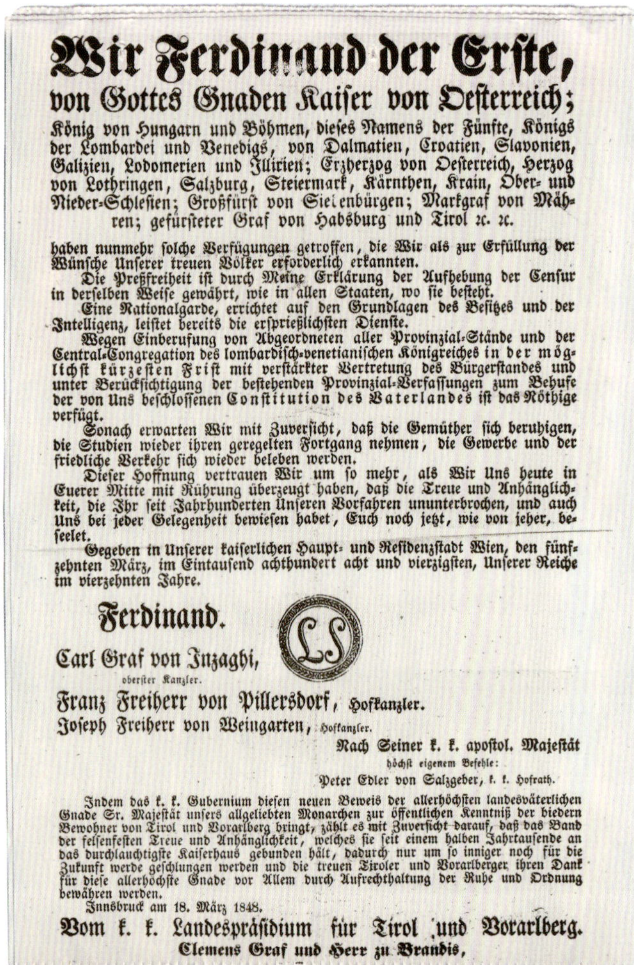

Wir Ferdinand der Erste,
von Gottes Gnaden Kaiser von Oesterreich;
König von Hungarn und Böhmen, dieses Namens der Fünfte, Königs der Lombardei und Venedigs, von Dalmatien, Croatien, Slavonien, Galizien, Lodomerien und Illirien; Erzherzog von Oesterreich, Herzog von Lothringen, Salzburg, Steiermark, Kärnthen, Krain, Ober- und Nieder-Schlesien; Großfürst von Siebenbürgen; Markgraf von Mähren; gefürsteter Graf von Habsburg und Tirol rc. rc.

haben nunmehr solche Verfügungen getroffen, die Wir als zur Erfüllung der Wünsche Unserer treuen Völker erforderlich erkannten.

Die Preßfreiheit ist durch Meine Erklärung der Aufhebung der Censur in derselben Weise gewährt, wie in allen Staaten, wo sie besteht.

Eine Nationalgarde, errichtet auf den Grundlagen des Besitzes und der Intelligenz, leistet bereits die ersprießlichsten Dienste.

Wegen Einberufung von Abgeordneten aller Provinzial-Stände und der Central-Congregation des lombardisch-venetianischen Königreiches in der möglichst kürzesten Frist mit verstärkter Vertretung des Bürgerstandes und unter Berücksichtigung der bestehenden Provinzial-Verfassungen zum Behufe der von Uns beschlossenen Constitution des Vaterlandes ist das Röthige verfügt.

Sonach erwarten Wir mit Zuversicht, daß die Gemüther sich beruhigen, die Studien wieder ihren geregelten Fortgang nehmen, die Gewerbe und der friedliche Verkehr sich wieder beleben werden.

Dieser Hoffnung vertrauen Wir um so mehr, als Wir Uns heute in Euerer Mitte mit Rührung überzeugt haben, daß die Treue und Anhänglichkeit, die Ihr seit Jahrhunderten Unseren Vorfahren ununterbrochen, und auch Uns bei jeder Gelegenheit bewiesen habet, Euch noch jetzt, wie von jeher, beseelet.

Gegeben in Unserer kaiserlichen Haupt- und Residenzstadt Wien, den fünfzehnten März, im Eintausend achthundert acht und vierzigsten, Unserer Reiche im vierzehnten Jahre.

Ferdinand.

L. S.

Carl Graf von Inzaghi,
oberster Kanzler.

Franz Freiherr von Pillersdorf, Hofkanzler.

Joseph Freiherr von Weingarten, Hofkanzler.

Nach Seiner k. k. apostol. Majestät
höchst eigenem Befehle:
Peter Edler von Salzgeber, k. k. Hofrath.

Indem das k. k. Gubernium diesen neuen Beweis der allerhöchsten landesväterlichen Gnade Sr. Majestät unsers allgeliebten Monarchen zur öffentlichen Kenntniß der biedern Bewohner von Tirol und Vorarlberg bringt, zählt es mit Zuversicht darauf, daß das Band der felsenfesten Treue und Anhänglichkeit, welches sie seit einem halben Jahrtausende an das durchlauchtigste Kaiserhaus gebunden hält, dadurch nur um so inniger noch für die Zukunft werde geschlungen werden und die treuen Tiroler und Vorarlberger ihren Dank für diese allerhöchste Gnade vor Allem durch Aufrechthaltung der Ruhe und Ordnung bewähren werden.

Innsbruck am 18. März 1848.

Vom k. k. Landespräsidium für Tirol und Vorarlberg.
Clemens Graf und Herr zu Brandis,

Aufhebung der Pressezensur durch Ferdinand I. am 15.3.1848, herausgegeben am 18. März 1848 in Innsbruck.

Roman Sandgruber

Das Revolutionsjahr 1848 betraf Oberösterreich im Vergleich zu anderen Städten und Schauplätzen im Habsburgerreich nur am Rande. Grundsätzliche Veränderungen griffen aber natürlich auch hier Platz.

REVOLUTION IN DER PROVINZ

Während der Linzer Polizeidirektor 1811 meinte, politische und öffentliche Angelegenheiten seien nicht Sache der Obderennser, begann sich im Vormärz sehr wohl revolutionäres Gedankengut in Oberösterreich zu regen. 1818 wurde am Linzer Lyzeum eine national und freiheitlich gesinnte deutsche Burschenschaft aufgedeckt. Im Mühlviertel, das nach Ansicht des Kreiskommissärs Mitte der 1820er-Jahre „am Vorabend einer Revolution zu stehen“ schien, wurden Wortführer exemplarisch bestraft. Der politische Liberalismus konnte in den 1840er-Jahren immer mehr Anhänger gewinnen.

Einen besonderen „Hort freiheitlichen Denkens“ stellte das Salzkammergut dar. Man ortete dort eine ganze Reihe verdächtiger Personen: den Müller Käfer in Hallstatt, den „Bauernphilosophen“ Konrad Deubler in Goisern, den Naufahrer Rothsepperl und den hinteren Schmied in der Gosau. Der Pfleger von Wildenstein berichtete von „kommunistischen Ideen“ unter den Hallstätter Salinenarbeitern. Der liberale Rechtsanwalt Dr. Karl Wiser schrieb 1847 in seinem Tagebuch von einem dürren Feld, das durch einen Funken in Flammen aufgehen werde. Der Literat Julius von der Traun (Julius Alexander von Schindler) wartete darauf, dass das Regime Ferdinands (des Gütigen) wie ein Kartenhaus zusammenstürzen werde.

Linz – Provinz

Es ist das Schicksal von Linz, dass sich sein Name auf Provinz reimt. Hier erfuhr man immer erst einen Tag später von den Ereignissen in der Hauptstadt: Das war auch 1848 der Fall. Daher begann in Linz die Revolution erst am 15. März 1848.

An diesem Tag wurde nach dem Wiener Vorbild eine Nationalgarde geschaffen, die für Ruhe und Ordnung sorgen sollte. Männer jeden Alters wurden rekrutiert und an sie weiße Armbinden mit den Buchstaben „NG“ ausgegeben. Man setzte breitkrempige Hüte auf, sogenannte Kalabreser, und begab sich auf den Exerzierplatz zum Training. Wer keine Armbinde auftreiben konnte, für den tat es auch ein am Hut befestigter Zettel mit den gleichen Buchstaben. Die Führungsgarnitur der Linzer Nationalgarde bestand aus angesehenen Bürgern. Ausgebildet wurden die Gardisten vom Sekretär der k. k. Landwirtschaftsgesellschaft und Mitglied des Gewerbevereins Hauptmann d. R. Karl Schmutz.

Ankunft der Linzer Delegation, die Kaiser Ferdinand eine Dankadresse für gewährte Rechte überbringt, in Wien-Nussdorf.

Das Oberkommando übernahm Johann Nepomuk Ungnad Graf von Weißenwolff.

Eine Dankdelegation nach Wien

Am 19. März 1848 beschloss der Linzer Magistrat als erste revolutionäre Handlung, eine Deputation nach Wien zu schicken, um dem Kaiser, den wackeren Mitbürgern von Wien und den revolutionären Studenten an der Universität Dankadressen für die Gewährung und Erkämpfung der Verfassung zu übermitteln. Das war zweifellos etwas voreilig. Eine revolutionär gesinnte Gruppe von Linzer Bürgern verurteilte diese Dankadresse demnach auch als überhastet und forderte, damit zumindest zuzuwarten, bis die Verfassung wirklich erlassen und durch freie Wahlen abgesichert sei.

Nichtsdestotrotz: Am 22. März traf die Delegation unter der Führung von Dr. Friedrich von Pflügl und Dr. Karl Wiser mit dem Dampfschiff in Wien-Nussdorf ein. Besonders die Teilnahme von Bauern an dieser Dankdelegation erregte in Wien Aufsehen. Die oberösterreichischen Bauern wurden nämlich durch die hohe Ausbildung der Agrikultur und durch ihre in früheren Zeiten erkämpfte Stellung gegenüber der Feudalherrschaft in den übrigen Provinzen der Habsburgermonarchie als privilegiert betrachtet und als Vorbilder moralischer Kraft und materiellen Wohlstandes angeführt. Als Ergebnis der Fahrt brachte die Delegation eine Fahne mit, die sich noch immer in den Sammlungen des Linzer Stadtmuseums Nordico befindet.

Mostrevolten und Fleischkrawalle

Wirklich revolutionär gesinnt war die oberösterreichische Bevölkerung nicht. Der Unmut des freisinnigen Bürgertums richtete sich gegen die Jesuiten, die am 14. April 1848 aus ihrem Kloster am Freinberg vertrieben wurden. Es konstituierten sich „Demokratenvereine", in Linz der „Verein zur Bildung des Volkes und Wahrung seiner Rechte". Franz Stelzhamer war Ehrenmitglied. Es gab Radikale und Gemäßigte, Monarchisten und Katholisch-Konservative, die eine Reform der Kirche und ihre Lösung aus dem Josephinismus betrieben. Schwarz-rot-goldene Fahnen und deutschnationale Lieder umrahmten die Aufmärsche.

Das Hauptanliegen der meisten Linzer Stadtbewohner war die Aufhebung der Verzehrungssteuer-

Im April 1848 werden die Jesuiten aus ihrem Kloster am Freinberg vertrieben.

linie, an welcher die Lebensmittel beim Transport in die Stadt verzollt wurden und die daher die Lebenshaltungskosten in der Stadt viel teurer machte als außerhalb. Am wenigsten einsehen wollte man, dass auch der Obstmost in das Besteuerungssystem einbezogen war. Am 28. März 1848 kam es daher zur sogenannten „Mostrevolte“. Etwa 400 Demonstranten forderten vor dem Landhaus recht vehement Verzehrungssteuerermäßigungen für Most.

Maschinenstürmereien gab es bei der Pferdebahn Linz–Gmunden. Hier wurden am 26. April 1848 von verarmten Stadler Schiffsleuten, denen die Pferdebahn ihren Erwerb geraubt hatte, die Schienen herausgerissen. Von einer Bestrafung wurde abgesehen.

Die Armen waren von den Preissteigerungen und der Missernte des Jahres 1847 am stärksten betroffen. Erbost waren die Linzer Armen, als sie Regierungsrat Graf Barth-Barthenheim, der Gründer der Allgemeinen Sparkasse, zu einem Festessen einlud und sie erst nachträglich informierte, dass er ihnen Pferdefleisch vorgesetzt hatte, um sie an dieses billigere und verachtete, aber nahrhafte Nahrungsmittel zu gewöhnen: „Graf Barthenheim gibt Euch Rossfleisch zum Essen, dass Ihr alle krank werdet. Nieder mit Ihm! Schlagt Ihn todt! Der Magistrat ist ein Räuber. Weg mit den Hunden … Dierzer, Rädler und Grillmaier stehlen euch Arbeit und Verdienst, sie werden reich und Ihr arm, brennt ihre Fabriken nieder!“, so stand auf einem in der Revolution von 1848 in Linz verbreiteten Flugblatt, das sich die „Dreißig Verschworenen von Linz 1848“ betitelte.

Hauptanliegen Grundentlastung

Das Hauptanliegen der Bauern war die Grundentlastung, die Beseitigung aller Abgaben an die Grundherrschaften und die volle und freie Verfügbarkeit über Grund und Boden. Die Regelung der bäuerlichen Lasten war im Frühjahr 1848 zu einer Hauptfrage geworden. Schon 1846/47 hatte Graf Adolf Ludwig von Barth-Barthenheim in einem Gutachten zur Beseitigung der Grunduntertänigkeit geraten. Die oberösterreichischen Landstände allerdings waren auf diese Vorschläge nicht eingegangen. Der oberösterreichische Landtag behandelte die Grundentlastung vom 29. April bis 31. August und nahm einen obrigkeitenfreundlichen Entwurf an, der allerdings durch das Grundentlastungspatent des Reichstags vom 7. September 1848 hinfällig wurde.

Der Landtag passte sich rasch den neuen Verhältnissen an und betrieb die Reform der Stände und Gemeindeverfassung sowie die Reform des Untertänigkeitsverhältnisses. Der Entwurf einer oberösterreichischen Landesverfassung mit dem einleitenden Satz „Oberösterreich ist ein einziges unteilbares Erzherzogtum“ wurde von den Ereignissen überrollt. Inzwischen war in den Reichstag gewählt worden, von den 16 oberösterreichischen Vertretern kamen zwölf aus dem Bauernstand.

Katzenmusiken oder Charivaris

Ein mehr oder weniger aufrührerisches Spektakel waren in Linz die sogenannten Katzenmusiken oder Charivaris. Sie wurden unter Zuhilfenahme von Blechgeschirr und anderen schrillen Instrumenten vor den Fenstern missliebiger Persönlichkeiten, etwa des betont konservativen Kooperators der Linzer Stadtpfarre, Albert von Pflügl, veranstaltet. Einen der Demonstranten, die den „geistlichen Herren ein grässlich klingendes Ständchen“ bereiteten, verfehlte nur knapp ein Blumengeschirr, das aus den Fenstern einer Wohnung am Pfarrplatz sicherlich nicht zufällig herabgefallen war. Dadurch wäre am 2. Juni aus dem Volksfest beinahe blutiger Ernst geworden. Am Abend des 31. Juli zog eine Menschenmenge zum Landhaus, die Nationalgarde wurde mit Steinen beworfen und einige Revolutionäre drangen ins Landhaus ein. Auch hier konnten die Leute beruhigt werden.

Die Resultate

Im Oktober 1848 war die Revolution in Linz vorbei. Mit der Durchsetzung der Grundentlastung war der revolutionäre Elan verpufft. Die Bauern hatten erreicht, was sie wollten, und daraufhin jedes weitere revolutionäre Interesse verloren. Die Adeligen, sofern sie überhaupt je revolutionär gesinnt gewesen waren, waren vom Verlust ihrer Privilegien frustriert. Und die Bürger fürchteten die immer stärker werdenden Arbeitermassen und kommunistischen Umtriebe.

Offiziell wurden im heutigen Oberösterreich etwa 19,4 Millionen Gulden als Grundentlastungskapital ermittelt. Die Bauern hatten 7,2 Millionen Gulden zu leisten, der Staat steuerte 5,3 Millionen bei, das Land 7,9 Millionen. Die Preisentwicklung in den „letzten goldenen Jahrzehnten“ der österreichischen und europäischen Landwirtschaft zwischen 1850 und 1870 erleichterte den Bauern die Tilgung. Bereits 1856 hatten die Bauern sechs Millionen bezahlt, Staat und Land hingegen noch nichts.

Als wesentliches politisches Ergebnis folgten aus der Revolution nur die Aufhebung der Grundherrschaft und die Konstituierung der Ortsgemeinden. Indem die heutigen Gemeinde-, Gerichts- und Bezirkssprengel geschaffen und die Untertanen formal zu Staatsbürgern gemacht wurden, war die Grundlage für die beginnende politische Formierung gegeben. Gleichzeitig wurde durch die Einführung der Gendarmerie – parallel zur bereits in den Städten vorhandenen Polizei – die öffentliche Sicherheit außerhalb der Städte gestärkt.

Das Feuer der Volkssouveränität, das die Demokraten schürten, wurde von der Reaktion rasch gelöscht.

Das Revolutionsjahr 1848

1./2. Jänner

Blutige revolutionäre Ausschreitungen in Mailand, Padua und Brescia („Zigarrenrummel")

22. Februar

Beginn der Revolution in Paris

3. März

Lajos Kossuths „Taufrede der Revolution" im Pressburger Landtag

11. März

Bürgerpetition an die Niederösterreichischen Stände

13. März

Sturm auf das Landhaus der Niederösterreichischen Stände, Rücktritt Metternichs, Zusage einer konstitutionellen Verfassung

25. April

Verkündigung der Pillersdorf'schen „Verfassung des österreichischen Kaiserstaats" (auch „Oktroyierte Verfassung" genannt)

15. Mai

Wiener Maiunruhen; Sturmpetition

17. Mai

Kaiser Ferdinand und der Hof fliehen nach Innsbruck; Ausschreibung von Wahlen für einen verfassunggebenden Reichstag

22. Juli

Eröffnung des konstituierenden Reichstags in der Hofreitschule durch Erzherzog Johann

7. September

Reichstagsbeschluss zur Grundentlastung, basierend auf dem Antrag von Hans Kudlich am 24. Juli

6. Oktober

Sturm auf das Kriegsministerium, Kriegsminister Theodor Graf Baillet de Latour wird gelyncht und seine Leiche an einen Laternenpfahl geknüpft.

7. Oktober

Flucht des kaiserlichen Hofs von Wien nach Olmütz

31. Oktober

Die Revolution in Wien ist endgültig niedergeschlagen; Sieg der Gegenrevolution; rund 2000 Todesopfer sind zu beklagen.

2. Dezember

Kaiser Ferdinand I. dankt in Kremsier ab, der 18-jährige Franz Joseph besteigt den Thron.

„Auswandern ist leicht gesagt,
aber ausgeführt greift es Herz und Nieren an –
Auswandern heißt alles verlassen, alles!“

Josef Kain, ausgewanderter
Hallstätter Salinenarbeiter, 1852

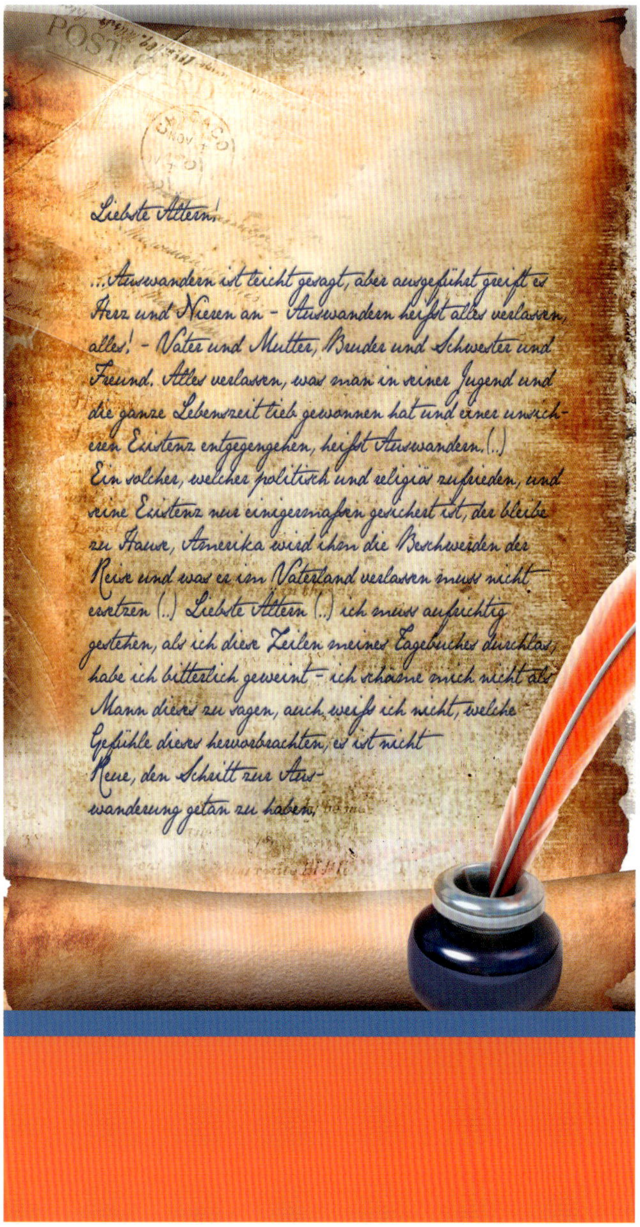

Roman Sandgruber

Oberösterreich war nie ein klassisches Auswanderungsland. Dennoch wurden in der langen Geschichte des Landes zahlreiche Oberösterreicher zur Auswanderung gedrängt – von der Not oder dem Traum von einem besseren Leben. Oder sie wurden in die Emigration gezwungen und aus der Heimat vertrieben – aus wirtschaftlichen, religiösen, politischen oder rassischen Gründen.

DIE VERLASSENE HEIMAT

„Nur um eines Himmels willen kann man Österreich opfern", schrieb der aus Münzbach gebürtige Geistliche Dr. Josef Salzmann, der 1847 mit anderen oberösterreichischen Priestern nach Wisconsin aufgebrochen war, um sich in der Diözese Milwaukee, deren Bischof in diesem Jahr in Linz zu Besuch gewesen war, an der Seelsorge im Wilden Westen zu beteiligen.

Auswandern war ein hartes Schicksal, das man freiwillig nicht so leicht auf sich nahm. Den Verlust der Heimat und die Strapazen einer Auswanderung wollte man nur ertragen, wenn das eigene Land längst zur „Hölle" geworden war und anderswo ein „Himmel" lockte, ein irdischer oder ein überirdischer. Ökonomischer Druck allein kann die Wanderung nicht erklären. Doch in die Emigration und Vertreibung aus religiösen und politischen Gründen spielten zugleich ökonomische Motive hinein.

Der Religion halber

Judenvertreibungen sind die ältesten bekannten Fälle für Vertreibungen in Oberösterreich. 1420 kam es in Enns zu einem Judenpogrom, das zur Vertreibung aller Juden aus Linz, Enns, Steyr und Wels führte. 1572 war es erneut so weit, dass die wenigen Juden, die es inzwischen im Lande wieder gab, auf Betreiben der Stände das Land verlassen mussten.

Der Religion halber wurden immer wieder Menschen verfolgt und vertrieben, im 14. Jahrhundert die Waldenser aus Steyr und anderen Städten, nach 1527 die Wiedertäufer und im 17. und frühen 18. Jahrhundert die Evangelischen. Nach den Siegen des Kaisers in Böhmen in der Schlacht am Weißen Berge und im Oberösterreichischen Bauernkrieg setzte auch in Oberösterreich die Gegenreformation mit voller Härte ein. Am 26. März 1627 erging der kaiserliche Befehl an alle Beamten der Herrschaften und der Städte und an die Einwohner der Städte, katholisch zu werden oder das Land binnen vier Wochen zu verlassen. Einen Monat später stellte Ferdinand II. auch den Adel des Landes vor die Entscheidung, sich zum katholischen Glauben zu bekennen oder innerhalb von drei Monaten auszuwandern. Zahlreiche Oberösterreicher zogen die Auswanderung dem Religionswechsel vor, viele gingen nach Schwaben und Franken. An der Auswanderung litten vor allem die

Etwa 60 Briefe aus dem Zeitraum von 1853 bis 1940 sammelte Michael Kurz: Aus den Staaten Kansas, Minnesota, Missouri, Texas, Wisconsin und West-Virginia sind wir über das Leben der Auswanderer aus ihrer Korrespondenz informiert.

Brief von Katharina Hinterer, geborene Gamsjäger aus West-Virginia (1896):

Liebe Nachbarin, Franziska Schnöll, den Vater freut es sehr, wen er von Euch einen Brief bekommt, da er dann das alte Goisern sieht ist uns allemal eine große Freude, aber er hat schon öfter das Schreiben probiert und sagt es geht nicht mehr, es sind die Finger zu steif (...). Letzten Sommer war es sehr trocken, so das sehr wenig Heu wurde, Weizen wurde doch so ziemlich gut, und Korn wurde sehr gut. Auch hatten wir viel Äpfel aber das Vieh war im Herbst sehr billig, das Vieh wird auf die Viehwaage getrieben, 4 bis 5 Ochsen werden auf einmal hineingetrieben und gewogen, für 2jährige Ochsen 2 ½ bis 3 Cent das Pfund und wiegen ungefähr 1000 Pfund einer. (...) Diesen Winter war die Aschermittwoch Woche die kälteste Zeit des ganzen Winter gewesen, sehr wenig Schnee, keinen Schlitten kann man den Winter nicht brauchen (...) Schönen Grus an euch alle Gambs Kathl

Quelle: Kurz, „Nun ist die Scheidestunde da ..."

Brief von Anna Putz aus Minnesota (zwischen 1866 und 1872):

Lieber Pathe!
Deinen uns theuren Brief haben wir erhalten und daraus gesehen, dass Gott sei Dank alles noch gesund ist, so wie wir alle gesund sind, wo wir Gott nicht genug danken können. Wir hatten im ganzen in Amerika Glück bis jetzt immer, wir bekommen noch 160 Aker schönes Land auf Heimstätt, wo wir 5 Jahre darauf wohnen müssen, dann dürfen wirs auch verkaufen, den das Land wird hier theuer, jetzt kostet schon 160 Aker ohne Haus 600 Thaler und wir bekommens noch so, wir haben jetzt auch Haus und Stall, 2 Stiere 3 Jahr alt, 1 Kuh und Kalb, 2 Schweine, 2 haben wir geschlachtet. Wir leben ganz zufrieden, aber die ersten Jahre muss man auch stark arbeiten, denn aller Anfang ist schwer, aber man kommt auch vorwärts in allen (...). Ferner hat uns Gott einen kleinen Buben geschenkt, der Franz heißt und Gott sei Dank ganz gesund ist. Wir haben alle 4 Wochen Gottesdienst und einen Prediger wie zu Hause. Schreibet uns bald wieder, wir schicken euch unser Haus und Umgebung (...). Freundlich grüßend
Anna Putz

Quelle: Kurz, „Nun ist die Scheidestunde da ...“

Städte. Steyr, um 1600 die zweitgrößte Stadt Österreichs, verlor durch Gegenreformation und Industriekrise mindestens ein Drittel seiner Einwohnerschaft. Ähnlich war die Situation in den anderen traditionellen Handelsstädten wie Enns, Gmunden oder Wels. Die Rekatholisierung der Bauern, die der Kaiser 1631 befahl, zog sich länger hin und ab 1650 verschärfte sich das Vorgehen gegen die Bauern. Wer sich nicht zum katholischen Glauben bekannte, musste das Land sofort verlassen. Teils hielt sich der evangelische Glaube im Verborgenen, teils gab es Berufe und Leute, auf die man nicht so leicht verzichten konnte, vor allem im Salzkammergut.

Hinaus aus dem Salzkammergut

Erst als im frühen 18. Jahrhundert die Bevölkerung zuzunehmen begann, glaubte man auch im Salzkammergut hart durchgreifen zu können. Unruhig war das Salzkammergut das ganze frühe 18. Jahrhundert über. Die Protestanten forderten wie in Salzburg Pässe, um ungehindert in die evangelischen Teile des Reichs zu emigrieren. 1734 entschloss man sich zu einem Kraftakt und verpflanzte ca. 620 rebellische Lutheraner in das dünn besiedelte, von den Türkenkriegen ausgezehrte Siebenbürgen. Letztendlich erwischten es die Aussiedler doch gut, die neuen Gemeinden Neppendorf, Großpold und Grossau blühten rasch auf. Im Salzkammergut hingegen verschlechterte sich die Situation: Die Hungerjahre 1772 bis 1774 forderten zahlreiche Opfer.

In der 2. Hälfte des 18. Jahrhunderts verließen Hunderte von Salzkammergütlern ihre Heimat, um in vielen Teilen der Monarchie als Holzfachleute oder Salinenspezialisten ihre Dienste zu verrichten. Eine Zusammenstellung nennt 26 Orte, an denen Menschen aus Ebensee und dem übrigen Salzkammergut eine neue Heimat fanden: im Ötscher- und Rax-Gebiet ab 1740, in Neusohl (heutige Slowakei) und Frauenbach (Rumänien) in den 1750er-Jahren, in Soovar (Slowakei), Steierdorf (Rumänien), Deutsch-Mokra (Ukraine), Oberwischau (Rumänien), Wielizka (Polen) und Sambor (Polen) in den 1770ern, letztendlich in Franzdorf (Rumänien) in den 1790er-Jahren. In manchen Gegenden bildeten sich richtige Sprachinseln, die zum Teil bis heute bestehen.

Die Kirche von Deutsch-Mokra (Ukraine).

Eine Tradition aus der Heimat: der Vogelkäfig

Waren es im 18. Jahrhundert die Gebiete im Südosten, wo Platz für Auswanderer war, so rückte im 19. Jahrhundert das Sehnsuchtsland Amerika immer mehr in den Vordergrund: 1844 veröffentliche Adalbert Stifter die Novelle „Die drei Schmiede ihres Schicksals": „... er beschloss nach Texas zu gehen, dort an der Grenze der Wilden eine Niederlassung zu gründen ..." Amerikatexte gibt es von vielen der damaligen Literaten in Oberösterreich: von Julius von der Traun, Franz Stelzhamer und anderen, deren Namen nur mehr Spezialisten geläufig sind.

Flüchtende Revolutionäre

Von den Revolutionären des Jahres 1848 gingen eine ganze Reihe nach Amerika, neben den bekannten Größen Lajos Kossuth, Hans Kudlich und Joseph Goldmark auch einige Oberösterreicher: Der aus Spital am Pyhrn gebürtige Arzt Dr. Ernst Krackowizer, Hauptmann der Wiener Studentenlegion, erwarb sich in New York als Arzt eine sehr angesehe Stellung. Ein Gnadengesuch für eine Rückkehr wurde vom Kaiser abgelehnt. Ein anderer Oberösterreicher war der Journalist Georg Fleischer, der Verfasser der „Briefe des Poldl Blitz an seinen Schwager in Münzbach" und Redakteur des radikalen Linzer Revolutionsblattes „Der Freie Linzer Postillon". Der radikale Kreiswundarzt von Steyr, Dr. Friedrich Wilhelm Arming, verstarb 1864 ziemlich verbittert als Arzt in Brooklyn.

Mag sein, dass ein Kontakt zu Pfarrer Salzmann den Innviertler Maler Johann Baptist Wengler dazu antrieb, 1850 ebenfalls nach Milwaukee aufzubrechen, wo er Zeugnisse der indianischen Kultur und des Wilden Westens in heute unschätzbaren Aquarellen festhielt. 1850 setzte jedenfalls die bedeutendste Zeit für die oberösterreichische Amerikawanderung ein, das Land rangierte hinsichtlich der Zahl der Auswanderer für einige Zeit gleich hinter Böhmen. Vom Salzkammergut ausgehend erfasste das Auswanderungsfieber die Bezirke Vöcklabruck und Wels, erst später auch das Mühlviertel. Einige dieser Welser gingen nach Missouri, wo sie im County Cape Girardeau die Kolonie Österreich gründeten, die später Neu Wels hieß und heute den Namen New Wells trägt. Waren es anfänglich vor allem Evangelische, so sahen zunehmend auch Katholiken – vor allem aus dem Mühlviertel – in der Auswanderung eine Chance.

Höhepunkte der Auswanderung

An den Höhepunkten der österreichischen Auswanderung im ausgehenden 19. Jahrhundert war Oberösterreich nur mehr in geringem Maße beteiligt. Auch in der Zwischenkriegszeit lag Oberösterreich in der österreichischen Auswandererstatistik weit hinten. Es gab aber Ausnahmen: Die Region um Steyr verließen in den frühen 1920er-Jahren zahlreiche Auswanderungswillige, vornehmlich Richtung Südamerika. Von den etwa 80 000 in der Zwischenkriegszeit ausgewanderten Österreichern entfielen allerdings nur etwa 5000 auf Oberösterreich.

Vor der Fahrt in ein ungewisses Schicksal drückte die Auswanderer der Abschiedsschmerz, mit tränenerstickter Stimme wurden sentimentale Auswandererlieder gesungen. Die Reise nach Amerika war teuer und lang, wobei es mit dem Dampfschiff rascher und bequemer ging. Mit einem Segelschiff reiste man zwar billiger, allerdings war neben der langen Dauer und der geringeren Bequemlichkeit auch das Risiko auf den Segelschiffen viel höher. Die Zahl der Todesopfer durch Stürme, Schiffsbrände und Seuchen war beträchtlich. Michael Schaumayr aus Ottnang am Hausruck bezifferte in seinem Brief 1852 die Reisekosten für sich und seine Familie von Schwanenstadt über Hamburg, New York bis Wisconsin auf rund 320 Gulden. Ein einfacher Industriearbeiter verdiente damals etwa 12 Gulden im Monat. Dazu kamen die überall lauernden Betrüger, die einem das wenige Geld allzu leicht abnahmen, und die nicht kalkulierbaren Mühen des Neuanfangs.

Der nach Texas ausgewanderte Hallstätter Salinenarbeiter Josef Kain schreibt 1852:

... Auswandern ist leicht gesagt, aber ausgeführt greift es Herz und Nieren an – Auswandern heißt alles verlassen, alles! – Vater und Mutter, Bruder und Schwester und Freund. Alles verlassen, was man in seiner Jugend und die ganze Lebenszeit lieb gewonnen hat und einer unsicheren Existenz entgegengehen, heißt Auswandern. (...) Ein solcher, welcher politisch und religiös zufrieden, und seine Existenz nur einigermaßen gesichert ist, der bleibe zu Hause, Amerika wird ihm die Beschwerden der Reise und was er im Vaterland verlassen muss nicht ersetzen. (...) Liebste Ältern (...), ich muss aufrichtig gestehen, als ich diese Zeilen meines Tagebuches durchlas, habe ich bitterlich geweint – ich schäme mich nicht als Mann dieses zu sagen, auch weiß ich nicht, welche Gefühle dieses hervorbrachten, es ist nicht Reue, den Schritt zur Auswanderung getan zu haben.

Quelle: Sturmberger, Amerika-Auswanderung

Briefe in die Heimat

Das wichtigste Kommunikationsmedium waren bis weit nach dem Zweiten Weltkrieg die Briefe. Sie schilderten die landwirtschaftliche Lebenswelt, beschrieben Ernteergebnisse, Witterung und Preise. Sie lieferten auch Ratschläge: welches Gepäck für die Reise praktisch sei, was man überhaupt mitnehmen solle („das Bare im Sack und der Schutz Gottes im Herzen ist immer das Beste"), welche Farmen zum Verkauf stünden, was der Boden koste ... Man riet den noch nicht verheirateten Auswanderern, Frauen mitzubringen und die Eheschließung erst in den USA zu planen, wo dies einfacher und billiger sei als in Österreich. Man pries aber auch die Freiheit:

Man werde in den USA „nicht wider sein Gewissen zwangsweise zu einer Religion getrieben“. In Amerika herrsche Glaubensfreiheit, sogar Atheismus werde toleriert, obwohl man wisse, dass „von solchen Leuten nichts Gutes zu hoffen sei“.

Als die Auswanderungswelle abebbte, hielt man mit Briefen den Kontakt weiter aufrecht und freute sich, wenn Post von den Verwandten ankam. Mit der Zeit nahm die Dichte der Korrespondenz ab, im Zweiten Weltkrieg riss ein Großteil der Kontakte ab. Nach dem Zweiten Weltkrieg schickten viele den österreichischen Verwandten Lebensmittel oder Dinge des täglichen Bedarfs. Danach schliefen die Beziehungen ein. Ab den 1950ern entdeckten jedoch manche Personen die Heimat ihrer Vorfahren neu, gerade aus Familien, bei denen schon über Jahrzehnte kein Kontakt mehr bestanden hatte. Und viele dieser Zeugnisse, die für die Erforschung von Auswandererschicksalen von unschätzbarem Wert sind, schlummern wohl noch in privaten Unterlagen.

Mathias Schattauer, ausgewandert 1865 nach Pocahontas, Missouri, schrieb 1867 an seine Eltern:

Liebe Ältern, Eier Schreiben habe ich den 18. August richtig erhalten und zu meiner Freide gesehen das ihr ale gesund seid, wie auch ich jetzt wieder gesund bin, den ich habe voriges Monat einige Tage Fieber gehabt, ich hab es wieder schnell los gekriegt mit einem Fieber Stab. Lieber Vater, die Bartlleite sind Ende August angekommen und ich habe die Hosen richtig erhalten, es ist mir ganz recht (...). Äpfel sind nicht viele, der Weizen ist mitlmesig, das Welschkorn ist auch nicht sehr viel, weil es diesen Sommer zu viel an Regen fehlte, auch die Laimerdonileite sind anfangs dieses Monats glücklich angekommen. (...) auch mach ich eich zu wissen, wie es mit den Schnölleimer stehe, das ist nicht wahr, wie es in Goisern heißt, er sei seinem Weibe davon, aber von Schilcher wissen wir auch nichts, aber die Hauserlenzin ist beim Karl Wallmann. Ich hab des Monats 15 Dolar und Kost bei einem Österreicher mit Namen Gratz er ist von Wels. Nun folgen herzliche Grüße an eich von Josef Pilz und seinem Weibe (...) und zum Schlusse grüße ich eich alle recht herzlich. Mathias Schattauer

Quelle: Kurz, „Nun ist die Scheidestunde da ...“

Johann Baptist Wengler hielt die indigene Bevölkerung in bedeutenden Bildern fest.

*„Hermann Bahr hat das popularisiert,
was die anderen Literaten gesagt haben."*

Wendelin Schmidt-Dengler, Literatur- und Sprachwissenschafter

Hermann Bahr im Februar 1891

Christian Schacherreiter

Die Zeit um 1900 ist als „klassische Moderne" in die Kulturgeschichte eingegangen. Die Zentren hießen Paris, Berlin, München, Wien. Aber auch ein „Herr aus Linz" mischte auf seine Weise mit: Hermann Bahr.

DER STREIT UM DIE MODERNE

Am Anfang der Moderne standen die Naturalisten. Sie verpflichteten die Kunst zur ungeschminkten Darstellung der Wirklichkeit, auch dann, wenn die Wirklichkeit nicht besonders schön war. In Gerhart Hauptmanns frühen Dramen konzentriert sich viel Scheußliches – von Trunksucht über Inzest bis zum Totschlag. Der Naturalismus provozierte nicht nur die Konservativen, sondern auch „moderne" Künstler, die eine andere Ästhetik bevorzugten und innerhalb von zwei Jahrzehnten eine Fülle an antinaturalistischen „Ismen" kreierten: Impressionismus, Ästhetizismus, Symbolismus, Expressionismus ... Während der literarische Naturalismus und der Expressionismus eher in Deutschland florierten, wurden Wien und seine Kaffeehäuser zum maßgeblichen Zentrum des Impressionismus und des Jugendstils. Namen wie Hugo von Hofmannsthal, Arthur Schnitzler und Richard Beer-Hofmann repräsentieren die literarische Wiener Moderne oder „Jung-Wien", wie das Phänomen auch genannt wurde.

„Die Kaffeehäuser waren die wichtigsten Treffpunkte"

Welche Rolle spielten die Kaffeehäuser damals für die Literatur?

Schmidt-Dengler: Sie sind schon seit Anfang des 19. Jahrhunderts der Treffpunkt. Sich zu Hause zu treffen ging nicht. Es war meist zu klein und vor allem politisch verdächtig.

Was versteht man unter klassischer Moderne?

Schmidt-Dengler: Der Historismus wurde überwunden, sie sagt Nein zum Alten. Das „Ich" rückte in den Mittelpunkt, wie in Bahrs Aufsatz „Das unrettbare Ich?". Wichtig ist auch die Analyse der Empfindungen: Die Person zerfällt in ihre Identitäten – jeder Mensch setzt sich aus verschiedenen Dingen zusammen. Sigmund Freud, der zu dieser Zeit lebte, beschrieb zum Beispiel das „Über-Ich", das „Alltags-Ich" und das „Unterbewusstsein".

Es wurde viel mehr hinterfragt?

Schmidt-Dengler: Unter der Oberfläche kamen neue Fragen zum Vorschein, zum Beispiel, warum man zu Rot Rot sagt.

Welche Rolle spielte Bahr?

Schmidt-Dengler: Bahr, der „Herr aus Urfahr", war ein Chamäleon. Er war sehr bedeutend und hochintelligent, ohne Frage. Kein Buch über diese Zeit kommt ohne Bahr aus. Er hat den Menschen nach dem Mund geredet – er hat das popularisiert, was die anderen Literaten gesagt haben.

Die Moderne ist ein Phänomen, das in Wien seinen Ursprung hat. War sie auch für Kunst und Musik wichtig?

Schmidt-Dengler: Für mich persönlich eher literarisch, weltgeschichtlich für Musik und Kunst – siehe Gustav Klimt!

Interview mit Wendelin Schmidt-Dengler († 2008), einem der bedeutendsten österreichischen Literatur- und Sprachwissenschafter.

Hermann Bahr – ein Mentor der Moderne

Seit den frühen 1890er-Jahren entfaltete auch Hermann Bahr in Wien eine rege publizistische Tätigkeit, versammelte im Café Griensteidl einen Kreis vorwiegend jüngerer Autoren und etablierte sich als Mentor der Moderne. Er war poetisch sehr produktiv, als Romancier, Dramatiker und Essayist. Sein erzählerisches Werk hat freilich den kulturellen Wandel nicht überlebt und von seinen zahlreichen Lustspielen hat sich lediglich „Das Konzert" bis heute gehalten.

Hermann Bahr ist die auffälligste Verbindung des Landes Oberösterreich zur österreichischen Moderne der Jahrhundertwende, denn Bahr wurde am 19. Juli 1863 in Linz als Sohn des Notars Dr. Alois Bahr

Hermann Bahr galt im Café Griensteidl als Mentor für vorwiegend jüngere Autoren. Der Spottname des Cafés lautete „Café Größenwahn".

und dessen Frau Wilhelmine, einer gebürtigen Schlesierin, geboren. Er besuchte das Akademische Gymnasium, kam aber schon mit fünfzehn Jahren in das Internat nach Salzburg. Seine Studien wechselte der junge Bahr fast so oft wie seine Studienorte: Klassische Philologie und Philosophie, Jus, Nationalökonomie – Wien, Graz, deutsche Universität Czernowitz, Berlin.

Das Unstete und Wechselhafte ist Hermann Bahrs auffälligstes biografisches Merkmal, auch in ideologischer und kunstprogrammatischer Hinsicht. Das Elternhaus war liberal, aber Bahr erwärmte sich als Student ziemlich heftig für den radikalen Deutschnationalismus eines Georg von Schönerer. Während eines Berlinaufenthalts konnte er sich vorübergehend für die Sozialdemokratie und den Naturalismus begeistern. Als er aber in Paris den Impressionismus kennenlernte, distanzierte er sich vom Naturalismus.

Ideologisch machte Bahr noch einmal eine rasante Wende. Er entdeckte den konservativen Katholizismus als die ihm gemäße Weltsicht, veröffentlichte 1916 einen Roman mit dem aussagekräftigen Titel „Himmelfahrt" und 1915 ein literarisches Porträt des extrem konservativen Linzer Bischofs Franz Joseph Rudigier. Darin verurteilte er die josephinische Aufklärung als schlimmes Geschichtsübel.

Seinen schärfsten Kritiker fand Bahr in Karl Kraus, der spöttisch vom „Herrn aus Linz" sprach, wenn er Bahr meinte. Aber Kraus' Kritik auf die angeblich typische Wiener Präpotenz gegenüber der Provinz zu reduzieren, wäre falsch. Wenn man Hermann Bahrs Laufbahn überblickt, kann man Kraus' Formulierung aus dem Jahr 1916, Bahr sei ein „damals national, jetzt katholisch spekulierender Literaturfilou", rein sachlich nicht viel entgegenhalten.

Während des Ersten Weltkriegs schlüpfte Bahr auch noch in die zeitgeistige Rolle des Kriegspatrioten. Der Kriegsgegner Kraus nannte ihn daraufhin einen „Kriegshanswurst".

Bahrs Kontakt zu Oberösterreich riss nicht ganz ab. Im Jahr 1900 wurde am Linzer Landestheater der dramatische Bilderbogen „Der Franzl. Fünf Bilder eines guten

Mannes“ uraufgeführt. Bahr behandelte darin einige Abschnitte aus Franz Stelzhamers Leben und ließ kein Klischee aus, angefangen beim leichtsinnigen, aber genialen Jungliteraten über den „Innviertler Dickschädel“ bis zum gütigen, gereiften Volksbildner.

Kubins andere Seite

Teile der jungen literarischen Szene in Linz orientierten sich rund um das Jahr 1900 an der Modernität der Metropolen, beanspruchten in Anlehnung an das „Junge Wien“ das Etikett „Jung-Linz“, aber schon diese begriffliche Anleihe zeigt, dass man über wackeres Epigonentum nicht wesentlich hinauskam. Und Hermann Bahrs Aufruf aus dem Jahr 1899, die Linzer sollten doch ein eigenständiges Profil in Gestalt einer positiv konnotierten „Provinzliteratur“ entwickeln, blieb folgenlos.

Lediglich ein literarisches Werk aus Oberösterreich ragt aus der Fülle des Vergessenen heraus. Dessen Entstehungsumstände hatten aber nichts mit Bahr zu tun und waren überhaupt ziemlich ungewöhnlich, denn der Autor war im Grunde kein Schriftsteller, sondern ein bildender Künstler. Alfred Kubin wechselte während einer Schaffenskrise das Medium und schrieb den Roman „Die andere Seite“, der 1909 erschien. Der Ich-Erzähler wird von einem ehemaligen Schulfreund eingeladen, ihn in seinem Traumreich zu besuchen, das er irgendwo in Zentralasien gegründet hat. Der Erzähler nimmt die Einladung an und gerät an einen Ort, an dem nicht die Gesetze der „Wirklichkeit“, sondern die des Traums gelten. Die Ereignisse sind unglaublich, das Ende ist katastrophal.

Ein Schwede in Oberösterreich

Während es Hermann Bahr nach Wien zog, verschlug die Liebe den schwedischen Schriftsteller August Strindberg, den bedeutendsten schwedischen Schriftsteller der klassischen Moderne, nach Grein.

August Strindberg, Saxen, Strindberg Museum

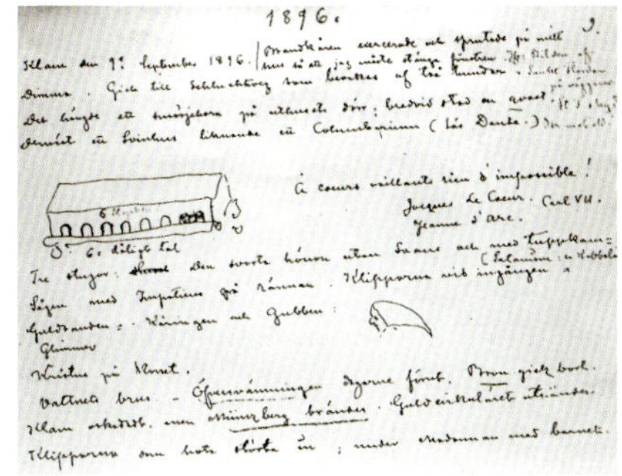

Autograph Strindbergs, Strindberg Museum

Die meisten Literaturlexika führen neben seinem Geburtsort Stockholm noch die Schweiz, Paris, Kopenhagen und Helgoland als Aufenthaltsorte an, nicht aber Oberösterreich. Dabei war Strindbergs Oberösterreichaufenthalt mehr als eine Urlaubsepisode. Er lernte 1893 in Berlin die aus Oberösterreich stammende Kritikerin Frida Uhl kennen, heiratete sie kurze Zeit später und lebte 1893/94 in Dornach bei Grein auf dem Gutshof von Frida Uhls Großeltern. 1894 wurde die Tochter Kerstin geboren, aber schon bald darauf kam es zur Scheidung. In den 1890er-Jahren durchlebte und durchlitt Strindberg seine „Inferno-Krise“. Während dieser Zeit kehrte er noch einmal nach Oberösterreich zurück und hielt sich in Klam und Saxen auf.

„Ich bin durchaus gegen den Krieg, denn Du weißt, ein Krieg ist so etwas Furchtbares, dass wir uns gar keine Vorstellung machen können. Und man weiß durchaus nicht, wie der Ausgang sein wird."

Prälat Johann N. Hauser, Landeshauptmann von Oberösterreich, 1914

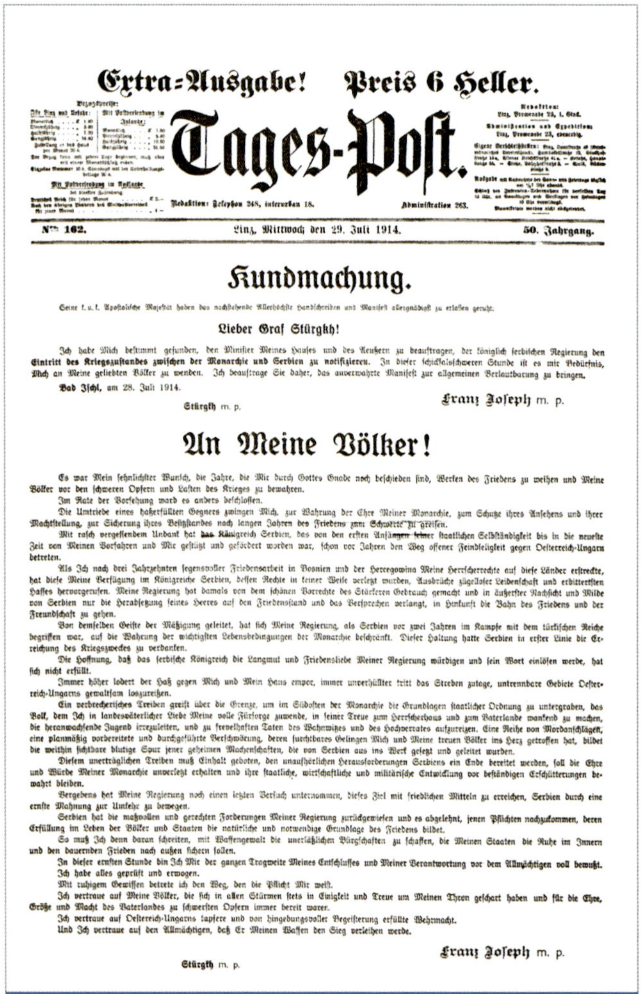

Extra-Ausgabe! Preis 6 Heller.

Tages-Post.

Redaktion: Telephon 248, interurban 18. Administration 263.

Nr. 162. Linz, Mittwoch den 29. Juli 1914. 50. Jahrgang.

Kundmachung.

Seine k. u. k. Apostolische Majestät haben das nachstehende Allerhöchste Handschreiben und Manifest allergnädigst zu erlassen geruht:

Lieber Graf Stürgkh!

Ich habe Mich bestimmt gefunden, den Minister Meines Hauses und des Aeußern zu beauftragen, der königlich serbischen Regierung den **Eintritt des Kriegszustandes zwischen der Monarchie und Serbien zu notifizieren.** In dieser schicksalsschweren Stunde ist es mir Bedürfnis, Mich an Meine geliebten Völker zu wenden. Ich beauftrage Sie daher, das anverwahrte Manifest zur allgemeinen Verlautbarung zu bringen.

Bad Ischl, am 28. Juli 1914.

Franz Joseph m. p.

Stürgkh m. p.

An Meine Völker!

Es war Mein sehnlichster Wunsch, die Jahre, die Mir durch Gottes Gnade noch beschieden sind, Werken des Friedens zu weihen und Meine Völker vor den schweren Opfern und Lasten des Krieges zu bewahren.

Im Rate der Vorsehung ward es anders beschlossen.

Die Umtriebe eines haßerfüllten Gegners zwingen Mich, zur Wahrung der Ehre Meiner Monarchie, zum Schutze ihres Ansehens und ihrer Machtstellung, zur Sicherung ihres Besitzstandes nach langen Jahren des Friedens zum Schwerte zu greifen.

Mit rasch vergessendem Undank hat das Königreich Serbien, das von den ersten Anfängen seiner staatlichen Selbständigkeit bis in die neueste Zeit von Meinen Vorfahren und Mir gestützt und gefördert worden war, schon vor Jahren den Weg offener Feindseligkeit gegen Oesterreich-Ungarn betreten.

Als Ich nach drei Jahrzehnten segensvoller Friedensarbeit in Bosnien und der Hercegowina Meine Herrscherrechte auf diese Länder erstreckte, hat diese Meine Verfügung im Königreiche Serbien, dessen Rechte in keiner Weise verletzt wurden, Ausbrüche zügelloser Leidenschaft und erbittertsten Hasses hervorgerufen. Meine Regierung hat damals von dem schönen Vorrechte des Stärkeren Gebrauch gemacht und in äußerster Nachsicht und Milde von Serbien nur die Herabsetzung seines Heeres auf den Friedensstand und das Versprechen verlangt, in Hinkunft die Bahn des Friedens und der Freundschaft zu gehen.

Von demselben Geiste der Mäßigung geleitet, hat sich Meine Regierung, als Serbien vor zwei Jahren im Kampfe mit dem türkischen Reiche begriffen war, auf die Wahrung der wichtigsten Lebensbedingungen der Monarchie beschränkt. Dieser Haltung hatte Serbien in erster Linie die Erreichung des Kriegszweckes zu verdanken.

Die Hoffnung, daß das serbische Königreich die Langmut und Friedensliebe Meiner Regierung würdigen und sein Wort einlösen werde, hat sich nicht erfüllt.

Immer höher lodert der Haß gegen Mich und Mein Haus empor, immer unverhüllter tritt das Streben zutage, untrennbare Gebiete Oesterreich-Ungarns gewaltsam loszureißen.

Ein verbrecherisches Treiben greift über die Grenze, um im Südosten der Monarchie die Grundlagen staatlicher Ordnung zu untergraben, das Volk, dem Ich in landesväterlicher Liebe Meine volle Fürsorge zuwende, in seiner Treue zum Herrscherhaus und zum Vaterlande wankend zu machen, die heranwachsende Jugend irrezuleiten, und zu frevelhaften Taten des Wahnwitzes und des Hochverrates aufzureizen. Eine Reihe von Mordanschlägen, eine planmäßig vorbereitete und durchgeführte Verschwörung, deren furchtbares Gelingen Mich und Meine treuen Völker ins Herz getroffen hat, bildet die weithin sichtbare blutige Spur jener geheimen Machenschaften, die von Serbien aus ins Werk gesetzt und geleitet wurden.

Diesem unerträglichen Treiben muß Einhalt geboten, den unaufhörlichen Herausforderungen Serbiens ein Ende bereitet werden, soll die Ehre und Würde Meiner Monarchie unverletzt erhalten und ihre staatliche, wirtschaftliche und militärische Entwicklung vor beständigen Erschütterungen bewahrt bleiben.

Vergebens hat Meine Regierung noch einen letzten Versuch unternommen, dieses Ziel mit friedlichen Mitteln zu erreichen, Serbien durch eine ernste Mahnung zur Umkehr zu bewegen.

Serbien hat die maßvollen und gerechten Forderungen Meiner Regierung zurückgewiesen und es abgelehnt, jenen Pflichten nachzukommen, deren Erfüllung im Leben der Völker und Staaten die natürliche und notwendige Grundlage des Friedens bildet.

So muß Ich denn daran schreiten, mit Waffengewalt die unerläßlichen Bürgschaften zu schaffen, die Meinen Staaten die Ruhe im Innern und den dauernden Frieden nach außen sichern sollen.

In dieser ernsten Stunde bin Ich Mir der ganzen Tragweite Meines Entschlusses und Meiner Verantwortung vor dem Allmächtigen voll bewußt.

Ich habe alles geprüft und erwogen.

Mit ruhigem Gewissen betrete ich den Weg, den die Pflicht Mir weist.

Ich vertraue auf Meine Völker, die sich in allen Stürmen stets in Einigkeit und Treue um Meinen Thron geschart haben und für die Ehre, Größe und Macht des Vaterlandes zu schwersten Opfern immer bereit waren.

Ich vertraue auf Oesterreich-Ungarns tapfere und von hingebungsvoller Begeisterung erfüllte Wehrmacht.

Und Ich vertraue auf den Allmächtigen, daß Er Meinen Waffen den Sieg verleihen werde.

Franz Joseph m. p.

Stürgkh m. p.

Manifest Kaiser Franz Josephs anlässlich der Kriegserklärung, Tages-Post vom 29. Juli 1914

Roman Sandgruber

Der Erste Weltkrieg war die „Urkatastrophe" des 20. Jahrhunderts. Oberösterreich war zwar das am weitesten von allen Fronten entfernte Kronland der Habsburgermonarchie. Die Auswirkungen waren dennoch nicht weniger tief greifend: einer der höchsten Prozentsätze bei den Gefallenen, Gefangenenlager überall im Land, Hunger und Seuchen und rasch zunehmende Kriegsverdrossenheit.

DIE LEIDEN DES WELTKRIEGS

Am 28. Juli 1914 unterzeichnete Kaiser Franz Joseph in Ischl die Kriegserklärung an Serbien: „In dieser ernsten Stunde“, schloss der Kaiser, „bin ich Mir der ganzen Tragweite Meines Entschlusses und Meiner Verantwortung vor dem Allmächtigen voll bewusst. Mit ruhigem Gewissen betrete ich den Weg, den die Pflicht mir weist.“

Am 29. Juli 1914 verließ der Kaiser Ischl für immer. Auf seiner Abreise machte er in Linz Station und sprach einige Worte zu den versammelten Offizieren: „Es hat mich sehr gefreut, die Herren hier zu sehen, und ich sage zum Abschied in dieser ernsten Stunde nur die wenigen Worte, dass ich auf den guten Geist, die Ausdauer und die Tapferkeit der Armee baue“ (Tages-Post vom 30. Juli 1914).

Oberösterreich lag zwar weit weg von den Fronten. Es wurde nie von feindlichen Soldaten betreten, nicht einmal von einem feindlichen Flieger überflogen. Der Krieg aber erfasste das Land sofort mit voller Wucht: mit den Einberufungen, ersten Todesmeldungen, vielen Verletzten, einer großen Zahl von Kriegsgefangenen, die in Lazaretten und Barackenlagern zusammengezogen wurden, mit der Bewirtschaftung und rasch sich verschärfenden Hungersnot.

Ein kurzer Krieg wird ein langer

Es gibt viele Erklärungen, warum sich Österreich 1914 in einen Krieg stürzte, der im Denken der Generäle und Politiker natürlich ein begrenzter hätte sein sollen. Dazu zählen der Glaube, dem kleinen Serbien einen raschen Denkzettel verpassen zu können, die trügerische Erwartung, durch politisch-militärische Erfolge nach außen eine Stabilisierung im Inneren erreichen zu können, und dazu ein blindes Vertrauen auf die „Waffenbrüderschaft“ mit Deutschland, wobei immer auch das Kalkül mitschwang, den Untergang zu riskieren: Besser ein Ende mit Schrecken als ein Schrecken ohne Ende.

Allerdings war der Verlauf alles andere als erwartet, aus dem beabsichtigten Waffengang von wenigen Wochen wurden mehr als vier Jahre Krieg. Die österreichische Offensive gegen Serbien kam nur sehr langsam voran. Wenig günstig verliefen zuerst auch die österreichischen Operationen gegen Russland. Erst im Mai 1915 gelang den habsburgischen Truppen bei Gorlice und Tarnów ein großer Sieg.

Kaiser Franz Joseph, Unterzeichung der Kriegserklärung, 1914

Vereidigung der Jungschützen im Linzer Landhaushof, 1916

Abfahrt der eingerückten Soldaten von der Linzer Donaulände, 1915

Das Landsturm-Infantrieregiment Nr. 2 an der italienischen Front

Am 23. Mai 1915 trat aber Italien in den Krieg ein, diese Front erwies sich als unerhört verlustreich.

In zwölf Isonzoschlachten vom Juni 1915 bis Oktober 1917 und im Hochgebirge der Dolomiten und des Ortlers kämpfte man um trostlose und unbezwingbare Berggipfel.

Die oberösterreichischen Regimenter waren auf allen Kriegsschauplätzen vertreten: Das Infanterieregiment Nr. 14 am San, bei Krakau, bei Gorlice, bei der Eroberung des Monte Meletta und bei der Wiedereroberung des Monte San Gabriele am 12. September 1917. Das Infanterieregiment Nr. 59 bei den schweren Schlachten um Lemberg, in der Frühjahrsoffensive 1915 gegen Russland, auf der Hochfläche von Folgaria, auf dem Drei-Zinnen-Plateau, in den Sieben Gemeinden, vor allem aber am Monte Cimone im Sommer 1916, zuletzt am Col del Rosso. Das Dragonerregiment Nr. 4 an der russischen Front bis Herbst 1917, dann in Albanien und – längst zu Fuß – am Piave. Das Infanterieregiment Nr. 2 in Lemberg, Przemysl, in den Karpaten, in den Sieben Gemeinden und in den Isonzoschlachten. Das Feldkanonenregiment Nr. 40 an den russischen Kriegsschauplätzen und an der Kärntner Front, hernach auf der Hochfläche von Vielgereut und zuletzt in den Kämpfen im Abschnitt Belluno. Groß war der Blutzoll beim Landsturm-Infanterieregiment Nr. 2: rund 4000 Mann. 42 Offiziere und 1178 Mann vom Freiwilligen oberösterreichischen Schützenregiment, das 1915 zusammengestellt wurde, fuhren am 11. Juli 1915 ab; im November 1918 kamen zehn Offiziere und 220 Mann zurück.

Tote und Traumatisierte

Auf das heutige Österreich entfielen etwa 180 000 bis 190 000 Gefallene und Vermisste, davon auf Oberösterreich rund 22 500, was ziemlich genau dem Anteil an der Bevölkerungszahl entsprach. Etwa die Hälfte der Gefallenen war verheiratet. Das ergäbe etwa 11 000 Kriegswitwen und etwa dreimal so viele Kriegswaisen. Dazu kamen mindestens 10 000 Schwerverwundete, die eine dauernde Invalidität davontrugen. Man darf aber nicht nur auf die körperlichen Schäden sehen. Die Kriegsneurosen und seelischen Traumata, die viele Soldaten erlitten hatten, beschäftigten die Psychiatrie noch lange.

Die „Kriegszitterer", die nervlich so geschädigt waren, dass sie am ganzen Körper zitterten, wurden mit der sogenannten Faradisation behandelt. In der Realität dienten diese äußerst schmerzhaften Elektroschocks, die man durchaus in die Nähe der Folter rücken kann, auch dazu, vermutete Simulanten von echten psychisch Kranken zu trennen. Julius Wagner-Jauregg war daran führend beteiligt. Sigmund Freud, der in dem nach Kriegsende angestrengten Verfahren gegen Wagner-Jauregg ein Gutachten verfasste, äußerte sich nicht unkritisch, aber letztlich – wie meist unter Kollegen – doch entlastend für Wagner-Jauregg.

Kein „anständiger" Krieg

Die Floskel vom „anständigen" Ersten Weltkrieg – im Unterschied zum „schmutzigen" Zweiten Weltkrieg – betrifft eine der hartnäckigsten Kriegslügen der österreichischen und deutschen Geschichte: Der Erste Weltkrieg war kein „sauberer Krieg", ganz abgesehen davon, dass Kriege immer ein schreckliches Töten und Zerstören bedeuten. Aber Fotos von österreichischen Soldaten vor gehenkten serbischen Zivilisten, menschenverachtende Sturmläufe und Giftgasangriffe, Geiseln als menschliche Schutzschilde, hinterhältiger Antisemitismus und offener Völkermord, Vertreibungen, sinnlose Zerstörungen ergeben ein düsteres Bild.

Eine der verschwiegensten Seiten des Ersten Weltkriegs ist die Kriegsjustiz. In keiner anderen kriegsführenden Macht, Russland vielleicht ausgenommen, waren die rechtlichen Normen des Ausnahmezustandes so einschneidend wie in der Habsburgermonarchie. Für das heutige Österreich sind 162 000 militärgerichtliche Strafverfahren dokumentiert. In Galizien wurden zwischen 10 000 und 30 000 angebliche Verräter gehenkt. Ähnlich war es in den serbischen Gebieten. Nichtigste Anlässe konnten zur Hinrichtung führen: Rudolf Eistinger, ein deutschnational gesinnter Soldat aus Oberösterreich, wurde 1915 in Riva zum Tod durch Erschießen verurteilt, weil er vor Kameraden Österreich als einen „vermoderten Staat" bezeichnet hatte.

Der Alltag an der Heimatfront

Auszüge aus dem Gendarmerietagebuch Ottensheim

3. August 1914: Fast in jeder fremden Person wird seitens der Bevölkerung ein verkleideter Spion vermutet.

27. Dez. 1914: Die Angst vor Flugzeugangriffen ist enorm. Um 5.30 Uhr vormittag war der Morgenstern Ursache des verbreiteten Gerüchtes von einem feindlichen Äroplan. Durch den Hochnebel schien der Morgenstern wie ein leuchtender Lichtstreifen ... Da gerade der Frühgottesdienst zu Ende war, sammelten sich auf dem Kirchenplatz eine Menge Leute, welche nach dem vermeintlichen Äroplan blickten. Die Angst stieg noch dadurch, dass sich der Äroplan nicht fortbewegte. Das Gerücht über den Äroplan verbreitete sich schnell und fand überall Glauben ...

4. Jänner 1915: Infolge zahlreicher Todesfälle der auf dem Kriegsschauplatz befindlichen Krieger des hiesigen Postenrayons verbreitet sich unter der Bevölkerung der Wunsch nach baldiger Beendigung des Krieges.

12. April 1915: Es gibt in Ottensheim nur mehr Kriegsbrot. Kaisersemmeln und sogenannte Kriegslaiberl sind vom Tisch verschwunden.

8. Dez. 1916: Über Ermächtigung des k. k. Amtes für Volksernährung wird über sämtliche in Oberösterreich lagernde Vorräte an Obstmost mit heutigem Tage die Sperre verhängt, welche Verfügung namentlich bei der Bauernbevölkerung Angst um ihren Lieblingstrunk auslöst.

21. Jänner 1917: Der Hausbesitzer N. N. wird wegen Nichteinhaltung des fleischlosen Tages der Bezirkshauptmannschaft angezeigt.

3. Juli 1917: Es wimmelt buchstäblich von Korb- und Rucksackwanderern.

3. Nov. 1918: Im vergangenen Vierteljahre haben in Ottensheim einschließlich des benachbarten Postenrayons Gramastetten 18 Menschenleben durch Mörderhand geendet.

Man schätzt die Zahl der Personen, die in der Habsburgermonarchie während dieser vier Jahre von kriegsgerichtlichen Verfahren betroffen waren, auf mehr als drei Millionen. Der „Burgfrieden" war eine schale Sache. Man suchte allerorten Verräter: die Slawen, die Italiener, die Juden, die Bauern, die Kapitalisten ... Dass die Habsburgermonarchie 1918 so vehement zerfiel, war ganz sicher Folge dieser Politik der Repression und Verrätersuche.

Der „Diktaturparagraf" der Dezemberverfassung von 1867 wurde schon vor der Kriegserklärung wirksam. Die Staatsführung war fest zu einer Diktatur entschlossen, besonders in den ersten beiden Kriegsjahren. Oberösterreich war eines der wenigen Kronländer, wo die zivile Verwaltung nicht in eine militärische umgewandelt worden war, anders als in Vorarlberg, Tirol, Salzburg, Kärnten, der Steiermark, ganz abgesehen von den nicht deutschsprachigen Kronländern, auf deren Loyalität man sowieso nicht vertraute. Der 1909 gewählte oberösterreichische Landtag hatte am 27. Februar 1914 zum letzten Mal getagt.

„Unberührt blieb von diesem Krieg niemand"

Oberösterreich war weit entfernt von den Kriegsschauplätzen. Hat man auch die Auswirkungen des Krieges weniger gespürt?

Rauchensteiner: Unberührt ist von diesem Krieg niemand geblieben. Oberösterreicher waren Teil des Heeres und wurden genauso eingezogen wie alle anderen. Außerdem war Oberösterreich eines der Länder, in denen die meisten Kriegsgefangenen interniert wurden, vor allem Italiener nach der 12. Isonzoschlacht. Mit Fortdauer des Krieges wurde auch in Oberösterreich die Ernährungslage dramatisch und es gab Hungerrationen.

Der deutsche Historiker Fritz Fischer beendete mit seinem berühmten Werk „Griff nach der Weltmacht" die Einschätzung, wonach der Erste Weltkrieg quasi „entfesselt" worden sei. Fischer sieht eine klare Kriegsschuld im Großmachtstreben des Deutschen Reiches.

Rauchensteiner: Das muss man mittlerweile etwas differenzierter sehen. Es gibt dazu auch jüngere britische und französische Forschungen, in denen die Rolle des jeweils eigenen Landes stärker überdacht wird und neue Quellen ausgewertet werden: Auch in England, Frankreich und Russland gab es Interesse, in einem großen Krieg die Entscheidung zu suchen. So gesehen ist Österreich-Ungarn für all diese Bestrebungen zum Handlanger geworden. Denn Österreich-Ungarn hoffte anfangs, den Konflikt auf Serbien beschränken zu können, und wollte keinen Weltkrieg entfesseln.

Wie eng war die so häufig beschworene Waffenbrüderschaft zwischen Österreich-Ungarn und Deutschland wirklich?

Rauchensteiner: Auf der Ebene der Herrscherhäuser und der Militärspitze war das mitunter alles andere als harmonisch. In Deutschland war eine gewisse Abschätzigkeit gegenüber Österreich-Ungarn weit verbreitet. Österreichische Soldaten wiederum hatten das Gefühl, dass die Truppe unter deutscher Führung mehr leisten kann.

Interview mit Manfried Rauchensteiner, Autor eines Standardwerkes zum Ersten Weltkrieg aus der Sicht Österreich-Ungarns („Der Tod des Doppeladlers").

Zwei Tage nach der Kriegserklärung wurde er über „Allerhöchsten Auftrag" für geschlossen erklärt. Am 11. September 1915 erloschen die Mandate. Ein Drängen auf Wiedereinberufung gab es im Unterschied zum Reichstag nicht. Die Sozialdemokraten, die das revolutionärste Potenzial darstellten, favorisierten das nicht, weil sie bei 101 Abgeordneten nur mit einem Mandat vertreten waren.

Der Krieg im Hinterland

Letztendlich wurde der Krieg im Hinterland entschieden, in der Produktion von Industrie und Landwirtschaft. Die Österreichische Waffenfabrik AG in Steyr erreichte mit mehr als 15 000 Beschäftigten ihren bis dahin höchsten Beschäftigungsstand.

Die Einwohnerzahl Steyrs stieg von 22 000 auf 40 000. Eine Reihe weiterer Betriebe in Oberösterreich wurde auf den Heeresbedarf umgestellt. Die 1912 gegründete Motoren- und Maschinenfabrik Johann Ertl in Grieskirchen lieferte Granaten, die Maschinenfabrik und Eisengießerei Ludwig Hinterschweiger in Lichtenegg bei Wels Heeresfeldseilbahnen. Die Sensenwerke Simon Redtenbacher erzeugten Bajonette, Dolchmesser und Säbel.

Oberösterreich war weit weg vom Schuss. Das war der Grund, dass hier so viele Kriegsgefangenenlager angelegt wurden: das Gefangenenlager Mauthausen, das für 25 000 Mann bestimmt war, das Lager Marchtrenk auf der Welser Heide, ebenfalls für 25 000 Mann, in Braunau ein Großlager für 50 000 bis 60 000 Gefangene, in Freistadt für bis zu 20 000. Weitere Großlager gab es in Aschach, Wegscheid, Schärding und Katzenau.

Auch zahlreiche Flüchtlinge aus den Kampfgebieten in Galizien, Südtirol und Rumänien mussten in Oberösterreich untergebracht werden. Seuchen, insbesondere Ruhr, Typhus, Fleckfieber und die Spanische Grippe, wüteten in den Lagern. Als der Linzer Diözesanbischof Rudolf Hittmair das Lager Mauthausen besuchte, steckte er sich an und erlag am 5. März 1915 dem Fleckfieber. Etwa 30 000 fremde Kriegsgräber erinnern in Oberösterreich an diese Massenlager: die Kriegerfriedhöfe in Mauthausen mit etwa 11 000 Gräbern, in Aschach (6000 Gräber), Marchtrenk (1800 Gräber), Wegscheid

Die Waffenfabrik in Steyr

Bischof Rudolf Hittmair

(5000 Gräber), Braunau (1400 Gräber), Freistadt (388 Gräber) etc. Die 22 500 gefallenen Oberösterreicher ihrerseits ruhen weit verstreut, von der Ukraine bis zum Isonzo.

Der Krieg stand bald ganz im Zeichen der Ersatzmittel und der Bewirtschaftung: „Gold gab ich für Eisen", der Tausch goldener Eheringe gegen eiserne, war eine Kampagne, die zuerst begeistert mitgemacht wurde. 1917 allerdings war nichts mehr da, was nicht

Bestattung von gefallenen Soldaten am Friedhof beim Petrinum in Urfahr

Kanonentransport auf dem Linzer Hauptplatz

Ausweis über den Verbrauch von Brot und Mehl

dringend gebraucht oder nur mit unheimlichem Grimm hergegeben worden wäre – die Kupferdächer, die bronzenen Kirchenglocken, die zinnenen Orgelpfeifen, die Kerzenleuchter und Türschnallen aus Messing …

Was von vornherein nicht gelang, war die Lösung des Ernährungsproblems. Die Versorgung mit dem Lebensnotwendigsten galt zwar in Oberösterreich als besser als in den meisten anderen Teilen des Reiches.

Aber dennoch war der Hunger bald allgegenwärtig. 1915 mussten die Brot- und Mehlkarte in ganz Oberösterreich eingeführt werden, ebenso fleisch- und fettlose Tage. Die Zuckerkarte trat im März 1916 in Kraft, im September 1916 die Fettkarte. Ende November 1916 wurde die Milchkarte eingeführt. Die staatliche Bewirtschaftung der Kartoffeln setzte im Winter 1916/17 ein. Auch Most wurde bewirtschaftet, während Bier ohnehin kaum mehr zu bekommen war.

So wich die Kriegsbegeisterung bald einer tiefen Ernüchterung. Die acht Kriegsanleihen wurden in Oberösterreich zwar überdurchschnittlich gut gezeichnet. Aber die Kriegsmüdigkeit war groß, wie der kaiserliche Statthalter in Oberösterreich im August 1917 berichtete. Die städtische und industrielle Bevölkerung „sei schon nahe an der Leistungs- und Geduldfähigkeit“. 1918 äußerte sich die Verzweiflung in offenen Streiks und Protestaktionen, insbesondere in Linz und Steyr, in Bad Ischl und Ebensee. Am 3. November 1918, als der Krieg zu Ende war, löste dies kaum Erleichterung aus. Denn an den schrecklichen Folgen hatte das Land noch lange zu tragen.

28. Juni 1914
Ermordung des Thronfolgers Franz Ferdinand in Sarajevo

28. Juli 1914
Kriegserklärung Österreichs an Serbien, in der Folge Kriegserklärungen an Russland, Frankreich, Großbritannien, Montenegro etc.

2. September 1914
Eroberung von Lemberg durch russische Truppen

23. Jänner bis Ende März 1915
Winterschlacht in den Karpaten

22. März 1915
Kapitulation der österreichischen Festung Przemysl

2. Mai 1915
Durchbruchsschlacht von Tarnów und Gorlice

23. Mai 1915
Kriegserklärung Italiens an Österreich

3. Juni 1915
Wiedereroberung von Przemysl

23. Juni 1915
Erste Isonzoschlacht

8. Oktober 1915
Eroberung von Belgrad

16. März 1916
Sprengung des Col di Lana

15. Mai 1916
Beginn der Südtirol-Offensive

21. November 1916
Tod Kaiser Franz Josephs

10. Juni 1917
Italienische Offensive in den Sieben Gemeinden

August/September 1917
11. Isonzoschlacht

Oktober 1917
12. Isonzoschlacht, Durchbruch bei Tolmein und Karfreit

10. November 1917
Der Piave ist erreicht.

3. März 1918
Friedensvertrag von Brest-Litowsk mit Russland

15. Juni 1918
Piave-Schlacht

16. Oktober 1918
Völkermanifest Kaiser Karls

21. Oktober 1918
Konstituierung einer provisorischen Nationalversammlung Deutschösterreichs

24. Oktober 1918
Alliierte Offensive am Piave

30. Oktober 1918
Einrichtung einer Deutschösterreichischen Regierung

3. November 1918
Waffenstillstand

11. November 1918
Verzicht Kaiser Karls auf die Regierungsgeschäfte

12. November 1918
Ausrufung der Republik Deutschösterreich

„Täglich kommen 15 bis 20 Arbeitslose in den Pfarrhof betteln."

Pfarrer Anton Pichler, Pfarrchronik von Kollerschlag, 1932

Anstellen um die Arbeitslosenunterstützung vor der Linzer Arbeiterkammer

Roman Sandgruber

Die Wirtschaftskrise der Dreißigerjahre begann in Österreich mit dem mühsam abgewehrten Zusammenbruch der Bodencreditanstalt am 5. Oktober 1929. Sie dauerte fast zehn Jahre und war die schwerste Krise des Kapitalismus, die Europa und die Welt bislang erfahren hatten. Sie traf auch Oberösterreich schwer.

IM WÜRGEGRIFF DER WELTWIRTSCHAFTSKRISE

Nach der Überwindung der wirtschaftlichen Folgen des Ersten Weltkriegs, des Zerfalls des österreichisch-ungarischen Großstaats, des Hungers und der Hyperinflation glaubte man in Österreich ab 1925 mit Recht, Zuversicht schöpfen zu können. Auch in Oberösterreich: Die wirtschaftliche Bedeutung des Bundeslandes war in der neuen Republik viel größer geworden. Lag es in der Habsburgermonarchie eher am Rand, war Oberösterreich nun ins Zentrum des neuen Staates gerückt.

Zwischen den beiden Weltkriegen war Oberösterreich immer noch ein Bauernland, 1934 war fast die Hälfte der oberösterreichischen Bevölkerung der Landwirtschaft zuzurechnen. Die rund 220 000 unselbstständig Beschäftigten in der Landwirtschaft teilten sich in 90 000 mithelfende Familienmitglieder und 130 000 Knechte und Mägde.

Die Industriekrise

Der Industrialisierungsgrad Oberösterreichs war noch gering: Nur etwa zehn Prozent der oberösterreichischen Bevölkerung waren der Industrie zuzurechnen, von der österreichischen Industrie entfielen nur etwa zehn Prozent auf Oberösterreich. In den 1920er-Jahren hatte sich die Industrie des Landes überdurchschnittlich gut entwickelt. Umso größer war der Schock des Jahres 1929. Denn in Oberösterreich waren krisenempfindliche Branchen besonders stark vertreten: die Automobilfabrikation in den Steyr-Werken, der Schiffsbau mit der Linzer Schiffswerft, die Lokomotiverzeugung mit der Linzer Lokomotivfabrik Krauß. Die mächtige Sensen- und Sichelindustrie des Landes litt nicht nur unter der Konkurrenz der immer wichtiger werdenden Mähmaschinen, sondern auch unter dem Wegfall des großen russischen Marktes, der 1929 von Stalin für österreichische Sensenexporte gesperrt worden war. Die vielen Granitsteinbrüche und Ziegelwerke spürten den Zusammenbruch der Baukonjunktur.

Von 1929 bis 1934 verringerte sich die Zahl der Beschäftigten in der oberösterreichischen Industrie um 41 Prozent. Der Beschäftigtenabbau bei den Steyr-Werken war dramatisch: von 6648 im Jahr 1929 auf 969 im April 1934. Es ging Schlag auf Schlag. Das

Der „Alma"-Skandal – ein Ausläufer der Weltwirtschaftskrise in Oberösterreich

Die vom Land Oberösterreich 1925, 1927 und 1928 in den USA aufgenommenen Anleihen führten durch die Unkorrektheit des Vermittlers Dr. Hans Alma, aber auch durch die Unfähigkeit der oberösterreichischen Landesbeamten zu einem Finanzskandal, der dem Land bis 1935 einen Verlust von 9 Millionen Schilling eintrug. Der Landesamtsdirektor, der zu den Kreditverhandlungen nach New York gereist war, beherrschte – was im Strafprozess ausführlich zur Sprache kam – kein Englisch und hatte sich vor der Vertragsunterzeichnung die wichtigsten Verhandlungsergebnisse und den Vertragstext jeweils von Dr. Alma übersetzen lassen. Im November 1932 erfuhr Landeshauptmann Schlegel von den „Betrügereien Almas". Der Schaden drohte an die 40 Millionen Schilling auszumachen. Trotz der Bemühungen Schlegels, die drohende Versteigerung der Landespapiere zu stoppen, blieb ein Schaden von ca. 9 Millionen Schilling. Dr. Hans Alma war Jude, was ein willkommenes Feindbild in der verworrenen Affäre abgab.

Arbeitslose in Steyr

Messingwerk Reichraming wurde bereits 1928 stillgelegt. Ein großer Schock war die vollständige Verlagerung der Reifenwerke Reithoffer, die in den 1920er-Jahren in Steyr noch mehr als 1000 Leute beschäftigt hatten, nach Traiskirchen und Wien. Die Linzer Schiffswerft entließ mehr als 500 ihrer 636 Beschäftigten. Der Betrieb in der Lokomotivfabrik Krauß & Co., die nach dem Ersten Weltkrieg durch sehr erfolgreiche Serien von Elektro- und Dampflokomotiven hervorgetreten war, wurde völlig unerwartet am 1. August 1930 um 9 Uhr früh eingestellt. Die Lage der Sensen- und Messerindustrie war verzweifelt, ebenso die der gesamten Eisen- und Metallindustrie.

Weltwirtschaftskrise

Wie ähnlich doch die Schlagzeilen 1929 und 2008 waren. Ein Blick in die Zeitungen des Jahres 1929 genügt: „Eine finanzielle Katastrophe abgewendet" titelte die Neue Freie Presse, „Die Regierung greift ein" die Neue Zeitung, „Sicherheit der Einlagen gewährleistet" die Reichspost und „Rothschild garantiert für die Bodencreditanstalt" die Wiener Sonntags-Montags-Zeitung. Beide Male, 1929 und 2008, brach die Krise im Oktober im Finanzbereich aus: Die damalige Wirtschaftskrise erreichte ihre Höhepunkte im Jahr 1931 und 1932 und dauerte in Österreich mindestens bis zum Jahr 1937, in den USA oder in Norwegen sogar bis 1939.

1929 reagierte die Wiener Börse vorerst recht wenig auf die internationale Krise, obwohl mit dem Krach der Bodencreditanstalt am 5. Oktober 1929 die erste große Erschütterung von Wien ausgegangen war. Der Wiener Aktienindex lag 1928 bei 112,0, im Jahr 1929 bei 109,9 und fiel 1930 auf 99,6. Der Tiefststand wurde erst 1933 mit 53,5 erreicht. Dann ging es langsam aufwärts. 1937 wurde mit 113,8 erstmals das Niveau von 1929 wieder überschritten.

1929 war das einzige Jahr der Zwischenkriegszeit in Österreich, in welchem das Bruttosozialprodukt die Vorkriegswerte überstieg. Das Bruttoinlandsprodukt (BIP) wuchs in Österreich 1929 noch um 1,4 Prozent, nachdem 1928 ein Wachstum von 4,6 und 1927 von 3,0 Prozent erreicht worden war. 1930 sank das BIP um 2,8 Prozent, 1931 um weitere 8,0 Prozent und 1932 noch einmal um 10,3 Prozent. Erst 1934 konnte wieder ein Wachsrum erreicht werden: 0,9 Prozent. 1937, im Jahr vor dem Anschluss, wuchs die österreichische Wirtschaft um 5,3 Prozent. Das Unheilvolle der „Großen Depression" bestand im Zusammentreffen einer internationalen Agrar-, Industrie- und Bankenkrise, die in Österreich noch durch eine Krise des Tourismus und durch die vielen inneren Gewaltakte und die Pressionen Hitler-Deutschlands verstärkt und verlängert wurde. Die schwere Verunsicherung des Bankensystems war der Ausgangspunkt. Österreichs Bankensystem war seit dem Zerfall der Habsburgermonarchie und der Hyperinflation von 1922 sehr brüchig. Zahlreiche kleinere Geldinstitute wurden geschlossen, andere wie die Postsparkasse durch staatliche Hilfe saniert, die größeren wurden von den anderen Instituten der Reihe nach aufgefangen und übernommen, bis 1929 nur mehr eine Großbank übrig war: die Credit-Anstalt, die 1931 selbst zum Sanierungsfall wurde und den Staatshaushalt völlig in den Abgrund riss. Die einsetzende Deflation, die extrem hohen Realzinssätze und die geringen Kaufkraftreserven der Bevölkerung setzten einen Nachfragerückgang in Bewegung, von dem sich das Land bis 1938 nicht wirklich erholte.

Die Liste berühmter Firmen, die die Krise nicht überstanden, ist lang: neben Krauß & Co auch die Österreichische Bamag-Büttner-Werke AG in Linz, die Baumwollspinnerei Rädler, die Welser Lederwerke Adler AG der Brüder Falkensammer, die Koloseus-Herdfabrik/Wels, die Welser Maschinenfabrik und Eisengießerei Ludwig Hinterschweiger & Co, deren gleichnamiger Inhaber 1926 bis 1930 Präsident der oberösterreichischen Handels- und Gewerbekammer gewesen war. Die Stilllegung der Veloursluitfabrik Carl Blum, einer Firma von Weltrang, die Filialen in Amsterdam, Berlin, London, Paris und Wien unterhalten hatte, traf die Welser Wirtschaft ebenfalls schwer. Ähnlich war es mit der Büromöbelfabrik Hobeg der Brüder Gans-Schiller, der Deckenfabrik Wilhelm Weinzierl, den „Titania"-Werken und der Seifen-, Kerzen- und Fettwarenfabrik Henry.

Steyr als Symbol

Steyr wurde überhaupt zum Symbol der Weltwirtschaftskrise. Es war zu einer der „ärmsten Städte der Republik" geworden. Ende 1931 war rund die Hälfte der Steyrer Bevölkerung auf Arbeitslosenunterstützung und andere öffentliche Fürsorge angewiesen. Die politischen und sozialen Gegensätze der Zwischenkriegszeit prallten gerade hier mit besonderer Härte aufeinander. Die Steyrer Waffenfabrik, die sich nach dem Krieg zur größten Automobilfabrik Österreichs gewandelt hatte, wurde in den Zusammenbruch ihres Hauptaktionärs, der Bodencreditanstalt, hineingezogen. Mitte Oktober 1929 hatte das Unternehmen auf der Pariser Automobilausstellung noch ihr von Ferdinand Porsche konstruiertes Renommierprojekt präsentiert, den Typ „Austria" (5,3 Liter Hubraum, 8-Zylinder-Motor und 100 PS Leistung). Das Produkt wurde zum Flop, insgesamt nur vier Stück wurden von dem innovativen Luxusautomobil erzeugt. Porsche musste Steyr verlassen.

Die als „Krisensiedlung" und „Nebenerwerbssiedlung" errichteten Wohnbauten in Schörgenhub (1936). Siedlungswerber waren Dauerarbeitslose mit großen Familien.

Vom Jahr 1929 bis zum Tiefpunkt im Jahr 1934 verloren in Oberösterreich mehr als 48 000 Arbeitnehmer ihren Arbeitsplatz, davon rund 43 000 in Industrie und Gewerbe. Bei der Volkszählung am 22. März 1934 bezeichneten sich 58 870 Personen als arbeitslos, um 22 929 mehr als zu dieser Zeit als arbeitslos unterstützt wurden und um 20 723 mehr als vorgemerkt waren. Ende März 1934 waren im oberösterreichischen Durchschnitt 33 Prozent aller nicht in der Landwirtschaft Erwerbstätigen ohne Arbeit, in Linz 26,6 Prozent, in Steyr 41 Prozent.

Die Depression stand im Zeichen eines dramatischen Verbrauchsrückgangs, der sich am

Begräbnis von Bürgermeister Josef Dametz, v.l.n.r.: Vizebürgermeister Robert Mehr, Landeshauptmann Josef Schlegel, Minister Franz Dinghofer, der Wiener Bürgermeister Karl Seitz und Nationalratsabgeordneter Karl Renner.

drastischsten am mehr als halbierten Bierkonsum ablesen ließ. Das wirkte sich auf die Nachfrage nach Most aus: Die Arbeitslosen oder „Ausgesteuerten“ – und nicht nur diese – tranken im Gasthaus oder bei einem Bauern „a Seitl Most, dass net vü kost´“. Das Hauptproblem waren die sinkenden Masseneinkommen, die hohen Zinsen und die deflationäre Tendenz, die die Wirtschaft erfasst hatte. Nach 1934 besserte sich die Lage zwar allmählich. Doch im Jahre 1937 warteten einschließlich der Ausgesteuerten, deren Zahl man auf über 20 000 schätzte, in Oberösterreich immer noch etwa 50 000 Menschen auf Arbeit.

Politische Auswirkungen

Zwar war das politische Klima in Oberösterreich lange Zeit deutlich besser gewesen als in Gesamtösterreich, doch die Polarisierung der politischen Lager war auch hier nicht aufzuhalten: 1927 starben innerhalb eines halben Jahres die beiden großen, auf Ausgleich bedachten Landespolitiker, der langjährige Landeshauptmann Prälat Johann Nepomuk Hauser und der Linzer Bürgermeister Josef Dametz. Die Heimwehr, der Republikanische Schutzbund und die nationalsozialistischen Schlägertruppen standen sich immer unversöhnlicher gegenüber. Finanzskandale bei den Sozialdemokraten in der Linzer Stadtregierung und bei den Christlichsozialen im Land wurden gegenseitig aufgerechnet. Eine zunehmende Radikalisierung in den Parteien und bei den Wehrverbänden charakterisierte die Lage.

1932 verlegte die gesamtösterreichische Führung der NSDAP ihren Hauptsitz und ihr Führungszentrum nach Linz. Ihre Aktivitäten verstärkten sich. Der Linzer Diözesanbischof Johannes Maria Gföllner studierte das Parteiprogramm der NSDAP sorgfältig und nahm in einem Hirtenbrief vom 21. Jänner 1933 öffentlich gegen den Nationalsozialismus und dessen Programm Stellung. Dieser Hirtenbrief gilt als erstes kirchliches Dokument, das eine scharfe und umfassende Verurteilung des nationalsozialistischen Gedankengutes enthält. Gleichzeitig ist dieser Hirtenbrief leider auch ein Zeugnis eines tief greifenden kirchlichen Antisemitismus.

Die NSDAP erreichte in Oberösterreich bei den Nationalratswahlen 1930 nur 2,5 Prozent der Stimmen, bei den Landtagswahlen 1931 magere 3,5 Prozent und verfehlte damit sowohl den Einzug in den Nationalrat wie auch in den Landtag. Die Christlichsoziale Partei erzielte

Perlustrierung von Passanten am 13. Februar 1934

1931 mit 52,4 Prozent der Stimmen ihr bestes Landtagswahlergebnis in der Zwischenkriegszeit, während der austrofaschistische Heimatblock nur 4,1 Prozent erhielt.

Die beiden großen politischen Lager, die Christlichsozialen und die Sozialdemokraten, zerfleischten sich im Bürgerkrieg. Der Ausweg in die ständestaatliche Diktatur und die viel zu langsam kommende wirtschaftliche Erholung begünstigten die Erwartungen an den Nationalsozialismus. Ganz generell hatte sich eine radikalisierte Denkweise aufgebaut, die es den Nationalsozialisten so leicht machte, 1938 für den Anschluss eine breite Akzeptanz zu erhalten.

Die größten Wirtschaftskrisen der Geschichte

1637

Tulpen-Hausse in Amsterdam

1720

John Laws Mississippi-Projekt und die Südsee-Blase in Paris und London

1771/73

Hungerkrise in Europa und Finanzkrach in London

1811/1816/17

Letzte große Hungerkrise und Staatsbankrott in Österreich

1846/48

Die Folgen der Kartoffelkrankheit: Hungerkrise, die zur Revolution führt

1857

Erste Weltwirtschaftskrise

1873

„Schwarzer Freitag“: der große Wiener Börsenkrach und der Beginn der Großen Depression

1906/07

Die erste große Krise an der US-Börse

1921/22

Österreichische Hyperinflation

1929

„Schwarzer Donnerstag“: New Yorker Börsenkrach und Beginn der Weltwirtschaftskrise

1973

Der erste Ölschock

1987

„Schwarzer Montag“ an den Börsen

1997/98

Die Asienkrise

2002

Die Internetkrise

2008

Die neue Weltwirtschaftskrise

„Selbst in dieser letzten Zeit seines Lebens saß ich mit Hitler im Bunker über die Linzer Baupläne gebeugt, stumm die Träume von einst betrachtend."

ALBERT SPEER, EINER VON HITLERS ARCHITEKTEN

Wandteppich, vermutlich 1941, OÖ. Landesmuseen

ROMAN SANDGRUBER

Hitler verstand Linz als seine „Heimatstadt", dies noch am 30. April 1945 in seinem sogenannten „privaten Testament" im Führerbunker in Berlin. Linz wurde zur „Patenstadt des Führers" und „Gründungsstadt des Großdeutschen Reiches" stilisiert.

HITLERS KULTUR-HAUPTSTADT

Der Einmarsch von deutschen Truppen in der Nacht vom 11. auf den 12. März 1938 und der „Anschluss" Österreichs an das Deutsche Reich, den Hitler am 13. März 1938 in Linz vollzog, waren von zahlreichen Gewaltakten, Verhaftungen, Morden, Entlassungen und Zwangspensionierungen begleitet. Die ersten Opfer waren Politiker des Ständestaates, Geistliche, missliebige Polizeibeamte und die etwa 800 in Oberösterreich wohnhaften Juden, vor allem jüdische Funktionäre und Geschäftsleute.

Der Heimatgau des Führers

Oberösterreich, der „Heimatgau des Führers", erfuhr durch den Aufbau wichtiger Rüstungsindustrien (Stahl, Chemie, Aluminium, Zellstoff) und durch große Bauvorhaben nachhaltige Veränderungen. Die Bauwirtschaft profitierte am meisten von den Investitionsprogrammen, da sie im Konzept des Dritten Reiches einen besonderen Stellenwert einnahm: Prestigebauten, in granitener Monumentalität, riesige Hoch- und Tiefbauprojekte und weitläufige Fabriksareale beflügelten die Fantasie der Planer. Den Höhepunkt bildete das Bauprogramm für Linz mit einer großen Zahl von Repräsentationsobjekten, Wohnbauten und Industriegründungen. Die Planungen für Linz waren auf 240 000 bis 300 000, in manchen Vorstellungen sogar auf 400 000 Einwohner gerichtet, verglichen mit den damals gut 100 000 Einwohnern also eine Verdrei- bis Vervierfachung.

Linz sollte zum Standort der Großindustrie, zum zentralen Verkehrsknoten mit Autobahn, Donauschifffahrt und Breitspurbahn-Anschluss und zur mit Wien konkurrierenden Kulturstadt aufgewertet werden. Der Linzer Hafen sollte zum größten Binnenhafen Mitteleuropas und die Donau durch den Rhein-Main-Donau-Kanal zu einer transeuropäischen Wasserstraße ausgebaut werden.

Bereits beim Mittagessen am 13. März 1938 im Hotel Weinzinger in Linz versprach Hitler nicht nur den Bau einer neuen Donaubrücke, sondern auch die Übernahme der Patenschaft für die Stadt. Linz dankte es ihm mit 99,9988 Prozent bei der Volksabstimmung, der höchsten Zustimmungsrate unter allen Großstädten, wobei es ohnehin nur bei den Kommastellen hinter den 99 Prozent Unterschiede gab.

Bau des Brückenkopfgebäudes

Plan für die Donauuferverbauung, Blickrichtung Alt-Urfahr

Modell für den Hauptbahnhof

Flucht aus der Wirklichkeit

Ab 1938 war Hitler nachweislich zehn Mal in Linz. Immer mehr nahmen seine Planungen für Linz den Charakter einer Flucht aus der Wirklichkeit an. Noch im Februar 1945 ließ er sich das Modell der Verbauung von Linz nach Berlin in den Keller der Reichskanzlei bringen, um es stundenlang zu betrachten und den wenigen noch auftauchenden Besuchern vorzuführen.

Hitlers Lieblingsidee war ein Theaterneubau in Linz, der vor dem Ersten Weltkrieg geplant, aber nicht realisiert worden war. Hitler hatte bereits als Jugendlicher dafür Skizzen angefertigt.

Zentrum der Planungen für Linz waren die Monumentalverbauung der beiden Donauufer, für die ihm Budapest als Vorbild diente, und die 800 Meter lange und 60 Meter breite Prachtstraße „Zu den Lauben". Diese sollte das neue Kulturzentrum an der heutigen Blumau mit dem Verkehrszentrum am neuen Bahnhof in der Nähe des Niedernharter Plateaus verbinden.

Die Monumentalverbauung der beiden Donauufer

Die etwas über zwei Kilometer lange Verbauung der beiden Donauufer sollte auf der Linzer Seite an den steil zur Donau abfallenden Hängen des Freinberges mit einem als Führerpfalz gestalteten Alterssitz für Adolf Hitler beginnen, dem das Schloss weichen sollte. Stromabwärts folgten das Wasserstraßenamt und als Abschluss des Hauptplatzes und der Nibelungenbrücke die von Roderich Fick – auf der Basis eines Estermann-Entwurfes – erbauten zwei Brückenkopfgebäude, die einzigen neben den Wohnbauten und der Nibelungenbrücke tatsächlich realisierten Objekte des Bauprogramms.

Daran anschließen sollten das Führerhotel, der sogenannte „Basar" mit Donaudampfschifffahrtsgesellschaft, Wasserschutzpolizei sowie Büros und einem Einkaufszentrum, dann das achtzehn Geschoße hohe „Kraft durch

Die Nibelungenbrücke

Die Nibelungenbrücke – Ende 1940 dem Verkehr übergeben – wurde als Trägerrostbrücke auf zwei Stützen mit einer Breite von 30 Metern entworfen. Die vier – beim Bildhauer Graf Plettenberg für den Brückenschmuck in Auftrag gegebenen – Granitstandbilder mit den monumentalen Figuren von Siegfried (li.), Kriemhild (re.), Gunther und Brunhild aus dem Nibelungenlied kamen nicht mehr zur Ausführung. Anlässlich eines Führerbesuches wurden zwei der Standbilder im Maßstab 1:1 von Plettenberg in Gips modelliert und auf der Brücke für einige Monate aufgestellt.

Freude"-(KdF-)Hotel an der neu zu errichtenden Stahlhängebrücke (im Bereich des heutigen Arcotel Nike). Weiter stromabwärts geplant waren die Generaldirektion der Hermann-Göring-Werke und die 450 Meter lange Front der Technischen Hochschule. Diese sollte bis zur dritten Donaubrücke, der „Bismarckbrücke", reichen, die als Granitbogenkonstruktion ausgeführt werden sollte. Daran sollten ein Marinehafen für die Donauflottille, die Schiffswerft und die über mehrere Kilometer reichenden, weiträumigen Hafen- und Industrieanlagen anschließen.

Auf der nördlichen Stromseite begann das Programm mit dem hoch über den Urfahr-Wänden auf dem Spatzenberg vorgesehenen neubarocken Komplex der Nationalpolitischen Erziehungsanstalt oder „Adolf-Hitler-Schule", dem Gästehäuser der Industrie folgen sollten. Daran anschließend sollte der Rathausneubau an der Nibelungenbrücke mit einer Gesamtlänge von etwa 300 Metern ausgeführt werden. Dieser Bau setzte sich aus dem lang gestreckten „Technischen Rathaus", dem repräsentativen Stadthaus und einem mittels Arkaden an das Stadthaus angeschlossenen, vierzehngeschoßigen Rathausturm zusammen. Das Stadthaus war nur für repräsentative Zwecke gedacht – mit Goldenem Saal, Ratsherrensaal, Repräsentationsräumen des Bürgermeisters und Ausstellung von Waffen, Kanonen und Fahnen aus den Bauern-

Das „Führermuseum"

Das Projekt, das Linz zur Kulturhauptstadt des Reiches machen sollte, war der „Sonderauftrag Linz": die Errichtung eines riesigen Kunstmuseums. Damit beauftragt wurde der Direktor der Dresdener Gemäldegalerie, Dr. Hans Posse, nach dessen Tod im Jahr 1942 der damalige Direktor des Wiesbadener Museums, Dr. Hermann Voss, beides exzellente Fachleute, auch keine unmittelbaren Parteisympathisanten, aber rücksichtslos vorgehende Sammler.

Die Erwerbungen hatten verschiedene Grundlagen: Hitlers kleine Privatsammlung, legaler Kauf, erpresster Erwerb und Beschlagnahmen – mit verschwimmenden Grenzen. Beschlagnahmt wurden vor allem Bilder aus jüdischen Sammlungen: die Sammlungen Alphonse Rothschild, Louis Rothschild, Bondy, Haas, Gutmann, Thorsch, Goldmann, Kornfeld, Pollak – mit dem „Führervorbehalt" wurde daraus ausgewählt. In Wien und vor allem im besetzten Frankreich wurden Bilder requiriert. Aus dem in Frankreich beschlagnahmten Rothschild-Besitz kam eines der berühmtesten Bilder, Jan Vermeers „Der Astronom".

Der größte Teil der für Linz bestimmten Bilder wurde durch Ankäufe oder Schenkungen erworben, was nicht heißt, dass die Bilder alle „sauber" waren. Beispielsweise wurde Hans Makarts „Die Pest in Florenz", ursprünglich im Besitz einer jüdischen Bankiersfamilie in Florenz, von der italienischen Regierung beschlagnahmt und Hitler bei einem Staatsbesuch am 28. Oktober 1940 zum Geschenk gemacht.

Bis Juli 1940 waren etwa 500 000 Reichsmark (RM) ausgegeben, wenige Monate später wurde für ein einziges Bild die dreifache Summe aufgewendet: Jan Vermeers „Der Maler in seinem Atelier", das aus Czernin'schem Familienbesitz um 1.650.000 RM erworben wurde. Im März 1941 beliefen sich die Ausgaben bereits auf 8,5 Mio. RM, bis August 1944 kamen aus dem Sonderfonds etwa 100 Mio. RM dazu. Voss gab später an, für rund 3000 Gemälde etwa 150 Millionen RM ausgegeben zu haben; neben der Gemäldesammlung wurden auch eine Münzsammlung, eine Waffensammlung und eine Bibliothek zusammengetragen.

Zum Vergleich: Für die Errichtung der Zellwolle Lenzing wurden etwa 90 Mio. RM investiert, für die Hermann-Göring-Werke in Linz etwa 600 Mio. RM. Das Anlagevermögen der Hermann-Göring-Werke wurde nach Kriegsende bei entsprechenden Abschreibungen mit 196 Mio. RM beziffert, das der Lenzing AG mit 42 Mio. RM.

In Linz befanden sich die vorgesehenen Gemälde nie, sondern zuerst im Führerbau in München, dann in Kremsmünster, zuletzt in den Bergwerksstollen in Aussee. Mit Bezug auf Hitlers „privates Testament", in welchem er die zusammengerafften Kunstschätze dem „Führermuseum" seiner „Patenstadt" vermachte, reklamierte Linz nach 1945 einen Teil der Schätze für sich. Es war ein langer Weg, bis alle Objekte den rechtmäßigen Besitzern zurückgestellt waren.

kriegen, Ratskeller, Silberkammer, Standesamt mit Festtrauungssaal und nach oben geschlossenem Arkadenhof für die Aufführung von Serenaden.

Donauabwärts sollte die 450 Meter lange Gauanlage folgen, mit der mächtigen Gaufesthalle für 30 000 Besucher und einem Aufmarschplatz für 100 000 Personen, den – als Wahrzeichen der Stadt und Krönung des gesamten Verwaltungsforums – ein Glockenturm überragen sollte, „höher als der Stephansdom, aber aus Respekt vor Ulm um einen Meter niedriger als das Ulmer Münster". Ausstellungsgelände, KdF-Halle, Heereskommando, Pionierschule und Militärmuseum sollten den Raum bis zu Bismarckbrücke und Bismarckdenkmal füllen.

Unter den Lauben

Für das neue Kulturzentrum an der Blumau waren geplant: ein Opernhaus für 2000 Besucher, ein Bibliotheksbau für eine Million Bände, das „Führermuseum" mit den dafür zusammengerafften Kunstschätzen, ein Operettentheater, ein Uraufführungskino, ein Künstlerhaus, ein Konzerthaus ...

Die Prachtstraße sollte aus je sechs Baublöcken bestehen, mit Restaurants, eleganten Geschäften und Büros sowie einem naturwissenschaftlichen und volkskundlichen Museum. Die zehn Meter breiten Gehsteige sollten in die Arkaden verlegt werden. Den Südabschluss sollte der neue Bahnhof bilden, dahinter der Autobahnzubringer, davor der Bahnhofsplatz mit Reichspost- und Reichsbahndirektion und Unterflurstraßenbahn zur Donau. Auch die Gleise der vom Atlantik bis zum Ural führenden Breitspurbahn sollten eingebunden sein.

Eine Querstraße sollte an ihrem Ostende ein neues Schauspielhaus, am Westende am Froschberg eine Art Gloriette mit Park als Ersatz für den stark verkleinerten Volksgarten erschließen. Ungeklärt blieb die Verbindung zwischen der Donauverbauung und dem neuen Kulturzentrum an der Blumau. Es gab Pläne für Durchbruchstraßen links und rechts der Landstraße oder auch für den einseitigen oder gar beidseitigen Abbruch der Landstraßenhäuser.

Den Freinberg sollte ein Denkmal zur Gründung des Großdeutschen Reiches krönen, den Pöstlingberg ein Observatorium unter dem Motto „Die Himmel rühmen des Ewigen Ehre“ mit Erinnerungen an Ptolemäus, Kopernikus, Zeiss sowie Hanns Hörbiger und dessen „Welteislehre“.

Geld spielt keine Rolle

Um all das verwirklichen zu können, wäre nicht nur viel Geld, sondern auch eine Stadterweiterung auf mehr als 400 000 Einwohner erforderlich gewesen. Tatsächlich eingemeindet wurden Ebelsberg und St. Magdalena, während Leonding, Asten, Steyregg, Puchenau und Traun sich erfolgreich zur Wehr setzten. Insgesamt zielten die geplanten Stadterweiterungen auf eine Fläche von etwa 400 Quadratkilometer. Tatsächlich erweiterte sich das Linzer Stadtgebiet von rund 58 auf etwa 95 Quadratkilometer.

Hinsichtlich der Kosten gab es keine konkreten Überlegungen. „Geld spielt keine Rolle“, war der Standardsatz der nationalsozialistischen Potentaten. Jedenfalls wäre der Hauptteil aus Reichsmitteln zu bestreiten gewesen. Nicht von ungefähr bemerkte Hitler in einem seiner Monologe, dass auf jedem Bau in Linz „Geschenk des Deutschen Reiches“ draufstehen müsse.

Linz wäre bei Realisierung dieser Planungen wohl in eine steinerne Monumentalität verwandelt worden, von deren Tristesse das stehen gebliebene, sehr viel kleinere „Gauforum“ in Weimar einen anschaulichen Eindruck vermittelt. So wurde die Donaustadt zum Symbol für die Mischung aus Irrationalität und Gewalt, die für die nationalsozialistischen Planungen charakteristisch war und die der Stadt wohl ein schwer beherrschbares Erbe hinterlassen hätte.

„Das Konzentrationslager Mauthausen ist eine Gedenkstätte von nicht nur österreichischer, sondern von europäischer, ja weltweiter Bedeutung."

BERTRAND PERZ, HISTORIKER

Klagemauer im KZ Mauthausen

ROMAN SANDGRUBER

Von den österreichischen Bundesländern war Oberösterreich am engsten mit dem nationalsozialistischen Konzentrationslagersystem verbunden. Mauthausen und das wenige Kilometer entfernte Gusen, das an Fläche wie auch Häftlingszahl in einem mit Mauthausen zu nennen ist, die 15 Außenlager des KZ Mauthausen in Oberösterreich und weitere 35 in anderen Bundesländern bildeten einen riesigen Lagerkomplex.

DAS LAND DER KONZENTRATIONSLAGER

Als 1938 das Konzentrationslager Mauthausen eingerichtet wurde, gab es im Deutschen Reich fünf weitere Konzentrationslager im engeren Sinn (Buchenwald, Dachau, Flossenbürg, Ravensbrück und Sachsenhausen). Bis 1942 kamen zehn weitere dazu. 1945 gab es insgesamt 22 Hauptkonzentrationslager mit über 1200 Außenlagern und Außenkommandos. Mit den zahlreichen Kriegsgefangenenlagern, Zwangsarbeiterlagern, „Judenlagern", „Zigeunerlagern", Arbeitserziehungslagern und sonstigen „Straflagern" war das gesamte nationalsozialistische Herrschaftsgebiet zuletzt mit einem Netz von

„Mauthausen ist ein Gedenkort mit weltweiter Bedeutung"

Welche Bedeutung hat das ehemalige KZ Mauthausen heute?

Bertrand Perz: Mauthausen war im System der NS-Konzentrationslager besonders wichtig und diente vor allem in der ersten Kriegshälfte als Tötungslager. Heute ist dieser Ort, in dem Menschen aus ganz Europa eingesperrt waren, nicht nur ein österreichischer, sondern ein europäischer, sogar weltweiter Gedenkort mit großer historischer Bedeutung.

Das war nicht immer so. Viele Außenlager wurden später zerstört, beinahe auch das Hauptlager.

Perz: Es gab die Forderung, das KZ Mauthausen abzureißen – auch viele Österreicher hätten das befürwortet. Ehemalige Häftlinge bemühten sich, das Lager als Gedenkort zu erhalten. 1947 übergaben die Sowjets der Republik Österreich das Lager mit der Auflage, eine Gedenkstätte zu errichten. Noch in den 1980er-Jahren war das öffentliche Bewusstsein über die Existenz von Außenlagern in Österreich gering. So wussten viele Bewohner von Melk nicht einmal, dass es in diesem Ort ein Außenlager gegeben hatte.

Wussten die Menschen rund um Mauthausen, was dort vor sich ging?

Perz: Natürlich. Das KZ wurde ja nicht geheim gehalten. Es steht auf einem Berg und war ein Repräsentationslager. Die SS-Männer waren auch in den Orten rundherum im Wirtshaus, hatten Liebschaften und Beziehungen. Bei der Errichtung erhofften sich Geschäftsleute, finanziell davon zu profitieren. Jedoch hat nicht jeder gewusst, was dort genau passiert. Es gab auch Anrainer, die Häftlingen geholfen haben, ihnen Lebensmittel zugesteckt haben. Prinzipiell muss man sich aber die Frage stellen, was Wissen für Konsequenzen hatte. Öffentlicher Protest war nicht möglich. Viele Bewohner akzeptierten und befürworteten den Nationalsozialismus, das unterschied die Mauthausener nicht von der übrigen österreichischen Gesellschaft.

Was ist zu beachten, wenn zum Beispiel Lehrer mit Schülern das ehemalige KZ besuchen?

Perz: Eine entsprechende Vor- und Nachbearbeitung im Unterricht. Sonst können Jugendliche diese Eindrücke nicht verarbeiten, weil ein KZ eine derart unglaubliche Geschichte ist.

Interview mit Bertrand Perz. Der gebürtige Linzer ist Historiker und Universitätsdozent am Institut für Zeitgeschichte der Universität Wien (Forschungsschwerpunkt Konzentrationslager).

Befreite KZ-Insassen im KZ Ebensee

Insassen des KZ Mauthausen

weit über 10 000 Lagern überzogen. Wohl niemandem konnte diese Realität der Lager verborgen bleiben. Von etwa 25 000 Konzentrationslagerhäftlingen im Jahr 1939 stieg ihre Zahl nach SS-Daten auf 714 211 im Jänner 1945. Mit den schätzungsweise 700 000 bis 800 000 Todesopfern, die in den Konzentrationslagern zu verzeichnen sind (ohne die mehrere Millionen Toten in den Vernichtungslagern), und den Fluktuationen ergibt das eine Gesamtzahl von an die zwei Millionen Menschen, die über unterschiedlich lange Zeit in Konzentrationslagern inhaftiert waren oder dort starben.

Das Konzentrationslager Mauthausen

Der Beschluss, in Oberösterreich ein Konzentrationslager zu errichten, fiel bereits wenige Tage nach dem Anschluss an das nationalsozialistische Deutsche Reich. Der Standort Mauthausen bot sich sowohl wegen der vorhandenen Granitsteinbrüche als auch wegen der Nähe zu Linz an, wo das Bauprogramm für die „Führerstadt" Linz einen großen Bedarf an Steinen erwarten ließ.

Am 28. März 1938 gab Gauleiter August Eigruber bekannt, dass die Oberösterreicher als „besondere Auszeichnung" ein „Konzentrationslager für die Volksverräter aus ganz Österreich" bekommen würden. Bereits im März 1938 besichtigten der SS-Obergruppenführer und Leiter des SS-Wirtschafts- und Verwaltungshauptamtes Oswald Pohl und Theodor Eicke, bis 1934 Kommandant von Dachau und dann Inspekteur der Konzentrationslager und Führer der SS-Totenkopfverbände, den Standort. Der Auftrag zur Betriebsaufnahme wurde im Mai gegeben. Im Juni wurde der Pachtvertrag mit der Gemeinde Wien für die Steinbrüche Wiener Graben und Marbacher Bruch abgeschlossen. Am 8. August 1938 traf der erste Transport mit 300 Häftlingen aus Dachau, begleitet von ca. 80 SS-Angehörigen, in Mauthausen ein, das bis Oktober 1938 als Außenlager Dachaus geführt wurde. Bis Ende des Jahres wurden etwa 1000 Häftlinge aus Dachau und Sachsenhausen hierher überstellt. Dann folgte Transport auf Transport: politische Gefangene, Roma und Sinti, Zeugen Jehovas, Spanier, Polen, Juden, Zwangsarbeiter, Kriegsgefangene …

Innerhalb des Systems der nationalsozialistischen Konzentrationslager zählte Mauthausen zu den Lagern mit den härtesten Haftbedingungen, was in der Einstufung in die sogenannte Lagerstufe III („Rückkehr unerwünscht") zum Ausdruck kam. Es diente der systematischen Vernichtung politischer Gegner und rassisch deklassierter und verfolgter Personen: In der NS-Diktion war Mauthausen für „schwerbelastete, unverbesserliche, kaum erziehbare Schutzhäftlinge" bestimmt. Die Sterblichkeit war höher als in anderen Konzentrationslagern. Bis Anfang 1943 lag die durchschnittliche Lebenserwartung eines Häftlings bei einem halben Jahr, stieg dann auf neun bis zwölf Monate und sank im Winter 1944/45 wieder auf fünf Monate. Mauthausen war, wenn man die Vernichtungslager gesondert betrachtet, eines der „tödlichsten" Konzentrationslager im Deutschen Reich. Die Todesrate lag hier über 50 Prozent, verglichen mit Buchenwald (25 Prozent), Dachau (16–33 Prozent) und Sachsenhausen (42 Prozent). Darüber lagen nur Stutthof (66,5 Prozent) und das Konzentrationslager Auschwitz – ohne das Vernichtungslager (57 Prozent). Insgesamt wurden in Mauthausen zwischen 95 000 und 100 000 Menschen ermordet. Hinzugezählt werden müssen noch jene Menschen, die in den Monaten nach der Befreiung an den Krankheiten oder Mangelerscheinungen verstarben, die sie sich im Lager zugezogen hatten.

Häftlingsstand Mauthausen 1938–1945

(Hauptlager mit allen Außenlagern zum jeweils letzten Tag eines Jahres)

31. 12. 1938	994 Häftlinge
31. 12. 1939	2666 Häftlinge
31. 12. 1940	etwa 8200 Häftlinge
31. 12. 1941	etwa 15 900 Häftlinge
31. 12. 1942	etwa 14 000 Häftlinge
31. 12. 1943	25 607 Häftlinge
31. 12. 1944	72 392 männliche und 959 weibliche Häftlinge
07. 03. 1945	84 472 männliche und 1043 weibliche Häftlinge
04. 05. 1945	mindestens 64 800 männliche und 1734 weibliche Häftlinge

Anm.: Dieser Häftlingsstand gibt nur Auskunft über die Zahl der genau an diesem Tag im Lager Inhaftierten und sagt nichts aus über die Zahl der innerhalb eines Jahres oder insgesamt ins KZ eingelieferten Personen.

Die Außenlager von Mauthausen

Der Arbeitseinsatz der KZ-Häftlinge, dem in der zweiten Kriegshälfte immer mehr Bedeutung beigemessen wurde, führte zur Errichtung von fast 50 Außenlagern, die wie ein Netz über das ganze Land ausgebreitet wurden. Mit der Errichtung von Außenlagern stiegen auch die Häftlingszahlen markant: von 14 000 Häftlingen Anfang 1943 auf 73 000 im Oktober 1944. Die Initiative zur Errichtung von Außenlagern ging in der Regel von der Industrie aus. Neben den Hermann-Göring-Werken und der Steyr-Daimler-Puch AG waren es vor allem die Flugzeugwerke, die mit KZ-Häftlingen versorgt wurden: Heinkel, Messerschmitt und die Rax-Werke, die in der V2-Produktion engagiert waren. Die Häftlinge wurden neben der Produktion vor allem zur Errichtung der großen unterirdischen Anlagen eingesetzt: in Gusen, in Ebensee, in Melk, in Redl-Zipf, wo in den Kellern der Brauerei eine Sauerstofferzeugung für die Raketenantriebe eingerichtet wurde.

Im Herbst 1944 wurden Häftlinge auch Branchen zugeteilt, die für die eigentliche Rüstungswirtschaft kaum Bedeutung hatten.

Ab Herbst 1944 wurden immer mehr Häftlinge den Aufräumkommandos nach Bombenangriffen zugewiesen, zum Schuttwegräumen und Bombenentschärfen. Mauthausen wurde immer mehr zum Auffanglager für aus dem Osten evakuierte Konzentrationslager, vor allem aus Auschwitz und Groß-Rosen. Eigens eingerichtet wurde das Lager Gunskirchen, in das ungarische Juden und Zwangsarbeiter in regelrechten Todesmärschen vor der immer näher rückenden Front getrieben wurden. Die Todesraten stiegen sprunghaft an, als die Versorgung völlig zusammenbrach.

KZ-Außenlager in Oberösterreich

Lager	Höchste Belegungsstärke
Bachmanning: 20. 9. 1942–?	ca. 20 Männer
Bad Ischl (Außenlager von Dachau): 9. 2.–19. 12. 1942	ca. 60 bis 80 Häftlinge
Ebensee: 18. 11. 1943–6. 5. 1945	18 437 Männer
Enns: 10.–19. 4. 1945	ca. 2000 Männer
Grein: 2.–19. 2. 1945	ca. 120 Männer
Großraming: 14. 1. 1943–29. 8. 1944	1027 Männer
Gunskirchen: 12. 3.–5. 5. 1945	12 000–15 000 Männer
Gusen I: 25. 5. 1940–5. 5. 1945	11 480 Männer
Gusen II: 11. 1. 1943–3. 8. 1944	12 350 Männer
Gusen III (Katzdorf-Lungitz): Dez. 1944–5. 5. 1945	328 Männer
Lenzing: 3. 11. 1944–4. 5. 1955	565 Frauen
Linz I: 11. 1. 1943–3. 8. 1944	958 Männer
Linz II: 21. 2. 1944–5. 5. 1945	285 Männer
Linz III: 22. 5. 1944–5. 5. 1945	5660 Männer
Redl-Zipf (Schlier): 11. 10. 1943–3. 5. 1945	2035 Männer
Steyr-Münichholz: 14. 3. 1942–5. 5. 1945	1971 Männer
Ternberg: 15. 5. 1942–18. 9. 1944	408 Männer
Vöcklabruck: 6. 6. 1941–14. 5. 1942	300 Männer
Wels I (Gunskirchen): 21. 12. 1944–29. 4. 1945	397 Männer
Wels II: 24. 3.–13. 4. 1945	1500 Männer
Weyer-Dippoldsau: 17. 9. 1943–25. 8. 1944	ca. 130 Männer

Die Lebenssituation in den Außenlagern war höchst unterschiedlich, je nach Einsatzart und Führung des Lagers. Die Überlebenschancen waren in den Produktionsbetrieben viel höher als bei der Errichtung der Stollenanlagen. Die Todesraten in den Rüstungsbetrieben lagen nicht über fünf Prozent, bei der Errichtung der unterirdischen Anlagen aber höher als 30 Prozent im Jahr. In den letzten Monaten vor der Befreiung stiegen die Todesraten in allen Lagern drastisch an. Unterschiedlich schwere Arbeit war aber nicht die einzige Ursache unterschiedlicher Überlebenschancen, diese waren auch abhängig von der jeweiligen Haltung der SS und der verantwortlichen Lagerführer.

Die Kommandanten

Erster Kommandant des Konzentrationslagers Mauthausen war SS-Sturmbannführer Albert Sauer, allerdings nur von August 1938 bis Februar 1939. Von 1. April 1939 bis Kriegsende hatte Franz Ziereis diese Funktion inne. Sauer kam am 3. Mai 1945 in der Nähe von Berlin ums Leben. Ziereis wurde am 22. Mai 1945 im südlichen Oberösterreich von amerikanischen Soldaten festgenommen, dabei schwer verwundet und starb wenig später im Lazarett in Gusen. Lagerführer in Gusen war bis 1942 Karl Chmielewski, er führte ein von Gewalt und Sadismus gekennzeichnetes Regime. Sein Nachfolger war der ähnlich berüchtigte Fritz Seidler. Es gibt Hinweise, dass er am 3. Mai 1945 zunächst seine Familie und dann sich selbst erschoss.

Todesraten

Man unterschied Anfang 1941 drei Härtestufen der Konzentrationslager.

Stufe I	für wenig belastete und unbedingt besserungsfähige Schutzhäftlinge: Dachau, Sachsenhausen und das Stammlager Auschwitz.
Stufe II	für schwer belastete, jedoch erziehungs- und besserungsfähige Schutzhäftlinge: Buchenwald, Flossenbürg, Neuengamme und das damals neu gegründete KZ Auschwitz II (Birkenau).
Stufe III	für schwer belastete, kaum noch erziehbare Schutzhäftlinge: Mauthausen und Groß-Rosen.

Darüber hinaus gab es die Vernichtungslager (Kulmhof, Auschwitz-Birkenau, Belzec, Sobibor, Treblinka, Majdanek).

Die Zahl der Häftlinge in Mauthausen ist nicht genau bekannt, denn nicht alle Häftlinge wurden nach der Einlieferung registriert und mit einer Nummer versehen. Manche wurden weder namentlich noch nummernmäßig erfasst, entweder sofort hingerichtet oder in einer isolierten Baracke untergebracht. Insgesamt waren während seines siebenjährigen Bestehens mehr als 200 000 Personen in Mauthausen und seinen Nebenlagern inhaftiert, von denen etwa die Hälfte ums Leben kam. Von allen Häftlingen in Mauthausen dürften etwa 23 000 Deutsche gewesen sein, davon rund 1650 „politische" Österreicher. Die überwiegende Zahl verteilte sich auf Polen (40 000 bis 50 000), Juden (40 000), sowjetische Staatsangehörige (40 000), Italiener und Südslawen (je 8000 bis 9000), Spanier (über 7000) und Tschechen (6000); 4063 Frauen sind namentlich erfasst.

In Mauthausen wurden etwa 5000 Personen mit Giftgas ermordet. Die häufigste Todesart war Vernichtung durch Arbeit. Dazu kamen formelle Hinrichtungen, „Erschießung auf der Flucht", sadistische Schikanen, Mord durch Unterkühlung, tödliche Experimente, den erzwungenen Sprung über die Steinbruchwand, Tod durch Verhungern, Erfrieren, unbehandelte Krankheiten, Schwächung ..., Tod auf den Todesmärschen und zuletzt bei der Evakuierung der Lager. Die Todesraten im Winter 1939/40 und von 1941 bis 1943 waren so hoch, dass kein Häftling eine Chance hatte, mehr als ein Jahr zu überleben. Dann besserte sich die Situation etwas, weil man die Häftlinge für die Rüstungswirtschaft brauchte. Das Überangebot an „Menschenmaterial" nach den ersten großen Siegen im Weltkrieg verschlechterte die Häftlingsbedingungen, infolge der großen Niederlagen war das Los geringfügig leichter. Zuletzt explodierten die Todesraten.

Die Befreiung

Das Hauptlager wurde am 2. Mai 1945 von der SS-Bewachung verlassen und am 5. Mai 1945 von US-Truppen befreit. Der Hauptprozess wegen Verbrechen in Mauthausen fand 1946 vor einem Militärgericht in Dachau statt. 61 Personen waren angeklagt. 1947 wurde das Lager von der sowjetischen Besatzungsmacht an die Republik Österreich übergeben und 1949 zu einem öffentlichen Denkmal erklärt. 1970 wurde eine Dauerausstellung eröffnet, 1988 besuchte Papst Johannes Paul II. die Gedenkstätte. 2003 wurde das Besucherzentrum mit der Ausstellung „Das Gedächtnis von Mauthausen" eröffnet.

Wachturm des ehemaligen KZ Mauthausen

„Was wird uns das Jahr 1945 bringen? Ich getraue es mir nicht zu schreiben, aber ich wünsche es, wie alle, die im Dreck des Schützenlochs verkrusten: Das Ende, und wenn es das Ende mit Schrecken wäre, weil es doch besser ist als der Schrecken ohne Ende ...“

Josef Lassl, ehemaliger Kulturchef der OÖN,
Tagebucheintrag am Heiligen Abend
des Jahres 1944 irgendwo an der Front

Roman Sandgruber

„Wir haben die längste Brücke der Welt – sie beginnt in Washington und endet in Sibirien!“ So äußerte sich der damalige Landeshauptmann Heinrich Gleißner über das zweifach besetzte Oberösterreich.

CARE-PAKETE UND COCA-COLONISATION

Das Jahr 1945 war zwar nicht die Stunde null, aber die Situation war zum Verzweifeln. Dabei befand sich Oberösterreich südlich der Donau, die amerikanisch besetzte Zone, zweifellos in einer deutlich besseren Position als Wien, Niederösterreich, das Burgenland und das russisch besetzte Mühlviertel. Der Hunger war nicht ganz so kritisch wie in Wien. Die Zerstörungen in der Endphase des Krieges waren viel geringer ausgefallen als in Ostösterreich. Der überwiegende Teil der Industriebetriebe war von Bombenangriffen wenig betroffen.

Die US-Armee auf dem Weg nach Braunau am 6. Mai 1945.

Allerdings befand sich aufgrund von Vertreibung und Umsiedelung eine riesige Anzahl von Flüchtlingen und DPs (Displaced Persons, „Zivilpersonen, die sich aufgrund von Kriegsfolgen zwangsweise außerhalb ihres Heimatlandes aufhielten“) in Österreich. Ende 1945 waren es geschätzte 1,7 Millionen Personen, davon entfiel auf Oberösterreich südlich der Donau mit etwa 700 000 die Hauptlast. Aus der Barockstadt Linz war – nach einem berühmten Ausspruch des Linzer Bürgermeisters Ernst Koref – die besetzte und geteilte Barackenstadt Linz geworden.

Die amerikanischen Truppen kamen 1945 sowohl als Befreier als auch als Sieger, was keinen Widerspruch darstellt. Denn es gibt keine Befreiung ohne Sieg. Diese Befreiung von außen statt durch eine innerstaatliche Aufstands- und Befreiungsbewegung hatte ihren Preis. Sie verlief nicht nur höchst blutig – bei den alliierten Truppen und der österreichischen Bevölkerung –, sondern auch mit entsprechenden Spannungen und Irritationen.

Zwischen dem 1. und 7. Mai 1945 besetzte die 3. US-Armee ganz Oberösterreich mit Ausnahme von 50 Gemeinden im östlichen Mühlviertel und östlich der Enns. Für Besatzungsaufgaben war diese Armee nicht gerüstet, weil ursprünglich eine amerikanische Besatzungszone in Österreich gar nicht vorgesehen gewesen war. Die Handbücher, die die Amerikaner mithatten, waren notdürftig zusammengestellt.

Die Amerikanische Militärregierung

Die Amerikanische Militärregierung unter Russel Snook trat am 14. 5. 1945 zu ihrer ersten Sitzung zusammen. Sie entschloss sich, für zivile Belange eine Beamtenregierung zu bestellen. Der Beamte Adolf Eigl wurde am 16. Mai zum „unpolitischen" Landeshauptmann ernannt, womit aber die Amerikaner keine glückliche Hand bewiesen. Eigl war zwar kein Nationalsozialist, hatte aber dem NS-Regime als einer der ranghöchsten Beamten des Landes während des Krieges gedient und alle Beförderungen mitgemacht. Auch stellte sich bald heraus, dass einige Mitglieder dieser Beamtenregierung sich früher als aktive Nationalsozialisten betätigt hatten. Eigl und weitere Regierungsmitglieder wurden im Spätsommer in Glasenbach interniert.

Amerikanische Militärregierung für Oberösterreich und Salzburg, Stand 15. Mai 1945

Chef
Oberst Russel Snook, im Zivilberuf Polizeioffizier in New Jersey

Stellvertreter
Oberstleutnant Hendrickson, später republikanischer Senator in New Jersey

Industrieangelegenheiten
Oberstleutnant Engesath

Rückstellungsfragen
Hauptmann Sirota, im Zivilberuf Rechtsanwalt

Ernährungsfragen
Major Jackson, im Zivilberuf Schulinspekor in Alabama, gute Deutschkenntnisse

Finanzen
Major Roesti, Bankbeamter

Verkehr
Hauptmann Sarty, Rechtsanwalt

Flüchtlingsfragen
Major Giacomo, Mittelschullehrer, heiratete später eine Linzerin

Dolmetscher
Major Hartigan

Die amerikanische Besatzungsmacht ernannte daraufhin nach längerem Tauziehen am 26. Oktober Heinrich Gleißner zum Landeshauptmann und bestätigte die von ihm gebildete politische Landesregierung, die am 29. Oktober 1945 feierlich installiert wurde.

Landeshauptmann Heinrich Gleißner

Die wirkliche Macht lag aber vorerst bei der amerikanischen Militärverwaltung, die sich in erster Linie auf die Wiederherstellung von Gesetz und Ordnung im Land, den Wiederaufbau der Wirtschaft, die Versorgung der Bevölkerung mit Lebensmitteln und die Erfassung, Betreuung und Repatriierung von ehemaligen deutschen Wehrmachtsangehörigen und Displaced Persons konzentrierte. Die Entnazifizierung der Bevölkerung und die Rückstellung geraubter Vermögen kamen nur langsam in Gang.

Verbrüderungen und Spannungen

Dem „Austrian Military Government Handbook" („Österreichischen Militärregierungshandbuch") vom April 1945 zufolge sollten die amerikanischen Besatzungssoldaten zu den Österreichern hart, aber gerecht sein und freundlicher als zu Deutschen. Ein strenges „Verbrüderungsverbot" untersagte vorerst den Kontakt zu und mit den Österreichern, vor allem Österreicherinnen. Bereits im Juli 1945 wurde das Fraternisierungsverbot gelockert und im September 1945 schließlich ganz aufgehoben.

Spannungen und Konflikte mit der einheimischen Bevölkerung gab es immer wieder: Die Präsenz der Besatzungsmacht wurde – vor allem in der Anfangszeit – zwar als unumgänglich, ja sogar notwendig für die Wiederherstellung von Recht und Ordnung im Land gesehen, erinnerte aber die Oberösterreicher immer wieder daran, dass die Amerikaner als Siegermacht gekommen waren. Angesichts des Mangels an Unterkünften requirierten die Amerikaner zwangsweise Wohnungen und sonstige Räumlichkeiten und Flächen, die meist innerhalb von wenigen Stunden geräumt werden mussten. Die Schäden waren beträchtlich, viele „Souvenirs" verschwanden. Fälle von Vergewaltigungen, Plünderungen, Diebstählen und Nötigungen sind auch aus der amerikanischen Besatzungszone bekannt – geahndet und bestraft wurden diese jedoch kaum.

Als „Billy" groß aufspielte

Sie waren als Musiker bei den Soldaten gefragt?

Feiglbinder: Wir waren froh, in einem von den Amerikanern gesponserten Tanzorchester unter-zukommen. Ich habe in Linzer Unterhaltungslokalen und bei Klubabenden der Amerikaner gespielt. Im Linzer „Special Service Club" der Amis haben wir uns schon beim Musizieren mit der kostenlosen Verpflegung angegessen. Dann hat der Kollege seinen Geigenkasten und ich den Harmonikakoffer mit Süßigkeiten voll gestopft – und wir sind mit den Instrumenten in der Hand nach Hause gegangen.

Konnten Sie Ihr Englisch verbessern?

Feiglbinder: Als Schüler, ab 1940/41, habe ich die Grundkenntnisse erworben, als Musiker bin ich in das für mich wichtige Gebrauchsenglisch eingestiegen – und habe natürlich sehr viele Lieder auf Englisch gesungen.

Haben Sie mit US-Kollegen noch Kontakt?

Feiglbinder: Anno dazumal habe ich natürlich alles über sie gewusst und sogar deren Kinder gekannt. Heutzutage gibt's keine Verbindung mehr.

Waren Sie einmal in den USA?

Feiglbinder: Ich hätte mehrmals die Möglichkeit gehabt, länger in Amerika zu gastieren. Da ich aber schon in Linz fix angestellt war, konnte ich die Angebote nicht annehmen.

Interessieren Sie sich heute für die USA?

Feiglbinder: Natürlich nehme ich an den dortigen Vorgängen Anteil. Schließlich hängt ja von den Entscheidungen dort drüben auch der Weltfrieden ab.

Interview mit Willi (Willibald) Feiglbinder, der vielen aus dem „Cafe Zentral" und der „Bar bei Hanns" in Linz ein Begriff ist. In der Besatzungszeit nach dem Zweiten Weltkrieg spielte er als „Billy" in den amerikanischen Klubs auf und durfte auch Süßigkeiten hamstern.

Haarabschneiderkommandos und Ami-Bräute

Konflikte und Missverständnisse entstanden vor allem aus Beziehungen zwischen GIs und österreichischen Frauen. Als „Amibraut" oder „Ami-Flittchen" gebrandmarkt, waren die Frauen mit Sanktionen konfrontiert, die vom Ignorieren bis zu den Fällen sogenannter „Haarabschneiderkommandos" reichten.

In Linz wurden Ende 1945 vom amerikanischen Geheimdienst junge Österreicher festgenommen, weil sie etwa 60 einheimische Mädchen mit tatsächlichen oder vermeintlichen Kontakten zu US-Besatzungssoldaten durch das Abschneiden der Haare attackiert hatten. Die Aktionen, erklärten die Festgenommenen, hätten sich nie gegen die amerikanische Besatzungsmacht gerichtet, sondern ausschließlich gegen die „schamlosen Linzer Mädchen". Androhungen des Haarabschneidens wurden in Oberösterreich nicht nur aus Linz, sondern auch aus den Bezirken Ried, Gmunden und Vöcklabruck gemeldet. Aus Vorarlberg, Salzburg und Wien wurden ebenfalls einschlägige Drohgedichte bekannt.

Mit dem „War Brides Act" vom 4. Jänner 1946 wurde es US-Soldaten erlaubt, Frauen in ihrer Besatzungszone zu heiraten und sie in die USA mitzubringen. Das Verhältnis zwischen Bevölkerung und Besatzung entspannte sich allmählich.

Schwarze Märkte

Das Zurechtkommen mit dem Mangel verlangte und verführte zu Korruption. Man wäre ja sonst verhungert. Die Verfolgung der Schattenökonomie verlor wegen der Massenhaftigkeit der Tatbestände ihren Schrecken und die eigentlichen Machthaber, die Besatzungsmächte, waren tief in sie verwickelt, was wesentlich zur Blüte der Illegalität beitrug. Die Versorgung mit Zigaretten wie Lucky Strike, Marlboro, Camel, der Goldwährung des schwarzen Marktes, war ganz vom Nachschub der Besatzer abhängig. Alkohol, Schokolade, Coca-Cola, Penicillin oder Nylonstrümpfe waren Währungen, die viele Zugänge öffneten. Der Schwarzmarkt boomte, man kannte die „Bauernvaluta", den Speck, und die „Edelvaluta", die Zigaretten. Die Geldwirtschaft war vorübergehend funktionsunfähig geworden.

Hilfe

Ohne ausländische, insbesondere amerikanische Hilfe wäre Österreich verhungert. Es waren verschiedene private und öffentliche Organisationen, die Hilfe leisteten.

Am bekanntesten sind die CARE-Pakete, die amerikanische Familien nach Österreich verschickten und die die Bevölkerung erstmals mit abgepackten Lebensmitteln, Dosenmilch, Löskaffee, Konserven etc. bekannt machten. Sicherlich gab es Schwierigkeiten in der Verständigung, zu Missverständnissen führte etwa anfangs der englische Beipackzettel der CARE-Pakete: „This is a gift from a friend in America." Nicht wenige fürchteten angesichts der dürftigen Englischkenntnisse der damaligen Zeit, „vergiftet" statt beschenkt zu werden.

Carepaket

Freude beim Auspacken von CARE-Paketen.

US-Zonenkontrolle an der Nibelungenbrücke.

CARE-Aktion und Marshallplan halfen den Österreichern nicht nur über die Not hinweg, sondern bewegten das Wirtschaftswunder. Es war kein Zufall, dass in die amerikanische Zone die meisten Marshallplan-Mittel flossen und dort auch die Modernisierung im Einzelhandel begann: Am 27. Mai 1950 eröffnete die Konsumgenossenschaft Linz unter KR Alfred Hehenberger, dem späteren Direktor des Konsum Linz und Gremialvorsteher, in der Wiener Reichsstraße 2 den ersten Selbstbedienungsladen Österreichs.

Coca-Colonisation

Die ökonomische Macht und Überlegenheit, die die Amerikaner durch den Besitz von US-Dollars und Konsum- und Luxusgütern verkörperten, führten zum Teil zu Spannungen, Neid und Missgunst. Gleichzeitig wurden die „exotischen“ – anfangs skeptisch bestaunten – Konsumgüter der Amerikaner rasch von der Bevölkerung angenommen. Nylonstrümpfe, Zigaretten oder Penicillin überzeugten schnell – die „Coca-Colonisation“ hielt auch in Österreich Einzug.

Eine der 63 Abfüllanlagen, die Coca-Cola mit den amerikanischen Truppen in die ganze Welt verschickt hatte, wurde 1946 in Lambach aufgestellt, um für die amerikanischen Truppen und ihre Angehörigen in Oberösterreich, Salzburg und der Bundeshauptstadt das fast unentbehrlich scheinende Getränk zu erzeugen. Bis Herbst 1953 wurde die Abfüllanlage in Lambach vom amerikanischen Militär und der Coca-Cola Export Company betrieben, dann übernahm die spätere Firma FAKO die Abfüllanlage. Ab Ende 1953 durfte Coca-Cola in Österreich offiziell auch an Zivilpersonen verkauft werden.

Innerhalb eines halben Jahres nach Kriegsende wurden die amerikanischen Besatzungstruppen von vier Divisionen auf eine reduziert. Anfang 1947 waren in der US-Zone noch 41 000 amerikanische Soldaten, davon die Hälfte in Oberösterreich, im April 1947 noch 10 000, 9000 im Jahr 1949, 1951 nur noch 2000. Die letzten amerikanischen Besatzungssoldaten verabschiedeten sich am 29. September 1955. Ihr Lebensstil hinterließ tiefe Spuren.

„Viele Russen waren Alkoholiker – einige starben deswegen. Darum erhielt der russische Soldatenfriedhof in Freistadt den Namen Schnapshügel."

Fritz Fellner, Museum Freistadt

Russischer und amerikanischer Soldat vor dem Wachhaus an der Zonengrenze Ennsbrücke

Roman Sandgruber

Zehn Jahre lang war das Mühlviertel so etwas wie das zehnte Bundesland Österreichs. Die Donau als Zonengrenze trennte es vom restlichen Oberösterreich. Dem Mühlviertel brachten die zehn Jahre sowjetische Besatzung nicht nur – mit der Zeit abnehmende – Übergriffe und Bedrohungen, sondern auch einen enormen wirtschaftlichen Rückschlag, von dem sich die Region nur sehr langsam erholte.

DIE RUSSEN IM MÜHLVIERTEL

Das Mühlviertel wurde zuerst fast zur Gänze von den Amerikanern besetzt. Nach dem Inkrafttreten der am 7. Mai 1945 in St. Martin im Innkreis unterfertigten Kapitulation der Heeresgruppe Süd wurde die zwischen Amerikanern und Sowjets ausgehandelte Demarkationslinie wirksam, die vorerst von Freistadt die Bahnlinie, später die Bundesstraße entlang zur Donau und südlich der Donau die Enns entlang verlief. Die Sowjets hatten also vorerst nur etwa 40 Gemeinden Oberösterreichs in ihrer Gewalt, die Amerikaner etwa 400. Im August 1945 wurde das Mühlviertel allerdings zur Gänze der sowjetischen Besatzungsmacht übergeben.

Die Zonengrenze an der Nibelungenbrücke war eine der wenigen Verbindungen ins Mühlviertel.

Entsprechend dem Zonenabkommen vom 9. Juli 1945 besetzte die Rote Armee Anfang August 1945 das ganze Mühlviertel. Die Hintergründe dieses Tauschs der von den sowjetischen Truppen besetzten Obersteiermark gegen das westliche Mühlviertel sind bis heute nicht völlig klar. Jedenfalls hatten die Sowjets nun nicht nur die völlige Kontrolle der Grenze zur Tschechoslowakei, sondern auch den Zugriff auf das nördliche Ufer der Donau ab Passau. Aufgegeben wurden dafür die Industrieregion der Mur-Mürz-Furche und ein Teil der am Ostufer der Enns gelegenen Gebiete mit den wichtigen Steyr-Werken. Ab 8. August 1945 war die Donau eine vorerst fast unüberschreitbare und strengen Kontrollen unterworfene Grenze.

JOINT MILITARY GOVERNMENT
СОЕДИНЕННОЕ ВОЕННОЕ ПРЕДСТАВИТЕЛЬСТВО
Gemeinsame Militärregierung

USA – PASS – USSR NO
С.Ш.А. ПРОПУСК С.С.С.Р. 23314
USA-Passierschein-Sowjetrußland Nr.

To Bridge and Ferry Guards:
ПРОПУСК НА МОСТЫ И РЕЧНЫЕ СУДНА
An Brücken- und Fährenwachen

A n d e r l e Theresia Freistadt Österr.
Wiesinger Margarethe " "

Name / ИМЯ / Name — Address / АДРЕС / Adresse — Nationality / НАЦИОНАЛЬНОСТЬ / Nationalität

has authority to pass between occupational zones of USA and USSR using bridges or ferry. This pass will expire at 22.00 31.12.45
ИМЕЕТ ПРАВО НА ПРОХОД МЕЖДУ ЗОНАМИ ОККУПАЦИИ США И С.С.С.Р., ЧЕРЕЗ МОСТЫ И НА ПРОЕЗД НА РЕЧНЫХ СУДАХ. СРОК ЭТОМУ ПРОПУСКУ ИСТЕКАЕТ
und zu diesem Zweck die Brücken oder die Fähre zu benutzen. Dieser Passierschein gilt bis

This pass is given to the holder for the purpose of
ПРОПУСК ВЫДАН ДЕРЖАТЕЛЮ ПО СЛЕДУЮЩЕЙ ПРИЧИНЕ
Dieser Passierschein ist dem Besitzer gegeben aus dem folgenden Grund

Dienstangelegenheiten

For the Russian Army Commander:
КОМАНДИР АРМИИ С.С.С.Р.
Für den russischen Armeekommandeur

For the US Army Commander:
ДЛЯ КОМАНДИРА АРМИИ США
Für den amerikan. Armeekommandeur

Passierschein für die Zonenüberschreitung

Das zehnte Bundesland

Die Befürchtung, dass das Mühlviertel damit ganz von Oberösterreich abgetrennt und zu Niederösterreich geschlagen würde, war sehr real. Man rechnete damit, dass die Sowjets die von den Amerikanern eingesetzte oberösterreichische Beamtenregierung nicht anerkennen würden. Mit dem „Verfassungsgesetz vom 7. August 1945 über die Ordnung der staatlichen Verwaltung in der russischen Besatzungszone von Oberösterreich" wurde von der Regierung Renner die Zivilverwaltung Mühlviertel eingerichtet und der Landwirt Johann Blöchl per Gesetz ad personam zum Staatsbeauftragten für das Mühlviertel ernannt, ein Unikat in der österreichischen Gesetzgebung, noch dazu in falscher Schreibung, nämlich als „Johann Plöchl". Am 13. August 1945 fand die erste Sitzung der Zivilverwaltung Mühlviertel statt. Diese setzte sich wie die Wiener Regierung, der sie unterstellt war, drittelparitätisch aus den drei Parteien ÖVP, SPÖ und KPÖ zusammen. Die Amtsräume befanden sich in der Rudolfstraße 2.

Nach den Wahlen vom November 1945 und der Bildung einer demokratisch legitimierten Oberösterreichischen Landesregierung am 15. Dezember 1945 betrachtete Blöchl seine Funktion als erloschen. Die sowjetische Militärkommandantur untersagte aber die Umwandlung der Zivilverwaltung in eine Außenstelle des Landes Oberösterreich. Eine verwaltungsmäßige Teilung konnte aufgefangen werden, indem Blöchl in die neue, demokratisch legitimierte Landesregierung als Landesrat ohne Ressort aufgenommen wurde und an allen Entscheidungen mitwirkte. Später wertete Dr. Heinrich Gleißner das Festhalten Oberösterreichs an der Landeseinheit als den wesentlichen Beitrag des Landes zur Verhinderung einer Teilung Österreichs ähnlich der Deutschlands.

Johann Blöchl, der Vater des Mühlviertels (1895–1987)

Der Lasberger Bauer Johann Blöchl hatte beide Weltkriege erlebt, den Ersten an den blutigsten Fronten Österreich-Ungarns, den Zweiten zum größeren Teil im Gefängnis. Von 1931 bis 1934 war er bereits Nationalratsabgeordneter. Am 24. August 1941 wurde er verhaftet, im Frühjahr 1943 zwar freigelassen, nach dem 20. Juli 1944 jedoch erneut in Haft genommen. Bis Oktober 1944 blieb er im Gefängnis, am 25. Januar 1945 wurde er vor das Volksgericht gestellt. Eigentlich wollte er für die Zukunft Ruhe haben und musste daher mühsam überredet werden, das gefährliche neue Amt des Staatsbeauftragten für das Mühlviertel und Leiters der Zivilverwaltung Mühlviertel zu übernehmen.

Per Gesetz wurde er zum Staatsbeauftragten ernannt, jedoch wurde in aller Eile sein Name im Gesetzestext falsch geschrieben. Einer der Grundsätze Blöchls lautete: „Ich habe nie die russischen Menschen, sondern den Krieg für die Verbrechen der Uniformierten verantworlich gemacht." Blöchl konnte mit den Besatzern gut umgehen und eine Entspannung erreichen, obwohl er jegliche Teilnahme an ihren Trinkgelagen verweigerte. „Zu Hause rauchte er seinen Tschibuk. Nur bei offiziellen Anlässen gönnte er sich eine Virginia", erzählt sein gleichnamiger Sohn.

Von 1945 bis 1955 war Blöchl gleichzeitig Landesrat, von 1955 bis 1961 Landeshauptmann-Stellvertreter. Seine Lebenserinnerungen (Linz 1988) sind ein eindrucksvolles Zeugnis.

Der „Vater des Mühlviertels"

Der Bauer Johann Blöchl wurde zum „Vater des Mühlviertels": Mit viel Geschick vermochte er ein Vertrauensverhältnis zu den sowjetischen Besatzungsoffizieren herzustellen, auch wenn er jegliche Teilnahme an ihren Trinkgelagen verweigerte, was von den Russen durchaus mit Achtung akzeptiert wurde. Was Blöchl leistete und in welch unsicherer Lage er amtierte – immer mit einem Fuß in Sibirien –, wird aus den Lageberichten des Gendarmeriekommandanten für das Mühlviertel deutlich: Zwischen dem 15. August und dem 31. Dezember 1945 wurden von den Gendarmen im Mühlviertel 70 Morde dokumentiert, 1946 immer noch 33, 1947: 14, 1948: 24 und 1949 weitere 17. Jene, die in den ersten Monaten nach dem Waffenstillstand ermordet, von Zwangsarbeitern und KZ-Häftlingen aus Rache erschlagen und von Amerikanern und Russen bei Übergriffen erschossen wurden, sind da noch gar nicht mitgezählt. Die Übergriffe vonseiten der Besatzer reduzierten sich im Lauf der Zeit, doch hörten sie nie ganz auf und bewirkten ein ständiges Gefühl von Bedrohung, Unsicherheit und Gefahr bei der Bevölkerung.

Willkür und Rache

Die Besatzer waren teilweise sehr nervös. So wurde in Freistadt ein Rauchfangkehrer von einem Soldaten erschossen, der beim Wasserhaus Dienst hatte. Der Soldat dachte, der rußige Rauchfangkehrer wolle das Wasser vergiften. Am 6. Dezember 1948 wurde die Fürsorgerin Anna Hellein aus Windhaag in der Nähe von Steyregg mit abgetrenntem Kopf aufgefunden. Sie war mit dem Zug auf dem Heimweg gewesen, nachdem sie ein Kind ins Spital gebracht hatte. Ein Soldat ließ sie unter einem Vorwand aus dem Zug aussteigen, vergewaltigte und ermordete sie. Dies war der letzte registrierte Mord durch einen sowjetischen Soldaten.

In 82 (bekannten) Fällen wurden Mühlviertler aus mehr oder weniger willkürlichen Gründen in die Sowjetunion verschleppt. Beispielhaft für die Willkür des Vorgehens ist der Fall des Lokomotivführers und des Zugbegleiters jenes Güterzuges, der am 22. November 1945 am Saurüssel wegen Überladung entgleist war, wobei mehrere russische Soldaten ums Leben kamen. Obwohl sie vorher auf die Gefahr hingewiesen hatten und nur unter Zwang gefahren waren, wurden sie wegen Sabotage verhaftet. Der Zugführer Mistelbacher kam 1953 aus Sibirien zurück, der Lokführer Klein starb in Russland. Von den Verschleppten aus dem Mühlviertel kamen 16 erst nach sieben bis zehn Jahren zurück, 20 blieben vermisst, 20 starben in Russland.

Russische Soldaten beim Frauenteich in Freistadt

Neben den recht unberechenbaren Besatzern gab es die eigenmächtigen Rächer, die die Gegend unsicher machten, häufig Männer dubioser Herkunft, die es verstanden, das Vertrauen der Besatzer zu erringen. Etwa der selbst ernannte Polizeifahnder Friedrich Bösse oder ein sich als „Oberingenieur Alexander Kuropatkin“ ausgebender Mann, der seine Kontakte zu den Russen für schwerste Erpressungen und Vergewaltigungen nutzte und bis 1947 immer wieder in Schwertberg auftauchte.

Mittwoch, 8. August 1945 — Oberösterreichische Nachrichten — Seite 3

Land Oberösterreich

Die amerikanisch-russische Besetzung von Linz-Urfahr

Passierscheine für Linzer mit Wohnung und Arbeitsstätte dies- und jenseits der Donau

Die Sonnenuhr

Wiener Lieder im Flüchtlingslager Mühlheim

Mahnungen der Postprüfstelle

Warum noch Kriegszuschlag zu Steuern?

Eine Frage um das finanzwirtschaftliche Staatsgefüge

An die bildenden Künstler

Topfenverteilung

Treibstoff nur durch Bezugskarte

Backpulver und Vanillezucker für Linz

Kleine Nachrichten

Volkszählung in Gmunden

Aus Nachbarländern

Die majestätische Donau als „Wildwasser"

Ein kleiner Leitfaden für Paddler, die genießen wollen

Die Oberösterreichischen Nachrichten vom 8. August 1945 berichten über die Teilung Oberösterreichs in eine russische und eine amerikanische Besatzungszone.

Insbesondere die Frauen waren in der ersten Zeit der Besatzung vor den Zugriffen der russischen Soldaten nicht sicher: Manche Frauen und Mädchen versteckten sich nachts auf Heuböden, Feldern und in Kellern, um von den Übergriffen der Soldaten verschont zu bleiben. Andere verkleideten sich als hässliche, alte Frauen oder täuschten Krankheiten vor. Fälle von Vergewaltigungen sind auch – allerdings in geringerem Maße – von Amerikanern bekannt. Zu Kindern – so die heutigen Erinnerungen – waren die Russen stets nett und freundlich. Nicht nur die Russen plünderten. Jahrzehnte nach Ende der Besatzung tauchten vermeintlich von den Russen entwendete Gegenstände in Privathäusern wieder auf.

Die wirtschaftliche Aushöhlung

Die russischen Besatzer traten im Gegensatz zu den Amerikanern, die als „Gebende" wahrgenommen wurden, durch „Nehmen" in Erscheinung: Plünderungen, Demontagen ganzer Betriebe und Beschlagnahme des „deutschen Eigentums". Mit dem Befehl Nr. 17 vom 27. Juni 1946 wurden die gesamten deutschen Vermögenswerte im östlichen Österreich in das Eigentum der Sowjetunion übernommen und in die sogenannten USIA-Betriebe eingebracht. Auch wenn sich nur ein kleiner Teil davon im Mühlviertel befand, so fehlte doch jegliche Entwicklungsperspektive und die Unternehmen wurden wirtschaftlich völlig ausgehöhlt.

Zu Neuansiedelungen von Betrieben kam es nur äußerst selten. Von der amerikanischen Marshallplan-Hilfe, die 1948 einsetzte und für den Wiederaufbau entscheidend wurde, erhielt das Mühlviertel nichts.

Die USIA-Läden

Im Sommer 1950 begann die Besatzungsmacht schlagartig mit der Errichtung einer Kette von Verkaufsläden. In diesen USIA-Geschäften konnte man fast steuerfrei einkaufen, vor allem Zigaretten und Alkohol, aber auch Lebensmittel, technische Artikel und Gebrauchswaren aus USIA-Betrieben und Osteuropa. Auf diese Weise wurden dem österreichischen Staat nicht nur erhebliche Steuern entzogen, sondern auch der heimische Handel wurde empfindlich konkurrenziert und geschädigt.

Von den insgesamt 186 Detailhandelsgeschäften, die die USIA 1954 unterhielt, lagen zehn im Mühlviertel, davon allein sechs in Urfahr. Als ab 19. Oktober 1953 die Kontrolle an der Demarkationslinie aufgehoben wurde und die Donaubrücke wieder ungehindert passierbar war, strömten die Linzer in langen Kolonnen mit Rucksäcken, Koffern und Leiterwagen in die Urfahrer USIA-Geschäfte. Die Regierung war machtlos. Man prangerte derartiges Einkaufen zwar als unpatriotischen Verstoß gegen gute Sitten an, die Sowjetunion feierte es jedoch als „Marshallplan-Hilfe für den kleinen Mann“.

Krisenregion Mühlviertel

Oberösterreich blieb bis 1955 ein zweigeteiltes Land. Mit Mut, taktischem Geschick und Geschlossenheit verhinderten die führenden Männer eine endgültige Teilung des Landes. Nach dem Staatsvertrag vom 15. Mai 1955 gab es am 11. August 1955 die letzte Sitzung der Zivilverwaltung Mühlviertel. Das Mühlviertel war endgültig frei. Doch die Spuren der Besatzung währten lange: Das südliche Oberösterreich erhielt durch die Besatzung die Chance, zum Industrieland Nummer eins aufzurücken. Das Mühlviertel hingegen blieb Krisenregion. Der Dank oder gar die Entschädigung für das, was das Mühlviertel ertragen und geleistet hat, blieb spärlich.

„Beim Hochwasser 1954 kamen die meisten Menschen ums Leben, beim Hochwasser 2002 war der Sachschaden am größten – rund 1,1 Milliarden Euro."

WOLFGANG GASPERL, WILDBACH- UND LAWINENVERBAUUNG

Verteilung von US Care-Paketen während der Hochwasserkatastrophe 1954

ROMAN SANDGRUBER

Überschwemmungen sind die mit Abstand häufigsten Naturkatastrophen im Ostalpenraum. Betroffen sind insbesondere die Regionen und Siedlungen an der Donau und ihren Nebenflüssen.

DONAU-ÜBERSCHWEMMUNGEN

Ob die Hochwasser wie überhaupt die Klimaextreme häufiger werden, ist eine ewige Streitfrage. Fast jede Zeit hat sie mit Ja beantwortet: Die Wetterextreme würden immer schlimmer. Da spielen einerseits das menschliche Erinnerungsvermögen und die Vergesslichkeit eine Rolle; andererseits werden die materiellen Schäden allein durch den immens gestiegenen Wohlstand größer. Hochwasser können heute viel größere Werte zerstören als in früherer Zeit, als die Menschen ohnehin kaum etwas besaßen. Außerdem erhöht die dichtere und immer mehr in Überschwemmungszonen rückende Besiedelung und Verbauung die Bedrohung und die Schäden. Allerdings waren Schutz- und Hilfsmaßnahmen einst viel weniger wirksam und man muss bedenken, dass die Zerstörung der wenigen Habseligkeiten in früherer Zeit in der Regel existenzbedrohend war.

Die zunehmende Erwärmung mag zu einer Verstärkung der Wetterextreme führen. Aber auch zunehmende Kälte, wie im 16. und 17. Jahrhundert in der sogenannten „kleinen Eiszeit", hat in der Wahrnehmung der Menschen die Wetterextreme verschärft.

Eishochwasser

Für die großen Hochwasser an der Donau und ihren Nebenflüssen lassen sich drei Ursachenbündel unterscheiden. Die erste, häufigste und in den Schäden gefürchtetste Ursache für Hochwasserkatastrophen existiert heute praktisch nicht mehr: Hochwasser und Überschwemmungen, die von Eisstößen nach Wärmeeinbrüchen in kalten Wintern ausgelöst wurden. Heute ist es wärmer geworden, die Flüsse frieren nicht mehr zu und Stauseen verhindern die Bildung großer Eisstöße.

Bei Eishochwassern waren die Opferzahlen und die Schäden besonders groß. Die Wucht des Eises riss Brücken und sonstige Bauwerke mit sich, hinter sich auftürmenden Eisschollen konnten sich Wasserstaus bilden. Brachen die Eistürme, kam die Flut nicht langsam, sondern urplötzlich. Eisstöße gab es zwar auch im Mittelalter, mit der kleinen Eiszeit im 16. Jahrhundert wurden sie jedoch signifikant häufiger.

Die schlimmste Eishochwasserkatastrophe, eine der größten je in Österreich verzeichneten Überschwemmungen, ereignete

Impressionen vom Hochwasser im Juli 1954 in Linz. Ein massiver Kaltlufteinbruch hatte Gewitter mit Starkregen mit sich gebracht und verursachte die größte Hochwasserkatastrophe des 20. Jahrhunderts in Oberösterreich.

Die Linzer Hochwassermarke von 1501

In Linz erinnert eine Marmortafel am Heinrich-Gleißner-Haus an das Hochwasser von 1501. Sie ist allerdings nicht mehr in Originalhöhe angebracht. In etwas holprigen deutschen Reimen und in metrisch korrekten lateinischen Distichen im Stile Ovids wird die Höhe des Wasserstands angegeben.

„Hiermit disen stain beczaichene stat / wie hoch die Dunaw geraichet hat / Das ist beschehen im Monet Augusti / bey Regirung Römischen Künig Maximiliani / Da von Cristi gepurde erganngen war / Tawsennt Funfhundert und ain Jar“

Die lateinischen Distichen könnten vom berühmten Humanisten Conrad Celtis stammen, der damals in Linz weilte:

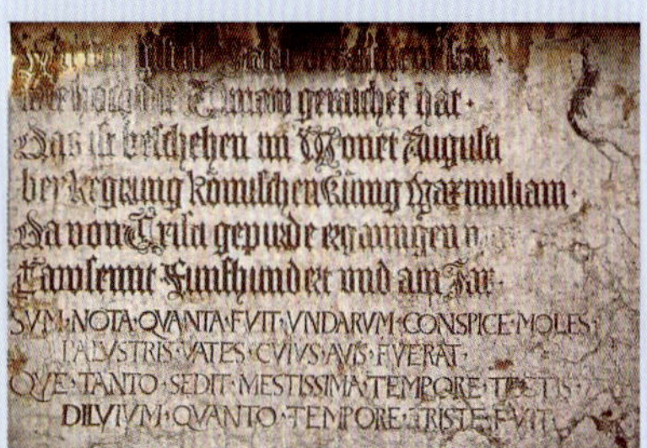

Auf Deutsch: „Schau her, ich bin das Zeichen, wie groß die Masse der Wellen war, dessen Zeuge ein im Sumpf lebender Vogel war, der sehr traurig auf den Dächern in jener Zeit saß, als sich die beklagenswerte Flut ereignete.“ Der angesprochene Vogel, wohl ein Reiher, ist rechts auf der Tafel kaum mehr zu erkennen. Sein Schnabel bezeichnete einst die Wasserhöhe.

sich 1830. Dieser Winter war so kalt, dass der Traunsee ganz zufror, was nach älteren Aufzeichnungen vorher nur 1477, 1624, 1683 und 1739/40 der Fall gewesen war (und später 1928/29). Auch die Donau hatte eine so dicke Eisdecke, dass man in der Wachau mit schweren Wagen den Strom überqueren konnte. Am 27. Februar 1830 brach das Eis mit einem Schlag. Die Flut kam so rasch, dass die Stromwächter kaum Zeit hatten, Notsignale ertönen zu lassen. Die Wasser- und Eismassen zerstörten alles, was sich ihnen in den Weg stellte. Noch im Mai lagen Eisschollen herum, die das Vieh unter sich begraben hatten. Da zudem die Trinkwasserversorgung beeinträchtigt war, brach eine Choleraepidemie aus.

Frühlings- und Sommerhochwasser

Das zweite Bedrohungsbild sind Frühlingshochwasser durch plötzliche Schneeschmelzen im Gebirge. Die massivsten Hochwasser wurden und werden aber durch großflächige Überregnungen im Sommer, viel seltener im Herbst ausgelöst, wobei hier der Überraschungseffekt geringer ist. Eine größere Zahl von Todesopfern gab es meist nur bei plötzlich auftretenden Sturzfluten an kleineren Flüssen nach schweren Gewittern. Zerstörte Felder, weggeschwemmte Vorräte, totes Vieh und verunreinigtes Trinkwasser führten jedoch zu Hungersnöten und Seuchen.

Die Katastrophen von 1501 und 1899

Während für ganz Westeuropa sowie das Einzugsgebiet des Rheins und der Elbe das Hochwasser des Jahres 1342 das wohl größte im vergangenen Jahrtausend gewesen sein dürfte, war dies für den Donauraum östlich von Regensburg das Hochwasser vom August 1501. Die „Jahrtausendflut“ begann am Tag vor Mariä Himmelfahrt und dauerte fast zehn Tage. Dieses mächtige Hochwasser ist in zahlreichen, sehr unterschiedlichen Quellen dokumentiert. Zur Erinnerung brachte man an zahlreichen Stellen Hochwassermarken an. Die Menschen weinten, aber manche konnten aus Verzweiflung nur noch lachen, heißt es in einem Bericht.

Neben dem Eisstoß von 1830 war die Flut von 1899 die größte im 19. Jahrhundert. Eine starke Überregnung Ende August und Anfang September ließ alle Flüsse

Briefkastenentleerung mit dem Paddelboot, 1954

Bei Grein versinkt ein Marterl beinahe in den Fluten, 1954

des heutigen Österreich weit über die Ufer treten; die Intensität glich dem Hochwasser von 2002 bzw. übertraf dieses sogar noch. An den Flüssen Salzach, Inn, Traun, Enns und Donau standen viele Städte fast völlig unter Wasser, so zum Beispiel Salzburg, Schärding und Wels. Erstmals wirkten sich damals die im 19. Jahrhundert erfolgten Flussbegradigungen negativ aus.

Das Jahrhunderthochwasser von 1954

Besonders intensive Starkniederschläge am 7. und 8. Juli 1954 ließen die Bäche und Flüsse rasch ansteigen. Es kam zu gewaltigen Überschwemmungen, die sich zur größten Hochwasserkatastrophe des 20. Jahrhunderts im bayerisch-österreichischen Donauraum entwickelten. Im Eferdinger Becken wurde eine Fläche überflutet, die der dreifachen Größe des Traunsees entsprach. Im Stadtgebiet von Linz waren mehr als 2000 Hektar überschwemmt, 5500 Personen mussten evakuiert werden. Für die Rettungsmaßnahmen rächte es sich, dass die russische Besatzung nach 1945 verlangt hatte, alle Zillen in den Donauufergebieten wegzubringen oder zu zerstören, um damit die Flucht über die Donau zu verhindern. Jedoch waren die Fluten im Jahr 1501 in Linz noch um etwa einen Meter höher gewesen, in Engelhartszell sogar um zwei Meter.

Aufgrund der im Vergleich zum Alpenvorland relativ geringen Überregnung des Traun- und Ennsgebietes war abwärts von Mauthausen eine deutliche Abflachung der Hochwasserwelle zu verzeichnen.

Das Doppelhochwasser von 2002

2002 war das bislang letzte große Hochwasserjahr, und das gleich doppelt, vom 20. bis 23. März und vom 7. bis 16. August. Vom Märzhochwasser waren das Machland und die Städte Steyr und Grein am stärksten betroffen. Im August kam es im Mühlviertel, Waldviertel und Reichraminger Hintergebirge zu sintflutartigen Regenfällen. Die Tagessummen des Niederschlags lagen teilweise über den höchsten jemals gemessenen Werten, die Zeitungen titelten: „Jahrhundertregen überschwemmt Österreich."

Im Mühlviertel gab es Katastrophenalarm, mehrere Orte waren

Fahrverbot auf der Urfahraner Seite, 2002

Bei Ardagger (NÖ) helfen Soldaten, 2002

komplett von der Außenwelt abgeschnitten, etwa Zwettl oder Schwertberg. Schwer betroffen war auch Rottenegg. Teile der Bezirkshauptstadt Perg wurden von der Naarn überflutet. „Es ist ein einziger See", sagte ein Sprecher der Gendarmerie Perg, „so etwas habe ich noch nie gesehen." Die Zerstörungen waren vornehmlich in jenen Bereichen zu beklagen, die erst in den letzten Jahrzehnten bebaut oder landwirtschaftlich genutzt worden waren, also historisch gesehen als Flutungsgebiete bei Hochwasser galten.

„Bei der Raumplanung wurden Fehler gemacht"

Welches war für Oberösterreich das verheerendste Hochwasser?

Gasperl: Die meisten Menschen starben beim Hochwasser 1954 – alleine in Gmunden kamen acht Feuerwehrmänner ums Leben. Jenes mit dem größten Sachschaden war das Hochwasser von 2002 – der Schaden lag bei rund 1,1 Milliarden Euro. Zum Glück wurde der Katastrophenfonds nicht aufgelöst. Es gab vor dem Hochwasser Überlegungen in diese Richtung.

Wie konnte es 2002 zu so gravierenden Folgen kommen?

Gasperl: Wahrscheinlich, weil es seit 1954 in den Gefahrenzonen zu intensive Bautätigkeiten gegeben hat. Durch die Siedlungsausweitungen wurden jene Flächen, auf denen das Wasser versickern kann, immer weniger. Es wurden in Sachen Raumplanung Fehler gemacht, die zum Verlust von Versickerungsflächen und Retentionsbereichen geführt haben.

Schlamm und Bäume richteten 2002 ebenfalls gravierende Schäden an. Lässt sich so etwas für die Zukunft verhindern?

Gasperl: Um den Feststofftransport – also Steine, Holz und auch Schlamm – zu minimieren, wurden teilweise bereits oberhalb von einigen Orten Sperren errichtet, die nur das Wasser durchlassen. Dadurch werden in Orten an den Unterläufen die Verklausungen und Zerstörungen durch Feststoffe minimiert.

Interview mit Wolfgang Gasperl, Leiter der Lawinen- und Wildbachverbauung Oberösterreich.

Die größten Hochwasserereignisse an der Donau

868

Erste schriftliche Nachricht über ein Hochwasser in Linz

1012

„So kam eine unzählbare Menge Menschen und Vieh um, und auch viele Gebäude und Wälder wurden durch die Gewalten der Fluten zerstört."

1051

„Nämlich während der Sommerszeit traten infolge der Regengüsse die Gewässer außerordentlich über ihre Ufer. Hierdurch kamen sowohl zahlreiche Menschen als auch Pferde im Wasser um."

1194

Dieses Hochwasser wird in englischen Quellen als Strafgericht Gottes gegen Österreich wegen der Gefangennahme von Richard Löwenherz gedeutet.

Winter 1235/36

In Regensburg werden ganze Stadtviertel durch Einsturz von Mauern, Häusern und Türmen zerstört, wobei „Menschen wie Tiere von den Wogen mitgerissen (wurden) und in den wilden Fluten ein nasses Grab fanden".

1342

Die vielleicht schwersten Überschwemmungen des Mittelalters

1501

Das größte Hochwasser an der Donau in historischer Zeit, 14. bis 24. August

1598

Es regnet vom 14. bis zum 25. August, großes Hochwasser

1709

5. Jänner 1709: „Es ließ die Kälte wieder nach, folgete ein Regen-Wetter bey 4. Täg ... Was das Wasser für Schaden ... gethan habe, ... ist nicht zu beschreiben."

1784

Die außergewöhnliche Höhe der Flutwelle ist auf die Regenfälle, die Schmelzwassermengen und auf Eisstau zurückzuführen.

1830

Das schlimmste Eishochwasser

1899

Augusthochwasser, in der Intensität mit 2002 vergleichbar, in den Wasserständen teils viel höher

1954

Das schlimmste Hochwasser des 20. Jahrhunderts

1991

Julihochwasser

1997

Doppelhochwasser vom 5. bis 8. Juli und 17. bis 20. Juli

2002

Doppelhochwasser vom 20. bis 23. März und vom 7. bis 16. August

„Der Vierkanter ist die charakteristischste Bauform unseres Heimatlandes, die nicht mehr vervollkommnet, sondern nur noch aufgelöst werden kann."

RUDOLF HECKL, BAUFORSCHER

ROMAN SANDGRUBER

Im oberösterreichischen Städteviereck zwischen Steyr, Enns, Wels und Linz breitet sich eine der eindrucksvollsten Bauernlandschaften Österreichs, ja Europas aus: das Viertel der Vierkanter. Franz C. Lipp nannte diese Region einmal die „Herzkammer Österreichs".

DAS LAND DER VIERKANTER

Die mächtigen Vierkanter zeugen vom Wohlstand der Eigentümer.

Ein Vierkanter, das ist demonstrative Bauernherrlichkeit: verbaute Grundflächen bis zu einem halben Hektar, Fassaden mit bis zu mehreren hundert Fenstern und zahlreiche Tore. Im 17. und insbesondere 18. Jahrhundert hatte sich in der Florianer Gegend und im Gebiet der Traun-Enns-Platte eine Gruppe von bäuerlichen Besitzern herausgebildet, die häufig als „Bauernadel" bezeichnet wurden. Diese Bauern wollten mit keinem Hofrat in Wien tauschen, fuhren mit dem eigenen „Zeugl", dem Zweispänner, zur Kirche und hatten in die Weste die silbernen Taler eingeknöpft.

Der Reiseschriftsteller Johann Georg Kohl berichtete im Jahr 1842 vom viel besuchten „Mayer in der Tann". Vor allem wunderte er sich über die „feiernden" Zimmer, die häufig nicht die Schlafräume für die „Herrenleut" waren, auch nicht Gästezimmer, sondern demonstrative Zurschaustellung des Wohlstands und der Vorräte: „So findet man bei dem ‚Mayer in der Tann' eine Reihe von möblierten Zimmern im oberen Stocke. Man erzählte mir, dass weiland der Kaiser Franz den russischen Kaiser Alexander, als er mit ihm durch Oberösterreich reiste, zum ‚Mayer in der Tann' geführt habe, um ihm zu zeigen, welche wohlhabenden Bauern er in seinem Staate habe."

Bauernadel, Bauernkapitalisten, Herrenbauern ...

Bauernadel, könnte man sagen, Bauernkapitalisten vielleicht auch, Herrenbauern sicher. Immer wieder die gleichen Namen scheinen in den verschiedenen Besitzgeschichten auf und ein Netz von Heiraten, Erbschaften, Adoptionen, Kaufverträgen verbindet und charakterisiert die einzelnen Höfe. Allerdings ist es keine typische „Erbhoflandschaft", man trifft in der Vierkanterregion kaum auf jahrhundertelange Vererbungen in männlicher Linie. In der Liste der 241 „Erbhof"-Titelverleihungen der Ersten Republik vor dem „Anschluss" an das Dritte Reich finden sich nur drei Höfe, die dem oberösterreichischen Zentralraum zuzurechnen sind.

Die Höfe wurden verkauft, vertauscht, durch Adoption übergeben, vererbt, und immer wieder übernahmen Töchter die Höfe oder brachten sie in die Ehe mit. Die Übergabe- und Ausgedingeverträge, die in der ersten Hälfte des

20. Jahrhunderts abgeschlossen wurden, sind wahre Kunstwerke notarieller Genauigkeit und Spitzfindigkeit. Vergessen wurde wirklich nichts, was für die Sicherung des Altenteils der Übergeber von Belang sein konnte. Häufig wurden die Höfe verkauft und die Altenteiler zogen sich in Stadtwohnungen zurück.

Die Vierkanthofbauern waren „Hörndl"- und „Körndl"-Bauern, betrieben also Viehzucht und Ackerbau. Gewölbte, geräumige Ställe waren der Stolz dieser Höfe. Vor allem fiel die Größe der Pferdeställe im Verhältnis zu den Rinderställen auf, etwa im Verhältnis eins zu zwei: Auf sechs Pferde kamen zwölf Rinder. Bis zum Einsetzen der Dampfschifffahrt auf der Donau wurden in dieser Region auch die schweren Schiffszugpferde großgefüttert.

Entstehung und Verbreitung

Die Hauslandschaft der Vierkanter hat erst im 19. und frühen 20. Jahrhundert die Ausformung erhalten, in der sie sich heute präsentiert. Im 17. und 18. Jahrhundert gab es nur wenige Bauernhäuser, die sich schon so regelmäßig darstellten. Ihre Bauweise orientierte sich zweifellos am Vorbild der Klöster und Schlösser, waren sie doch häufig klösterliche und adelige Meierhöfe oder aus solchen hervorgegangen. Im 19. Jahrhundert wurden an vielen Häusern umfangreiche Erweiterungsbauten durchgeführt. Die regelmäßige und geschlossene Form wurde hergestellt, Holzwände wurden durch Mauerwerk ersetzt und zuletzt wurde häufig ein Obergeschoß aufgesetzt. 1887 veranstaltete die k. k. oberösterreichische Landwirtschaftsgesellschaft einen Architektenwettbewerb zu modernen Bauernhäusern. Die Kritik galt dem Vierkanter, weil er feuergefährlich und „unschön" sei. Ferner sah man überdurchschnitt-

Die Verputzformen der Bauernhöfe

Sgraffito (Kratzputztechnik)

Häufiger in Bürger- und Adelshäusern, aber auch bei Hammerhäusern und Bauernhäusern zu sehen.

Rohziegelmauerwerk

Setzt das Brennen der Ziegel voraus.

Bloßsteinmauerwerk

Ist vor allem im Mühlviertel verbreitet, wo mit großen Granitsteinen gebaut wurde.

lich viel Kapital gebunden. Der Bauforscher und Vierkant-enthusiast Rudolf Heckl meinte dazu mehr als ein halbes Jahrhundert später, praktisch am Ende der Blüte der Vierkanter: „Die Bauern waren eben klüger als die Theoretiker von 1887."

Die Vierkantform wurde gebildet, indem gegenüberliegende kleinere und nur erdgeschoßige Häuser an den freien Seiten vorerst durch Bretterwände (sogenannte Lorwände) abgeschlossen wurden. Die großen durchgehend gemauerten Vierkanthöfe der Florianer Gegend wurden meist nach 1840 und nur in einzelnen Fällen schon ab etwa 1770 erbaut. Um 1880 gab es in Oberösterreich ca. 8500 Vierkanter. Bis zur Mitte des 20. Jahrhunderts wurden weitere 2000 Höfe vornehmlich im Hausruck- und Mühlviertel in die Form eines Vierkanters gebracht. Die Vierkantform wurde so verinnerlicht, dass im Bewusstsein vieler Bauern erst mit dem in einem durchgehend firstgleichen Viereck „eingefangenen" Hof ein vollständiges Bauernhaus erreicht schien.

Im Osten ragt das Vierkantergebiet tief ins niederösterreichische Mostviertel über Amstetten hinaus bis Melk, im Norden greift es stellenweise über die Donau weit in das Mühlviertel hinauf bis in den Raum von Kefermarkt und Königswiesen und nach Westen franst es bis zum Mündungsgebiet der Großen Mühl und bis zur Ager aus. In Oberösterreich erstreckt sich das Verbreitungsgebiet der Vierkanter über elf politische Bezirke mit insgesamt 185 Gemeinden, in denen Vierkanthöfe vorkommen. In Summe wurden um 1980 dort 9624 Vierkanter erfasst. 39 Prozent der landwirtschaftlichen Betriebe über zwei Hektar in diesen elf Bezirken waren Vierkanter, der dichteste Bestand ergab sich in den Bezirken Linz-Land, Steyr-Land, Kirchdorf und Wels-Land, wo der Anteil jeweils bei etwa 60 Prozent oder darüber lag. Deutlich geringer war der Anteil bereits in den Bezirken Gmunden, Perg, Urfahr, Eferding, Freistadt, unter zehn Prozent in den Bezirken Grieskirchen und Vöcklabruck.

Verputz

Verputzt wurde, weil das Mauerwerk meist in recht unregelmäßiger Art aus verschiedenen Materialien zusammengesetzt war.

Schichtmauerwerk

Abwechselnd wurden Rohziegel und Flussschottersteine zu einem Linienmuster gelegt. Kommt hauptsächlich im Ennser Raum vor und wurde daher fälschlicherweise bis auf römische Traditionen zurückgeführt.

Die vollkommene Form

Vierkanthöfe sind große Höfe. Die Baugeschichte zeigt, dass die verbauten Flächen erheblich ausgedehnt wurden und man dabei auch bestrebt war, die Regelmäßigkeit und Vierkantform zu vervollkommnen. Große Höfe erreichen eine Seitenlänge von etwa 60 Meter und mehr, mittlere eine solche von ungefähr 40 Meter. Die Kleinbetriebe in diesem Gebiet sind hingegen selten zur Vierkantform geschlossen, blieben Streckhöfe, Hakenhöfe, nicht voll geschlossene Höfe.

Bei einer Erklärung der Entstehung des Vierkanthofes ist die Verbindung mit dem Dreiseithof, dem Vierseithof und verschiedenen Einspringerformen recht augenscheinlich. Vierseithofformen umgeben das Vierkanthofgebiet Oberösterreichs nach allen Himmelsrichtungen. Der Vierkanter hat aber – anders als etwa der Mühlviertler Einspringerhof, der Dreiseithof, das alpine Mittertennhaus oder der ostösterreichische Streckhof – keine ausgeprägte Schauseite. Er präsentiert sich von allen vier Seiten mit gleichartigen mächtigen Fensterfronten und Toren. Primär ist er nicht für den Dorfverband, sondern für das Streusiedelland konzipiert und thront herrschaftlich mitten in der Landschaft.

Alexander Jalkotzy hat 161 Höfe in den Gemeinden St. Florian, Niederneukirchen und Ebelsberg untersucht: In mehr als der Hälfte

„Auch Auszügler fanden Platz“

Welche Vorteile hatte ein Vierkanter damals?

Jalkotzy: Sämtliche Wirtschaftsräume waren unter einem Dach, die Gehzeiten trotz der Größe des Hofes kurz. Weiters fanden die gesamte Familie und auch die „Auszügler“ sowie Mägde und Knechte in einem Gebäude Platz. Weil damals die Pferde für die Landwirtschaft eine besondere Rolle spielten, sich die Anzahl der Pferde nach der Größe des Hofes richtete, war es wichtig, dass man sie in der Nähe hatte.

Die Brandgefahr war bei Vierkantern jedoch wesentlich höher.

Jalkotzy: Ja. Vor allem weil die Vierkanter damals hauptsächlich mit Stroh gedeckt waren. Dieses wurde später durch Ziegel ersetzt, und Feuermauern wurden eingebaut. Die Nachteile heute sind ganz andere: Die riesigen Flächen, ob Dach oder Mauern, müssen erhalten werden. Ställe werden nicht mehr benötigt, weil es weniger oder gar kein Vieh mehr gibt. Die Familien sind kleiner, Dienstboten gibt es kaum noch.

Was passiert mit den Räumlichkeiten?

Jalkotzy: Viele werden zu Mietwohnungen umgebaut, teilweise sogar Seiten abgerissen. Leider. Vierkanter sind auch landschaftlich wichtig – vor allem weil es sie fast ausschließlich in unserer Gegend gibt. Man richtete sich damals nach der Landschaft. Wo es flach ist, ist es möglich, einen Vierkanter zu bauen. Im alpinen Bereich muss man flache Stellen suchen, und daher gibt es vermehrt Haufenhöfe.

Der Volkskundeexperte Alexander Jalkotzy beschäftigt sich seit Jahrzehnten mit Vierkantern und schrieb auch seine Dissertation zu diesem Thema („Die Vierkanter im Florianer Land. Eine Untersuchung im nördlichen Traunviertel Oberösterreichs“).

Mächtige Säulen bewehren die Tore des Jahreszeitenhofs.

der Fälle (84) lagen die Wohntrakte nordseitig, 23-mal ostseitig, 17-mal westseitig, 31-mal südseitig. Offensichtlich war für die überwiegend südseitige Orientierung der Scheunenfront (gegenüber dem Wohntrakt) das Bestreben maßgeblich, dem Trockengut die meiste Sonnenwärme zukommen zu lassen.

Rudolf Heckl sah das Charakteristische der Vierkanter in der „burgähnlichen“ und „kristallisch vollendeten“ Form, dies sei das Ergebnis bäuerlichen Strebens, den Hof als Einheit zu präsentieren und „Wohnhaus, Stall, Stadel und Schuppen nicht mehr getrennt in Erscheinung treten“ zu lassen. Heckl schwärmte für den Vierkanter: „Er ist eine der vollkommensten Gehöftformen der Welt und hat, um so vollkommen zu werden, mindestens 600 Jahre gebraucht ... Die Entwicklung des Gehöftes liegt in der vollendeten Organisation des Gebäudes und im inneren Raumzusammenhang, der alle mechanischen Transportanlagen ermöglicht, daneben aber schon rein durch die Anordnung die größtmögliche Arbeitserleichterung bieten muss ... Er ist die charakteristischste Bauform unseres Heimatlandes, die nicht mehr vervollkommnet, sondern nur mehr aufgelöst werden kann.“

Das Ende der Vierkanter – Herausforderung für die Denkmalschützer?

Heckl schrieb sein Lob 1949, also am Ende der alten Bauernwelt. Schon damals konnte man die von ihm herausgestrichenen Vorzüge des Vierkanters betriebswirtschaft-

Die „vollkommenste Gehöftform der Welt“?

Der Baupraktiker Rudolf Heckl, der sich um die Mitte des 20. Jahrhunderts sehr intensiv mit der baulichen Entwicklung der oberösterreichischen Bauernhäuser befasste, rühmte die Vierkanter als die „vollkommenste Gehöftform der Welt“: „Solche Häuser sind gewöhnlich einen Stock hoch; im Viereck aus gut gebrannten Ziegeln erbaut, deren Fugen verstrichen oder mit Kalk ausgegossen werden oder die vollständig mit einem Mörtelanwurf bedeckt sind. Die vier Fronten messen zwischen 30 und 60 Meter und es beträgt dementsprechend die verbaute Fläche 9 bis 36, ausnahmsweise sogar 57 Ar. Da finden sich unterirdisch geräumige Keller zur Einlagerung des Obstmostes, des Sauerkrautes, der Kartoffeln, des Gemüses und der Milch. Oberhalb des Mostkellers ist das Presshaus angebracht, in dessen Mitte der sogenannte Rosswalzel, eine mühlsteinähnliche Scheibe von 1 ½ Meter im Durchmesser, steht, welche, durch ein Pferd in Bewegung gesetzt, zum Zermalmen des Obstes verwendet wird.“

Der Jahreszeitenhof und der Sumerauerhof

Der Jahreszeitenhof in Gemmering bei St. Florian ist der größte Vierkanter Oberösterreichs. Mit 76 mal 86 Metern bedeckt er mehr als einen halben Hektar Grundfläche. Der Hof besitzt 365 Fenster, zwölf Tore und sieben Rauchfänge. „Nachgezählt habe ich die Fenster aber nie", sagt der Hofbesitzer Karl Falthansl-Scheinecker. „Mit allen Stallfenstern, Kellerfenstern und Blindfenstern aber wird man schon hinkommen. Es wird aber auch viel dazugedichtet."

Der vergleichsweise viel kleinere Sumerauerhof wurde zum Vierkantermuseum umgestaltet. Mit einer Erstreckung von 38 mal 28 Metern bedeckt er eine Fläche von 2165 Quadratmetern. Die Firsthöhe beträgt 13,5 Meter.

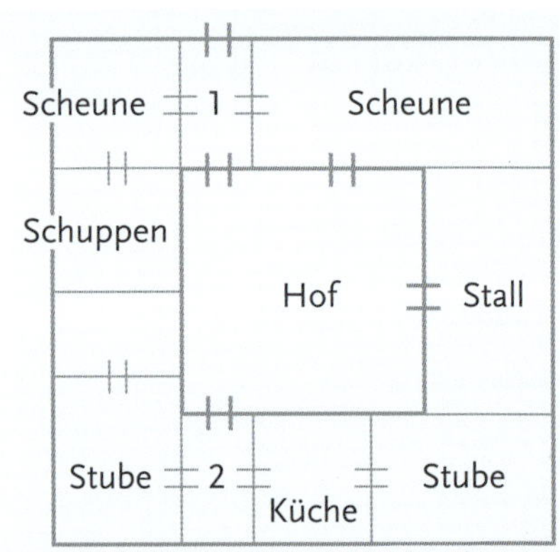

Typischer Grundriss eines Vierkanthofes

lich nicht mehr gelten lassen. Und die Zeiten und Bedürfnisse änderten sich schneller, als Heckl glauben wollte. Der agrartechnische Wandel hat den Vierkanter zum Problemfall gemacht: Für die betriebswirtschaftlichen Erfordernisse der modernen Landwirtschaft sind diese riesigen Gehöfte zu einer erheblichen Belastung geworden. Die einstmals gesinde- und kinderreichen Bauernhöfe sind zu Betrieben geworden, die von einer einzigen Arbeitskraft oder gar im Nebenerwerb bewirtschaftet werden. Viele der Betriebe sind inzwischen viehlos. Weder die Stall- noch die Speicherräume werden im vorhandenen Ausmaß gebraucht oder entsprechen modernen Anforderungen. Für die Unterbringung der Maschinen sind die Räume nicht geeignet. Die Durchfahrten sind zu niedrig, die Innenhofräume zu groß. Wer trägt die riesigen Kosten, die eine derartige Dachfläche, die vielen Fenster und die gewaltige Baukubatur nach sich ziehen?

Es ist nicht einfach, für die majestätischen Gebäude eine adäquate neue Nutzung zu finden, die die Erhaltungskosten mitträgt und damit diese wichtigsten Zeugen bäuerlicher Kultur in Oberösterreich und dem westlichen Niederösterreich für die Kulturlandschaft erhält. Die gravierende Umgestaltung der Wirtschaftsgebäude oder die Erweiterung um neue Anbauten hat in vielen Fällen zu einer Beeinträchtigung oder Zerstörung der typischen Hoflandschaft geführt. Es gibt aber auch gelungene Beispiele einer bewirtschaftungsbedingten und dennoch adäquaten Umgestaltung und von neuen Verwendungsmöglichkeiten in Verbindung mit einer liebevollen Bewahrung des Baubestandes.

Der Name der Vierkanter

Nicht nur die Vierkanthöfe sind später entstanden, als man vielleicht meinen möchte, auch die Bezeichnung dafür kam erst im ausgehenden 19. Jahrhundert auf. Der Volkskundler und Hausforscher Anton Dachler verwendete noch den Begriff „Vierseithof“ in einer etwas spöttischen Charakterisierung: „In den reichen Gegenden Oberösterreichs besonders zwischen Haag und Steyr, Enns und Linz entstand durch Zusammenbauen der vier Bestandteile der protzige Vierseithof (neues oberösterreichisches Gehöft), welcher außen ein Schloss vorzutäuschen sucht, während im großen Hof ein riesiger Düngerhaufen den Neid der weniger begüterten Nachbarn erregt.“ Alexander Peez dürfte der Erste gewesen sein, der die Bezeichnung „Vierkanter“ verwendete. Gustav Bancalari lieferte 1893 eine erste Definition. Eine genauere wissenschaftliche Bestimmung gab im Jahr 1933 der Hausforscher Eduard Kriechbaum: vier Gebäude, die sich auch im Grundriss nicht mehr voneinander trennen lassen, im Idealtyp somit ein ganz einheitliches Gebäude, welches den Zweck verfolgt, einen großen Hofraum vollständig geschlossen zu umgürten und dabei außen wie innen mit einem Minimum von Mauern und Dachflächen das Auslangen zu finden. Eine ganz ähnliche und bis heute anerkannte Definition gab Franz C. Lipp: ein ganz einheitliches Gebäude, das einen großen Hofraum umschließt, dabei außen wie innen mit einem Minimum von Mauern und Dachflächen auskommt und in der letzten Ausbaustufe vier Gebäude (Wohnhaus, Stall, Stadel, Schuppen) firstgleich zusammengeschlossen hat.

Innviertler – Roß und Troád,
Mühlviertler – Flachs und Gjoád,
Hausrucker – Obst und Schmalz,
Traunviertler – Salz!

Carl Adam Kaltenbrunner, Was ma nu habn

Pergamentmalerei im Waldbuch des Salzamtes Gmunden. Oben: Hallstatt mit Salzberg. Gosaumühle mit Holztrift, unten: Ebensee mit Sudhaus, Salzumschlagplatz Gmunden.

Roman Sandgruber

Das Salzkammergut ist Österreichs älteste Industrielandschaft. Bis ins 19. Jahrhundert gehörte Salz neben Eisen und Leinwand zu den wichtigsten Exportgütern Oberösterreichs. Das unverzichtbare Salz war auch ein einfaches Mittel der Besteuerung und damit zentraler Bestandteil der landesfürstlichen „Kammer“ und Staatskasse.

SALZLAND OBERÖSTERREICH

Kochsalz oder einfach „Salz“, zusammengesetzt aus Natrium und Chlor, ist für den Menschen lebensnotwendig. Obzwar auf der Erde nahezu unbegrenzt vorhanden – im Meer, in Salzquellen, im Inneren der Berge –, ist es doch knapp und konnte so wertvoll werden wie Gold. Denn die Salzvorkommen sind ungleich verteilt und die Produktion war aufwendig. Für die teilweise weiten Strecken waren die Flüsse die wichtigsten Transportwege. Über viele Generationen spielte Salz eine ähnlich bedeutsame Rolle, wie sie dem Rohöl in der Gegenwart zukommt. Nur etwa fünf Prozent der Salzproduktion entfallen heutzutage in Industriestaaten noch auf das Speisesalz, lediglich etwa ein Prozent kommt in Kleinpackungen in die Haushalte. Salz ist vielmehr zu einem wichtigen Grundstoff der Industrie geworden und ein Großteil der Salzproduktion landet nun als Enteisungsmittel auf den Straßen.

Der Salzbergbau

Viele Fluss- und Ortsbezeichnungen verweisen auf die einst dominierende Bedeutung des Salzes im Alpenraum, nicht nur Salzburg, Salzach oder Salza, Sulzbach und Sulz, sondern auch Hallstatt, Hallein und Reichenhall, Bad Hall, Hall im Halltal und Hall bei Admont. Seit mehr als vier Jahrtausenden bestimmt das „weiße Gold“ die Geschicke des Salzkammerguts. Funde deuten darauf hin, dass bereits in neolithischer Zeit, bald nach dem Abschmelzen der Gletscher, nach Salz gesucht wurde. Im 2. vorchristlichen Jahrtausend hat – neben der Nutzung von an die Oberfläche kommenden Salzquellen – der bergmännische Abbau eingesetzt, um 1500 v. Chr. müssen bereits beträchtliche Tiefen erreicht worden sein. Im 9. Jahrhundert v. Chr. begann durch das Aufkommen des Eisens eine neue Epoche des Salzabbaus.

Durch das Salz wurden die Menschen der Hallstattkultur reich. So wurde Hallstatt namengebend für eine ganze Epoche der Urzeit. Ein Bergsturz um 550 v. Chr., der das Hochtal verschüttete, brachte einen schweren Rückschlag. Die führende Position im alpinen Salzbergbau ging für fast zwei Jahrtausende an Hallein und den dortigen Dürrnberg verloren.

Das Steinsalz, das die Urgeschichte Österreichs so sehr ge-

Salzabbau im Bergwerk

Fuderträger

Einführung der Salzabsackung

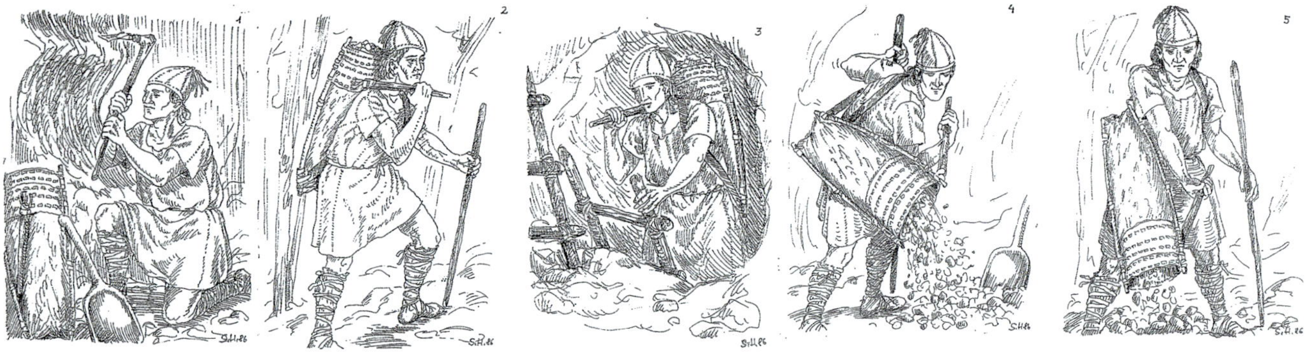

Vor der Einführung des Soleverfahrens wurden die Salzstöcke aus dem Fels gehauen und mit Tragsäcken aus dem Berg transportiert.

prägt hatte, wurde im Römischen Reich vom Meersalz zurückgedrängt. Im Alpenraum beschränkte man sich immer mehr auf die zahlreichen salzhaltigen Quellen, die auf technisch einfachere Weise verwertbar waren.

Salzquellen und Soleverfahren

In der Kremsmünsterer Stiftungsurkunde aus dem Jahre 777 wurde dem Kloster von Herzog Tassilo III. eine Solequelle im Sulzbachtal bei Bad Hall übertragen. Die Raffelstettener Zollordnung (903/06) berichtet von Salzschiffen auf der Traun. Woher dieses Salz stammte, ist nicht eindeutig zu klären. Vermutlich kamen die Transporte aus dem Inneren Salzkammergut, wo die Salzproduktion sicher nicht ganz zum Erliegen gekommen war.

Das 13. Jahrhundert brachte eine Revolution in der Technik des Salzbergbaus: den Übergang vom „trockenen" Abbau des Steinsalzes, der die urgeschichtliche Zeit prägte, zur neuen Technik des „nassen" Abbaus. Dabei wurde das Salz durch Einleitung von Wasser aus dem Gestein ausgelaugt und die Sole über Rohrleitungen in die Salinen geleitet. Auf riesigen Pfannen wurde das Wasser durch Verdampfen wieder vom Salz getrennt. Mit dieser neuen Technik begann der Aufstieg der Salinenorte Hall in Tirol, Hallein, Aussee und Hallstatt.

Ein entscheidendes Datum für Hallstatt war das Jahr 1311, als Königin Elisabeth, die Witwe König Albrechts I. und Tochter Graf Meinhards II. von Tirol, die neue Technik des Auslaugens von Hall in Tirol nach Hallstatt transferierte. Die Verantwortung lag in der Hand eines Mannes namens Nikolaus, er leitete die Sole in langen Röhren in die Pfannhäuser und installierte solche Anlagen in Hall und Hallstatt. Seine Bedeutung zeigt sich darin, dass er einer der wenigen namentlich bekannten Techniker dieser Zeit war und als „von Röhrenbach" in den Adelsstand erhoben wurde.

Das Salzkammergut und die Religion

„Wo zumahlen ohnedies so viel überflüssigen Volkes auf dem Salzkammerguth sey, dass kaum der zehende Theil mit genugsamer Arbeit versehen werden könne, auch leichter seyn würde in puncto religionis allda eine bessere Einrichtung zu machen, wann selbes von den Verstockten und Unverbesserlichen vorhero würde gesäubert seyn."

Aus einem Memorandum der österreichischen Hofkanzlei in Wien von 1735

Bau einer Soleleitung aus Holz

Verarbeitung der Sole im Sudhaus

Das Salzmonopol

Das Salzmonopol wurde zum „vornehmsten Kleinod“ der Hofkammer. 1524 tauchte erstmals der Name „Camerguet des Salzes“ auf. Seit 1656 heißt das Gebiet der Grundherrschaft Wildenstein – von Ebensee bis nach Obertraun – explizit „Salzkammergut“ und bis ins 18. Jahrhundert bildete es einen „Staat im Staat“. Die Monopolpolitik machte hohe Salzpreise möglich. Die Habsburger übernahmen ihre Salinen Hallstatt, Hall in Tirol und Aussee im Verlauf des Spätmittelalters in Eigenregie. Dadurch hatten sie gegenüber den anderen Salzproduzenten, dem Erzbistum Salzburg und dem Herzogtum Bayern, die besseren Machtmittel, um ihre Absatzmärkte durchzusetzen.

Österreich ob und unter der Enns südlich der Donau waren schon im Jahre 1398 ganz für das Hallstätter Salz reserviert worden. Nach 1490 geschah dasselbe sukzessive mit dem habsburgischen Gebiet nördlich der Donau. 1508 verbot Maximilian I. den Verkauf von salzburgischem und bayerischem Salz in allen seinen Ländern. Im 16. Jahrhundert verlagerten sich die Auseinandersetzungen auf den böhmischen Markt, der durch die Erwerbung Böhmens 1526 dem habsburgischen Salz eröffnet worden war und aus dem nun das Salzburger Salz ebenfalls verdrängt werden sollte. Entscheidend dafür war neben dem politischen Druck auch der Aufbau einer leistungsfähigen Verkehrsverbindung zwischen dem Salzkammergut und Prag. Thomas Seeauer, ein wohlhabender Bauer aus Steeg am Hallstätter See, bewältigte zwischen 1523 und 1575 die Schiffbarmachung des Traunfalls bei Roitham und der Moldau von Budweis bis Prag.

Die Erfindung der Wärmepumpe

Am 27. Juli 1853 erhielt der in Ischl tätige k. k. Sektionsrat (Oberbergrat) Peter Rittinger ein Patent auf die Dauer von fünf Jahren für die Erfindung eines neuen Abdampfungssystems. 1855 publizierte er eine „Theoretisch-praktische Abhandlung über ein für alle Gattungen von Flüssigkeiten anwendbares neues Abdampfverfahren mittelst einer und derselben Wärmemenge, welche zu diesem Behufe durch Wasserkraft in ununterbrochenen Kreislauf versetzt wird“. Die Wärmepumpe war erfunden.
Die Methode reduzierte zwar den Energiebedarf beim Salzsieden um 80 Prozent, funktionierte aber damals im Dauerbetrieb nicht, weil die in der Sole enthaltenen Fremdstoffe den Wirkungsgrad innerhalb von zwölf Stunden auf ein Minimum reduzierten. Heute ist die Wärmepumpe nicht nur in der Salzgewinnung unverzichtbar, sondern in der gesamten Energiewirtschaft.

Die Holzversorgung

Der Salzabsatz stieg so stark, dass 1563 in Ischl ein neues Vorkommen in Abbau genommen und ein Sudhaus eröffnet wurde. Die 1604/07 in Ebensee errichtete Saline wurde mit dem Bergbau in Hallstatt verbunden, und zwar durch eine 40 Kilometer lange Soleleitung aus etwa 13 000 ausgebohrten und ineinandergesteckten Lärchenstämmen, den sogenannten „Strehn".

Das alles entscheidende Problem der Holzversorgung war damit zwar um einiges leichter geworden, aber nicht gelöst. Denn Holz war der wirkliche Engpass im Salzkammergut. Holzknechte stellten mit mehr als zwei Dritteln die größte Gruppe der Beschäftigten. Man benötigte das Holz als Grubenholz zum Auskleiden der Schächte und Stollen im Bergwerk, als Kufholz zum Verpacken des Salzes in „Küfeln" (Holzbehältern) und Fässern, als Brunnholz für die Soleleitungen und Rohre, als Bau- und Werkholz für die vielen Anlagen, als Schiffsholz für die Traunschiffe, die am Endpunkt der Talfahrt häufig zerlegt und als Brennholz verkauft wurden, vor allem aber als Sudholz zum Sieden des Salzes und als Dörrholz zum endgültigen Trocknen der Salzstöcke.

In einer einzigen Sudpfanne wurden je nach Pfannengröße pro Sudwoche rund 400 bis 470 Raummeter Fichtenholz verheizt. Man brauchte dafür um 1700 in Hallstatt, Ischl und Ebensee zusammen etwa 130 000 Kubikmeter Holz, also einen Holzstoß, der bei einem Meter Höhe und einem Meter Breite rund 130 Kilometer lang gewesen wäre.

Die Pferdeeisenbahn Urfahr–Budweis und ihre Verlängerung Linz–Gmunden wurden vorwiegend für den Salztransport nach Böhmen gebaut und die Bahn verdrängte die Traunschifffahrt. Aber erst ab 1877, als die Rudolfsbahn von Attnach-Puchheim nach Stainach-Irdning eröffnet war, konnte beim Salzsieden endlich auf Mineralkohle umgestellt werden. Die Wälder des Salzkammerguts konnten sich erholen. Für das Holz mussten nun neue Verwertungsmöglichkeiten gefunden werden, und der Großteil der Forstarbeiter musste sich nach neuen Erwerbsmöglichkeiten umsehen.

Isidor Engl, Salinenkanal, 1886

Sudhaus in Ebensee

Das Ende des Kammerguts

Der 1918 aus dem Zerfall der Habsburgermonarchie entstandenen Republik Österreich verblieben die alpinen Salzbergbaue und Salinen im Salzkammergut, in Hallein und in Hall/Tirol sowie ein sehr verkleinertes Absatzgebiet für Salz. Vor allem der einst so wichtige böhmische Absatzmarkt war verloren. Die Sole- und Salzproduktion musste auf weniger als die Hälfte der letzten Vorkriegsjahre zurückgenommen werden. In keinem Jahr der Zwischenkriegszeit wurden die Vorkriegswerte der Salzerzeugung auch nur annährend erreicht.

1938 wurden die Österreichischen Salinen als „Ostmärkische" und ab 1941 als „Alpenländische Salinen" dem Reichsministerium für Finanzen unterstellt. Im Deutschen Reich gab es kein Salzmonopol. Die Salzproduktion sollte in den Salinen Ebensee und Bad Aussee konzentriert und die Salinen Ischl und Hallstatt stillgelegt werden. 1945 wurde das österreichische Salzmonopol wiederhergestellt, aber Rationalisierungsgründe zwangen 1965 dazu, den Betrieb in den Pfannensalinen Hallstatt und Bad Ischl und etwas später auch Hall in Tirol einzustellen.

Salzumladestation und Salzstadel, Modell, Schiffleutmuseum Stadl-Paura

Kernpunkte der Reorganisation im Jahre 1979 waren die Konzentration der Verwaltung im Salzkammergut, der Bau einer modernen Saline in Ebensee und die Umwandlung der Österreichischen

Die Armut im Salzkammergut

Um 1524 berechnete man den wöchentlichen Lebensmittelbedarf eines Hallstätter Arbeiters für sich und seine vierköpfige Familie auf wöchentlich 1/2 Metzen Getreide (d. h. etwa 21 kg Roggen), 4 Pfund Fleisch (ca. 2,2 kg), 1 Pfund Schmalz (0,56 kg) und Eier, Milch und Schotten (Topfen) für 5 Pfennig, Rüben und Kraut für 3 Pfennig. 1656 wurde der ungefähre Wochenbedarf noch ähnlich berechnet, den Fleischanteil allerdings hatte man auf 1 Pfund (0,56 kg) reduziert. Im 18. Jahrhundert scheint Fleisch in derartigen Berechnungen überhaupt nicht mehr auf. 1777 veranschlagte man den wöchentlichen Bedarf für eine Arbeiterfamilie mit 4 Personen auf 1 Pfund Schmalz und 1 1/4 Pfund Butter, 3 Pfund Schotten, 1 1/2 Maß Grieß (1 Maß = 1,14 Liter), 4 Maß schwarzes Mehl und 5 Laib Brot. Zu Ende des 18. Jahrhunderts war der Fettanteil reduziert, und auch mit dem Brot musste man noch sparsamer umgehen.

Johann August Schultes berichtete in seinem berühmten Reisebericht 1809 von der hohen Sterblichkeitsrate im Salzkammergut: „bey der Armuth, in der sie hier leben", wegen der Gefahren des Bergbaus, der Schifffahrt und vor allem der Holzarbeit und des ungesunden Salzsiedens.

Salinen in eine Aktiengesellschaft. Die Saline in Bad Aussee wurde 1983, die von Hallein 1989 stillgelegt. Mit dem EU-Beitritt 1995 war das österreichische Salzmonopol zu Ende, nach etwa 600 Jahren in landesfürstlich-staatlicher Verwaltung wurde das Salzwesen im Jahr 1997 privatisiert. Heute macht der Salzbergbau nur mehr einen kleinen Bruchteil der Wertschöpfung des Salzkammerguts aus.

„Einmal gab es 80 Jahre lang keine Lohnerhöhung"

Das Salzkammergut war bis ins 18. Jahrhundert ein Staat im Staat. Wie zeigte sich das?

Rieder: Niemand, der nicht für den Salzabbau benötigt wurde, durfte ohne Bewilligung des Salzamtmannes in Gmunden das Salzkammergut betreten, niemand, der für die Salzgewinnung benötigt wurde, durfte es verlassen. Alles war der Salzproduktion unterworfen. Bergmänner, Pfannhauser, also Salinenarbeiter, Holzknechte ...

Welche Funktionen hatte der Salzamtmann?

Rieder: Er war nach heutigen Begriffen Bezirkshauptmann, Polizeichef, Richter, Salinen- und Forstdirektor in einem.

Wie waren die Lebensbedingungen der Salzkammergut-Arbeiter?

Rieder: Man muss wissen, dass die Habsburger immer Geld benötigt haben, und das Salzregal brachte der Monarchie viel. Darum wurden die Löhne niedrig gehalten. Einmal gab es 80 Jahre lang keine Lohnerhöhung, bei ständig steigenden Preisen. Bei Arbeitern mit – von der Kirche ja gewünscht – vielen Kindern war der Hunger Dauergast. Hungersnöte erlebte jede Generation. Nur um die Löhne nicht erhöhen zu müssen, bekamen die Arbeiter Hofkorn und Hofschmalz unter dem Einkaufspreis.

Was aßen die Arbeiter?

Rieder: Vor allem Speisen aus Mehl und Fett, zum Beispiel Holzknechtnocken aus Mehl, Wasser, Salz und Fett. Sie sind heute ein Schmankerl, waren über lange Zeit aber Alltagskost. Viele Leute fingen auch Vögel, um zu Fleisch zu kommen, das war erlaubt. Andere gingen wildern.

Ab welchem Alter musste gearbeitet werden?

Rieder: Mit zwölf Jahren. Gleich nach der Schule mussten die Buben – die ersten Jahre in der Regel unbezahlt – arbeiten. Danach wurden sie als Knechte beschäftigt, wenn sie kräftig genug waren. Mädchen halfen bis zur Heirat im Haushalt und der meist sehr kleinen Landwirtschaft der Eltern.

Aus der Zeit zwischen der Völkerwanderung und ca. 900 gibt es keine Belege für Salzabbau. Aber Salz wurde trotzdem benötigt, oder?

Rieder: Es ist unwahrscheinlich, dass kein Salzabbau stattgefunden hat.

Interview mit Walter Rieder, ehemaliger Berufsschul- und HTL-Lehrerausbildner, Heimatforscher und Autor mehrerer Bücher über das Salzkammergut. Rieder lebt in Ebensee.

2500 v. Chr.

Zahlreiche Steinbeilfunde im Hallstätter Raum deuten auf eine intensive Begehung dieser Gegend im ausgehenden Neolithikum (Jungsteinzeit). Neben der Nutzung von Salzquellen dürfte auch schon ein bergmännischer Abbau begonnen haben.

um 1500 v. Chr.

Salz wird bereits in beachtlichen Teufen (Tiefen) abgebaut.

um 800 bis 450 v. Chr.

Der Fundort Hallstatt ist namengebend für die Hallstattkultur (frühe Eisenzeit).

um 550 v. Chr.

Murenabgänge und Wassereinbrüche im Hallstätter Hochtal richten schwere Schäden an.

um 450 v. Chr.

In der Latènezeit (späte Eisenzeit) verliert Hallstatt als Fundort an Bedeutung.

1. bis 5. Jh. n. Chr.

In der Römerzeit verdrängt das Meersalz das Salz des Salzkammerguts.

2. Hälfte des 1. Jahrtausends n. Chr.

Über die Nutzung des Salzes des Salzkammerguts ist kaum etwas bekannt.

903/06

Die Raffelstettener Zollordnung berichtet von Salzschiffen auf der Traun.

um das Jahr 1311

Königin Elisabeth, die Witwe Albrechts I., ordnet das Hallstätter Salzwesen mit der Einführung des „nassen“ Abbaus neu.

15. Jh.

Das Hallstätter Salz gewinnt gegenüber Hallein, Reichenhall und Aussee immer mehr an Bedeutung.

1524

Erstmals Bezeichnung der Region als „Camerguet des Salzes“.

1563

In Ischl wird ein neues Salzvorkommen in Abbau genommen.

1604/07

Das Sudwerk in Ebensee wird errichtet, das durch eine hölzerne Soleleitung, den sogenannten „Strehn“, mit Hallstatt verbunden wurde

1656

Erste Nennung des Begriffes „Salzkammergut“.

1783

Kaiser Joseph II. führt alle Kammergüter in Staatsbesitz über.

1836

Verlängerung der Pferdebahn Budweis–Linz bis Gmunden.

1848

Das Salzoberamt wird aufgelöst, Ende der verwaltungsmäßigen Sonderstellung des Salzkammerguts.

1853

Der Ischler Oberbergrat Peter Rittinger erfindet die Wärmepumpe.

1877

Die Eisenbahn ins Salzkammergut ermöglicht die Umstellung der Wärmewirtschaft auf Mineralkohle.

1997

Mit der Privatisierung der Österreichischen Salinen geht die mehr als 500-jährige Staatswirtschaft im Salinenwesen zu Ende.

1997

Die Kulturlandschaft Hallstatt-Dachstein/Salzkammergut wird von der UNESCO auf die „Liste der Welterberegionen“ gesetzt.

„Es galt als Todsünde, das Licht vor Einbruch der völligen Dunkelheit anzudrehen."

IRMGARD FISCHER, GEB. 1921 IN ATZBACH

ROMAN SANDGRUBER

Oberösterreich war ein Pionierland der Elektrizitätswirtschaft. Steyr kann mit der von Josef Werndl im Jahre 1884 durchgeführten „Elektrizitäts-Ausstellung" den Ruhm beanspruchen, die erste größere Stadt der Welt gewesen zu sein, in der durch teilweise Ausnutzung der Wasserkraft einzelne Stadtteile elektrisch beleuchtet wurden. Werndl wollte damit eine der Stärken der österreichischen Alpenländer, die Wasserkraft, ins Zentrum der Aufmerksamkeit rücken.

ALS DAS LICHT KAM

Das erste elektrische Licht war ein einschneidendes Erlebnis. Seinem Zauber konnte sich kaum jemand entziehen, weder berühmte noch einfache Leute: In allen Lebenserinnerung ist die erste Konfrontation mit der neuen Lichtquelle tief verankert: „Die Leute fühlten sich in den Himmel versetzt!“

Das Kraftwerk Partenstein war 1924 das größte seiner Art in ganz Österreich.

Josef Werndl, der Gründer der Steyrer Waffenfabrik, kehrte 1881 tief beeindruckt von der Pariser Elektrizitäts-Ausstellung heim. Dort waren erstmals in Europa die Möglichkeiten der Elektrizität und des Systems zu sehen, das Edison 1880 in New York entwickelt hatte. Werndl begann sofort, in Steyr für 1884 eine ähnliche Elektrizitätsausstellung vorzubereiten, deren Zentrum ein kleines Wasserkraftwerk zur Beleuchtung wichtiger Teile der Stadt bilden sollte.

Bald nach Ende der Ausstellung wurden die Beleuchtungskörper in der Stadt allerdings wieder abgebaut. Werndl verlor das Interesse an der Elektrizität, weil sich für seine Waffenfabrik ab 1886 mit der Einführung des Repetiergewehrs in der österreichisch-ungarischen Armee ein viel lohnenderes und risikoloseres Geschäft machen ließ. Steyr versäumte damit den Einstieg in die Elektrifizierung für mehrere Jahrzehnte.

Innovationszentrum Salzkammergut

Als die eigentlichen Pioniere der Elektrizitätsversorgung in Oberösterreich gelten die beiden Baufachleute Josef Stern und Franz Hafferl. Eines ihrer wichtigsten Projekte war der Bau der Zahnradbahn von St. Wolfgang auf den Schafberg. Dabei entstand die Idee, das Schafberghotel und das Hotel Peter in St. Wolfgang elektrisch zu beleuchten. 1892 wurde mit der Planung einer Dampfzentrale in St. Wolfgang begonnen, die 1894 den Betrieb aufnahm. Nach gleichem Muster eröffneten sie 1895 in Gmunden eine Dampfzentrale zur Elektrizitätsversorgung der Straßenbahn und zu Beleuchtung des Ortes. Für die Salzkammergut-Hotels erlangte der Verweis auf „elektrisches Licht“ große Werbewirksamkeit.

Strom für Haslach

1901 beschloss die Markt-Commune Haslach die Elektrifizierung der öffentlichen Beleuchtung. Am Marktplatz sollten zwei Bogenlampen und in den Straßen 25 Glühlampen aufgestellt werden. Auch der Pfarrhof wurde elektrisch beleuchtet, während für die Kirche mit der Installation noch zugewartet wurde, was, wie der Pfarrer in die Chronik schrieb, wegen der daraus entstehenden laufenden Kosten nicht zu bedauern war. Viele Häuser ließen sich das elektrische Licht einleiten. Die Eröffnung wurde festlich begangen. Unter den Klängen der Musikkapelle zog man durch den im elektrischen Lichte glänzenden Markt in den Gartensalon des größten Wirtshauses, wo mehr als 300 elektrische Flammen in verschiedenen Farben für die festliche Umrahmung der obligaten Reden sorgten.

Chronik der Pfarre Haslach, 1901, 273 f.

1899 erhielt das Unternehmen Stern & Hafferl die Konzession zur Ausnutzung des Traunfalls, wo 1901 das erste Drehstromkraftwerk Oberösterreichs in Betrieb genommen wurde. Ein rascher Ausbau der Wasserkräfte des Salzkammergutes begann: Die besondere Leistung von Stern & Hafferl war es, vom Salzkammergut aus das erste große Verbundsystem Österreichs aufgebaut zu haben: 1914 versorgten sie bereits Konsumenten in 82 Orten Oberösterreichs, Salzburgs und der Steiermark.

Faszination Strom

„Alle liefen wir in der Stube zusammen und kamen nicht aus dem Staunen heraus, so hell war alles im ganzen Haus – in jedem Raum gingen wir aufdrehen. Es war hell und überall noch heller ... Wir gingen an diesem Abend alle lange nicht schlafen, denn wir mussten das Licht genießen. Mutter sagte: ‚Schade, dass ich schon so alt bin, jetzt wäre alles so leicht und schön bei diesem guten Licht.' ... Nur ein Druck auf den Schalter, und alles war hell ... Aber dann kam die Stromrechnung zu jedem Haus – nun schaute die Sache anders aus. Alle machten ein langes Gesicht – was hat das Petroleumflascherl gekostet, und was sollten wir jetzt zahlen!", schreibt Flora Gappmaier über das erste elektrische Licht in ihrem Haus.

Elektrisches Licht war teuer und bequem. Wie grundlegend die Umstellung war, wurde oft erst bewusst, wenn auf den schon gewohnten Komfort aus irgendwelchen Umständen wieder verzichtet werden musste, man in ein Haus kam oder einheirate-te, das noch nicht elektrifiziert war, wie die aus der Nähe von Frankenmarkt gebürtige Elisabeth Nagl.

Maria Mittermayer, geb. 1907 in Weyer: „Als das erste Mal das Licht aufstrahlte, liefen mir die Tränen der Freude über die Wangen."

Leopold Krenmayr, geb. 1909 in Gerersdorf bei Hörsching: „Wenn kein Anschluss vorhanden war, wurde einfach die Freileitung angezapft."

Irmgard Fischer, geb. 1921 in Atzbach bei Vöcklabruck: „Es galt als Todsünde, das Licht vor Einbruch der völligen Dunkelheit anzudrehen."

Hilde Hoferbauer, geb. 1926 in Weibern: „Das Sparen mit dem elektrischen Strom ist mir eigentlich geblieben. Ich greife nicht zum Lichtschalter, wenn es nicht sein muss."

Frieda Moshammer, geb. 1929 in Peuerbach: „Ich musste als Lehrerin 1949/50 in Kriegwald, Gemeinde Julbach, meine Vorbereitungen noch bei Kerzenlicht schreiben."

Therese Egger, geb. 1919 in Pettenbach: „So erblickte ich eines Tages in Pettenbach ein kleines Plakat mit der Aufschrift ‚Koche elektrisch'. Ungläubig staunte ich über diese ominöse Ankündigung."

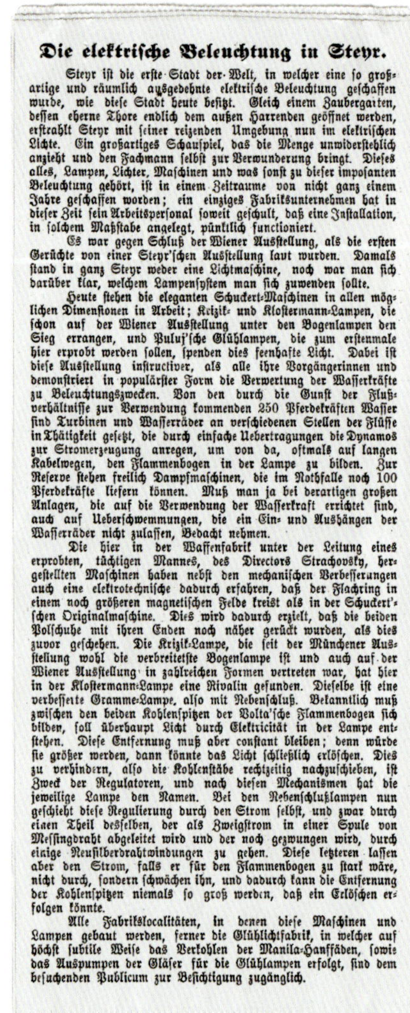

Die elektrische Beleuchtung in Steyr.

Steyr ist die erste Stadt der Welt, in welcher eine so großartige und räumlich ausgedehnte elektrische Beleuchtung geschaffen wurde, wie diese Stadt heute besitzt. Gleich einem Zaubergarten, dessen eherne Thore endlich dem außen Harrenden geöffnet werden, erstrahlt Steyr mit seiner reizenden Umgebung nun im elektrischen Lichte. Ein großartiges Schauspiel, das die Menge unwiderstehlich anzieht und den Fachmann selbst zur Verwunderung bringt. Dieses alles, Lampen, Lichter, Maschinen und was sonst zu dieser imposanten Beleuchtung gehört, ist in einem Zeitraume von nicht ganz einem Jahre geschaffen worden; ein einziges Fabriksunternehmen hat in dieser Zeit sein Arbeitspersonal soweit geschult, daß eine Installation, in solchem Maßstabe angelegt, pünktlich functioniert.

Es war gegen Schluß der Wiener Ausstellung, als die ersten Gerüchte von einer Steyr'schen Ausstellung laut wurden. Damals stand in ganz Steyr weder eine Lichtmaschine, noch war man sich darüber klar, welchem Lampensystem man sich zuwenden sollte.

Heute stehen die eleganten Schuckert-Maschinen in allen möglichen Dimensionen in Arbeit; Krizik- und Klostermann-Lampen, die schon auf der Wiener Ausstellung unter den Bogenlampen den Sieg errangen, und Puluj'sche Glühlampen, die zum erstenmale hier erprobt werden sollen, spenden dies feenhafte Licht. Dabei ist diese Ausstellung instructiver, als alle ihre Vorgängerinnen und demonstriert in populärster Form die Verwertung der Wasserkräfte zu Beleuchtungszwecken. Von den durch die Gunst der Flußverhältnisse zur Verwendung kommenden 250 Pferdekräften Wasser sind Turbinen und Wasserräder an verschiedenen Stellen der Flüsse in Thätigkeit gesetzt, die durch einfache Uebertragungen die Dynamos zur Stromerzeugung anregen, um von da, oftmals auf langen Kabelwegen, den Flammenbogen in der Lampe zu bilden. Zur Reserve stehen freilich Dampfmaschinen, die im Nothfalle noch 100 Pferdekräfte liefern können. Muß man ja bei derartigen großen Anlagen, die auf die Verwendung der Wasserkraft errichtet sind, auch auf Ueberschwemmungen, die ein Ein- und Aushängen der Wasserräder nicht zulassen, Bedacht nehmen.

Die hier in der Waffenfabrik unter der Leitung eines erprobten, tüchtigen Mannes, des Directors Strachovsky, hergestellten Maschinen haben nebst den mechanischen Verbesserungen auch eine elektrotechnische dadurch erfahren, daß der Flachring in einem noch größeren magnetischen Felde kreist als in der Schuckert'schen Originalmaschine. Dies wird dadurch erzielt, daß die beiden Polschuhe mit ihren Enden noch näher gerückt wurden, als dies zuvor geschehen. Die Krizik-Lampe, die seit der Münchener Ausstellung wohl die verbreitetste Bogenlampe ist und auch auf der Wiener Ausstellung in zahlreichen Formen vertreten war, hat hier in der Klostermann-Lampe eine Rivalin gefunden. Dieselbe ist eine verbesserte Gramme-Lampe, also mit Nebenschluß. Bekanntlich muß zwischen den beiden Kohlenspitzen der Volta'sche Flammenbogen sich bilden, soll überhaupt Licht durch Elektricität in der Lampe entstehen. Diese Entfernung muß aber constant bleiben; denn würde sie größer werden, dann könnte das Licht schließlich erlöschen. Dies zu verhindern, also die Kohlenstäbe rechtzeitig nachzuschieben, ist Zweck der Regulatoren, und nach diesen Mechanismen hat die jeweilige Lampe den Namen. Bei den Nebenschlußlampen nun geschieht diese Regulierung durch den Strom selbst, und zwar durch einen Theil desselben, der als Zweigstrom in einer Spule von Messingdraht abgeleitet wird und der noch gezwungen wird, durch einige Neusilberdrahtwindungen zu gehen. Diese letzteren lassen aber den Strom, falls er für den Flammenbogen zu stark wäre, nicht durch, sondern schwächen ihn, und dadurch kann die Entfernung der Kohlenspitzen niemals so groß werden, daß ein Erlöschen erfolgen könnte.

Alle Fabrikslocalitäten, in denen diese Maschinen und Lampen gebaut werden, ferner die Glühlichtfabrik, in welcher auf höchst subtile Weise das Verkohlen der Manila-Hanffäden, sowie das Auspumpen der Gläser für die Glühlampen erfolgt, sind dem besuchenden Publicum zur Besichtigung zugänglich.

Tages-Post, 5. August 1884

Die Elektrifizierung der Städte

Die österreichischen Landeshauptstädte erhielten zu recht unterschiedlichen Zeitpunkten und Bedingungen Elektrizitätsversorgungsunternehmen: Salzburg 1887, Innsbruck und Wien 1889, Bregenz 1891, Graz 1894, Linz erst 1897 und Klagenfurt als Schlusslicht 1902. Im Linzer Gemeinderat war zwar schon 1883 eine Kommission eingesetzt worden, die sich mit der Anlage einer elektrischen Zentralstation befassen sollte. Aus dem lang dauernden Entscheidungsprozess ging schließlich ein „Electricitäts-Consortium" als Sieger hervor, das der politisch einflussreiche Rechtsanwalt Carl Beurle führte. Anfang Mai 1897 ging die elektrische Zentralstation in der Keplerstraße 70 in Betrieb. Die Umstellung der seit 1880 als Pferdeeisenbahn betriebenen Tramway auf Elektrizitätsbetrieb war am 1. August 1897 abgeschlossen. Mehr technische als wirtschaftliche Bedeutung erlangte die 1898 eröffnete elektrische Bergbahn auf den Pöstlingberg als steilste Adhäsionsbahn der Welt.

Um 1900 war das elektrische Licht aus dem großstädtischen Leben nicht mehr wegzudenken. Aber es war teuer. Das benachbarte Urfahr wollte zwar nicht nachstehen, konnte sich jedoch das großstädtische Flair noch nicht leisten. Als 1908 im Urfahrer Gemeinderat die Einführung des elektrischen Lichtes zur Straßenbeleuchtung diskutiert wurde, wurde das abgelehnt: In solch großstädtische Aktionen solle sich Urfahr nicht einlassen, meinte der damalige Bürgermeister Hinsenkamp. Als im August 1906 das Schulhaus in der Marktgemeinde Lembach im Mühlkreis elektrisch beleuchtet werden sollte, weigerten sich die schulerhaltenden, rein bäuerlichen Nachbargemeinden Witzersdorf und Hörbich, diesen „unerhörten Luxus des elektrischen Lichtes" durch Beitragsleistungen zu unterstützen.

Partenstein – das größte Kraftwerk Österreichs

Das in der Zwischenkriegszeit bedeutendste Wasserkraftwerk Österreichs wurde nicht an Enns, Mur, Donau oder in den Alpen gebaut, sondern in Partenstein an der vergleichsweise kleinen Großen Mühl. Die Initiative ging von der Linzer Tramway- und Elektrizitätsgesellschaft (TEG) unter ihrem Präsidenten Beurle aus. 1920 wurde zu diesem Zweck vom Land Oberösterreich, der Republik Österreich, der Stadt Linz, der TEG und der Österreichischen Waffenfabrik die Oberösterreichische Wasserkraft- und Elektrizitäts-AG (OWEAG) gegründet. 1919 war mit den Bauarbeiten in Partenstein begonnen worden. Am 30. Oktober 1924 erfolgte die Inbetriebnahme dieses ersten Großwasserkraftwerkes Österreichs mit 45 000 PS (33 000

Alte Heindlmühle in Steyr

Straßenbeleuchtung in Steyr, 1884

Erste in Steyr erzeugte Glühlampen

kW). Der Stromabsatz nach Wien erfolgte über eine 110-KV-Hochspannungsleitung von Partenstein über Wegscheid nach Gresten (Kraftwerk Opponitz der Gemeinde Wien) und weiter nach Wien.

Mit der Gründung der OWEAG, die die meisten ausbauwürdigen Wasserkräfte Oberösterreichs besaß, war in Oberösterreich eine tragfähige Gesellschaft für die weitere Elektrifizierung ganz Österreichs geschaffen. Über das Land als Miteigentümer und die „Bank für Elektrische Unternehmungen" in Zürich erfolgte eine engere Verknüpfung der OWEAG mit den Interessen von Stern & Hafferl, die am 19. Oktober 1929 zur Fusion der beiden Gesellschaften in der Österreichischen Kraftwerke Aktiengesellschaft (ÖKA) führte.

Damit war das damals größte Stromlieferungsunternehmen Österreichs entstanden. Die Gesellschaft versorgte ein Überlandnetz, das sich über den größten Teil des Landes Salzburg, über beinahe ganz Oberösterreich sowie einen Teil der Steiermark und Niederösterreichs erstreckte. Die Gesellschaft strebte den Aufbau einer West-Ost-Sammelschiene und die Nutzung der Wasserkräfte der Alpen an. Ihr größtes Projekt war Kaprun, das sich allerdings in der kritischen Situation der Dreißigerjahre nicht realisieren ließ.

Mit dem Anschluss an das Deutsche Reich musste die ÖKA ihren Namen auf KOA (Kraftwerke Oberdonau AG) ändern. Der propagandistisch allgegenwärtige Hermann Göring nahm den Spatenstich im bereits von der ÖKA projektierten Tauernkraftwerk Kaprun vor. Auch an Inn, Enns und Donau wurde zu bauen begonnen, fertiggestellt wurden im Krieg allerdings nur Kohlekraftwerke.

1947 wurde die Elektrizitätswirtschaft mit wenigen Ausnahmen verstaatlicht. Organisatorisch wurde je eine Landesgesellschaft pro Bundesland vorgesehen, dazu Sondergesellschaften für überregionale Großkraftwerke und die Verbundgesellschaft als Dachorganisation. Die Energieversorgungsunternehmen (EVU) der Landeshauptstädte und einige kommunale, genossenschaftliche und private EVU durften bestehen bleiben.

Ausbau der Wasserkräfte

Da nach 1945 der Stromverbrauch rasant stieg, wurde die Wasserkraft ausgebaut. Zuerst erfolgte die Fertigstellung der im Krieg begonnenen Projekte an der Enns und am Inn. Dann begann mit Jochenstein der Ausbau der Donau: Von 1959 an wurden an der Donau in zwei- bis vierjährigen Intervallen acht weitere Laufkraftwerke errichtet, davon in Oberösterreich Aschach, Asten und Wallsee. Auch der Ausbau der Traun wurde fortgesetzt.

Es kam zu ersten Auseinandersetzungen, in Oberösterreich vor allem um das Kraftwerk Gmunden und um das geplante Großkraftwerk Molln. Im Reichraminger Hintergebirge formierte sich eine „Aktionsgemeinschaft Hintergebirge“, die das Projekt der Ennskraftwerke – zwei Speicherbecken an der Kalblingmauer bzw. Großen Klausen mit 100 bzw. 80 Meter hohen Talsperren und 72 Megawatt installierter Leistung – zu Fall brachte. Der letzte große Konflikt entzündete sich am Kraftwerksprojekt Lambach.

Der Energieverbrauch steigt weiter, daher ist die Elektrizitätswirtschaft auf der Suche nach neuen Energieträgern und besseren Wirkungsgraden. Immer mehr Gaskraftkapazitäten werden gebaut, am effizientesten sind sie im Verbund mit Fernwärme. Außerdem wird Biomasse genutzt, Solarenergie erprobt, Windkraft einbezogen, wobei aber derzeit ihr Beitrag noch gering ist. Die Speicherung und Einsparung von Energie sind aktuell die größten Herausforderungen.

Chronologie der Elektrifizierung

1879/1880

Thomas Alva Edison erfindet die Kohlefadenglühlampe und baut in New York das erste funktionierende Elektrizitätsversorgungssystem auf.

1881

Erste Elektrizitätsausstellung in Paris.

1884

Josef Werndl veranstaltet in Steyr eine Electrische Landes-Industrie-Forst und culturhistorische Ausstellung.

1886

Erstes Elektrizitätsversorgungsunternehmen Österreichs im niederösterreichischen Scheibbs

1894

Stern & Hafferl beleuchten das Schafberghotel und das Hotel Peter in St. Wolfgang.

1895

Elektrizitätswerk Gmunden

1897

Beginn der Elektrifizierung in Linz

1905

Stern & Hafferl werden AG und beginnen den Aufbau eines oö. Verbundsystems.

1919–1924

Bau des Kraftwerks Partenstein, des ersten Großkraftwerks Österreichs

1920

Gründung der OWEAG, der Oberösterreichischen Wasserkraft und Elektrizitäts AG

1929

Fusion von OWEAG und Stern & Hafferl zur ÖKA (Österreichische Kraftwerke AG)

1938

Umbenennung in KOA (Kraftwerke Oberdonau AG)

1947

Verstaatlichung der gesamten Elektrizitätswirtschaft: In Oberösterreich entsteht die „Oberösterreichische Kraftwerke AG“ (kurz: OKA), für Linz die ESG, die Elektrizitäts- und Straßenbahngesellschaft.

1999

Umbenennung der OKA in Energie AG Oberösterreich

„Es war eine extrem mutige Entscheidung, nach nur einem halben Jahr der Versuche ein Werk mit der LD-Technologie auszurüsten."

Peter Reisinger, voestalpine Stahl

Abstich in einem modernen Stahlwerk, voestalpine AG

Roman Sandgruber

Das in den 1940er-Jahren entwickelte LD- oder Sauerstoff-Blasstahl-Verfahren ist die bedeutendste Erfindung, die im 20. Jahrhundert von Österreich ihren Ausgang genommen hat. Über Erfinder und Patente kam es zu heftigen Diskussionen und erbitterten Auseinandersetzungen. Selbst die Bedeutung der Buchstabenfolge „LD" ist umstritten.

LD EROBERT DIE WELT

Abstich der ersten LD-Charge, 25. 11. 1952, VOEST

Zur Weiterverarbeitung bestimmte Bandstahlrollen (Coils)

Das LD-Verfahren sicherte der österreichischen Stahlindustrie auf Jahre hinaus einen wichtigen Konkurrenzvorteil, da damit die Kosten der Stahlherstellung und die Investitionskosten gegenüber den Siemens-Martin-Öfen um 30–50 Prozent gesenkt werden konnten. Der Anteil des LD-Stahls an der österreichischen Gesamterzeugung stieg von 0,5 Prozent im Jahre 1952 auf knapp 50 Prozent 1960 und 84 Prozent im Jahr 1980. Weltweit lag der LD-Anteil 1960 bei 4 Prozent, 1980 bei 55 Prozent und heute liegt er bei über 60 Prozent.

Ende der 1940er-Jahre wurde in Linz und Donawitz das Sauerstoffaufblas- oder LD-Verfahren entwickelt und 1952/53 an den beiden Standorten erstmals industriell verwendet. Im Unterschied zum Bessemer- und Thomasverfahren wird statt Luft von unten reiner Sauerstoff von oben mit einer Lanze auf das Eisenbad im Tiegel aufgeblasen. Damit wird der im Roheisen enthaltene Kohlenstoff bis auf wenige Zehntelprozent verbrannt und so aus dem spröden Roheisen schmiedbarer Stahl erzeugt. Da dabei sehr hohe Temperaturen entstehen, können bis zu 30 Prozent Schrott verarbeitet werden, ohne dass zusätzliches Heizen notwendig ist.

Ein Stahlwerk fehlt

Die ab 1938 aufgebauten Hermann-Göring-Werke, die 1945 in die VOEST umgewandelt worden waren, verfügten über sechs Hochöfen mit einer Roheisenkapazität von einer Million Tonnen. Es fehlten aber ein adäquates Stahlwerk und die entsprechende Weiterverarbeitung in einem Walzwerk. Für die Stahlproduktion hatte das Werk 1948 nur zwei Siemens-Martin-Öfen und insgesamt vier Lichtbogenöfen im Einsatz. Daraus ergab sich eine jährliche Stahlerzeugungskapazität von etwa 200 000 Tonnen. Als 1948 der Entschluss zum Bau einer Breitbandstraße mit einer Kapazität von 700 000 Tonnen fiel, musste man die Kapazität des Stahlwerks zwangsläufig erhöhen und war auf der Suche nach der besten Methode der Stahlerzeugung. Man hatte die Wahl zwischen dem Siemens-Martin-Verfahren, dem Elektrostahlverfahren oder einer ganz neuen Technik. Denn das Bessemer- und das Thomasverfahren kamen wegen der chemischen Zusammensetzung des Linzer Roheisens nicht infrage.

Die naheliegende Idee, zum Frischen des Roheisens nicht Luft, sondern gleich reinen Sauerstoff zu verwenden, hatte bereits Henry Bessemer um 1850. Allerdings konnte man bis 1928 reinen Sauerstoff großtechnisch gar nicht herstellen. Erst das Linde-Fränkel-Verfahren löste dieses Problem. Dann wurden die Überlegungen, mit reinem Sauerstoff zu frischen, von mehreren Seiten aufgegriffen. Das lange Zeit ungelöste Problem war die dabei entstehende Hitze, die jede Düse, mit der der Sauerstoff in das flüssige Roheisen eingebracht wurde, zum Schmelzen brachte.

Linz & Donawitz – ein Verfahren schreibt Geschichte

Mehr als 60 Prozent der weltweiten Rohstahlproduktion werden heute mit dem LD-Verfahren erzeugt. Weitere 35 Prozent der Weltstahlproduktion entfallen auf das Elektroofenverfahren, bei dem Schrott mittels elektrischer Energie über Grafitelektroden aufgeschmolzen wird. Anderen, älteren Verfahren wie dem Siemens-Martin-Verfahren, dem Thomasverfahren oder gar dem Bessemerverfahren kommt heute immer weniger Bedeutung zu, da die Vorteile des LD-Verfahrens so deutlich überwiegen: Man kann damit sehr große Mengen Stahl mit relativ geringen Investitions- und Verarbeitungskosten herstellen. Der LD-Stahl überzeugt auch durch seine besondere Güte, seine optimalen mechanischen Kennwerte und eine hervorragende Schweißbarkeit.

Der LD-Konverter besteht aus einem einfachen, kippbaren Stahlgefäß, dem sogenannten Tiegel, der mit feuerfestem Material ausgekleidet ist. Darin werden das flüssige Roheisen und Schrott in einem Verhältnis von 70:30 Masseprozent eingebracht. Außerdem kommen noch Legierungselemente wie Ferromangan, Ferrosilizium oder Aluminium (rund 10 kg/t Rohstahl) und Kalk (rund 60 kg/t Rohstahl) hinzu. Mit einer wassergekühlten Sauerstofflanze wird reiner Sauerstoff auf das flüssige Eisenbad aufgeblasen. Nach einer Blaszeit von 15 bis 20 Minuten sind die Begleitelemente – allen voran Kohlenstoff, Schwefel und Phosphor – des Roheisens auf das gewünschte Maß reduziert und der Schrott geschmolzen. Aus Roheisen ist Rohstahl geworden.

LD-Versuchsanlage beim Siemens Martin Stahlwerk, 1949

Das LD-Stahlwerk 3 der voestalpine in Linz produziert in drei Konvertern mehr als 5,1 Millionen Tonnen Rohstahl pro Jahr. Dieser wird an den Stranggussanlagen zu Brammen vergossen. Über 400 Stahlqualitäten können heute im LD-Stahlwerk 3 der voestalpine hergestellt werden, von unlegierten Baustählen bis zu mikrolegierten und hochkohligen Spezialstählen.

Die vielen Väter

Das LD-Verfahren hat mehrere Väter. Carl Valerian Schwarz ließ sich 1939 die Idee, einen Sauerstoffstrahl senkrecht von oben mit hohem Druck auf das flüssige Eisen treten zu lassen, patentrechtlich schützen. John Miles and Partners meldeten eine Variante dieses Gedankens in verschiedenen angelsächsischen Ländern zum Patent an. Ende der Dreißigerjahre begann auch der Schweizer Robert Durrer (1890–1978), der von 1928 bis 1943 dem Institut für Eisenhüttenkunde der TH Berlin-Charlottenburg vorstand, mit Versuchen mit seitlich von oben aufgeblasenem Sauerstoff. Er ging 1943 in die Schweiz zurück und setzte seine Forschungen mit seinem Assistenten Heinrich Hellbrügge in den von Roll'schen Eisenwerken in Gerlafingen fort. Herbert Trenkler kam nach dem Krieg als Hüttendirektor in die VOEST, er hatte sich während des Krieges in Hagedingen ebenfalls mit Versuchen zum Sauerstoffaufblasen beschäftigt. Nirgendwo aber war es gelungen, das Verfahren zu einer großtechnischen Anwendung zu bringen.

Ab September 1947 begannen die Kontakte zwischen den Gerlafinger Technikern und der damaligen VOEST AG in Linz bezüglich einer Kooperation auf großtechnischer Basis. Die Blasversuche in einem 2,5-Tonnen-Konverter der VOEST liefen am 3. Juni 1949 an und hatten schon am 25. Juni durchschlagenden Erfolg. Koordiniert wurde das gesamte Versuchsprogramm vom technischen Direktor der VOEST, Theodor E. Suess, verantwortlich war der damalige Hüttendirektor Herbert Trenkler, die Qualitätsprüfung übernahm Hubert Hauttmann. Rudolf F. Rinesch erledigte die praktische Versuchsdurchführung.

Der Zufall als Helfer

Angeblich soll ein Zufall geholfen haben, dass die Linzer Versuche so erfolgreich waren. Einer der Frischversuche schien besonders gut zu verlaufen. Dr. Hauttmann bemerkte, dass bei diesem Versuch die Lanze, mit der die Düse möglichst nahe an das Roheisenbad herangebracht wurde, in etwa 40 cm Abstand von der Düse ein Loch bekommen hatte. Der Sauerstoff war also offensichtlich mit größerem Abstand oberflächlich auf das Eisenbad getroffen. Dennoch war das Ergebnis hervorragend. Man führte daher trotz skeptischer Einwendungen Durrers, der weiter auf ein möglichst nahes Heranführen der Düse drängte, einen neuen Versuch mit größerem Düsenabstand

Seite 6 — Oberösterreichische Nachrichten — Mittwoch, den 7. Jänner 1953

Die Vöest gehen ihrer Vollendung entgegen

Bundespräsident Dr. h. c. Körner eröffnete das Blasstahlwerk und die Breitbandstraße der Vöest

Revolutionierte Stahlproduktion

Ein glühendes Blechband durchläuft die fünf Gerüste und die fliegende Schere der Breitbandstraße

Österreich ist lebensfähig

Bleche am laufenden Band

Starker Rückgang der Importe aus USA

Kohlenfluß – Donau

Verbilligte Nahrungsmittel, verteuerte Industriestoffe

Lohnende Investitionen

Börsen und Märkte

Samstag den 10. Jänner 1953, 20 Uhr Bahnhofsäle Linz — Ball der O.-Ö. Milchwirtschaft

Beleuchtungskörper — J. Aigner, Linz

repräsentativen Büroräumen

Eröffnung des Blasstahlwerks der VOEST, Oberösterreichische Nachrichten, 7. 1. 1953

und geringerem Druck durch, der ein vortreffliches Resultat brachte.

Hubert Hauttmann fertigte daraufhin den Rohentwurf einer Patentanmeldung an, welcher am 10. August 1949 bei der Hauptverwaltung der VOEST eingereicht wurde. Am 15. Dezember 1950 wurde dafür das Österreichische Patent Nr. 168589 erteilt. Hauttmann schien in der Patentschrift nicht als Erfinder auf. Etwa ein halbes Jahr nach der ersten einwandfreien LD-Schmelze meldete Direktor Suess eine Reihe von Patenten an, die auf seinen eigenen Namen lauteten. Daraus ergaben sich schwere Meinungsverschiedenheiten mit der VOEST, ob die Entwicklung eine Dienst- oder Privaterfindung war. Schließlich wurden alle beteiligten Mitarbeiter als „Miterfinder" nachgemeldet.

Um den eigentlichen Erfinder des LD-Verfahrens gab es weiterhin erhebliche Differenzen. Dass es Durrer war, wie von seinem Assistenten Hellbrügge 1965 in einer Festschrift behauptet wurde, bestritten die an den Versuchen in der VOEST Beteiligten und andere Hüttentechniker heftig. Bis heute ist zumindest auf wissenschaftlicher Ebene der Streit nicht bereinigt.

Was bedeutet LD?

Strittig ist auch, was ursprünglich unter der Abkürzung LD verstanden wurde. Aus einem Protokoll vom 9. Dezember 1949 stammt der Vorschlag, dem Sauerstoffaufblas-Verfahren den Namen LD als Abkürzung für „Linz-Durrer" zu geben. Die VOEST präferierte in den nächsten Jahren eher die Interpretation „Linzer Düsenverfahren". Anlässlich des Jubiläums „Ein Jahr LD-Sauerstoff-Frischverfahren" schrieb Trenkler 1953 von einem Prozess, „den wir kurz LD-Verfahren, Linzer Düsenverfahren, nennen wollen". Hauttmann meinte, dass die Buchstaben zunächst überhaupt keine Bedeutung gehabt hätten oder nur Linz-Donau hießen. In den späteren 1950er-Jahren setzte sich immer mehr die Auffassung durch, dass LD gewählt worden sei, weil das Verfahren in Linz und Donawitz zur Industriereife entwickelt worden war.

Die produktionstechnische Umsetzung

Am 9. Dezember 1949 wurde in der VOEST der richtungsweisende Beschluss gefasst, die Ausweitung der Rohstahlkapazität nicht nach dem Siemens-Martin-, sondern nach dem LD-Verfahren durchzuführen. Das mit zwei 30-Tonnen-Konvertern ausgestattete LD-Stahlwerk nahm am 27. November 1952 als erstes kommerziell arbeitendes LD-Stahlwerk der Welt die laufende Produktion auf. Die offizielle Eröffnung durch Bundespräsident Theodor Körner erfolgte am 5. Jänner 1953. Etwa zur gleichen Zeit wurde auch die Breitbandstraße in Betrieb genommen.

Im Jahr 1949 hatte sich auch die Österreichisch-Alpine Montangesellschaft mit dem Sauerstoffaufblas-Verfahren zu beschäftigen be-

Stahl erzeugen

Stahl erzeugen heißt – grob gesprochen –, aus den Ausgangsstoffen Roheisen und Schrott die unerwünschten Begleitelemente zu entfernen und den Kohlenstoffanteil durch Zuführung von Sauerstoff, der sich mit dem Kohlenstoff zu CO_2 verbindet, auf höchstens zwei Masseprozent zu reduzieren. Das erfolgte bis ins späte 18. Jahrhundert durch wiederholtes Umschmieden (Frischen). Beim Puddelverfahren wurde der Kohlenstoff durch Umrühren des flüssigen Eisenbads mit Luft in Kontakt gebracht. Beim Bessemer- und beim Thomasverfahren, die beide eine dem LD-Tiegel sehr ähnliche Birne verwenden, wird Luft von unten in den Tiegel eingeblasen.

gonnen. In Donawitz wurde in den Jahren 1950 bis 1952 eine erfolgreiche Versuchsreihe durchgeführt und mit der Errichtung von zwei 25-Tonnen-Konvertern begonnen. Die erste Schmelze im Donawitzer Konverter bzw. LD-Stahlwerk wurde am 22. Mai 1953 erblasen.

Das Sauerstoffaufblas-Verfahren hat von Linz und Donawitz aus seinen Siegeszug um die Welt angetreten. Bis 1960 waren bereits 18 Stahlwerke nach dem LD-Verfahren eröffnet, heute werden weltweit 60 bis 70 Prozent des Stahls auf dieser Basis erzeugt.

Internationale Patentkämpfe

Um die internationale Anerkennung der LD-Patente kam es rasch zu Auseinandersetzungen. Die US-Firma H. A. Brassert Inc. pochte auf das in ihrem Besitz befindliche „Schwarz-Patent". Obwohl das „Schwarz-Patent" von den VOEST-Patenten deutlich abwich, wollte man es bei der VOEST vorerst auf keinen Rechtsstreit mit der amerikanischen Besatzungsmacht ankommen lassen und gründete zusammen mit Brassert 1952 die BOT (Brassert Oygen Technik AG) in Zürich. Über diese Gesellschaft wurden die Lizenzen vertrieben. Brassert verkaufte 1956 seine Anteile an der BOT an die VOEST und Alpine.

In den USA wurde die Gültigkeit der VOEST-Patente nicht anerkannt. In mehreren gerichtlichen Auseinandersetzungen, die sich von 1957 bis 1975 hinzogen, konnte sich die VOEST aus formalen Gründen nicht durchsetzen, obwohl die Gerichte die grundlegende Neuheit des österreichischen Verfahrens akzeptierten. Die Stahlindustrie der USA ersparte sich dadurch mindestens drei Milliarden Dollar an Lizenzkosten und mindestens die gleiche Summe bei den Investitionskosten, die sich auf etwa zwei Drittel eines größenmäßig vergleichbaren Siemens-Martin-Stahlwerks beliefen. Die Betriebskosten lagen gar nur bei rund 55 Prozent eines vergleichbaren Siemens-Martin-Werkes. Dass die VOEST unter die führenden Stahlerzeuger der Welt aufrücken konnte, ist nicht zuletzt dem LD-Verfahren zu danken. Der Aufstieg des Industrieanlagenbaus war ebenfalls dem LD-Verfahren zuzuschreiben: Bei der Errichtung des LD-Stahlwerks in Rourkela/Indien konnte der aus der „Neubauabteilung" hervorgegangene Industrieanlagenbau der VOEST erstmals seine Leistungsfähigkeit international unter Beweis stellen. So revolutionierte das LD-Verfahren die Stahlerzeugung der gesamten Welt und sicherte gleichzeitig den Standort Oberösterreich.

Die ersten zehn LD-Stahlwerke der Welt

VOEST AG	Linz	November 1952
ÖAMG	Donawitz	Mai 1953
Dominion Foundries & Steel (DOFASCO)	Hamilton, Kanada	August 1954
Kaiser Engineers/McLouth Steel	Trenton, USA	1954
Société des Aciéries de Pompey	Pompey, Frankreich	September 1956
Gussstahlwerk Witten AG	Witten, BRD	April 1957
Yawata Iron & Steel Co Ltd.	Yawata, Japan	September 1957
Companhia Siderurgica Belgo-Mineira	Monlevade, Brasilien	Oktober 1957
Gusstahlwerke Bochumer Verein AG	Bochum, BRD	November 1957
Jones & Laughlin Steel Corp.	Aliquippa, USA	November 1957
Nippon Kokan Kabushiki Kaisha	Kawasaki, Japan	Jänner 1958

„Während in der großen Welt draußen die Lokomotive ihren Siegeslauf begann, trabten vom Linzer Bahnhofe täglich durch mehr als zwanzig Jahre die Eisenbahn-Rösslein gemütlich gegen Gmunden."

Linzer Tagespost, 1904

Impressionen von der Pferdeeisenbahn Urfahr–Budweis, Aquarellskizzen von Franz Hölzlhuber

Roman Sandgruber

Oberösterreich ist mit der Pferdebahn Urfahr–Budweis Österreichs ältestes Eisenbahnland, die Dampfbahnära begann aber wesentlich später. Erst am 15. Dezember 1858 wurde das Land mit der Eröffnung der Kaiserin-Elisabeth-Bahn von Wien-Westbahnhof bis Linz an das internationale Eisenbahnnetz angeschlossen. Bis 1913 wuchs das oberösterreichische Eisenbahnnetz auf eine Länge von 1109 Kilometer an, was sowohl hinsichtlich Fläche als auch Bevölkerung die Spitzenstellung innerhalb der Habsburgermonarchie bedeutete.

AUF SCHIENEN DURCH OBER-ÖSTERREICH

Oberösterreich verfügte mit der 1832 bzw. 1836 eröffneten Pferdebahn von Urfahr nach Budweis und von Linz nach Gmunden über die ersten längeren Schienenwege Kontinentaleuropas. Die Pferdebahn erwies sich jedoch wegen der langen Planungs- und Bauzeit schon bei der Inbetriebnahme als technisch überholt. Gleichzeitig bremste sie den weiteren Ausbau. Eine Umrüstung auf Dampfbetrieb erwies sich für den nördlichen, nach Budweis führenden Ast wegen der engen Kurvenradien und beträchtlichen Steigungen als technisch völlig unmöglich. Für den südlichen Ast nach Gmunden konnte sie im Jahr 1855 mit einigen technischen Abstrichen und hohen Kosten realisiert werden.

Der Dampfeisenbahnbau in Österreich war 1835 mit der Nordbahn begonnen worden. 1837 wurde das erste Teilstück von Floridsdorf nach Deutsch-Wagram eröffnet. 1839 war der Ast von Wien nach Brünn fertiggestellt und 1848 bei Oderberg der Anschluss an das preußische Bahnnetz erreicht. Nach Süden und Osten wurde der Bahnbau mit den Strecken Wien–Gloggnitz (1842), Mürzzuschlag–Graz (1844) und Graz–Cilli (1846) sowie mit Flügelbahnen nach Bruck/Leitha, Ödenburg/Sopron und Pressburg (1846/1847/1848) vorangetrieben. Eine Westbahn in Richtung Linz und Salzburg, bereits 1838 gefordert, wurde hingegen wegen der Dampfschifffahrt auf der Donau lange Zeit als überflüssig betrachtet.

Bahnhof Linz der Kaiserin-Elisabeth-Bahn, 1860, Linz, Nordico

Die Kaiserin-Elisabeth-Westbahn

Schwung kam in die Sache erst hinein, als 1854 der Bahnbau in der Habsburgermonarchie nach einem langen und wenig erfolgreichen staatlichen Zwischenspiel wieder privatisiert wurde. 1855 erhielt der Wiener Unternehmer Hermann Lindheim die Konzession für die Linien Wien–Linz–Salzburg und Linz bzw. Wels–Passau. Der Bau schritt rasch voran. Bereits einige Wochen vor der offiziellen Eröffnung der durchgehenden Strecke bis München benutzte Kaiserin Elisabeth die Strecke, um in ihre Heimat Bayern zu reisen. Bei der offiziellen Eröffnung am 12. August 1860 waren Kaiser Franz Joseph und König Maximilian II. von Bayern zugegen.

Allerdings war die Strecke anfangs eingleisig und die Fahrzeit lang: Von Wien nach Salzburg betrug sie neun Stunden. Die verkehrswirtschaftliche Bedeutung der Westbahn wurde in der

Neun verschiedene Spurweiten

Vieles am Eisenbahnbau lief recht planlos ab. So gab es auf den oberösterreichischen Bahnen insgesamt neun verschiedene Spurweiten: Neben und vor der Normalspur von 1435 mm, von der englischen Normalspur (4 Fuß 8 ½ Zoll abgeleitet), war in Österreich die Spurweite von 1106 mm gebräuchlich. Diese Spurweite hatten die Pferdebahn, aber auch die Kohlenbahnen Wolfsegg–Breitenschützing und Thomasroith–Attnang sowie die mit Dampftraktion betriebene Reststrecke der Pferdebahn von Lambach nach Gmunden. In der Spurweite von 1000 mm wurden die Strecken Gmunden–Vorchdorf, Vöcklamarkt–Attersee, Unterach–Mondsee, die Pöstlingbergbahn, die Schafbergbahn und die Gmundner Straßenbahn errichtet. Eine Spurweite von 960 mm fand bei der ersten Industriebahn der Brauerei Zipf Verwendung. 900 mm wies die Lokalbahn Ebelsberg–St. Florian auf. Die Offenseer Waldbahn verwendete 800 mm. Die Mehrzahl der oberösterreichischen Schmalspurbahnen benutzte die Spurweite von 760 mm („Bosnische Spur"), etwa die Salzkammergut-Lokalbahn oder die Steyrtalbahn. 700 mm verwendeten die Kobernaußer Waldbahnen. 600 mm gab es ursprünglich auf der Kohlenbahn Holzleithen–Rakering und auf der Industriebahn von Ampflwang nach Timelkam.

Zeit der Habsburgermonarchie nicht sehr hoch eingeschätzt, erst 1902 war der zweigleisige Ausbau abgeschlossen. Die Strecke Wels–Passau war ab 1906 nur auf den wenigen Kilometern bis Haiding zweigleisig, der durchgehende zweigleisige Ausbau erfolgte erst bis 1938. Die 1871 eröffnete Linie Simbach–Braunau–Ried–Neumarkt wurde zugunsten einer besseren Anbindung Salzburgs und des Salzkammerguts zu einer Nebenlinie degradiert, obwohl sie eine wesentlich kürzere Verbindung von Linz nach München ermöglicht hätte, was bis 1897 der Orient-Express nutzte.

Die Nord-Süd-Verbindungen

Viel problematischer als die West-Ost-Verbindung erwies sich die Nord-Süd-Verbindung. Um von den wichtigen Industriezentren in Böhmen, Mähren und Schlesien über die Alpen und nach Triest zu gelangen, gab es vorerst nur den Weg über Wien und die Südbahn. Die oberösterreichische Eisenindustrie im Enns- und Kremstal musste lange auf Eisenbahnanschlüsse und eine Verbindung zu den Roheisenproduzenten und Kohlefeldern warten.

Die Forderung nach einer Eisenbahnverbindung über die Pyhrnlinie war schon 1848 von den Kremstaler Sensengewerken massiv deponiert worden. Doch das Projekt wurde gegenüber der Nord-Süd-Verbindung über Steyr zurückgestellt. Die Kronprinz-Rudolf-Bahn von St. Valentin über Steyr und Weyer nach St. Michael und weiter bis Laibach brachte zwar die ersehnte Nord-Süd-Verbindung, aber in einer sehr umständlichen, eingleisigen Linienführung, die Oberösterreich nur ganz am Rande berührte. Aus touristischen Gründen, wegen der Sommerresidenz des Kaisers in Ischl, aber auch wegen der Kohlenversorgung der Salinen wurde als nächste Nord-Süd-Linie die Strecke von Schärding nach Stainach-Irdning durch das Salzkammergut realisiert und 1877 eröffnet.

Ab 1867 forcierte die Stadt Wels das Projekt der sogenannten Oberösterreichischen Nordbahn, die vom steirischen Rottenmann über Wels und Aschach durch das Mühltal weiter ins Moldautal führen sollte, was in Linz auf Widerstand stieß. 1872 erwarb die Bank für Oberösterreich und

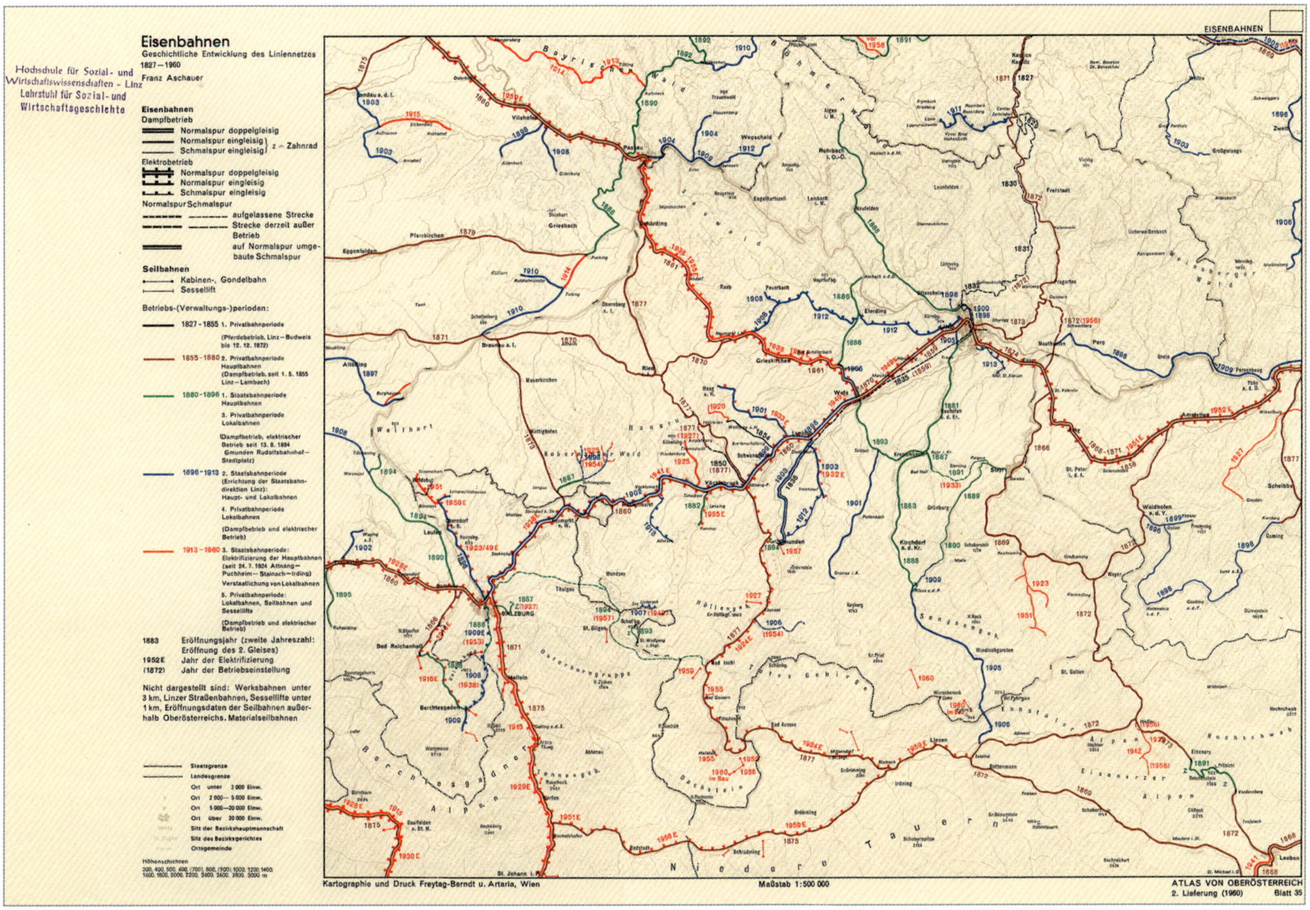

Der Ausbau des Bahnnetzes in Oberösterreich 1827–1913, Atlas von Oberösterreich 1960

Salzburg die Baukonzession, doch der Börsenkrach von 1873 brachte die Oberbank an den Rand des Konkurses. Als sich die Nebel der Börsenspekulation lichteten, lebten zwar die Bahnbaupläne wieder auf, allerdings nunmehr unter Linzer Führung. Das Kremstal musste sich vorerst mit der 1881 von Linz bis Kremsmünster fertiggestellten Kremstal-Lokalbahn begnügen, 1883 wurde bis Micheldorf verlängert und 1888 bis Klaus.

Das Pyhrn-Projekt wurde wegen der großen technischen Anforderungen lange aufgeschoben. Erst als zwischen 1900 und 1909 aus strukturpolitischen und strategischen Gründen noch einmal große Eisenbahnprojekte über die Alpen angegangen wurden, kam die Pyhrnlinie an die Reihe. Technisch war der Bau der 42,5 Kilometer zwischen Klaus und Selzthal schwierig und erwies sich wegen des Bosrucktunnels als finanzielles Fass ohne Boden. Aber erst durch diese Verbindung wurde Linz zu einem überregionalen Eisenbahnknoten.

Ab den 1880er-Jahren wurde das oberösterreichische Eisenbahnnetz durch zahlreiche Regional- und Lokalbahnen ergänzt und ausgeweitet. Dazu kamen zahlreiche nach dem Ersten Weltkrieg nicht mehr verwirklichte Projekte, die teilweise schon bis zur Vorkonzession gediehen waren.

Massive Bombenschäden am Linzer Bahnhof, 1945

So ist der Linzer Bahnhof den meisten in Erinnerung, um 1985

Raumordner Eisenbahn

Die großräumige Eisenbahnplanung im oberösterreichischen Raum wies beträchtliche Mängel auf: Das erste und gravierendste Manko war, dass Steyr, die damals weitaus bedeutendste Industriestadt des Landes, nicht in den Verlauf der Westbahn einbezogen war. Auch die Anbindung an die Westbahn, die in St. Valentin und nicht in Linz erfolgte, und die umständliche, von der Landschaft erzwungene Linienführung der Kronprinz-Rudolf-Bahn nach Süden manövrierten Steyr ins eisenbahnpolitische Eck.

Zwischen Wels und Linz blieb die Auseinandersetzung um die zentrale Position im Eisenbahnnetz lange unentschieden. Während bei der Linie nach Passau Linz den Kürzeren gezogen hatte, konnte sich bei der Kremstalbahn und bei der Mühlkreisbahn schließlich Linz durchsetzen. Die Mühlkreisbahn blieb aber ein Torso, sie erhielt nach Norden keine Verlängerung und wurde in Linz trotz des Baus der Eisenbahnbrücke nicht an das überregionale Netz angeschlossen.

Die Entwicklung Attnang-Puchheims wurde maßgeblich von der Eisenbahn geprägt. Der Bahnhof wurde aufgrund regionaler Streitigkeiten zwischen den beiden Orten Attnang und Puchheim errichtet. In weiterer Folge stieg der zusammenwachsende Ort stufenweise zu einem wichtigen Eisenbahnknoten auf, während Vöcklabruck ins Abseits gedrängt wurde.

Die Bahnhöfe lagen oft weit außerhalb der Ortschaften, teils aus geländebedingten Gründen, teils wegen lokalpolitischer Widerstände. So ließ die Streckenführung der Mühlkreisbahn fast alle größeren Orte in einem Abstand von ein bis drei Kilometern abseits liegen. In der langen Rivalität zwischen den Märkten Haslach und Rohrbach brachte schließlich die Bahn die Entscheidung: Obwohl eine Streckenführung über Haslach entlang der Großen Mühl deutlich einfacher gewesen wäre, wurde Rohrbach einbezogen. Haslachs Bahnhof kam damit fast drei Kilometer vom Ort entfernt zu liegen und es musste erst eine Straßenverbindung angelegt werden.

In der Stadt- und Siedlungsentwicklung bedeuten Bahnlinien nicht nur Verbindendes, sondern auch Begrenzung: Die städtische Entwicklung von Linz wurde durch die Bahn einerseits begünstigt, andererseits eingeschnürt. Der hohe Damm der Westbahn bildete eine regelrechte Barriere für das Wachstum der Stadt Richtung Süden. Auch die Errichtung der Straßen- und Straßenbahnunterführung bei der Blumau im Jahr 1937 brachte keine wirkliche Anbindung der Wiener Straße an das Stadtzentrum. Das war unter anderem der Grund, dass die nationalsozialistische Stadtplanung eine Verlegung von Bahn und Bahnhof in Richtung Niedernharter Plateau vorsah.

Seit 2004 präsentiert sich der Linzer Bahnhof als lichtdurchflutete Verkehrsdrehscheibe.

Die Zukunft der Bahn

1884 wurde mit der Verstaatlichung der Westbahn die Überführung des österreichischen Eisenbahnwesens in staatliche Hand eingeleitet. Obwohl die Westbahn neben der Südbahn eindeutig die bedeutendste Bahnstrecke des heutigen Österreich darstellte, war sie erst im Jahre 1901 durchgehend zweispurig ausgebaut und ihre Elektrifizierung war 1952 abgeschlossen. Die Verbindung Wels–Passau wurde 1938 zweigleisig. Und die Elektrifizierung der Pyhrnbahn wurde überhaupt erst 1977 durchgeführt.

Nach dem Zweiten Weltkrieg dominierte das Automobil, zahlreiche Bahnstrecken fielen ihm zum Opfer. Ein bedeutender Verlust war die Einstellung der Salzkammergut-Lokalbahn am 30. September 1957. Schon vorher war die Verbindung der Summerauerbahn mit der Donauuferbahn von Gaisbach-Wartberg nach Mauthausen aufgelassen worden. 1961 folgte die Einstellung der Strecke Friedburg–Schneegattern und 1965 Sattledt–Rohr, 1973 Ebelsberg–St. Florian, 1982 kam das Aus für die letzten Teile der Steyrtalbahn. Weitere Schließungspläne sind noch ungewiss.

Nach Abschluss der Ausbaumaßnahmen der Westbahn soll das sogenannte „1-2-3-Schema" verwirklicht sein, das heißt, die Fahrzeit von Wien nach Linz wird nur mehr eine Stunde, nach Salzburg zwei Stunden und nach München drei Stunden betragen. Die über weite Teile nur eingleisig befahrbare Pyhrnbahn kann das Verkehrsaufkommen nur unzureichend bewältigen. Die Ausbaupläne für die Nord-Süd-Linien in Oberösterreich, die Pyhrn- und die Summerauerbahn, stellen eine Nord-Süd-Verbindung von mitteleuropäischer Bedeutung durch Oberösterreich her.

*„Bei den Linzern stand Ischl keineswegs hoch im Kurs.
Sie sagten, das sei kein Landaufenthalt,
sondern eine Filiale von Wien."*

Maria von Peteani, Linzer Schriftstellerin

Die Kaiservilla in Bad Ischl

Roman Sandgruber

Im Jahre 1913 war Oberösterreich hinter Niederösterreich das wichtigste Fremdenverkehrsland im Bereich des heutigen Österreich. Oberösterreichs damals größter Fremdenverkehrsort, Bad Ischl, wurde hinsichtlich der Zahl der gemeldeten Fremden nur von Mariazell übertroffen.

TOURISMUSLAND OBERÖSTERREICH

Bis ins ausgehende 18. Jahrhundert war Oberösterreich selten das Ziel von Reisenden, mit einer Ausnahme: Wallfahrer waren nach St. Wolfgang, nach Adlwang, auf den Pöstlingberg und zu anderen beliebten Heiligtümern unterwegs. Bei einer Wallfahrt, dem Urlaub der Armen, ging es nach dem kirchlichen Ziel ins benachbarte Wirtshaus. Wer sonst nach Oberösterreich kam, war auf der Durchreise.

Das 19. Jahrhundert brachte die Anfänge des modernen Tourismus: die Wanderung, die Badereise und die Sommerfrische. Die Entdeckung des Salzkammergutes als Erholungslandschaft begann. Die Wiener Salondame Caroline Pichler, die 1792 ins „noch ganz unberühmte" Ischl gekommen war, machte die Region in den noblen Kreisen der Hauptstadt bekannt. Alexander von Humboldt rühmte 1797 das Salzkammergut als „österreichische Schweiz", was begeistert aufgegriffen wurde. „Gehen ist Freiheit" war das Programm des Biedermeier, zahllose Wanderbücher wurden publiziert. Selbst Adalbert Stifter ließ Viktor, den Helden seiner Novelle „Der Hagestolz", eine Fußreise von Wien nach Traunkirchen unternehmen.

Der frühe Kurortboom

Wem das Wandern zu beschwerlich war, der ging auf Kur oder in die Sommerfrische. Oberösterreich konnte von der neu entstehenden Badebegeisterung profitieren.

1823 war das Geburtsjahr des Kurortes Ischl. Als sich nach einem Aufenthalt von Erzherzog Karl und seiner Gattin Sophie mit dem „Salzprinzen" Franz Joseph 1830 endlich der sehnlichst erwartete Thronfolger einstellte, zweifelte niemand mehr an der heilsamen Kraft der Ischler Sole- und Soledampfbäder. Der krisengeschüttelte Industrieort war auf dem Weg zum Modebad. Andere Badeorte folgten: In Bad Hall entstand 1830 eine Badeanstalt und 1852 wurde die große Landeskuranstalt errichtet. In Goisern wurde 1874 bei Tiefbohrungen eine Jodschwefelquelle entdeckt. Die Schwefelheilquelle von Bad Schallerbach wurde erst in den 1920er-Jahren bei Erdölbohrungen erschlossen und ausgebaut. Auch die kalten Quellen des Mühlviertels gewannen an Beliebtheit. Kirchschlag entwickelte sich zu einem bekannten Ausflugs- und Erholungsort und Kreuzen erhielt eine Kaltbadeanstalt.

Sicherlich, Komfort war im ländlichen Oberösterreich anfänglich nicht großgeschrieben. Österreichs Nationaldichter Franz Grillparzer ärgerte sich darüber nicht wenig. Als er einige Wochen in Bad Hall verbrachte, wurde der berühmte Dichter, inzwischen ein 75-jähriger, schwerhöriger und missmutiger Hofrat, im Haus des Apothekers einquartiert. An einer Gehbehinderung und an Gefäßverkalkung leidend, schrieb er griesgrämige Briefe: „Das Zimmer ist prächtig, zwar mit Aussicht auf einen Stall, aber sonst sehr gut ... Die Luft ist gut, die Kost ist schlecht ...“ In Bad Hall habe er von zurückgeschickten und doch bezahlten Speisen gelebt. Das Fleisch war ihm zu hart, die Bäder zu anstrengend. Grillparzer glaubte, in Oberösterreich die gräulichste Zeit seines Lebens zu verbringen. „Es waren grässliche vier Wochen ...

Dass ich einer stärkenden Fleischspeise zur Labung bedürfen werde, begreift jeder, der die Mittagserfrischungen zu Linz kennt ...“, schrieb der Dichter vor seiner Rückkehr nach Wien.

Auf Sommerfrische ins Salzkammergut

Die Sommerfrische wurde zum Urlaubstraum der Städter. Wer etwas auf sich hielt, übersiedelte während der warmen Jahreszeit mit Sack und Pack in eine Sommerwohnung: Nach Ischl und Gmunden kamen die Arrivierten, die weniger Arrivierten nach Goisern oder Aussee und an den Wolfgangsee, Attersee oder Mondsee.

Gmunden – Treffpunkt der High Society

In Gmunden gab Erzherzog Maximilian d’Este, der 1830 die Herrschaft Ebenzweier im Gemeindegebiet von Altmünster erworben hatte und dort bis zu seinem Tod 1863 eine glanzvolle Hofhaltung führte, den Anstoß für eine adelige Kolonie. Die Familie von Großherzog Leopold II. von Toskana, die seit 1869 im österreichischen Exil lebte, kaufte 1869 die Halbinsel Ort samt See- und Landschloss und errichtete die Villa Toscana. 1868 kam König Georg von Hannover dazu, der ebenfalls in Gmunden sein Exil aufschlug. Schloss Cumberland wurde zum Schauplatz des hannoveranischen Hoflebens. Auch die Dynastien der Württemberger und Bourbon-Parma wählten die Gegend zur Sommerfrische. Es wäre sicherlich übertrieben, nur dem adeligen Flair die Attraktivität des Ortes zuzuschreiben. Vornehme Industrielle kauften sich ebenfalls ein: die Familien Lanna, Miller-Aichholtz, Köchert, Wittgenstein ... Friedrich Hebbel besaß hier seit 1855 sein ständiges Sommerheim. Maler, Schriftsteller und Komponisten verliebten sich in Gmunden: „Mein Geburtsland ist zwar Ungarn. Wien und Gmunden sind aber meine zweite Heimat“, schrieb der Komponist Karl Goldmark in einem Brief 1910.

Kaiser Franz Joseph war von 86 Sommern seines Lebens nur drei nicht in Ischl, nämlich 1878, 1915 und 1916. Mit dem Kaiser wurde der Kurort Ischl zur mondänen Sommerresidenz: Weil der Kaiser hier war, kam die große Welt oder die, die sich dafür hielt. „Bei den Linzern hingegen“, schreibt die Linzerin Maria von Peteani in ihren Erinnerungen, „stand Ischl damals keineswegs hoch im Kurs. Sie sagten – und dies nicht zu Unrecht –, das sei kein Landaufenthalt, sondern eine Filiale von Wien.“

Die Melde- und Gästelisten des Salzkammerguts lasen sich zeitweise wie eine lückenlose Wiedergabe eines Literatur- und Künstlerkalenders: „Im Jahre 70 oder 71 atmete ich zum ersten Male Salzkammergutluft", notierte Arthur Schnitzler in seiner Autobiografie. „Denken Sie sich das Unglück, ich bin schon wieder in Ischl!", schrieb Daniel Spitzer. Die vielen Schriftsteller, die nach einem berühmten Ausspruch Raoul Auernheimers allsommerlich an die Seen wiederkehrten, um ihre Federkiele in dieses riesige Tintenfass zu tauchen und sich ihre Inspirationen zu holen, verarbeiteten ihre Eindrücke, banden die Orte in ihre Stoffe ein und erhöhten deren Attraktivität.

Der Attersee

Mahlers Komponierhäuschen

Gegen Ende des 19. Jahrhunderts erlebte der Attersee seine Glanzzeit. Wissenschaftler, Dichter, Komponisten und Maler nahmen hier ihren Sommersitz: Hugo Wolf war zu Gast bei der Industriellenfamilie Eckstein in Unterach, wo er unter dem eintönigen Gezwitscher der Finken furchtbar zu leiden hatte. Gustav Mahler verbrachte in Steinbach am Attersee in einem Landgasthof, dem „Gasthof zum Höllengebirge", die Sommerferien der Jahre 1893 bis 1896 und ließ sich auf einer Wiese zum See hin von einem Schörflinger Baumeister um etwa 400 Gulden ein kleines, abgeschirmtes Komponierhäuschen errichten. Gustav Klimt war ebenso am Attersee wie Viktor Adler.

Die wichtigste Voraussetzung für die touristische Weiterentwicklung des Salzkammerguts war eine Verbesserung der Verkehrslage. Durch die Eröffnung der Pferdebahn Linz–Gmunden im Jahre 1836 – drei Jahre später verkehrte das erste Dampfschiff auf dem Traunsee – verkürzte sich die Anreise maßgeblich und wurde bequemer. Die Fertigstellung der Westbahn in den Jahren 1858/60 und die Eröffnung der Salzkammergutbahn (Kronprinz-Rudolf-Bahn) von Attnang über Ischl nach Bad Aussee im Jahre 1877 banden die Region in das europäische Verkehrsnetz ein. Die Salzkammergut-Lokalbahn, die ab 1893 zwischen Ischl und Salzburg verkehrte, trug zusätzlich zur leichteren Erreichbarkeit und touristischen Aufschließung bei.

Für das Salzkammergut kam mit dem Bedeutungsverlust der Salzerzeugung der neue Wirtschaftszweig wie gerufen. Eine neue Oberschicht, neue Berufe und neue Geschäfte bestimmten das Gesellschaftsbild. Entlang der Seeufer entstanden Villenkolonien und Esplanaden.

Wenn die noblen Städter des Fin de Siècle zur Sommerfrische und Kur kamen, wollten sie auf das elektrische Licht nicht verzichten. Die „elektrifizierten" Hotels und die elektrisch beleuchteten Kurpromenaden wurden zu Attraktionen der Tourismusorte. So ist verständlich, dass das Salzkammergut zum Ausgangspunkt der oberösterreichischen Elektrizitätswirtschaft wurde.

Im Zeichen von Krieg und Wirtschaftskrise

Die aufstrebende Entwicklung wurde mit dem Ende der Monarchie jäh unterbrochen. Zwischen 1914 und 1918 kam der Fremdenverkehr weitgehend zum Erliegen. 1917 war die Versorgung mit Lebensmitteln so kritisch, dass auf Verlangen der Bevölkerung der Fremdenverkehr „amtlich" verboten wurde. Auch in den ersten Nachkriegsjahren blieb die Situation unverändert. Ein Erlass des Oberösterreichischen Landtages vom 7. Mai 1920 legte bereits in § 1 fest: „Die Einreise nach Oberösterreich und der Aufenthalt in diesem Lande unterliegt der strengsten behördlichen Kontrolle.“ § 4 meinte lapidar: „Ein Sommerverkehr findet in Oberösterreich im Jahre 1920 nicht statt.“

Nach Überwindung der unmittelbaren Nachkriegsnot war der Gast wieder umworben und gern gesehen. Doch die Weltwirtschaftskrise machte dem Fremdenverkehr erneut einen Strich durch die Rechnung. Für 1929 gab die Handelskammer für Oberösterreich einen Rückgang der Zahl der Fremden von etwa 26 Prozent und eine Verringerung ihrer Ausgaben von etwa 40 Prozent bekannt.

Verschärft wurde die wirtschaftliche Flaute durch die „Tausend-Mark-Sperre“, die die deutschen Nationalsozialistischen 1933 bald nach ihrem Machtantritt erließen, auch wenn Oberösterreich wegen des relativ geringen Anteils deutscher Gäste davon weniger betroffen war als die anderen Bundesländer. 1937 wurden in Oberösterreich fast wieder die höchsten Nächtigungsziffern aus dem Jahr 1928 erreicht. Vor dem Zweiten Weltkrieg galt Oberösterreich als ausgesprochenes Inländer-Reiseland, 1929/30 entfielen etwa 75 Prozent, 1935/36 mehr als 85 Prozent aller Fremdennächtigungen in Oberösterreich auf Inländer, davon allein 51 Prozent auf Wiener.

Mit dem Anschluss an das Deutsche Reich stieg vor allem die Anzahl der organisierten Reisen, „Kraft durch Freude“ brachte zahlreiche Gruppenreisende ins Salzkammergut. Der in den Statistiken verzeichnete sprunghafte Anstieg der Nächtigungsziffern war allerdings auf die Zweckentfremdung zahlreicher Beherbergungsbetriebe zurückzuführen, die in Lazarette, HJ-Heime und Flüchtlingsquartiere umgewandelt wurden. Dazu kam, dass Oberösterreich und vor allem das Salzkammergut aus verschiedenen Gründen eine magische Anziehungskraft auf NS-Größen ausübten. Man war ganz begierig nach Liegenschaften im Salzkammergut, wegen der schönen Landschaft, wegen der Nähe zu Hitlers Sommersitz am Obersalzberg, zuletzt auch wegen des Mythos der angeblich sicheren Alpenfestung. Vor allem aber wegen der vielen Villen in jüdischem Eigentum: Circa 250 Realitäten wurden „arisiert“, davon allein in Bad Ischl 68, in Gmunden 25 und in Alt- und Bad Aussee 55.

Die Nachkriegszeit

Vom Reiseboom der Nachkriegszeit profitierte Oberösterreich zwar, jedoch nicht so stark wie andere Destinationen. Für das Reisepublikum nach dem Zweiten Weltkrieg waren zunächst die Kurorte und die Seen interessant. Obwohl sehr bald Erholungsaufenthalte im Mühlvier-

Das Mondseeland

Das Mondseeland besuchten in der ersten Hälfte des 19. Jahrhunderts nur wenige Touristen. Die Wallfahrer hatten sich verlaufen, aber die Gastronomie war noch entsprechend gut. 1868 verbrachten etwa 200 Fremde, alle aus Wien, den Sommer in Mondsee. 1910 kamen bereits 2926 Sommergäste, 1911 schon 3348. 1887 beschrieb Peter Rosegger das sommerliche Treiben im Ort: „In Mondsee selbst Wiener Theater, Konzerte, Tingeltangels. Solche Gegenden sollte man nicht in der ‚Saison‘ besuchen, wann sie Stadt spielen, sondern im Frühjahre, im Spätherbst, im Winter, wann sie still und groß ihr ehrliches Landtum bekennen.“

tel, im Inn- und Hausruckviertel, an der Pyhrnbahn und im Ennstal nachgefragt und Erholungsdörfer oder Urlaub am Bauernhof beworben wurden, blieb das Salzkammergut die dominante Tourismusregion. Immer wichtiger wurde die Wintersaison, bei der Oberösterreich viel weniger punkten konnte als die westlichen Bundesländer.

Geht man von der reinen Zahl der Nächtigungen aus, war 1973 der absolute Höhepunkt erreicht. Von da an war die Zahl der Übernachtungen in Oberösterreich leicht rückläufig, auch wenn die Ostöffnung Anfang der 1990er-Jahre nochmals einen quantitativen Zuwachs brachte. Der Trend zum Qualitätstourismus wird in Oberösterreich immer bedeutsamer und festigt die Position als Urlaubsregion.

„Kaiser Franz Joseph ist auch posthum noch ein Imageträger für Ischl"

Wo liegt Oberösterreich bei den Nächtigungszahlen im Österreichschnitt?

Pramendorfer: Zwischen November 2006 und Oktober 2007 wurden in Österreich 30,7 Millionen Ankünfte und 120,3 Millionen Nächtigungen registriert. Mit einem Anteil von 5,6 Prozent liegt Oberösterreich klar hinter Tirol mit 34,5 Prozent und Salzburg mit 19,3 Prozent, aber vor Niederösterreich oder dem Burgenland.

Wo lag die Stärke des Tourismus in Oberösterreich einst, wo liegt sie heute?

Pramendorfer: Die Ursprünge des Fremdenverkehrs reichen ins Mittelalter zurück. Neben Wallfahrten, die den Wunsch nach Gesundheit in sich tragen, gelten Alpintourismus, Badefahrten, Trink- und Badekuren als die Hauptwurzeln des frühen Tourismus. Gesundheit und Sport spielen nach wie vor eine Rolle. Hinzu kommen Landschaftsgenießer, Städte- und Kongresstouristen.

War Kaiser Franz Joseph so etwas wie der erste Werbeträger des Tourismus?

Pramendorfer: Die Sommerfrische des Kaisers in Bad Ischl lockte mit Sicherheit viele weitere Urlaubsgäste ins Salzkammergut. Als Imageträger übt der Kaiser auch posthum noch große Anziehungskraft für das Salzkammergut aus – zum Kaiserfest im August kommen jährlich Tausende Gäste nach Bad Ischl.

Welche ist die beliebteste Destination in Oberösterreich?

Pramendorfer: Von den Nächtigungszahlen her steht Linz an erster Stelle, gefolgt von Bad Schallerbach. Als Region liegt aber klar das Salzkammergut in Führung. Jährlich werden hier 2,5 Millionen Nächtigungen registriert.

Interview mit Karl Pramendorfer, Vorstand des Oberösterreich Tourismus.

„Wehmütig auf diese jammervollen Rebenhügel blickend, sann ich nach, ob der Genuss dieses Saftes hier nicht mehr Kräfte erfordere als verleihe.“

Josef Kyselak, Skizze einer Fussreise durch Österreich, 1829, II, 225, bei seinem Aufenthalt in Aschach

Die alten Weinregionen Oberösterreichs

Roman Sandgruber

Oberösterreich war einst ein Weinland. Viele Orts-, Haus- und Flurnamen verweisen auf den längst verschwundenen Weinbau: vom Schloss Weinberg im Mühlviertel über das gesamte Donautal bis ins Innviertel und weit ins Kremstal hinauf, ja sogar ins Salzkammergut hinein, nach Gmunden und Ischl.

WEINBAU IN OBERÖSTERREICH

Die Universität Linz steht mitten in Weingärten, nicht in realen, sondern in längst aufgelassenen und vergessenen. Hinter der Universität, am Schatzweg in St. Magdalena, tragen zwei Bauernhäuser die Hausnamen „Oberer“ und „Unterer Weingartler“. Die Weingärten am Schatzweg umfassten einst mehr als 20 Hektar Grund. Um 1780 waren sie bereits durch Äcker, Wiesen, Obstbäume und Wald ersetzt. Die Linzer Weingartshofstraße liegt in der Kapuzinerpfarre, die früher auch „Pfarre im Weingarten“ hieß. 1606 hatte Erzherzog Matthias den Herrenhof Weingarting den Kapuzinern geschenkt, die dort Kirche und Kloster erbauten. Ganz von Weingärten umgeben war um 1500 das Linzer Schloss.

Mittelalterliche Darstellung einer Weinlese

Nicht nur eine Vielzahl von Orts-, Haus- und Flurnamen geben Zeugnis, dass Oberösterreich einst ein Weinland war. Der Weinbau war auch Anlass zur Abfassung einer in der oberösterreichischen Wissenschaftsgeschichte bedeutenden Schrift. Der berühmte Mathematiker und Astronom Johannes Kepler, damals beschäftigt bei den oberösterreichischen Ständen, heute Namensgeber der Linzer Universität, beobachtete 1613 einen Weinbauern, der eine Visierrute durch das Spundloch eines Fasses steckte und den Inhalt ablas. Kepler suchte eine einfache, aber mathematisch exakte Berechnung für den Rauminhalt des Fasses und fand die mathematische Lösung in seiner „Nova stereometria doliorum vinariorum“, der „Neuen Berechnung der Weinfässer“. Er brachte die Abhandlung auch auf Deutsch heraus, um den oberösterreichischen Ständen die Berechnung für die Einhebung der Weinabgaben zu erleichtern.

Die Anfänge des oberösterreichischen Weinbaus

Der Weinbau fand möglicherweise bereits vor dem Auftreten

der Römer, aber mit Sicherheit in der Römerzeit eine Heimstatt in Oberösterreich. Schriftlich erwähnt wurde der oberösterreichische Wein erstmals im 8. Jahrhundert n. Chr., als das Gebiet östlich der Enns im heutigen Niederösterreich von den Awaren erobert und für die Bayern und Franken nur schwer zugänglich war. Reihenweise wurden daher verschiedene Klöster mit Weingärten in Oberösterreich beschenkt; zum Beispiel Mondsee und Kremsmünster erhielten Weinberge in Aschach und an der Rodl. Die Weingärten waren zu dieser Zeit wohl schon alle vorhanden, sie gingen nur an neue Besitzer. In Aschach und Aschachwinkel lassen sich in der Zeit zwischen 770 und 1400 zwei Bistümer und zwölf Klöster nachweisen, die mit großem Weingartenbesitz (Lesehöfen) ausgestattet waren. Wein hatte nicht nur für die Liturgie zentrale Bedeutung, sondern war auch Herrengetränk. Daher legten die Bistümer und Klöster auf Weingärten besonderen Wert.

Nach dem Sieg über die Ungarn und mit der Ostausdehnung der babenbergischen Mark nach der Jahrtausendwende wurden alle bayerischen und oberösterreichischen Klöster mit reichem Weingartenbesitz in Niederösterreich ausgestattet und der niederösterreichische Weinbau expandierte in höchst dynamischer Weise. Dennoch blieb auch Oberösterreich weiter ein begehrtes Weinbaugebiet. Als zum Beispiel Garsten gegründet wurde, erhielt es Weinberge in St. Magdalena bei Linz. Das Dorf, in dem das Stift St. Florian liegt, gelangte 1071 mit allen dortigen Weingärten an das Kloster.

Die Weinregionen

Das Weinbaugebiet erstreckte sich einst in einem weiten Bogen die Donau entlang: von Landsberg gegenüber Aschach im Aschacher und Eferdinger Becken und nördlich der Donau von Landshag an Walding und Ottensheim vorbei längs des Südabfalls der Böhmischen Masse über Puchenau, St. Magdalena, Pfenningberg, Steyregg bis gegen Pulgarn, und wiederum von Mauthausen über Schwertberg, Perg, Arbing, Saxen bis Grein. Hier müssen im Mittelalter überall Weinberge vermutet werden. Die auf Granit lagernden, tertiären Becken der in die Donau mündenden Flüsse und Bäche des Mühlviertels sind ganz besonders günstige Standorte, weil sie nach Süden offene, gegen Norden windgeschützte, klimatisch bevorzugte Mulden bilden.

Das größte zusammenhängende Weinbaugebiet Oberösterreichs war das Aschacher Becken, dessen Weingärten sehr begehrt waren und oft erwähnt wurden. 1512 verlieh Kaiser Maximilian I. dem Markt Aschach das Wappen mit zwei Weintrauben – eine blau, eine grün. Der Markt Aschach und vor allem der „Aschauer" übten sowohl auf den Kaiser, der in dem Markt offensichtlich mehrmals Station machte, als auch auf die Bauern in den Bauernkriegen eine hohe Anziehungskraft aus.

Die Florianer Gegend, das Trauntal und das Kremstal waren ebenfalls Weinbaugebiete. Und auch im Innviertel, damals noch bayerisch, gab es zwischen Obernberg und Braunau beträchtliche Weinflächen. Generell gilt die Regel: Überall, wo heute das Mostobst besonders gut gedeiht, kann man früher mit Recht einen nicht unbedeutenden Weinbau vermuten.

Im Mittelalter war Oberösterreich eine begehrte Weinbauregion, was sich im Verlauf des Spätmittelalters noch verstärkte. Im 16. Jahrhundert erreichten die Weingärten in den meisten Regionen Oberösterreichs die größte flächenmäßige Ausdehnung. Ein Privileg Kaiser Friedrichs III. aus der Zeit um 1480 gewährte allen, die im Umkreis einer Meile um Linz neue Weingärten anlegten, die Befreiung von Zehent, Robot und Steuer. Das Privileg fruchtete, wie mehrere zu dieser Zeit neu angelegte Weingärten belegen.

Gut sichtbare Terrassierungen, alte Presshäuser und verfallene Weinkeller, aber auch Orts- und Riedenbezeichnungen sind die Spuren dieser Rebkultur.

Ausdehnung und Niedergang des alten Weinbaus

Wir wissen viel über die Anfänge und das Ende des Weinbaus in Oberösterreich und kennen die Standorte, an denen er historisch belegt ist. Was wir nicht wissen, ist seine tatsächliche ökonomische Bedeutung zur Zeit der Hochblüte zwischen dem 14. und 16. Jahrhundert. Wenig ist auch über die Organisations- und Rechtsformen bekannt, über Exporte und Eigenverbrauch, über Arbeitsorganisation und Kapitaleinsatz, über die Konjunkturzyklen oder die erzeugten Produkte.

Im späten 16. Jahrhundert begann der Niedergang, im frühen 19. Jahrhundert kam das Ende. Aus den Weinzehenttabellen der Herrschaft Burg Eferding von 1770 bis 1845 ergibt sich das allmähliche Ende des Weinbaus: 1751 noch 2023 Joch Weingärten, 1789 noch 83 und 1831 nur mehr 27. Im Jahre 1829/30 hatte die Burg Eferding noch 233 bestockte Tagwerke gegenüber 1525 bereits ausgestockten, das heißt gerodeten. In Linz verschwanden die Weingärten um

Die Methoden der Historiker

Immer wieder erkennt man an typischen Geländeformen, Terrassierungen, Steinmauerwerk oder noch vorhandenen Pflanzengesellschaften die Überreste früheren Weinbaus. Auch Reste einzelner Hauerhäuschen in der Gegend von Aschach, Feldkirchen und Mühllacken und von Kellereianlagen um Aschach und Eferding sind noch vorhanden.

Ortsnamen, Haus- und Straßennamen, Flurnamen und ähnliche Bezeichnungen lassen auf einen früheren Weinbau schließen.

Alte Bilddokumente zeigen wohlbekannte Orte und Häuser noch von Weingärten umgeben: das Linzer Schloss, Schloss Weinberg im Mühlviertel, die Ruine Stauff, das Schloss Steyregg, das Stift Kremsmünster ...

Nicht zuletzt finden sich in alten Urkunden, Urbaren, Grundbüchern und ähnlichen Zeugnissen unzählige Hinweise auf die Tradition des Weinbaus in Oberösterreich.

Stift Kremsmünster und Stift Mondsee

1740, in St. Magdalena um 1820. Nur da und dort überdauerten ein paar Weinstöcke bis in die Gegenwart. Der Weinbau, der seit einigen Jahren in Oberösterreich wieder einsetzt, sucht zwar die alten Standorte, ist aber eine ganz neue Sache.

Die Ursachen des Niedergangs

Klimaänderungen mögen beim Rückgang eine Rolle gespielt haben. In der frühen Neuzeit, in der sogenannten „kleinen Eiszeit", die zwischen der zweiten Hälfte des 16. Jahrhunderts und dem beginnenden 19. Jahrhundert anzusetzen ist, wurde es kälter. Das Jahr 1741 bedeutete auch das Ende des Weinbaues im Kremstal. „Sind fast alle Weinstöck erfroren", berichtet die Chronik. Die durch Witterungseinflüsse ausgelösten sozialen und ökonomischen Verschiebungen dürfen aber keineswegs überschätzt werden.

Der Wein erhielt neue Konkurrenten: den Obstmost, das Bier und den Branntwein. Die Qualität des Bieres wurde seit dem 15. und 16. Jahrhundert deutlich besser, als sich immer stärker die gewerbsmäßigen Bierbrauereien gegenüber den vorherigen Hausbrauereien durchsetzten. Die Grundherren, weltliche wie geistliche, die immer mehr Brauhäuser errichteten, versuchten ihr Bier gegenüber dem Wein steuerlich und verwaltungsmäßig zu bevorzugen. Die städtischen Bürger verlegten sich ebenfalls immer mehr vom Weinhandel

Lob und Spott

Die Aschacher Wappenerzählung

Von den reizvollen Weinlegenden, die sich um Aufenthalte Kaiser Maximilians in Aschach und um Lobsprüche des Kaisers auf den dortigen Wein ranken, ist mit Sicherheit nichts wahr. Wenn unser Herrgott jemals nach Aschach komme, so müsse er dort ein Räuschlein trinken, soll er gesagt haben. 1512 verlieh Kaiser Maximilian I. dem Markt Aschach das schöne Wappen mit den beiden Weintrauben, eine blau, eine grün. Kaiser Maximilian, begleitet von dem Wappenmaler Georg Treitzsauerwein, sei nach Aschach gekommen und rastete in „ainem Weingartten am Purkstall, genannt Khunigsgut", des Pfarrers von Hartkirchen. Da gerade Lese war, boten die schönsten Winzerinnen, darunter Veronika, dem Kaiser die würzigsten Trauben zum Genusse. Die Huldigungen der Winzerinnen erfreuten den Kaiser und seine Lebensgeister und Manneskraft erwachten. Als Dank erhielt Aschach das Wappen.

Der „abscheuliche Aschäuer"

Der Aschacher Wein sei „von so schlechter Eigenschaft, dass man sich gar vor dem Namen des sogenannten Aschäuer scheuet, obschon zuweilen ein ganz ausnehmend besonderes Jahr selben etwas genüßbarer aus der Presse kommen lässt".

Urteil der Wiener Obersten Justizstelle über den Aschacher Wein, 1774/75

Der oberösterreichische „Siebenmänner-Wein"

Einer trinke und sieben müssten ihn dabei halten. Johann August Schultes schreibt 1827 über den Aschacher Wein: „Doch welche Sünde gegen den heiligen Geist des Vaters Bacchus habe ich hier niedergeschrieben. Als Essig kann hier nur die Frucht der Rebe benützt werden ... Die Aschacher selbst sagen, dass sie, wenn sie von diesem Weine trinken und nur eine halbe Stunde auf einer Seite liegen bleiben, in Gefahr geraten, ein Loch in ihren starken Magen zu bekommen."

J. A. Schultes, Donau-Fahrt, 1827, II, 33.

Der legendäre Fußwanderer Josef Kyselak hat sich in Aschach mit der bissigen Bemerkung verewigt, dass er, „wehmütig auf diese jammervollen Rebenhügel blickend", nachsann, ob „der Genuss dieses Saftes hier nicht mehr Kräfte erfordere als verleihe".

Josef Kyselak, Skizze einer Fußreise durch Österreich, 1829, II, 225.

auf das Bierbrauen. Der Birn- und Apfelmost wurde durch die Züchtung besserer Obstsorten seit dem 18. Jahrhundert qualitativ immer hochwertiger und konkurrenzierte erfolgreich den Wein.

Und schließlich verlor durch die günstigeren Verkehrsverbindungen die Nähe der oberösterreichischen Produzenten zu den oberdeutschen Verbrauchszentren immer mehr an Bedeutung. Wien hingegen rückte durch sein rasches Wachstum seit dem 18. Jahrhundert zum einflussreichen Verbrauchszentrum auf. Versorgt wurde es mit Wein aus dem umliegenden Niederösterreich und aus Ungarn, insbesondere dem heutigen Burgenland.

Einige dramatische Wetterkapriolen im 18. und beginnenden 19. Jahrhundert bereiteten dem oberösterreichischen Weinbau das völlige Ende. Doch wie es scheint, ist Oberösterreich auf dem besten Wege, wieder ein Weinland zu werden. Ist es das Klima, sind es verbesserte Produktionsmethoden, resistentere Sorten oder eine neue Liebhaberei? Die Zukunft wird es weisen.

770–930

Insgesamt 14 Weinbauorte im heutigen Oberösterreich sind schriftlich nachweisbar, deutlich mehr als zur selben Zeit im benachbarten Niederösterreich.

777

Älteste schriftliche Erwähnung des Weinbaus in Oberösterreich in der Stiftungsurkunde von Kremsmünster: Herzog Tassilo übergibt dem Kloster zwei Weingärten an der Aschach, drei an der Rodl und ebenso viele Winzer.

777–1148

Weingärten in Aschach gehen als Schenkung an Klöster: Kremsmünster (777), Mondsee (820), St. Emmeram (1031), Michaelbeuern (1138), Passau (um 1110), Metten, Niederaltaich (um 1148), St. Florian (um 1111), Garsten, Reichersberg (1144), St. Nikola (um 1075), Formbach (um 1110), Göttweig (um 1083).

um 1500

Größte flächenmäßige Ausdehnung des Weinbaus in Oberösterreich

1512

Aschach erhält das Wappen mit den Weintrauben. Die Ausschank des Heurigen wird auf die Zeit zwischen Michaeli und Weihnachten beschränkt.

1774/75

Streit zwischen den Aschacher Wirten und Weinhauern. Die Oberste Justizstelle in Wien entscheidet: „Die Ausschänkung ihrer eigenen Weinfechsung bey ihren Häusern" sei das gute Recht der Weinhauer.

1816/18

Wegen der schlechten Ernte wird der Weinbau in der Feldkirchner Gegend ganz aufgelassen und in der Region um Aschach stark eingeschränkt.

um 1850

Der Weinbau verschwindet in Oberösterreich praktisch zur Gänze.

um 2000

Einzelne Liebhaber beginnen wieder mit Weinbau in Oberösterreich.

„Mit dem Bier, das im Mittelalter gebraut wurde, hätte heute niemand mehr eine Freude."

Ewald Pöschko, Braucommune Freistadt

Die 22 Brauereien in Oberösterreich

Roman Sandgruber

Oberösterreich ist ein Bierland. Hier werden zwar nur mehr 14,5 Prozent des österreichischen Bierausstoßes gebraut, doch in keinem anderen Bundesland gibt es so viele Brauereien. Und Linz ist der Hauptsitz des dominierenden österreichischen Brauunternehmens, auch wenn das Eigentum daran inzwischen in die Niederlande abgewandert ist.

BIERLAND OBERÖSTERREICH

Bier hat zwar eine lange Tradition, die in das alte Babylonien und Ägypten zurückreicht. Aber alles Nachdenken über die ältesten Wurzeln des Biergeschmacks bringt nicht viel, da das assyrische, altägyptische oder germanische Bier sicher nicht viel mit dem gemein hatte, was uns heute als Bier gilt. Die entscheidenden geschmacklichen Veränderungen begannen im Spätmittelalter, als die Zugabe von Hopfen üblich wurde, der dem Bier den bitteren Beigeschmack verleiht, und als das Bierbrauen aus dem häuslichen Bereich herausgelöst wurde.

Bäuerliches Bierbrauen

Manche Archäologen deuten ein in Ansfelden ausgegrabenes frühbronzezeitliches Zapfengefäß als Braugefäß. Stimmt diese Annahme, wurde in Oberösterreich schon vor mehr als 3500 Jahren Bier gebraut, fast so lange wie in Ägypten oder im Zweistromland. Bis in das 12. Jahrhundert n. Chr. wissen wir jedoch über Bier in Oberösterreich so gut wie nichts. Als bäuerlicher Haustrunk war Bier im Mittelalter in Oberösterreich offensichtlich weit verbreitet. Dieses „Steinbier" wurde durch das Hineinwerfen glühend heißer Steine in Holzbottiche zum Sieden gebracht. Es schäumte und moussierte wie Champagner und war meist ganz trüb. Die oberösterreichischen Bauern, die im 13. Jahrhundert die Klöster St. Florian oder Kremsmünster mit Bier zu beliefern hatten, brauten wohl solches Steinbier. Noch im 19. Jahrhundert wurde es in Kärnten hergestellt.

Über die Bierabgaben der Bauern an die Klöster sind wir aus Abgabenverzeichnissen informiert. Ein unvollständiges Verzeichnis für das Kloster Mondsee für das ausgehende 12. Jahrhundert belegt zum Beispiel, dass von 19 Untertanen jeweils zwischen einer halben und einer ganzen „carrada", das heißt Wagenladung, Bier abzuliefern war. Für Kremsmünster sind aus dem Jahr 1162 in einem unvollständigen Verzeichnis zahlreiche „Bierbauern" überliefert. Im Kremsmünsterer Urbar von 1299 sind 145 Bauern mit insgesamt 102 Fudern (regional unterschiedlich, zwischen 800 und 1800 Liter) und 5 Eimern (1 Eimer = 56 Liter) Bierabgaben verzeichnet. Wenn die Mönche das alles getrunken haben, müsste das ziemlich umfangreiche Bierbäuche bewirkt haben.

Vom bäuerlichen Steinbier zum bürgerlichen Brauhaus

Im Spätmittelalter setzte mit dem Wechsel von der Stein- zur Kesselbrauerei eine Professionalisierung

Das alte Sudhaus der Brauerei Hofstetten bestand in dieser Form bis 1929.

ein. Das Bier wurde nicht mehr in den bäuerlichen Haushalten, sondern in städtischen, klösterlichen und adeligen Brauhäusern gebraut. Eine „Braugerechtigkeit" war viel wert, Braurechte wurden zu einem umkämpften Privileg, mit dem man viel Geld machen konnte. „Schafzucht, Brauhaus und Teich machen die böhmischen Herren reich", sagte man. Im Braugewerbe setzte der Prozess der Kapitalisierung und Industrialisierung schon um die Wende vom Mittelalter zur Neuzeit ein, also vor etwa 500 Jahren. Und so alt sind auch unsere ältesten Brauereien. Die Kellerbrauerei Mitterbucher in Ried (seit 1446) und die Brauerei Hofstetten in St. Martin im Mühkreis (1449 erstmals erwähnt) sind Oberösterreichs älteste noch bestehende Brauereien. Die Schlägler Brauerei, 1580 erstmals als solche genannt, ist Österreichs einzige noch bestehende Stiftsbrauerei.

Die Bierorte Enns und Freistadt scheinen eine besondere Vorreiterrolle gespielt zu haben, in Enns gab es damals eine Hopfenstraße und in der Stadtmauer ein Hopfentürlein. 1376 mussten die Ennser ermahnt werden, nicht mehr Bier zu brauen, als man in der Stadt und im umliegenden Land benötigte. Allerdings dürfte recht viel „benötigt" worden sein, im späten 14. Jahrhundert lag in Enns der Pro-Kopf-Verbrauch bei 150 Litern.

In Freistadt hatte jeder Bürger das Recht, Bier zu brauen und es auszuschenken. Gebraut wurde der Reihe nach in einem gemeinsamen Brauhaus, woraus sich Braucommunen entwickelten. Communebrauereien gab es im Mühlviertel in großer Zahl und auch das Linzer Brauhaus war eine. Südlich der Donau war diese Organisationsform seltener, im Innviertel ist keine nachzuweisen. Die Städte hatten Bannmeilen, in denen nur ihr Bier ausgeschenkt werden durfte. Die Grundherrschaften außerhalb der Städte versuchten jedoch, den Städtern dieses Privileg streitig zu machen, da sie sich davon eine Aufbesserung ihrer Einnahmen erhofften.

Trotz der seit dem 14. Jahrhundert nachweisbaren stadtbürgerlichen Brau- und Absatzmonopole spielte im Spätmittelalter auch in ausgesprochenen Braustädten wie Freistadt und Enns der Wein im städtischen Alkoholkonsum eine

Bierkrawall und Bierboykott

Eine besondere Form der Aufstände und Streiks im 19. Jahrhundert waren Bierkrawalle und Bierboykotts. In Oberösterreich gab es im 19. Jahrhundert mehrere derartige Unruhen, deren konkreter Anlass jeweils eine Erhöhung des Bierpreises war, etwa 1874 in Steyr. Im Haus eines Feilhauers hatte sich die Wut wegen einer als ungerecht empfundenen Delogierung eines Mieters entzündet. Als alles in Trümmern lag, ertönte aus der Menge, die nach Zeitungsberichten inzwischen auf über 1000 angewachsen war, der Ruf: „Auf zu den Bräuern! Sie müssen uns das Bier billiger geben!" Die Aktion war trotz der beträchtlichen Anzahl der beteiligten Personen rasch unterdrückt. Eine neue Form, der Bierboykott, sollte mit überregionalen Aktionen die Brauindustrie treffen. Für eine Boykottaktion schien das Bier gut geeignet, war es doch relativ rasch verderblich und die Einhaltung des Boykotts von den Streikführern wegen des Konsums in den Gasthäusern relativ leicht zu überwachen. Solche Aktionen lassen sich an verschiedenen Stellen finden, insbesondere im Salzkammergut. In Linz kam es am 1. Mai 1874 zu einem Bierkrawall, weil der Preis für das Krügl Bier von 5 auf 6 Kreuzer erhöht worden war. Von einer über 1000-köpfigen Menschenmenge wurde alles kurz und klein geschlagen. Als sich die Menge anschickte, eine Brauerei nach der anderen zu stürmen, wurde Militär eingesetzt.

Darstellungen aus dem Bruderschaftsbuch der Bierbrauer in Ried (Rieder Bräuerbuch), das zwischen 1540 und 1843 entstand.

wichtigere Rolle als das Bier. Noch um die Mitte des 17. Jahrhunderts wurde in Linz doppelt so viel Wein wie Bier getrunken, 1700 hatte sich das umgekehrt: 1650 wurden 5570 Eimer Wein und 1929 Eimer Bier, 1700 hingegen 4770 Eimer Wein und 8007 Eimer Bier versteuert. Umgelegt auf die Einwohnerzahl wären dies um 1650 etwa 100 Liter Wein und 25 Liter Bier pro Kopf, um 1700 etwa 90 Liter Wein und 150 Liter Bier. Nach der Hausordnung des Heinrich Keller'schen Waisenhauses zu Linz aus dem Jahr 1720 sollte jedes jüngere Waisenkind zu Mittag und am Abend jeweils ein halbes Seidl Bier, jedes ältere ein ganzes Seidl erhalten.

Auch in Rohrbach wurde um die Mitte des 17. Jahrhunderts noch doppelt so viel Wein wie Bier getrunken, um 1850 gab es praktisch nur mehr Bier. Ignaz Gielge, der berühmte Landestopograf, widmete 1809 in seiner Reisebeschreibung des Landes Oberösterreich dem Markt Rohrbach eine einzige lapidare Zeile: „Ein Markt und Pfarrort mit 60 Häusern und einem Bräuhaus." Das berühmte „Kraus"-Bier in Rohrbach, das sich so herrlich auf „Graus" reimen ließ, ist ebenso Geschichte wie die meisten anderen Brauereien Oberösterreichs.

Linzer Bier

Das spätere Brauzentrum Linz trat sehr spät in den Kreis der Brauorte ein. 1580 gab es in Linz noch keine Brauerei. Erst im Jahr 1637 wurde mit der Errichtung eines Brauhauses begonnen und 1638 der Braubetrieb aufgenommen, trotz heftiger Proteste der Stände. In weiterer Folge wurde das Brauhaus mehrmals vergrößert: 1643, 1645, 1677, 1685, 1688 und vor allem 1719, als die Stände wiederum gegen die Erweiterung protestierten. Erwähnt wurde damals schon die Qualität des Märzenkellers, während die übrigen Keller des an der Donaulände gelegenen Brauhauses nur mittelmäßig waren. In Linz durfte eine Meile rund um die damalige Burgfriedensgrenze neben dem Bier aus dem Stadtbrauhaus auch Bier aus 26 herrschaftlichen und klösterlichen Brauereien abgezapft werden. Auffallend ist, dass gerade im oberösterreichischen Weinbaugürtel, den es um 1700 noch gab, die Brauhäuser rasch mehr wurden: etwa Aschach (Graf Harrach), Auhof (Schallenberg), Hagen (Kronpichl), Steyregg (Weißenwolff), Hartheim (Khufstein), Luftenberg (Schallenberg), Ottensheim (Stift St. Florian), Pulgarn (Jesuiten).

Ab der Mitte des 16. Jahrhunderts stieg der Bierverbrauch stark an und beeinträchtigte den Weinabsatz immer mehr. Die Gründe mögen vielfältig gewesen sein: geschmackliche Verbesserungen, die Klimaverschlechterung, die den Wein verteuerte, steuerliche Vorteile, die dem Bier gewährt wurden, und neue Konsumvorlieben. Mit dem Lagerbier des Anton Dreher seit den 1830er-Jahren und der Verbreitung des Pilsener Bieres gegen Ende der 1850er-Jahre fand eine Bierrevolution statt. Bier wurde besser und billiger, es wurde zum Modegetränk. Im 19. Jahrhundert setzten ein rasanter technischer Fortschritt und ein Konzentrationsprozess im Brauereiwesen ein.

Im 18. Jahrhundert gab es in Oberösterreich noch mehr Brauereien als Kirchen. Der Weg in ein Brauhaus war rein statistisch kürzer als der Weg zur Messe. 1841 hatte Oberösterreich 390 Brauhäuser, 1870 zählte man 277, vor dem Ersten Weltkrieg (1912/13) noch 116. Bis 1923 war die Zahl auf 51 geschrumpft, 1983 waren es noch 19. Derzeit gibt es 22 Braustätten in Oberösterreich, dazu noch 20 Gasthausbrauereien.

Die Konzentration des österreichischen Brauwesens

Linz wurde zum Zentrum des Konzentrationsprozesses im österrei-

Oberösterreichs Brauereien

- Brauerei Zipf Brauunion Österreich AG
- Braucommune Freistadt
- Brauerei Aspach GmbH
- Brauerei Attersee GmbH Palmsdorf
- Brauerei Bräu am Berg Starzinger KG, Frankenmarkt
- Brauerei Grieskirchen AG
- Brauerei Hofstetten, St. Martin
- Brauerei Josef Baumgartner AG, Schärding/Inn
- Brauerei Kapsreiter GmbH, Schärding/Inn
- Brauerei Pachinger Pfeiffi's Bräu, Ampflwang
- Brauerei Raschhofer, Altheim
- Brauerei Ried reg. Gen.m.b.H.
- Brauerei Schloss Eggenberg
- Brauerei Schnaitl GmbH & Co., Eggelsberg
- Brauerei Vitzthum GmbH & Co., Uttendorf
- Dörnbacher Floriani-Bräu, Wilhering
- Kellerbrauerei Mitterbucher & Söhne KG, Ried/Innkreis
- Ökobrauerei Aurolzmünster
- Privatbrauerei Thomas Breuss, Neufelden
- Ritterbräu Privatbrauerei, Neumarkt/Hausruck
- Stiftsbrauerei Schlägl
- Wurmhöringer Privatbrauerei-Braugasthof, Altheim

chischen Brauwesen: 1869 wurde das Linzer Stadtbräuhaus an die aus Olmütz stammenden Brüder Jacob und Filipp Hatschek verkauft, die aus einer Hopfenhändler- und Brauerfamilie stammten und 1866 wegen den Kriegsgefahr nach Linz übersiedelt waren. Ein neues Brauhaus in der Kapuzinerstraße wurde errichtet und 1878 eröffnet. Jacob Hatscheks Sohn Ludwig, der zur Nachfolge bestimmt war, trat allerdings aus dem Unternehmen aus und begann die Erzeugung von Asbestwaren. Mit der Entwicklung des Asbestzements (Eternit) um 1900 schuf sich Hatschek ein neues Standbein. 1892 erfolgte die Umwandlung des Stadtbräuhauses in die „Linzer Aktienbrauerei und Malzfabrik".

Ein weiteres Linzer Brauhaus, das Weißenwolff'sche zu Lustenfelden, war 1854 von Josef Poschacher erworben und bis zur Jahrhundertwende zur leistungsfähigsten Braustätte im Linzer Raum ausgebaut worden. Unter der Federführung des Linzer Rechtsanwalts und Politikers Carl Beurle kam es 1904 zur Neuorganisation als „Poschacher Brauerei in Linz AG", die das Stammhaus der Österreichischen Brau AG ist.

Carl Beurle war die lenkende Persönlichkeit bei der Konzentration der österreichischen Brauwirtschaft. Mittels der Braubank AG – keine Bank, sondern eher ein Kartell – wurde ein Konzern geformt. Beurle konzipierte den Konzern der Brau AG, erlebte seine Entstehung aber nicht mehr. 1921 vereinigten sich die Poschacher Brauerei AG, die Linzer Malzfabrik AG, die Salzkammergutbrauerei Gmunden, die Halleiner Brauerei Kaltenhausen und die Wieselburger Aktienbrauerei im Konzern der Braubank AG, deren Firmenname 1925 in Österreichische Brau AG geändert wurde. Der Konzentrationsprozess wurde in der Zwischenkriegszeit und nach dem Zweiten Weltkrieg weiter fortgesetzt: Übernahme der Aktiengesellschaft

Florian, der Patron der Brauer

Bemerkenswert ist, dass der oberösterreichische Landespatron, der hl. Florian, seit Langem der Schutzpatron der oberösterreichischen Brauer ist und höchste Verehrung genießt. Und das ist auch klug so. Denn die Brandgefahr war das größte Problem der Brauereien. Feuer und Durst haben auch sonst viel gemeinsam. Und das Löschen gewinnt solcherart eine doppelte Bedeutung.

Frauen spielten im Brauwesen eine nicht unwesentliche Rolle. Das berühmte Bruderschaftsbuch der Rieder Brauer im Oberösterreichischen Landesarchiv stellt ein ganz besonderes Unikat im süddeutsch-österreichischen Raum dar: Hier sind alle Rieder Bierbrauer von 1540 bis 1843 namentlich und zusammen mit ihren Gattinnen dargestellt, kniend zu Füßen der Muttergottes, flankiert von den Namenspatronen der jeweils Dargestellten und mit dem heiligen Florian als Schutzpatron der Brauer mit seinem Wasserschaff darüber stehend.

der Liesinger Brauerei (1928), des Bürgerlichen Brauhauses Innsbruck (1929), der Brauerei Reutte GmbH (1929), der Vereinigten Tiroler Brauereien Kundl-Jenbach AG (1929), der Aktiengesellschaft Sternbräu Salzburg (1929) und der Aktiengesellschaft der Brunner Brauerei, Brunn am Gebirge (1929).

Die Weltwirtschaftskrise setzte dem Bierkonsum arg zu. Ab dem Jahr 1939 firmierte die Österreichische Brau AG unter dem Namen Ostmärkische Brau AG – Linz. 1945 wurde der Name wieder in Österreichische Brau AG Linz und ab 1968 in Brau AG Bier geändert. 1970 fusionierte die Brau AG mit der Brauerei Zipf AG, vormals W. Schaup, und im Jahre 1977 mit der Schwechater Brauerei AG. Die Bierproduktion in Linz wurde 1981 eingestellt.

Im Jahre 1988 wurde die Brau-Beteiligungs-Aktiengesellschaft (BBAG) gegründet, die 1991 mit der Steirerbrau fusionierte, 1993 in Brau Union Österreich AG umbenannt und 2003 von Heineken übernommen wurde. Die Brau-Union AG hält heute Mehrheitsbeteiligungen an mehreren Brauerei-Unternehmungen und verfügt über acht Braustätten in Österreich, zwei in Ungarn, eine in Tschechien und vier in Rumänien. Von den über neun Millionen Hektoliter Bierabsatz entfallen ca. 40 Prozent auf das Ausland. Die Brau Union Österreich AG (BBAG), das größte mitteleuropäische Brauereiunternehmen, hat ihre Zentrale in Linz.

Um die Wende vom 19. zum 20. Jahrhundert wurden in Oberösterreich etwa eine Million Hektoliter Bier gebraut. Im Jahre 2006 entfielen auf Oberösterreich von der gesamtösterreichischen Produktion 1,3 Mio. Hektoliter oder 14,5 Prozent. Von den 66 österreichischen Brauereien liegen 22 in Oberösterreich, von den gesamtösterreichisch 102 Gasthausbrauereien sind 20 in Oberösterreich.

Der Konzentrationsprozess der Brauwirtschaft ist inzwischen an ein Ende gelangt. Neue Abnehmerkreise lassen sich nur mehr mit Spezialangeboten erschließen, die Frauen sind dabei ein Hoffnungsmarkt. Die aktuellen Trends besagen: Das Flaschenbier hat seinen Zenit überschritten, das Dosenbier hat sich nie wirklich etabliert. Die Wirte führen wieder mehrere verschiedene Sorten Bier, möglichst vom Fass. Der Beislboom eröffnet für Bierspezialitäten und innovative Kleinbetriebe und Gasthausbrauereien neue Marktchancen.

Bierpreise im Wandel der Zeit (1/2 Liter in österreichischen Schilling)

	1/2 Liter
1948	1,0
1958	2,5
1968	3,55
1978	5,55
1988	7,5
1998	9,1
2008	12,06

„Oberösterreich ist mit Bayern und Böhmen die Welt-Bierregion“

Was ist so besonders an Oberösterreichs Bier?

Pöschko: Oberösterreich, Böhmen und Bayern sind die Wiege des Bieres schlechthin. Das Pils kommt aus dieser Region. Das untergärige Bier, das heute auf der ganzen Welt gebraut wird, wurde in Österreich erfunden. In diesem Dreiländereck ist die weltweit größte Konzentration an Brauereien. Das hat damit zu tun, dass alles Granithochland ist. Das garantiert bestes Wasser, das früher zum Bierbrauen unerlässlich war. Dieses reine, weiche Wasser zeichnet noch heute unser Bier aus.

Die gute alte Zeit war ja beim Bier nicht gut?

Pöschko: Mit dem Bier, das im Mittelalter gebraut wurde, hätte heute niemand mehr Freude. Aber andererseits hat der liebe Augustin überlebt, weil er Bier getrunken hat – das Wasser war damals verseucht. Bier wurde stundenlang gekocht und war wenigstens von den Keimen her sauber.

Es ist aber binnen Tagen verdorben?

Pöschko: Ja, die Produktionsbedingungen waren nirgends gut. Heute haben wir moderne Brautechnik. Wir können mit Fug und Recht behaupten, dass unser Bier noch nie so gut war wie heute. Außerdem bieten wir Bier aus der Region, aus heimischem Hopfen gebraut. Dazu hat der Konsument eine Beziehung.

Die Brauerei Zipf braut eine Million Hektoliter im Jahr, eine Kleinbrauerei nur einige tausend. Wie können Ihre kleinen Mitglieder bei den Kosten mithalten?

Pöschko: Wir stehen kostenmäßig an der Wand. Es gelingt vielleicht mit noch mehr Einsatz. Wir kämpfen seit Jahren, dass wir einen Nachlass bei der Biersteuer bekommen, bislang ohne Erfolg. Unser Vorteil ist die Vielfalt, die wir im Gegensatz zu den globalisierten Industriebieren mit ihrem Einheitsgeschmack bieten können. Diese regionale Vielfalt anerkennen Biertrinker. Deshalb wollen wir eine drei Länder übergreifende Welt-Bierregion schaffen. Wer auf der Welt über Bier etwas wissen will, der muss nach Oberösterreich, Bayern und Böhmen. Wir haben Tradition und kleine Braustätten, zum Anschauen. In manchen Ländern gibt es nur noch eine einzige Fabrik, wo ein Biertrinker nichts mehr sieht. Bei uns hat er den Himmel auf Erden.

Wieso entstehen bei uns neue Brauereien?

Pöschko: Das Sterben bei den gewerblichen Betrieben scheint gestoppt. Es ist schade, dass aber immer wieder einer verschwindet. Die Neuen sind meist Gasthausbrauereien, die für den Eigenbedarf erzeugen. Sie sind auch wichtig für die Vielfalt.

Interview mit Ewald Pöschko, Obmann der klein- und mittelständischen Brauereien Österreichs, Prokurist der Braucommune Freistadt.

„Das ohnedies weder dem gemeinen Manne noch viel weniger denen Weibspersonen geziemende Tabaktrinken ist wegen der daraus entstehenden Schäden streng untersagt, noch dazu, wo man in dieser Gegend ... mit frischen Brunnenquellen wohl versehen ist."

INSTRUKTION FÜR DEN HASLACHER MARKTRICHTER, 1671

Frühe Darstellung der Tabakpflanze von Leonhart Fuchs, 1542

DER KAMPF UMS RAUCHEN

ROMAN SANDGRUBER

Der früheste bislang bekannte Beleg über Rauchen in Österreich stammt aus dem Jahr 1644, und zwar aus dem Kloster Schlägl, wo in diesem Jahr den Klerikern das „Tabaktrinken" mit aller Strenge untersagt wurde.

Vom Tabak und seiner amerikanischen Herkunft hatte man zweifellos auch in Oberösterreich bereits im 16. Jahrhundert erfahren. Der berühmte Botaniker Carolus Clusius, der in den Achtzigerjahren des 16. Jahrhunderts zum Vorsteher der Wiener Gärten berufen worden war, zählte zu den besten Kennern der Tabakpflanze. Auch das Herbarium des Ulmer Botanikers Hieronymus Harder aus dem Jahr 1599, das im Oberösterreichischen Landesarchiv aufbewahrt wird, enthält Tabakblätter und Tabakblüten.

1644 gibt es den ersten Hinweis auf das Rauchen, und das in einem Kloster, nämlich Schlägl. Danach werden die Nachrichten darüber sehr rasch dichter. 1646 wird in Steyr bereits eine „Toback- und Pulvertandlerey" erwähnt. 1651 lieferte die Rohrbacher Leinenhändlerswitwe Catharina Martschlögerin ihrem Schwager Christof Helfenberger, Bürger zu Rohrbach, zwei Kisten Tabak aus Nürnberg und Regensburg nach Rohrbach. Dass die frühesten Belege über das Rauchen in Österreich gerade aus Oberösterreich stammen, ist kein Zufall der Quellenlage. Die Mühlviertler Leinwandhändler ebenso wie die Steyrer Eisenhändler hatten gute Verbindungen nach Oberdeutschland, nach Nürnberg, Frankfurt und Augsburg, wo sie in den frühen deutschen Anbaugebieten um Hanau herum sicher Gelegenheit hatten, den Tabak kennenzulernen.

Die frühen Tabakanbauer

Um die Mitte des 17. Jahrhunderts wurde in Österreich mit dem Tabakanbau begonnen, bereits 1648 führte im niederösterreichischen Neumarkt an der Ybbs ein aus Bayern gebürtiger Schneidermeister den Tabakanbau ein und verhalf damit dem verarmten Markt zu neuen Einnahmen. In Oberösterreich initiierte der Landeshauptmann Heinrich Wilhelm Graf von Starhemberg um das Jahr 1658 den Tabakanbau auf der seinem Schwager, dem Grafen Kuefstein, gehörenden Herrschaft Schwertberg. Er warb dafür „um recht viel Geld" einen Tabakpflanzer aus Frankfurt an. Der Markt Schwertberg verpflichtete sich, zur Bearbeitung der Tabakfelder 50 Leute zu stellen, denen täglich etwa ein Kilo Brot als Lohn gereicht wurde. Die Tabakpflanzen wurden in Mistbeeten gezogen und hernach ins Freie versetzt.

1665 wurde dem Ennser Ratsbürger Johann Geiger die Lizenz für die Verarbeitung dieses heimischen Tabaks erteilt. Graf Lobgott von Kuefstein stellte allerdings in diesem Jahr den Tabakanbau in Schwertberg bereits wieder ein, weil die weite Verbreitung zu einem Verfall der Preise geführt habe. 1669 bezeichneten die oberösterreichischen Stände den Tabak bereits als Ware, die vom gemeinen Mann im ganzen Lande verbraucht werde. 1676 wurde der Geiger'schen „Tobak Spinn- und Imprägnierungs-Fabrica" in Enns für zehn Jahre ein Monopol eingeräumt. Die Bezeichnung der Fabrik lässt schließen, dass vornehmlich Kau- und Schnupftabake erzeugt wurden.

Der Dreißigjährige Krieg hatte zur Verbreitung des Tabakkonsums so entscheidend beigetragen, dass Abraham a Sancta Clara den Tabak ein „Soldatenkraut" nannte. Kein Land, keinen Stand, kein Schloss, keinen Markt wollte Abraham a Sancta Clara in den Achtzigerjahren des 17. Jahrhunderts mehr in Österreich kennen, in „welchem nicht eine unsägliche Menge der stinkenden Tobacks-Menschen" zu finden sei. Um 1693 gab es Tabakanbau in Oberösterreich in verschiedenen Gegend: um Enns, Steyr, Mauthausen, Pregarten und Perg sowie um Wels, Schwanenstadt, Waizenkirchen, Aschach und Ottensheim.

Kauer, Schnupfer und Raucher

Das Kauen war die billigste Art des Tabakgenusses und galt von Anfang an als Merkmal der armen Leute. Es ersetzte ältere Formen des Drogenkonsums, die unter alpenländischen Unterschichten weit verbreitet gewesen waren, vor allem das Kauen von Arsen und von Pech.

Für die Oberschichten des 18. Jahrhunderts war das Schnupfen typisch, nur dieses war hof- und gesellschaftsfähig. In Österreich erreichte der Verbrauch von Schnupftabak um 1780 den Höhepunkt. 1789 stammten 85 Prozent der Erlöse der österreichischen Tabakregie aus dem Verkauf des sehr viel teureren Schnupftabaks und nur 15 Prozent vom billigen Rauchtabak. 1802 wurde das absolute Verkaufsmaximum von Schnupftabak erreicht, jedoch ging der Verbrauch ab 1824 sehr rasch zurück.

Vor allem wegen der damit verbundenen Feuergefahr richtete sich der meiste Ärger der Behörden gegen das verbreitete Pfeifenrauchen, das als „Tabaktrinken“ bezeichnet wurde. Wer sich allerdings um die Mitte des 19. Jahrhunderts besser dünkte und entsprechend Geld hatte, rauchte die neuen, teuren Zigarren, die man seit Beginn des 19. Jahrhunderts auch in Österreich kannte und die 1823 erstmals offiziell von der Tabakregie angeboten wurden.

Die Zigaretten, die in Amerika schon zu Beginn des 18. Jahrhunderts verbreitet waren, begannen ihren Siegeszug in Österreich erst nach 1870. Bis zum Jahre 1910 hatten sie mengenmäßig den

Die Linzer Tabakfabrik

Die Geschichte der Linzer Tabakfabrik begann im Jahre 1850, unmittelbar nach der Stilllegung der staatseigenen Linzer Wollzeugfabrik und im Anschluss an die Arbeitslosigkeit und soziale Not, die am Ende des Vormärz offenkundig geworden war und in der Revolution von 1848 eine nicht unwesentliche Rolle gespielt hatte.

Ein Teil der Gebäude der aufgelassenen Wollzeugfabrik (insbesondere die 1764 errichtete sogenannte Zweite Färberei, ein zweigeschoßiger Vierkanter östlich des ehemaligen Hauptgebäudes) wurde für die Tabakfabrikation verwendet, während das von Johann Michael Prunner errichtete barocke Hauptgebäude zu einer Kaserne umgewidmet und im Jahre 1969 abgebrochen wurde.

Die Baulichkeiten der Linzer Tabakfabrik wurden sukzessive erweitert. 1928 wurde der Entschluss zu einem völligen Neubau gefasst, den Auftrag erhielten die renommierten Architekten Peter Behrens und Alexander Popp. Der Bau und die Fertigstellung der südseitigen Zigarettenfabrik, des Pfeifentabakgebäudes und der Verwaltungsgebäude an der Donaulände und des Maschinen- und Kesselhauses waren von der Weltwirtschaftskrise überschattet. Dennoch gelang es, das Bauprogramm durchzuziehen, sodass am 12. November 1935 die feierliche Eröffnung erfolgen konnte.

Mit den neuen Fabrikationsgebäuden waren nicht nur moderne, der maschinellen Herstellung angepasste Räumlichkeiten entstanden, sondern auch mit modernen Konstruktions- und Baumaterialien errichtete Industriebauten, die international viel beachtete Maßstäbe setzten: Berühmt wurden die von der Gerade in die Kurve übergehende, an einen Schiffskörper anknüpfende geschwungene Form und die auf die innere Struktur ausgerichtete Fassadengliederung des Gebäudes.

2009 wurde nach fast 160 Jahren die Tabakverarbeitung in Linz stillgelegt.

Die Emanzipierte, 1848 (J. B. Reiter)

Der Schnupfer, um 1840 (Josef Bayer)

Der Pfeifenraucher, um 1840 (Josef Bayer)

Umsatz an Zigarren bereits überflügelt. Im Jahre 1904 wurde, den geänderten Rauchergewohnheiten entsprechend, in der Linzer Tabakfabrik die Erzeugung von Zigaretten aufgenommen. 1904 erzeugte das Linzer Werk 41 000 Stück Zigaretten, 1910 bereits 350 Millionen Stück. In den späten 1920er-Jahren produzierten im Linzer Werk mehr als 1000 Beschäftigte zwischen 1,6 und 1,9 Milliarden Stück Zigaretten im Jahr. Der Erste Weltkrieg beschleunigte den Siegeszug der Zigarette, der während des Zweiten Weltkriegs endgültig feststand.

Zigaretten waren wie Zigarren zuerst Produkte für die Stadt und die Oberschichten, für Arbeiter waren sie zunächst viel zu teuer. Aber sie wurden durch die maschinelle Produktion sehr rasch billiger und die Werbung präsentierte sie als modern, innovativ, ins Industriezeitalter und in die Freizeitgesellschaft passend.

Rauchverbote

Gesundheitliche Aspekte spielten bei der Diskussion um das Rauchen bis ins frühe 20. Jahrhundert kaum eine Rolle. Es waren einerseits feuerpolizeiliche Motive, andererseits Aspekte der Anstandskonvention, die die frühe Antinikotinbewegung antrieben. Tabak war als Medizin, als Aufputschmittel, als Droge der Intellektuellen wie der Arbeiter angesehen und verbreitet. Die Argumente, die in den Verbotsdekreten angeführt wurden, waren der Geldabfluss ins Ausland, die Feuergefahr, der allgemeine Anstand.

Der Brand der Wiener Hofburg im Jahre 1668, der auf Rauchen zurückgeführt wurde, soll den Kaiser ungeheuer erzürnt haben. Das „Tabaktrinken", wie man das vorher gänzlich unbekannte Rauchen damals nannte, wurde daraufhin streng untersagt. In Haslach wurde dies offensichtlich gründlich missverstanden. Man publizierte 1671 zwar das Verbot des „Tabaktrinkens" in einer Instruktion für den Marktrichter, aber mit der etwas eigenartigen Begründung, dass es in der Region ohnehin genug frisches Brunnenwasser gebe, vor allem „für die Weiber", wie man hinzufügte. Man glaubte offensichtlich, dass der Tabak tatsächlich getrunken würde.

Der Staat ging schon um 1670 dazu über, das Rauchen zu einer bevorzugten Einnahmequelle zu machen, statt es zu verbieten. Der finanzielle Appetit der Herrscher auf Einnahmen aus dem Tabak wurde immer größer. Rasch wechselnde organisatorische Strukturen wurden geschaffen, um Einnahmen aus dem Tabakverbrauch abzuschöpfen, teils über Zölle, teils über Monopole. Immer mehr wurde die Tabakwirtschaft in Richtung eines Monopols ausgebaut, weil die Einnahmen daraus direkt dem Monarchen zustanden, während über die Zolleinnahmen die Landstände verfügen konnten. 1784 wurden Tabakwirtschaft und Tabakwarenhandel endgültig in staatliche Regie übernommen.

Auf der anderen Seite erneuerte man die Rauchverbote auf Straßen, Marktplätzen und in Parkanlagen,

Rund 1000 Arbeitsstunden für einen Hektar Tabakpflanzen

Wie lange haben Sie Tabak angebaut?

Langeder: Sieben Jahre. Begonnen habe ich 1999. Meine Schwester hatte gelesen, dass es nur noch wenige Tabakbauern gibt. Sie erzählte mir davon und ich dachte mir: Das mache ich! Im ersten Jahr hat's nicht optimal funktioniert, aber dann wurde es immer besser. Es ist halt auch ein Lernprozess. Leider hat die EU dann die Förderung für den Tabakanbau gestrichen. Und Abnehmer gibt es auch keine mehr.

Wie aufwendig ist der Anbau?

Langeder: Enorm. Für einen Hektar benötigt man circa 1000 Arbeitsstunden. Man braucht viel Liebe dafür. Aufziehen, aussetzen, jäten, ernten. Die Ernte ist besonders aufwendig. Man muss schon beim Säen der stecknadelkopfgroßen Samen aufpassen. Das Unkrautjäten passiert mechanisch und händisch. Das Feld muss sehr reich an Nährstoffen sein und darf nur alle sechs Jahre für Tabak verwendet werden.

Was ist das Besondere an der Tabakpflanze?

Langeder: Alleine schon der Wuchs! Wie gesagt: Die Körner sind so groß wie ein Stecknadelkopf und werden Mitte März eingelegt. Im Mai kann man sie schon aussetzen, und im Juni wird geerntet. Da sind die Pflanzen schon mindestens zwei Meter groß und haben jeweils bis zu 20 Blätter, die größten sind einen halben Meter breit und 70 Zentimeter lang.

Würden Sie heute noch Tabak anbauen?

Langeder: Sofort. Ich finde die Pflanze wunderschön. Es tut mir schon leid, dass es keine Förderungen und bei uns keine Abnehmer mehr gibt.

Interview mit Johann Langeder, Landwirt in Mitterkirchen und einer der letzten Tabakbauern Oberösterreichs.

Die Linzer Tabakfabrik, Peter Behrens und Alexander Popp, 1928–1935

Zigarrenerzeugung in der Linzer Tabakfabrik um 1930

einerseits aus feuerpolizeilichen Motiven, andererseits aus Sorge um die öffentliche Sittsamkeit. In Linz war das Rauchen im frühen 19. Jahrhundert auf der Promenade und auf den Marktplätzen untersagt. Rauchen in der Öffentlichkeit wurde bis zum Jahr 1848 mit Gefängnis oder Stockschlägen bestraft. Zum Beispiel wurden im März 1816 in Linz in einem einzigen Monat sechzehn Gefängnisstrafen wegen Rauchens im Freien verhängt.

Die ursprüngliche Intention, die Vermeidung von Bränden, geriet immer mehr in den Hintergrund. Rauchen in der Öffentlichkeit galt als Zeichen politischer Aufmüpfigkeit. Die Freigabe des Rauchens in der Öffentlichkeit war folglich eine der ersten Forderungen der Revolution von 1848.

Bis ins frühe 20. Jahrhundert wurde Tabak von vielen Ratgebern als gesund empfohlen. Im späten 19. Jahrhundert entwickelte sich zwar eine sehr kämpferische Antinikotinbewegung. Aber auch sie argumentierte vorerst nicht medizinisch, sondern entweder rassisch („Der deutsche Mann und insbesondere die deutsche Frau raucht nicht!") oder wirtschaftlich, im Sinne einer unnützen Geldvergeudung. Adolf Hitler war aus solchen Gründen vehementer Nichtraucher. Das hinderte jedoch die illegalen Nationalsozialisten ab 1933 nicht, mit einem ausgedehnten Tabakschmuggel aus Deutschland Richtung Österreich die österreichischen Staatseinnahmen aus dem Tabakmonopol zu untergraben. Nach dem Zweiten Weltkrieg spielten Schwarzmarkt und Schmuggel von Tabak, die Ami-Zigaretten und die USIA-Zigaretten erneut eine große Rolle.

Ernsthafte medizinische Argumente gegen das Rauchen tauchten erst nach dem Ersten Weltkrieg auf. Immer mehr erkannte man, dass das Rauchen nicht nur die Gesundheit gefährdet, sondern der öffentlichen Hand auch viel mehr Kosten verursacht, als es Einnahmen bringt.

*„Was der LASK leistete, ist eine ganz großartige Sache.
Das ist eine europäische Fußballsensation."*

Robert Becker, Chefredakteur des „Kicker",
zum Meistertitel des LASK 1965

Ivica Vastic war einer der LASK-Stars beim Wiederaufstieg in die Bundesliga 2007.

Roman Sandgruber

1908 wurden die ersten Fußballvereine in Oberösterreich gegründet und es gibt die ersten Berichte von Spielen. Im ersten Jahr gab es nur herbe Niederlagen gegen urlaubende Wiener, in der Zwischenkriegszeit kam es zu ersten Erfolgen. Doch der Wiener Fußball und sein legendäres Wunderteam überstrahlten alles. Erst nach dem Zweiten Weltkrieg wurde Fußball auch in Oberösterreich zur wichtigsten Nebensache der Welt.

LANDESREGENT FUSSBALL

Das offizielle Geburtsjahr des modernen Fußballs war 1863. Damals wurde in England das heutige Regelwerk geschaffen: Spielerzahl, Spielzeit, Spielfeldgröße, Beschaffenheit des Balles und der Tore wurden festgelegt. Die britische Football Association wurde gegründet. Durch das strenge Verbot für Feldspieler, die Hände zu verwenden, wurde ein klarer Trennstrich zu Rugby, American Football und anderen älteren Formen des Ballspiels gezogen.

Fußball kam zu Ende des 19. Jahrhunderts nahezu gleichzeitig auf zwei Wegen nach Österreich, einerseits aristokratisch nobel, andererseits vorstädtisch proletarisch. Im Dress des 1894 gegründeten „First Vienna Football Club“, des ersten österreichischen Fußballvereins, traten Angestellte des Hauses Rothschild und Vertreter englischer Firmen an. Auch mehrere Großindustriellensöhne und zwei Erzherzöge zählten zu den edlen Jungkickern. Ein Paragraf der Vereinssatzung schloss „Arbeiter, Handwerker und Tagelöhner“ als Aktive aus. Die Spieler überließen einander den Ball mit galanten Verneigungen und mit betontem Fair Play. Die Spieler trugen Schärpen und Kopfbedeckungen. Nichts von dem war hingegen auf den „Wiesen“ im Prater oder in Hütteldorf zu spüren, wo sich fast gleichzeitig der Vorstadt- und Arbeiterfußball anzusiedeln begann. Hier ging es viel derber und härter zu.

Es gab mehrere Wellen der Ausbreitung des Fußballspiels auf dem Weg zur populärsten Sportart Österreichs: vor dem Ersten Weltkrieg eine rein städtische Angelegenheit, beschränkt auf einzelne Wiener Stadtteile, zwischen den beiden Weltkriegen eine bereits unerhört populäre, aber fast ausschließlich noch auf Wien begrenzte Betätigung, in der Zeit des Nationalsozialismus, als sich der Schatten der totalitären Diktatur über Österreich legte, Pflanzgarten eines neuen Österreichbewusstseins, in den 1950er-Jahren schließlich ein österreichweites Anliegen, als der Fußball von Wien „in die Provinz“ gebracht wurde, und in den 1970er-Jahren endlich Chancengleichheit, als die Bundesländerklubs große Erfolge zu feiern begannen.

Die Anfänge des oberösterreichischen Fußballs

Die Anfänge des Fußballspielens in Oberösterreich dürften noch vor die Wende vom 19. zum 20. Jahrhundert zurückgehen. 1908, als in Oberösterreich mit dem LSK der erste Fußballklub gegründet wurde, waren das nicht die ersten

Schiedsrichter

Horst Brummeier (* 1945 in Traun)

Er leitete 1153 Matches, darunter 67 internationale Spiele; Höhepunkte WM 1986 Nordirland – Spanien als Hauptreferee; EM 1988 Irland – Holland als Hauptschiedsrichter. Ab 1992 beobachtete Brummeier für die UEFA und die FIFA 122 internationale Spiele.

Erich Linemayr (* 1993)

Der Linzer leitete 1149 Spiele, darunter 30 Länder-, 52 Europacup- und sechs WM-Matches. Höhepunkte: Meistercup-Finale Nottingham – Malmö (1979), WM-Finale Argentinien – Holland (1978). Weil Hollands Teamtrainer Ernst Happel Österreicher war, war der als Spielleiter vorgesehene Linemayr „nur“ Linienrichter.

Ferdinand Marschall (1924–2006)

Der Ehrenbürger von Waldzell leitete knapp 1000 Spiele und war Chef der österreichischen Schiedsrichterkommission. Höhepunkte: Referee des EM-Finales Deutschland – UdSSR (1972), WM-Referee bei Brasilien – Rumänien in Mexiko 1970. Marschall annullierte ein Tor von Pele wegen Handspiels. Der Stürmer-Star gratulierte ihm trotzdem zur ausgezeichneten Leistung.

Versuche. Sicher wurde bereits vorher im Salzkammergut dem Fußball gehuldigt, wohin ihn die Urlauber aus Wien mitgebracht hatten. Und sicher dürfte auch in der damals wichtigsten Industriestadt des Landes, in Steyr, von den Arbeitern diesem „proletarischen" Sport nachgegangen worden sein. 1908 jedenfalls, als der LSK seine ersten Spiele absolvierte, setzte es für ihn herbe Niederlagen. In Ischl verlor er gegen eine Urlauberauswahl 1:11, in Steyr gegen die „Ramblers" 0:13.

Die ersten Linzer Fußballbegeisterten waren Zuwanderer: Albert Siems, der Gründer des LSK, war als Leiter der 1907 begründeten Linzer Postautogarage (für die erste Postautolinie Linz–Wilhering) aus Wien gekommen, wo er bei den Cricketern das Fußballspielen gelernt hatte. Percy Lowe, ein weiterer Pionier, arbeitete in einer Trauner Fabrik als Färbermeister. Zahlreiche Spieler kamen aus Böhmen. Die Gründungslegende der ersten drei Linzer und Urfahrer Fußballvereine erzählt von einem geheimnisvollen Holländer, der 1908 „auf der Heimreise aus

Die interessantesten Clubs

LASK

Der LASK wurde 1899 als Athletiksportklub Siegfried gegründet. Die Fußballsektion entstand im Februar 1919, indem der 1908 gegründete Linzer Sport-Club mit dem ASC Siegfried zum LASK (Linzer Athletik-Sport-Klub) fusioniert wurde. Bereits in den 1920er-Jahren gelang es, Vorwärts Steyr als führenden Club zu entthronen. Höhepunkt der Zwischenkriegszeit war der österreichische Amateurmeistertitel 1931.

1938/39 gelang zwar der Aufstieg in die Gauliga, die Meisterschaft verlief allerdings äußerst schlecht. Der LASK stieg mit 0 Punkten wieder ab, das 0:21 gegen die Wiener Austria bildete die höchste Niederlage der Vereinsgeschichte. 1949/50 gelang der Sprung in die A-Liga, 1953/54 kam wieder der Abstieg, 1957/58 der Wiederaufstieg. 1961/62 Vizemeister, 1963 Cup-Finale, 1965 dann das Double mit Gewinn der Meisterschaft und des ÖFB-Cups. 1977/78 neuerlicher Abstieg und umgehender Wiederaufstieg. Mitte der 1980er-Jahre folgten die größten internationalen Erfolge. Dann 1988/89 neuerlicher Abstieg, 1993/94 Rückkehr in die Bundesliga, gemeinsam mit dem Rivalen FC Linz.

Im Jahr 1995 schlitterte der Klub in eine finanzielle Krise, als der Linzer ASK mit einer Schuldenlast von 25 Millionen Schilling zahlungsunfähig wurde. Am 20. März 1995 wurde Konkurs angemeldet, jedoch gelang es dem Verein, durch einen Zwangsausgleich der Liquidierung zu entgehen. 1997 kam es zur Fusion mit dem Stadtrivalen und ehemaligen Meister FC Linz zum „LASK Linz". Überschattet wurde die folgende Saison vom „Rieger-Skandal", als der damalige LASK-Linz-Präsident Wolfgang Rieger mit seiner Rieger-Bank in Konkurs ging und den Verein in den sportlichen Abstieg mitriss. Der LASK schied 2000/2001 aus der obersten Spielklasse aus. Seit 2007 spielt der LASK wieder in der Bundesliga.

SV Ried

Die SV Ried wurde im Jahre 1912 gegründet. Es folgte eine wechselvolle Geschichte bis 1991. Dann das Fußballwunder Ried: Im Jahre 1991 konnte die SV Ried den 3. Landesmeistertitel feiern und krönte die Saison mit dem Aufstieg in die 2. Division.

Nach vier Jahren in der zweiten österreichischen Spielklasse gelang als Zweitplatzierter der 2. Division über die Relegation gegen den Neunten der 1. Division, den FC Linz, am 24. Juni 1995 der Aufstieg in die höchste Liga Österreichs. In den Medien war stets vom „Fußballwunder Ried" zu lesen. Von 1995 bis 2003 spielte die SV Ried in der 1. Bundesliga, 1998 ÖFB-Cupsieger. 2003 Abstieg in die Erste Liga, 2005 Wiederaufstieg und mit dem 4. Platz in der Bundesliga die bis dahin beste Platzierung der Vereinsgeschichte, in der Bundesligasaison 2006/07 Vizemeistertitel, neben dem ÖFB-Cupsieg 1998 der größte Erfolg der Vereinsgeschichte.

Afrika" unter der Donaubrücke im Überschwemmungsgebiet den Linzer und Urfahraner Jugendlichen das Fußballspiel gezeigt und bei der Abreise seinen Lederball und die Begeisterung für den neuen Sport zurückgelassen habe.
Der 1911 konstituierte Alpenländische Fußballverband, der die Steiermark, Kärnten, Tirol, Oberösterreich und Salzburg umfasste, meldete 15 Vereine, davon zwei aus Oberösterreich. 1912 gab es in Oberösterreich drei Vereine: den Linzer SC, den Welser SC und den SV Urfahr.

Vom Amateur- zum Profibetrieb

Nach dem Ersten Weltkrieg wurde die Fußballbegeisterung größer. Der LSK, der während des Krieges praktisch untergegangen war, wurde 1919 mit dem seit 1899 bestehenden Linzer Athletik-Sport-Klub Siegfried, der auf Ringen, Gewichtheben und Bankdrücken spezialisiert war, zum LASK fusioniert. In diesem Jahr wurde auch ein Fußballverband für Oberösterreich und Salzburg gegründet, 1921 dann ein eigener oberösterreichischer Fußballverband.

In Wien begannen gerade die zwei erfolgreichsten und interessantesten Jahrzehnte des österreichischen Fußballs: Josef (Pepi, der „Tank") Uridil wurde durch sein Draufgängertum und Schussvermögen zum populären Volks-, Film- und Schlagerhelden der 1920er-Jahre. „Heute spielt der Uridil!" war der Hit des Jahres 1922. Die großen Jahre des österreichischen Wunderteams waren die 1930er-Jahre, als 1931 Deutschland mit 6:0 und Schottland, eine der damals besten Mannschaften der Welt, mit 5:0 deklassiert wurden. „Ballett" und „Wiener Walzer", das waren die Begriffe, mit denen man diesen österreichischen Fußball zu charakterisieren versuchte: mit Dribbling, Schmäh und Ballverliebtheit. Im Schatten der Wirtschaftskrise und der sich verschärfenden Gegensätze der politischen Lager kam es zu einer merkwürdigen Verbindung von literarischer Kaffeehauskultur und Fußballwelt: Noch mehr zum Idol als Uridil wurde Matthias Sindelar, der „Papierene", ein begnadeter Ballkünstler und in diesem Sinne auch Antipode zu Uridil. Er wurde zur Legende, auch durch seinen geheimnisumwitterten Tod im Jahre 1939.

Während in Wien 1924 im Fußball bereits der Professionalismus Einzug gehalten hatte, auch wenn die Gagen häufig in nicht viel mehr als einem Abendessen

SV Urfahr (Sportvereinigung Urfahr)

Gegründet 1912, Vereinsfarben Rot-Schwarz, der drittälteste Fußballklub des Bundeslandes Oberösterreich.

SK Vorwärts Steyr

1919 in der ehemaligen Salzburger Bierhalle in Steyr als Steyrer Fußballklub Vorwärts mit den Vereinsfarben Rot und Weiß gegründet. Den größten Vereinserfolg erreichte Vorwärts mit dem Einzug in das Bundesländercup-Finale im Jahre 1949, das allerdings auswärts in Wien gegen Austria Wien mit 2:5 verloren ging. Vorwärts Steyr war 1949 mit Sturm Graz und Gloggnitz einer der ersten drei Vereine der obersten österreichischen Profiliga, die nicht aus Wien stammten. Die beste Platzierung (jeweils 7. Tabellenplatz) erreichte der Verein in den Saisonen 1990/91 und 1991/92. Nach der beachtlichen Leistung im Intertoto-Cup belegte der SK Vorwärts in der Bundesliga-Saison 1995/96 mit nur sechs Punkten und ohne Sieg den letzten Rang, stieg in die 2. Division ab, aber 1997/98 wieder in die höchste Spielklasse auf. Bereits 1995 war der Verein tief verschuldet. Nach dem Abstieg 1999 musste das Konkursverfahren eröffnet werden. Dem erfolgreichen Zwangsausgleich folgte ein Neubeginn in der letzten oberösterreichischen Fußballklasse (achte Spielklasse Österreichs).

bestanden, feierten in Oberösterreich die Amateure erste Triumphe. 1931 holte der LASK überraschend den Titel bei den österreichischen Amateurmeisterschaften.

Es waren die „Gscherten", unter ihnen die Oberösterreicher Leo Schaffelhofer, Josef Kitzmüller, Karl Wahlmüller, Franz Fuchsberger, die 1936 bei der Olympiade in Berlin die Silbermedaille errangen und die Goldmedaille im Endspiel gegen Italien nur wegen der eklatanten, eindeutig politisch motivierten Benachteiligung durch den deutschen Schiedsrichter verfehlten. Sport war damals vor allem auch Politik.

Der Nationalsozialismus nahm den Sport voll in seine Dienste, auch wenn gerade im Fußball, wo die Wiener Vereine viel stärker waren als die deutschen, sich bald antideutsche Ressentiments artiku-

SV Chemie Linz

Bereits 1920 als einer der ältesten Linzer Vereine unter dem Namen ASK Sparta Linz gegründet. 1954 Umbenennung in SV Stickstoff Linz. 1959/60 Aufstieg in die A-Liga, die heutige Bundesliga, bis 1963/64 der unglückliche Abstieg folgte. Neubeginn 1973 als SV Chemie Linz.

ASKÖ Pasching

1946 als ATSV Pasching gegründet. Zu seiner erfolgreichsten Zeit spielte der ASKÖ Pasching unter den Sponsorbezeichnungen SV PlusCity Pasching und FC Superfund von 2002/03 bis 2006/07 insgesamt fünf Saisonen im Paschinger Waldstadion in der Bundesliga. 2007 wurde der Vereinssitz nach Klagenfurt verlegt, wo der ASKÖ Pasching nun mit neuer Identität als SK Austria Kärnten auftritt.

SC 60 Breitbrunn

Begonnen hatte alles im Lager 60 in Hörsching, in dem sich nach Kriegsende ca. 3000 Flüchtlinge – vorwiegend aus den Grenzgebieten Pressburg und Südmähren – befanden. Da es einen SC Hörsching bereits gab, wurde der Ortsname der nächstgelegenen Ortschaft gewählt, und zwar Breitbrunn. Der Club stieg bereits nach einem Jahr in die damals höchste Spielklasse auf. Die 1948/49 eingeführte Ausländerklausel beendete den Höhenflug der Heimatvertriebenen rasch. Breitbrunn und Hakoah spielten nur mehr „außer Konkurrenz". Inoffiziell Vizemeister, stieg der Club zwangsweise ab.

Hakoah Linz

Hakoah, zu Deutsch „Stärke", ist der Name zahlreicher jüdischer Sportvereinigungen. Am berühmtesten war Hakoah Wien, der 1924 erster österreichischer Meister im Profifußball wurde. 1946, als zeitweise mehr als 8000 Juden in Lagern im Großraum Linz lebten, wurde der jüdische Verein Hakoah Linz gegründet. Er hatte seinen Standort im jüdischen DP-Lager Bindermichl und stieg 1948 in die höchste oberösterreichische Liga auf. 1948/49 wurden Hakoah Linz und der FC Breitbrunn wegen der Ausländerklausel aus der Meisterschaft ausgeschlossen und durften nur außer Konkurrenz spielen. An der Meisterschaft 1949/50 nahm Hakoah nicht mehr teil.

FC Linz/Blau-Weiß Linz

1946 als „SV Eisen und Stahl" mit den Farben Schwarz-Weiß gegründet, 1949 Umbenennung des Werksportvereines in SK VÖEST Linz. Nach der kurzlebigen Fusion mit dem SVS (SV Stickstoff) und dem ebenso kurzen Gastspiel in der obersten Spielklasse folgten 1969 der neuerliche Aufstieg in die Nationalliga, der österreichische Meistertitel in der Saison 1973/74 und der Vizemeister 1979/80. 1988 kam der Abstieg in die gesamtösterreichische 2. Division. Der Wiederaufstieg gelang nach zwei erfolglosen Anläufen in der Saison 1990/91. Nach dem Ausstieg der „Vereinigten Oesterreichischen Eisen- und Stahlwerke" (VOEST) aus dem Verein nannte sich der Klub ab 1991 FC Stahl Linz, ab 1993 FC Linz. Es folgte ein fortwährendes Auf und Ab. 1997 wurde trotz gar nicht so schlechter Position mit dem Stadtrivalen LASK fusioniert. Im FC Blau-Weiß Linz, der juristisch kein Nachfolgeverein ist, sammelten sich die ehemaligen VÖEST-Anhänger.

lierten, die dem Regime gar nicht recht waren. Die Führerstadt Linz blieb aber fußballerisch noch ganz im Schatten Wiens. Das denkwürdige Spiel des LASK gegen die Austria Wien am 21. Jänner 1941, bei dem der LASK eine 21:0-Niederlage einheimste, ist in schlechter Erinnerung geblieben. Der LASK wurde 1940/41 mit null Punkten Tabellenletzter der obersten Liga. Ein von den anderen Fußballern wenig geliebter Verein begann den oberösterreichischen Fußball während der NS-Zeit zu dominieren und war letzter oberösterreichischer Fußballmeister vor Kriegsende: der ATSV Mauthausen, damals ein SS-Verein, zusammengesetzt aus den Wachmannschaften des Konzentrationslagers, deren Fußballplatz sich an der südlichen Außenmauer des KZ befand. Dort fand am 18. März 1945 das letzte dokumentierte Spiel der NS-Zeit auf oberösterreichischem Boden statt: Mauthausen schlug den LASK 10:0.

Die Meisterfeier 1965: Helmut Kitzmüller, Charly Chico, Dolfi Blutsch, Manfred Pichler

Der Fußballboom

1945 war man auch im Fußball mit den Zonengrenzen und den vielen Vertriebenen und Geflüchteten konfrontiert, die zwar Fußball spielten und den oberösterreichischen Fußball befruchteten, aber nicht nur auf freundliche Aufnahme stießen: Der jüdische FC Hakoah Linz und der Heimatvertriebenenverein FC 60 Breitbrunn wurden mit einer diskriminierenden Ausländerklausel aus dem Bewerb eliminiert. Der Ungar Laszlo Simko war als Kriegsgefangener 1945 nach Ebensee gekommen, wurde von den Amerikanern in ein Flüchtlingslager nach Haid gebracht und begann beim SC Breitbrunn zu kicken. Den LASK schoss er zwar in die oberste Liga, über die Zonengrenze nach Wien oder auch nur nach Urfahr durfte er sich jedoch nicht wagen. Er fürchtete viel zu sehr, von den Russen geschnappt und nach Ungarn verschleppt zu werden.

Linzer Stadion auf der Gugl

Das Stadion bietet in der derzeitigen Konfiguration knapp über 20 000 Zuschauern Platz, davon knapp über 12 700 auf Sitzplätzen. Das Linzer Stadion ist damit Oberösterreichs größtes Stadion und das zweitgrößte Leichtathletikstadion Österreichs nach dem Wiener Ernst-Happel-Stadion. Zwischen 1968 und 1997 wurden hier insgesamt neun Länderspiele ausgetragen. Zurzeit wird das Stadion nur vom LASK genutzt, früher war es auch die Heimstätte des ehemaligen Lokalrivalen SK VÖEST. Außerdem findet einmal im Jahr das traditionelle Gugl-Meeting, Österreichs größte Leichtathletik-Veranstaltung, im Linzer Stadion statt. Vor der Eröffnung des Linzer Stadions am 28. Juni 1952 spielte der LASK auf den vereinseigenen LASK-Platz in der Paul-Hahn-Straße, wo sich heute die HTL Linz – LiTec befindet.

Nach 1945 war Fußball plötzlich auch im kleinsten Dorf präsent, misstrauisch beäugt von den skeptischen Erwachsenen. Als Alois Brandstetter seine ersten Mittelschuljahre im Petrinum in Linz verbrachte, war das Fußballspielen dort noch gar nicht gern gesehen: Faustball stand in hohem Ansehen, Volleyball hatte den Geruch des Kommunismus. Und Fußball galt als nationalsozialistisch, proletarisch oder zumindest unnütz. Doch ganz verschließen konnte man sich auch im Petrinum dem neuen Sport nicht.

Aber die Freinberger im jesuitischen Aloisianum waren besser. Der heute pensionierte Richter und beliebte Rundfunkmoderator Franz Gumpenberger war am Freinberg und kickte in St. Oswald bei Haslach auf einer abgemähten, nirgendwo ganz ebenen Wiese, barfuß, über Maulwurfshügel und Steine. Im Petrinum probierte auch der Autor, damals hoch aufgeschossen wie eine Mühlviertler Hopfenstange, mit dem späteren Landtagsabgeordneten Karl Lauß und anderen Jugendlichen auf der widerwillig zur Verfügung gestellten Hofwiese das Fußballspielen, immer wieder begleitet von bissigen Kommentaren: „Wenn sie bei der Arbeit auch so rennen würden ... Warum gibt man ihnen nicht mehr Bälle? Warum nimmt er den Ball nicht einfach mit den Händen? ...“

Das Linzer Café Central, das Rosenstüberl und der LASK-Platz in der Paul-Hahn-Straße waren die Linzer Fußballtreffpunkte der Nachkriegszeit. Die Saat der Fünfzigerjahre trug in den Sechzigerjahren erstmals Früchte. LASK-Legenden entstanden: Otto Jungbauer und Rudolf Trauner senior führten den LASK, gefürchtete Trainer kamen, und große Spieler wuchsen heran, die sich durch den Sport ein besseres Leben schaffen konnten: Laszlo Simko, der Vertriebene, oder Helmut Köglberger, das Besatzungskind. Andere Fußballkönige sind am König Fußball gescheitert, etwa Carlos Lima alias Chico, das brasilianische Fußballwunder. Er kam 1963 zum LASK, sein sozialer Abstieg setzte bald nach dem Meisterschaftsjahr 1965 ein und er endete 1994 als Pflegefall im Armenhaus.

Als 1965 mit dem LASK erstmals eine Bundesländermannschaft den österreichischen Meistertitel errang und 1968 erstmals ein Heimspiel der Nationalmannschaft außerhalb von Wien in Linz stattfand, war der Bann gebrochen. Die „Provinz“ war auch im Fußball anerkannt.

Oberösterreichs Fußballlegenden

Georg „Schurl" Braun (1907–1963)

Der Sohn eines Wiener Straßenbahners begann seine Karriere als Stürmer bei Donaustadt. Mit dem WAC (Wiener AC) feierte er seine größten Triumphe (1931 österreichischer Cupsieg). Mit dem legendären Wunderteam von 1928 bis 1935 trat er in 13 Länderspielen für Österreich an, auch bei der missglückten Fußballweltmeisterschaft von 1934. Von 1935 bis 1939 in Rennes. Übernahm im Jahr 1939 das Amt des Spielertrainers beim Linzer ASK. Nach Kriegseinsatz und russischer Kriegsgefangenschaft war er bis 1952 Spielertrainer beim Linzer ASK, dann oberösterreichischer Verbandstrainer, Teamchef der äthiopischen Nationalmannschaft und Trainer beim SK VOEST.

Auguste „Gusti" Jordan (1909–1990)

Der Linzer stand bereits mit 15 Jahren in der Mannschaft des Linzer ASK, gewann mit diesem mehrmals die oberösterreichische Landesmeisterschaft und in der Saison 1930/31 die österreichische Amateurstaatsmeisterschaft. 1932 wechselte er zum Floridsdorfer AC. 1933 ging er nach Frankreich und spielte von 1933 bis 1945 beim Racing Club de Paris. Ab 1937 galt er als naturalisierter Franzose. 1938 nahm Jordan endgültig die französische Staatsbürgerschaft an. Insgesamt sechzehn Mal spielte er zwischen 1938 und 1945 für die französische Nationalmannschaft, zeitweise auch als Kapitän. Es folgten Trainertätigkeiten bei Red Star Paris, Olympique Marseille, Racing Paris und Standard Lüttich.

Rudolf Strittich (* 1922)

Strittich begann seine Laufbahn beim SK Vorwärts Steyr. Ab der Saison 1938/39 war er beim deutsch-böhmischen DFC Graslitz tätig. 1942 wechselte er zur Vienna, wo er 1943 den Meistertitel holen konnte. Während der Kriegsjahre war Strittich kurzzeitig bei Hertha BSC aktiv. Nach Kriegsende spielte er wieder in Steyr, doch schon zur Winterpause folgte die Rückkehr zur Vienna. 1950 wurde seine Karriere in Österreich jäh unterbrochen, als er nach einer Ägyptentournee der Vienna wegen des Schmuggels von 0,75 kg Rohopium zu drei Monaten Haft verurteilt und vom ÖFB für ein Jahr gesperrt wurde. Er wechselte nach Lateinamerika, später nach Frankreich, musste seine Karriere aber bald gesundheitsbedingt beenden. 1955 begann er eine Trainerkarriere, zunächst bei Sturm Graz, dann beim FC Basel und Apollon Kalamarias. 1960 wechselte er nach Dänemark, wo er bis 1979 als Trainer verschiedener Klubs und der Nationalmannschaft hohen Bekanntheitsgrad erreichte.

Laszlo Simko (* 1925)

Der 1925 in Budapest geborene Stürmerstar, der 1944 nach Oberösterreich gekommen war und 1945 nicht nach Ungarn zurückzukehren wagte, spielte beim LASK und bei Hakoah, wechselte dann wieder zum LASK zurück. Zeitweilig war er Chauffeur Simon Wiesenthals. 1968 bis 1988 war er Lehrgangsleiter der Trainerausbildung des Oberösterreichischen Fußballverbands.

Carlos Lima, genannt Chico (1935–1994)

Geboren 1935 im brasilianischen Pernambuco (heue Recife), ging zuerst nach Portugal, dann nach Österreich. 1963 kaufte ihn der LASK vom FC Porto für 10.000 Dollar. Ein Schnäppchen, auch in der damaligen Zeit. Chico war ein Ausnahmespieler, mit allen Eigenschaften der Ausnahme, auch der Instabilität. Bald nach Erringung des Meistertitels mit dem LASK 1965 begann für ihn der Abstieg. 1972 war die Fußballerkarriere zu Ende. Schnell wurde er zum Sozialfall mit Gelegenheitsjobs, etwa im Linzer Schlachthof. Nach einem Arbeitsunfall wurde er arbeitslos. 1994 starb er in einem Pflegeheim.

Gerhard Sturmberger (1940–1990)

Der gelernte Schuhmacher Gerhard Sturmberger begann seine Karriere beim ASK Klagenfurt, wechselte dann zum LASK und trug von 1967 bis 1973 die Kapitänsschleife. Größter Erfolg in seiner Laufbahn beim LASK war für Gerhard Stumberger zweifellos der Gewinn der Meisterschaft 1964/65 und des ÖFB-Cups im selben Jahr. In insgesamt 43 Länderspielen stand er als Verteidiger in der Nationalmannschaft. Bis 1975 spielte er drei Saisonen bei Rapid in der höchsten österreichischen Liga und dann bei kleineren oberösterreichischen und Kärntner Vereinen.

Adolf „Dolfi“ Blutsch (* 1940)

Er begann seine Karriere bei Austria Wien, wechselte 1964 zum LASK, wo er der Meistermannschaft 1964/65 angehörte. Nach Engagements bei Schwarz-Weiß Bregenz und Wacker Innsbruck spielte er von 1969 bis 1972 bei SV Austria Salzburg. In Sydney (Australien) beendete er seine aktive Karriere.

Helmut Köglberger (* 1946 in Steyr)

Als Besatzungskind auf einem Bauernhof bei Sierning aufgewachsen, kam er über SK Amateure Steyr 1964 zum LASK (in der Saison 1964/65 Meistertitel), dann zu Austria Wien (1968/69 und 1969/70 Meister) und 1974/75 wieder zurück zum LASK. Als sein größtes Spiel bezeichnete Köglberger das Spiel gegen Brasilien am 1. Mai 1974 in São Paolo, bei dem Österreich dem regierenden Weltmeister vor einer Kulisse von über 120 000 Zusehern ein ehrenvolles 0:0 abrang. Köglberger lebt heute in Altenberg bei Linz, wo er nach seiner Fußballkarriere eine Handelsgesellschaft für Ausschank- und Kühlgeräte leitete.

Klaus Lindenberger (* 1957)

Der Linzer Lindenberger begann seine Karriere 1976 beim LASK, für den er fast zehn Jahre lang als Tormann aktiv war. 1988 wechselte er zum FC Swarovski Tirol, mit dem er seine ersten beiden Meistertitel en suite holen konnte, im ersten Jahr noch zusätzlich den ÖFB-Cupsieg. Zurück in Oberösterreich spielte er für den FC Stahl Linz, zuletzt für Eintracht Wels. 2002 gründete er den Ladies Soccer Club Linz (LSC Linz), der 2004 in der Frauenfußballsektion des LASK Linz als LASK Ladies aufging.

Ivica Vastic (* 1969)

Von seiner Heimatstadt Split kam er 1991 nach Österreich und spielte für die Vienna, den VSE St. Pölten, den FC Admira/Wacker und dann beim MSV Duisburg. 1994 kam er zu Sturm Graz. Dort feierte er seine größten Erfolge als Kapitän, Spielmacher und Torjäger (zweimal Österreichischer Meister, dreimal ÖFB-Cupsieger, dreimal Supercupsieger und dreimal Qualifikation für die Champions League). Nach einem einjährigen Japan-Aufenthalt zwei Jahre bei Austria Wien, wechselte 2005 zum LASK, dem im Jahr 2006/07 der Wiederaufstieg in die Bundesliga gelang.

LITERATUR

Der mühsame Weg nach Oberösterreich

- Siegfried Haider: Geschichte Oberösterreichs, Wien 1987 (Geschichte der österreichischen Bundesländer).

Vom Kronland zum Bundesland

- Wilhelm Brauneder: Deutsch-Österreich 1918. Die Republik entsteht, Wien 2000.
- Rudolf Lehr: Landeschronik Oberösterreich, 4. Auflage, Wien 2008.
- Harry Slapnicka: 550 Stichworte zur oberösterreichischen Zeitgeschichte, Grünbach 2000.

Der Landespatron und andere Landesheilige

- Dietmar Assmann, Hl. Florian bitte für uns. Heilige und Selige in Österreich und Südtirol, Innsbruck 1977.
- Rudolf Zinnhobler: Von Florian bis Jägerstätter. Glaubenszeugen in Oberösterreich, Linz 2004.

Steinerne und eisige Anfänge: die Altsteinzeit

- http://www.ooegeschichte.at/Palaeolithikum – Forum oö. Geschichte. Jutta Leskovar: Paläolithikum
- Otto H. Urban: Der lange Weg zur Geschichte. Die Urgeschichte Österreichs, Wien 2000.

Der erste Höhepunkt: die Hallstattzeit

- Christa Farka, Heinz Gruber, Bernhard Hebert, Marianne Pollak u. a.: Schätze – Gräber – Opferplätze. Archäologie im Salzkammergut. Ausstellungskatalog, Wien 2008 (= Fundberichte aus Österreich, Materialheft Reihe A, Sonderheft 6).
- Otto H. Urban: Der lange Weg zur Geschichte. Die Urgeschichte Österreichs. Österreichische Geschichte, Ergänzungsband 1, Wien 2000.

Die Römer an der Donau

- Verena Gassner, Sonja Jilek, Sabine Ladstätter: Am Rande des Reiches. Die Römer in Österreich. Österreichische Geschichte 15 v. Chr. – 378 n. Chr., Wien 2002.
- http://www.ooegeschichte.at/index.446.0.html – Römerzeit in Oberösterreich, erarbeitet von Gerhard Winkler, Bernhard Prokisch, Christine Schwanzar u. a.
- Jutta Leskovar, Christine Schwanzar, Gerhard Winkler (Hg.): Worauf wir stehen. Archäologie in Oberösterreich, Weitra 2003 (= Kataloge des Oberösterreichischen Landesmuseums N. F. 195).
- Ekkehard Weber: Der Ostalpenraum als Teil des Römischen Reiches. In: Gerhard Winkler (Hg.): Schausammlung „Römerzeit“ im Museum Lauriacum Enns, Enns 2006 (= Forschungen in Lauriacum, Band 12/1, Sonderband I/1).

Woher die Oberösterreicher kommen

- Gunter Dimt u. a.: Baiernzeit in Oberösterreich. Ausstellungskatalog, Linz 1977 (= Kataloge des Oberösterreichischen Landesmuseums 96).
- Kurt Holter (Hg.): Baiern und Slawen in Oberösterreich, Linz 1980 (= Schriftenreihe des Oö. Musealvereins 10).

Die Entstehung der Kulturlandschaft

- Herbert Jandaurek: Oberösterreichische Familiennamen um 1823–1830. In: Oberösterreichische Heimatblätter 1 (1947), S. 60–71.
- Viktor Stampfl, Ernst Bruckmüller (Red.): Bauernland Oberösterreich. Entwicklungsgeschichte seiner Land- und Forstwirtschaft, Linz 1974.

Auf den Spuren der Romanik

- Gottfried Biedermann: Romanik in Österreich, Graz 1990.
- Hermann Fillitz: Geschichte der bildenden Kunst in Österreich. Früh- und Hochmittelalter, München 1988.
- Oberösterreich Archiv, Archiv-Verlag o. J.

Minnesang aus Oberösterreich

- Die österreichische Literatur: eine Dokumentation ihrer literarhistorischen Entwicklung. Ihr Profil von den Anfängen im Mittelalter bis ins 18. Jahrhundert (1050–1750), hg. v. Herbert Zeman, Graz 1986, 2 Bde.

Seite 70

Land der Flügelaltäre

- Manfred Koller: Der Flügelaltar von Michael Pacher in St. Wolfgang, Wien 1998.
- Ulrike Krone-Balcke: Der Kefermarkter Altar – sein Meister und seine Werkstatt, München/Berlin 1999.
- Norbert Loidol, Lothar Schultes: Gotik Routen Oberösterreich. Reiseführer, Weitra 2002.
- Lothar Schultes: Die gotischen Flügelaltäre Oberösterreichs. 2 Bände, Weitra 2002, 2005.
- Lothar Schultes, Bernhard Prokisch (Hg.): Gotik Schätze Oberösterreich, Weitra 2002.

Seite 78

Kaiserstadt Linz

- Willibald Katzinger (Red.): Kaiser Friedrich III. – Innovationen einer Zeitenwende. Ausstellungskatalog, Linz 1993 (= Kataloge des Stadtmuseums Nordico 59).
- Willibald Katzinger: Kleine Linzer Stadtgeschichte, Regensburg 2008.
- Fritz Mayrhofer, Willibald Katzinger: Geschichte der Stadt Linz. 2 Bände, Linz 1990.

Seite 84

Luther und Oberösterreich

- Karl Eichmeyer: Oberösterreichische Toleranzgemeinden in der josephinischen Zeit. In: Peter F. Barton (Hg.): Im Zeichen der Toleranz, Wien/Köln/Graz 1987 (= Studien und Texte zur Kirchengeschichte und Geschichte 11).
- Leopold Temmel: Evangelisch in Oberösterreich, Linz 1982.
- Renaissance und Reformation: Katalog zur Oberösterreichischen Landesausstellung 2010, hg. v. Karl Vocelka, Rudolf Leeb und Andrea Scheichl, Linz 2010.

Seite 92

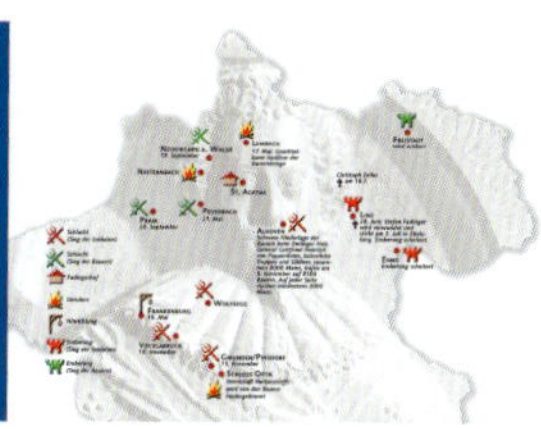

Land der Bauernkriege

- Bauernland Oberösterreich. Entwicklungsgeschichte seiner Land- und Forstwirtschaft, hg. v. A. Hoffmann, Linz 1974.
- Georg Grüll: Bauer, Herr und Landesfürst: sozialrevolutionäre Bestrebungen der oberösterreichische Bauern von 1650 bis 1848, Linz 1963.
- Georg Heilingsetzer: Der oberösterreichische Bauernkrieg 1626, Wien 1976 (Militärhistorische Schriftenreihe 32)

Seite 100

Entdecker, Abenteurer, Robinsone

- Georg Christoph Fernbergers Fahrt auf den Sinai, ins Heilige Land, nach Babylon, Persien und Indien (1588–1593). Eine Kulturgeschichte des Reisens in der Frühen Neuzeit, hg. v. Martina Lehner, Wien 2008.
- In sieben Jahren um die Welt. Die Abenteuer des ersten österreichischen Weltreisenden (1621–1628) Christoph Carl Fernberger. Neu erzählt und hg. v. Martina Lehner, Wien 2008.
- Johann Georg Peyer: Fatime und Azem. Originalgetreue Bearbeitung von Robinson, der Ober-Österreicher oder Höchst merkwürdige Schicksale Johann Georg Peyers, Linz 1993.
- Andreas Reischek: Weißer Häuptling der Maori. Das Leben des Neuseelandforschers Andreas Reischek, erzählt von seinem Sohn Andreas Reischeck, Wien 1955.

Seite 106

Hexer und Zauberinnen

- Wolfgang Behringer: Hexen, München 2005.
- Heinrich Kramer (Institoris): Der Hexenhammer. Malleus Maleficarum. Neu aus dem Lateinischen übertragen von Wolfgang Behringer, Günter Jerouschek und Werner Tschacher. Hg. und eingeleitet v. Günter Jerouschek und Wolfgang Behringer, München 2000.
- Martin Scheutz, Johann Sturm, Josef Weichenberger, Franz Xaver Wimmer: Räuber, Mörder, Teufelsbrüder. Die Kapergerbande 1649–1660 im oberösterreichischen Alpenvorland, Linz 2007.

Seite 112

Rundgang durchs Barockland

- Welt des Barock: Katalog der Oberösterreichischen Landesausstellung 1986, hg. v. Rupert Feuchtmüller, Linz 1986.

Seite 122

Erleuchtung auf Sparflamme

- Leslie Bodi: Tauwetter in Wien: zur Prosa der österreichischen Aufklärung 1781–1795, 2., erw. Aufl., Wien 1995, (Schriftenreihe der Österreichischen Gesellschaft zur Erforschung des 18. Jahrhunderts 6)
- Hans Sturmberger: Zwischen Barock und Romantik. Skizzen zur Geschichte der Aufklärung in Oberösterreich, In: Jahrbuch des Oberösterreichischen Musealvereines. Bd. 93, 1948, S. 147 ff.

Die Napoleonischen Kriege

- Fritz Mayrhofer und Willibald Katzinger: Geschichte der Stadt Linz, Linz 1990, 2 Bde.
- Manfred Carrington und Andreas Reiter: Ebelsberg 1809: Franzosenzeit in Linz und Oberösterreich, Linz 2009.

Reise durchs Biedermeier

- Bürgersinn und Aufbegehren. Biedermeier und Vormärz in Wien, Wien 1987

Revolution in der Provinz

- 150 Jahre Sparkasse Oberösterreich, Linz 1999.
- Das Jahr 1848 in Oberösterreich und Hans Kudlich: Sonderausstellung des Oö. Landesmuseums, Linzer Schlossmuseum 13. Juli 1978 bis 22. Oktober 1978, 2 Bde, Katalog und Aufsätze.

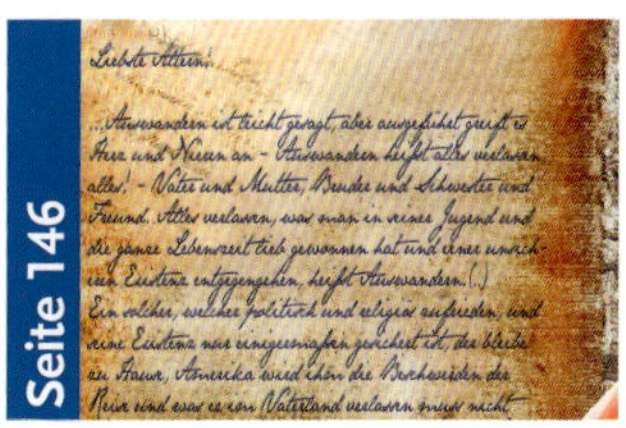

Die verlassene Heimat

- Traude Horvath (Hg.): Auswanderungen aus Österreich. Von der Mitte des 19. Jahrhunderts bis zur Gegenwart. Mit einer umfassenden Bibliographie zur österreichischen Migrationsgeschichte, Wien 1996.
- Michael Kurz: „Nun ist die Scheidestunde da ...“. Die Emigration aus dem Salzkammergut im 19. Jh. nach Nordamerika. Geschichte einer Auswanderung, Salzburg 1999.
- Michael Kurz: Kammergut – Jammergut? Die demographischen Strukturen des Salzkammergutes von 1600 bis 2000 mit besonderer Berücksichtigung von Bad Goisern, Salzburg 2002.
- Hans Sturmberger: Die Amerika-Auswanderung aus Oberösterreich zur Zeit des Neo-Absolutismus. In: Mitteilungen des Oberösterreichischen Landesarchivs 7 (1961), S. 5–53.

Seite 152

Streit um die Moderne

- Hermann Bahr – der Herr aus Linz: eine Dokumentation in Zusammenarbeit mit dem Adalbert-Stifter-Institut des Landes Oberösterreich und dem Archiv der Stadt Linz, hg. v. Georg Wacha, Stadtmuseum Nordico, Linz,1984.
- Regina Pintar, Hg.: Die andere Welt. August Strindberg in Oberösterreich, Linz 1993.

Seite 156

Extra-Ausgabe! Preis 6 Heller.

Tages-Post.

Kundmachung.

An Meine Völker!

Die Leiden des Weltkriegs

- Otto Kampmüller (Hg.): Alltag in Ottensheim, Juni 1914 – November 1918. Der Erste Weltkrieg im Spiegel des Ottensheimer Gendarmerie-Tagebuchs von Wachtmeister Ferdinand Hawel, Ottensheim 1988.
- Rudolf Walter Litschel: Lanze, Schwert und Helm. Beiträge zur oberösterreichischen Wehrgeschichte, Linz 1968.
- Manfried Rauchensteiner: Der Tod des Doppeladlers. Österreich-Ungarn und der Erste Weltkrieg, Graz 1993.

Seite 164

Im Würgegriff der Weltwirtschaftskrise

- Otto Lackinger: Industriegeschichte von Linz, Linz 2008.
- Roman Sandgruber: Das 20. Jahrhundert. Geschichte Österreichs. Bd. 6, Wien 2003.

Seite 170

Hitlers Kulturhauptstadt

- http://www.dhm.de/datenbank/linzdb – Hitlers Linzer Sammlung
- Ingo Sarlay: Hitlers Linz. Die Stadtplanung von Linz an der Donau 1938–1945. Teil 1: Kulturelle und wirtschaftliche Konzeptionen, Planungsstellen und Wirtschaftspläne, Graz 1985.
- Ingo Sarlay: Hitlers Linz. Die Stadtplanung von Linz an der Donau 1938–1945. Teil 2: Städtebauliche Detailplanung und Architektur, Graz 1987.

Seite 176

Das Land der Konzentrationslager

- Siegfried Haider, Gerhard Marckhgott: Oberösterreichische Gedenkstätten für KZ-Opfer, Linz 2001.
- http://www.mauthausen-memorial.at – offizielle Mauthausen-Website des Bundesministeriums für Inneres

- Hans Marsalek: Die Geschichte des Konzentrationslagers Mauthausen. Dokumentation, 4. Auflage, Wien 2006.
- Bertrand Perz, Florian Freund: Konzentrationslager in Oberösterreich 1938 bis 1945, Linz 2007.

CARE-Pakete und Coca-Colonisation

- Michael John: Das „Haarabschneiderkommando“ von Linz. Männlicher Chauvinismus oder nationalsozialistische Wiederbetätigung? Ein Fallbeispiel aus den Jahren 1945–1948. In: Historisches Jahrbuch der Stadt Linz 1995, S. 335ff.
- Harry Slapnicka: Oberösterreich – zweigeteiltes Land: 1945–1955, Linz 1986 (= Beiträge zur Zeitgeschichte Oberösterreichs 11).

Die Russen im Mühlviertel

- Fritz Fellner (Hg.): Alltag und Leben im Mühlviertel 1945 bis 1955, Grünbach 2005.
- http://www.ooegeschichte.at/index.10.0.html – Forum oö. Geschichte: Besatzungszeit
- Roman Sandgruber: Vom Wiederaufbau in die Mitte Europas, Linz 2005.

Donau-Überschwemmungen

- Anna Gugerbauer, Ernst Dürr: Vom Zorn des Inn. Hochwasserkatastrophen in Schärding und den bayerischen Nachbargemeinden, Wernstein 1999.
- Christian Pfister: Wetternachhersage. 500 Jahre Klimavariationen und Naturkatastrophen (1496–1995), Bern/Stuttgart/Wien 1999.
- Christian Rohr: Extreme Naturereignisse im Ostalpenraum. Naturerfahrung im Spätmittelalter und am Beginn der Neuzeit, Wien 2007.

Das Land der Vierkanter

- Alfred Hoffmann (Hg.): Bauernland Oberösterreich. Entwicklungsgeschichte seiner Land- und Forstwirtschaft, Linz 1974.
- Alexander Jalkotzy: Der Vierkanthof im Florianer Land. Eine Untersuchung im nördlichen Traunviertel Oberösterreichs, Graz 1984.

Seite 208

Salzland Oberösterreich

- Jean-François Bergier: Die Geschichte vom Salz, Frankfurt am Main/New York 1989.
- Roman Sandgruber (Hg.): Das Salzkammergut. Katalog der Landesausstellung, Linz 2008.

Seite 216

Als das Licht kam

- Roman Sandgruber: Strom der Zeit. Das Jahrhundert der Elektrizität, Linz 1992.
- Viktoria Arnold, Hg.: „Als das Licht kam". Erinnerungen an die Elektrifizierung, 2. Aufl. Wien 2003.

Seite 222

LD erobert die Welt

- Helmut Fiereder: Der Weg zu LD und Breitband. Die Hütte Linz im Kontext der österreichischen Eisen- und Stahlplanung nach dem Zweiten Weltkrieg. In: Historisches Jahrbuch der Stadt Linz (1992), S. 261–313.
- Hans Jörg Köstler: Der Weg zur Stahlerzeugung nach dem Sauerstoffaufblas-(LD-) Verfahren. In: Blätter für Technikgeschichte 59 (1997), S. 9–54.
- Helmut Lackner, Gerhard A. Stadler: Fabriken in der Stadt. Eine Industriegeschichte der Stadt Linz, Linz 1990.
- Stefan Rapp: Die Bedeutung des Innovationsmanagements für nachhaltigen Unternehmenserfolg am Beispiel des LD-Verfahrens, Linz 2007.

Seite 228

Auf Schienen durch Oberösterreich

- Gerhard Artl (Hg.): Über den Saurüssel zur Großen Mühl: 120 Jahre Mühlkreisbahn, Wien 2008.
- Franz Aschauer: Oberösterreichs Eisenbahnen, Wels 1964.
- http://members.a1.net/otob/pyhrnbahnmuseum/titel.htm – Online-Pyhrnbahnmuseum von Elmar Oberegger
- Helmut Marchetti: Stern & Hafferl – Visionen mit Tradition, Gmunden 2003.
- Elmar Oberegger: Zur Geschichte der „Kaiserin Elisabeth-Bahn" (Budweis/Passau/ Simbach am Inn/Wörgl–Amstetten–St. Pölten–Wien Westbahnhof), Sattledt 2007 (= Veröffentlichungen des Info-Büros für österreichische Eisenbahngeschichte 8).
- August Zopf (Hg.): Gedenkschrift: Unvergessene SKGLB. Eingestellt vor 50 Jahren, Mondsee 2007.

Seite 234

Tourismusland Oberösterreich

- Roman Sandgruber, Hg.: Salzkammergut. Oberösterreichische Landesausstellung 2008, Katalog, Linz 2008.

Seite 240

Weinbau in Oberösterreich

- Gustav Gugitz: Vom Weinbau in Aschach an der Donau. In: Heimatgaue 4 (1942), S. 32ff.
- Anneliese Schweiger: Weinbau im alten Linz. In: Walter Schuster, Maximilian Schimböck, Anneliese Schweiger (Hg.): Stadtarchiv und Stadtgeschichte. Forschungen und Innovationen. Festschrift für Fritz Mayrhofer, Linz 2004 (= Historisches Jahrbuch der Stadt Linz 2003/2004), S. 341–348.
- Heinrich Werneck: Der Rückzug des Weinbaues in Nieder- und Oberösterreich seit 1600. In: Veröffentlichungen des Verbandes österreichischer Geschichtsvereine 2 (1952), S. 51–54.
- Heinrich Werneck, Hermann Kohl: Karte des historischen Weinbaues in Oberösterreich. In: Jahrbuch des Oberösterreichischen Musealvereines 119/1 (1974), S. 131–144.

Seite 246

Bierland Oberösterreich

- Bierwelt, hg. v. Conrad Seidl und Willibald Katzinger, Stadtmuseum Nordico, Linz 1992.
- Roman Sandgruber, Hannes Etzlstorfer, Christoph Wagner (Hg.): Mahlzeit. Oberösterreichische Landesausstellung 2009, Katalog, Linz 2009.

Seite 254

Der Kampf ums Rauchen

- Roman Sandgruber: Bittersüße Genüsse. Kulturgeschichte der Genußmittel, Wien 1986.
- Schnupfen & Rauchen: Tabakgenuß im Wandel der Zeiten; Sonderausstellung des OÖ. Landesmuseums 1980. Katalog: Linz 1980, (OÖ. Landesmuseum, Kat. 106).

Seite 260

Landesregent Fußball

- Michael John, Franz Steinmaßl (Hg.): ... wenn der Rasen brennt. 100 Jahre Fußball in Oberösterreich, Grünbach 2008.
- Rudolf Matheis (Hg.): Ewig lockt der LASK. Das offizielle Buch zu „100 Jahre LASK", Linz 2007.
- Johann Skocek, Wolfgang Weisgram: Das Spiel ist das Ernste. Ein Jahrhundert Fußball in Österreich, Wien 2004.

Bildnachweis

APA: S. 32, 35
Archäologisches Museum Carnuntinum: S. 43
Archiv der KZ-Gedenkstätte Mauthausen: S. 181
Archiv Senft: S. 102
BDA/P.Kolp: S. 39
Benediktinerstift Lambach: S. 24
Brauerei Hofstetten: S. 247
Diözesanarchiv Linz: S. 17, 23, 25, 47, 50, 85, 87, 122, 161 u.
Ehemalige Stiftskirche Waldhausen: S. 20
Wilhelm Entlicher: S. 118 li.
Evangelisches Museum Rutzenmoos: S. 91
Fadingerhof: S. 98
Fotolia: S. 245
Freunde des Sumerauerhofs: S. 206
Freytag & Berndt: S. 231
Fürstlich Lichtenstein'sche Fideikomissbibliothek: S. 105
Geschichteclub Stahl: S. 224
Geschwister Marschalk, Berlin: S. 152
Peter Geymayer : S. 145 (Hans Kudlich, Lithographie von Eduard Kaiser, 1848)
Heimathaus Ebensee: S. 149
Heimatmuseum Vorchdorf/Alfred Hollinetz: S. 106 (Fotomechnische Montage: HR Prof. Dr. Johann Sturm)
Höhlenmuseum Spital am Pyhrn: S. 26

Innviertler Volkskundehaus: S. 134

Internationale Gustav Mahler Gesellschaft, Wien: S. 237

Katalog 1000 Jahre Österreich: S. 8, S. 11

Anton Kovacs: S. 198 re.

Kunsthistorisches Museum, Wien: S. 126

Land OÖ: S. 10, 12, 79, 88

Lascaux, Dordogne, France: S. 33 (Foto: COREL)

Lentos Kunstmuseum: S. 139

Mühlviertler Schlossmuseum Freistadt: S. 189 u.

Musée Antoine Lécuyer: S. 123 (Maurice Quentin de La Tour, Jean-Jacques Rousseau)

Musée national du Château et des Trianons, Versailles: S. 123 (François-Marie Arouet, dit Voltaire (1694–1778) von Catherine Lusurier nach einem Gemälde von Nicolas de Largillière)

Museum für Urgeschichte, Aspern an der Zaya, Naturhistorisches Museum: S. 32 (Foto: 1a-PR.com)

Museum Hallstatt: S. 34, 36, 37, 208, 209, 212

Museum Neanderthal, Mettmann: S. 27 (Foto: Stefan Scheer)

Nordico, Museum der Stadt Linz: S. 83 (Ölbild von Thomas Dialer), 116 (Johann Matthias Krinner, Die Linzer Wollzeugfabrik, 1573), 138, 229

ÖBB: S. 233

OÖ Tourismus: S. 234, 235, 236

OÖ Tourismus/Fersterer: S. 112

OÖ Tourismus/Schwager: S. 54

Oö. Landesarchiv: S. 6, 23, 162 o.re., 178, 183, 184, 187, 188, 189 o.190, 191, 194, 195, 216, 217, 243 (Foto: Diözesanarchiv Linz), 249

OÖ. Landesmuseen: S. 29, 39, 42, 62, 74, 76, 80, 81, 93, 95, 111, 131, 132, 136, 138, 139, 142, 151, 257 li. (Johann Baptist Reiter: „Die Emanzipierte" – Porträt der Zigarre rauchenden Frauenrechtlerin Louise Aston)

OÖ. Landesmuseen/F. Gangl: S. 42, 72

OÖ. Landesmuseen/E. Grilnberger: S. 30, 38, 170

OÖ. Landesmuseen/F. C. Lipp: S. 48

Foto Lui, 260

Oö. Museumsverbund: S. 40

OÖN: S. 62, 85, 89, 101, 108-109, 182, 197 re., 240

OÖN Archiv: S. 55, 56, 265, 267-268

OÖN/Volker Weihbold: S. 22, 31, 126, 128, 135, 199, 201–205,
Österreichische Nationalbibliothek: S. 100
Österreichisches Staatsarchiv, Wien: S. 11
OTS: S. 8
Johannes Peinsteiner: S, 70, 73
Privat: S. 185
Privatbesitz Kerry R.J. Tattersall: S. 239
Rennermuseum, Wien: S. 13
Christian Rohr: S. 196
Karl Schraml, Das oberösterreichische Salinenwesen: S.36
Lothar Schultes/OÖ Landesmuseen: S. 114
Lothar Schultes/OÖ Landesmuseen: S. 115
Lothar Schultes/OÖ Landesmuseen: S. 117
Lothar Schultes/OÖ Landesmuseen: S. 120
Lothar Schultes/OÖ Landesmuseen: S. 118 re.
Heinrich Sperer: S. 200
Stadt Linz: S. 78
Stadtarchiv Linz: S. 16, 141, 157 M., 164, 167, 168, 169, 171, 172, 173, 197 li., 220, 259
Stadtarchiv Steyr: S. 219
Stadtmuseum Wels: S. 45
Stift Klosterneuburg: S. 19
Stift Kremsmünster: S. 51, 53, 61
Stift Lambach: S. 60
Stift Schlägl: S. 63
Stift St. Florian: S. 18
Stift Wilhering: S. 62
Strindberg Museum, Saxen: S. 155
Tabakmuseum Wien: S. 257
Universität Heidelberg: S. 64, 66
Universitätsbibliothek Salzburg: S. 103
Gianmaria Visconti: S. 176
voestalpine AG: S. 222, 223
Erwin Wodicka: S. 198 li.
Würfelspielgemeinde Frankenburg: S. 99